电子商务

DIANZI SHANGWU

芮廷先 ⊙主编

北京大学出版社
PEKING UNIVERSITY PRESS

图书在版编目(CIP)数据

电子商务/芮廷先主编.—北京:北京大学出版社,2010.3
(高等院校经济学管理学系列教材)
ISBN 978-7-301-16884-4

I. 电… Ⅱ.芮… Ⅲ.电子商务-高等学校-教材 Ⅳ.F713.36

中国版本图书馆 CIP 数据核字(2010)第 030437 号

书　　　名:电子商务
著作责任者:芮廷先　主编
责 任 编 辑:朱　彦　王业龙
标 准 书 号:ISBN 978-7-301-16884-4/F·2437
出 版 发 行:北京大学出版社
地　　　址:北京市海淀区成府路 205 号　100871
网　　　址:http://www.pup.cn　电子邮箱:law@pup.pku.edu.cn
电　　　话:邮购部 62752015　发行部 62750672　编辑部 62752027
　　　　　　出版部 62754962
印　刷　者:三河市北燕印装有限公司
经　销　者:新华书店
　　　　　　730 毫米×980 毫米　16 开本　21.25 印张　405 千字
　　　　　　2010 年 3 月第 1 版　2011 年 9 月第 2 次印刷
定　　　价:36.00 元

前　　言

电子商务是IT技术和商务运行结合而产生的一种新型的商务交易过程，是21世纪市场经济商务运行的主要模式，也是新经济含义下的一种主要经济方式。“电子商务”课程是高等院校管理类、经济类相关专业重要的基础课程，作为信息技术与经营管理活动的融合，它要求学生既要懂一定的信息技术，同时还要掌握企业经营管理知识。本书针对经济类、管理类专业人才培养目标与技能要求，全面系统地介绍了电子商务的整体框架及其涵盖的主要内容，使读者对电子商务有一个清晰完整的了解。本书结合近几年电子商务理论与实践的最新发展，以及编者们在教学实践中积累的经验，从实际案例的分析入手，从技术与管理相结合的角度来介绍和理解电子商务，系统深入地介绍了与开展电子商务活动有关的商务、技术和社会问题，对电子商务的概念、电子商务的结构和环境、电子商务的关键技术、电子商务应用与赢利模式、企业信息化建设、电子商务资金流、物流与供应链管理、电子商务营销、电子商务安全、电子商务系统规划与实施等问题进行了全面的阐述和讨论。本书强调相关概念、理论和应用的成熟性和完整性，同时也强调研究成果的前沿性，反映电子商务的最新发展趋势。

通过本书的学习，能够使读者掌握电子商务的基本概念，了解电子商务的流程和模式，知晓电子商务发展所面临的问题和应采取的相应对策；掌握电子商务实施中所需要的各种技术及其支持；熟悉电子商务的各种应用情况和各种解决方案；了解电子商务对企业营销的影响，对金融电子化进程的影响，以及对整个信息社会的影响。本书可作为高等院校管理类、经济类相关专业的专门教材，也可作为其他专业的教学用书和企业培训电子商务人员、管理人员的教材及参考用书。

本书由芮廷先主编，陈联刚为副主编，参加编写的人员有陈元忠、谢美萍、陈媛、吕洪燕等。另外，徐宁、王君艳、顾伟珉也参加了部分编写工作。全书由芮廷先修改、审阅和统稿。书中不足之处，恳请同行专家和广大读者批评指正。

本书自2010年3月出版以来，得到了市场的认可，被许多高校使用，广受读者欢迎。根据教学实践的反馈，此次重印，增加了电子商务新技术，反映了电子商务的最新发展趋势。为了便于教学，我们制作了相关课件，可从以下网站下载：http://www.shengdabooks.com。

本书编写过程中，得到了有关高校、公司电子商务专家的帮助和支持，他们精心审阅了书稿，提出了许多宝贵的修改意见；另外，编者们还参阅了有关公司公开的技术资料，参考了许多相关的专著和教材，在此一并致以衷心的感谢！

芮廷先

2011年8月

目　　录

第一章　电子商务概述

引例

背景

上海爱姆意机电设备连锁有限公司(以下简称"爱姆意公司")是由前上海市机电设备总公司于1998年10月改制组建的。公司在成立之初主要经营机电产品销售,范围包括各类机床、锻压工具以及通用设备等。随着公司规模的扩大,专业连锁店的数量不断增加。

机电行业市场容量大、产品种类多,在计划经济体制下作为国有企业占主导地位,处于卖方市场。但是,随着我国在向市场经济转变的过程中逐渐放松对机电行业的管制,特别是我国加入WTO以后承诺逐步放开分销权,个体私营企业和国外的物流巨头纷纷加入机电产品销售的竞争队伍。这使国有机电设备销售公司的生存受到了极大的威胁,甚至使它们濒临破产。

问题

在这样激烈的竞争环境中,坏账风险和库存沉淀是机电行业在生产经营中始终面临的两大困难。这是销售企业扩大产品销量和降低销售成本所面临的两难选择。为了保证顾客的购买需求得到满足,需要保有品种齐全的产品库存,同时又不能因为库存过大而承担占用流动资金、市场价格波动等风险。爱姆意公司曾代理某国际著名机电设备生产企业的产品,双方最初约定:爱姆意公司购进价值100万元人民币的库存,一年销售额达到1000万元。但是,在实际操作过程中,当代理销售该产品6个月时,销售额仅达到300万元;而由于产品种类的不断增加,库存却达到了1000多万元,爱姆意公司承担的资金压力非常大。此外,由于客户类型多、关系复杂,在爱姆意公司销售过程中,传统的赊销现象较为严重。虽然账面销售额很大,但是实际回笼资金很少,呆账、坏账现象严重。综上所述,在传统商业模式下,爱姆意公司主要面临以下几大问题:

1. 库存风险大,库存损失严重。爱姆意公司沿用传统物资流通企业的经营管理模式,致使库存积压沉淀、库存损耗、库存贬值等问题难以避免。转制之前的近十年时间中,公司的库存损失高达约2亿元人民币。要在激烈的市场竞争中站稳脚跟,必须解决的问题是:在确保产品质量的前提下,如何降低原材料和消耗性材料的采购成本?

2. 缺乏有效的管理监督,呆账、坏账风险高。由于缺乏有效的管理手段,在销售过程中,销售人员的权利得不到有效的制衡,出现了任意赊销产品的现象。爱姆意公司的应收账款居高不下,根据对转制前的呆账、坏账的统计,经济损失达到近亿元人民币。因此,如何对销售人员和销售活动进行有效的管理也是必须解决的问题。

3. 信息流动不畅,业务流失严重。企业的进、销、存环节主要依靠手工账册管理,用户与供应商的相关信息资料主要掌握在业务人员手中,常常出现因个别业务人员离职而导致的大量业务流失现象,造成企业经营业绩的不稳定。

4. 组织结构僵化,市场反应慢。企业的金字塔形结构使得客户信息和市场信息需要通过层层申报才能到达管理层,而且传统的行政管理烙印使得决策程序缓慢,决策结果又缺乏科学依据,延缓了企业对客户、供应商的反应,无法与快速变化的市场环境相匹配,制约了企业的市场表现。高客户期望与低市场反应使爱姆意公司承受了巨大的生存压力。

解决方案

在完成了专线网络建设并实现了计算机管理和库存资源共享等基础设施建设之后,爱姆意公司还相应地调整了组织机构设置,改原有的总公司—子公司二级管理制为连锁、代理、配送式经营模式,成立了进货中心,实行进销分离、统进分销。在这些准备工作的基础上,爱姆意公司在 2001 年投入运行了“爱姆意在线”(www.shmec.com.cn),搭建起机电产品实时交易的网络平台。

在该网络平台应用中,供应商和用户都作为网上会员,爱姆意公司为双方提供网络服务和物流增值服务。它的具体内容可分为以下五个方面:

1. 电子商务平台的营造。在激烈的市场竞争中,供应商、代理商和分销商往往在各自利益驱动下,追求自身利益最大化,无法使整个供应链的成本最小化,致使物流交易成本居高不下。爱姆意公司通过电子商务平台的搭建,让供应商、代理商、分销商都作为网上会员,使整个交易过程在公平、公正、合理的环境下运行。

2. 供应商的筛选。好的供应商是网络交易平台是否有吸引力的关键。因此,爱姆意公司在批准供应商入网注册时,考察了多方面的指标,除最基本的产品质量、价格优势、售后服务等外,更加注重长期战略合作的可能性以及供应商制造能力、财务状况、管理能力等方面的成长性。这在一定程度上为代理商和分销商把好了关,成为吸引更多会员、扩大经营规模的基础。

3. 分销体系的构架。建立强大的分销网络是爱姆意电子商务的核心。爱姆意公司利用已经形成的爱姆意品牌与强大的在线机电产品库存资源积极发展特许连锁,除了在上海著名的北京路生产资料一条街设立了五家连锁网点以外,在上海东部的金桥出口加工区、南部的化学工业区、西部的国际汽车城和北部的宝钢地区分别建立了连锁网点,并且近几年在国内其他地方如江苏、天津、重庆等地建立了分销点。待条件成熟,爱姆意公司计划搭建起合理的爱姆意电子商务分销体系构架。

4. 物流配送体系的建立。先进的物流配送体系是开展电子商务的保证。随着网上机电产品交易量的不断增加，爱姆意公司以上海物资集团总公司的现代物流为依托，并与其他的社会配送企业相互联盟，目前已建立了一个配送总部、两个配送分中心，能够及时响应上海与华东地区的网上交易的物流配送需求。近几年，爱姆意公司还在北京、天津、重庆、哈尔滨、沈阳、成都等地分别建立了物流配送中心，做到了立足上海、辐射全国、服务全国。

5. 网上销售的实现。爱姆意公司可实现两种销售方式：一种是用户在网上直接下订单，通过互联网将订单传送到相应的服务网点，由该服务网点根据权限让指定的业务员为用户提供服务，视用户需求提供配送服务，完成采购行为。另一种是分销网点开单，即用户到各个分销网点进行采购，网点开单后就可直接在线结算，提供增值税发票、普通发票、防伪增值税发票让用户选择，并可在网上直接开具增值税发票，突破了认证"瓶颈"，适应了我国的金融、财税信息化水平与财务结算的特点，属全国首创。

到目前为止，爱姆意公司已经形成了由连锁店所组成的庞大的机电产品分销体系，集聚了数亿在线库存资源，实现了"即时配送、集成共赢、零库存管理"。

实施结果

自2001年4月投入运营以来，"爱姆意在线"的网上销售额呈几何级数增长：2001年为2419万元；2002年一跃而为26336万元；2003年为36902万元；2004年达46057万元；2005年再创新高，达5.1亿元。2005年，爱姆意公司的经营规模为45亿元，利税达到2010万元。目前，"爱姆意在线"交易的生产资料类型涵盖机床、工业轴承、低压电器、工量具等共计60个大类，5万余种，分销网点40余家，网上产品累计金额达到50亿元。爱姆意公司的机电产品电子商务一期工程"爱姆意在线1.0"拥有自主知识产权，运营4年来，累计网上交易达到15亿元。

爱姆意公司的经营费用并未随着分销体系的扩张而上升，反而呈现逐渐下降的趋势。传统的分销体系从店面的租赁到人员配备、库存备货等，需要大量的现金投入。现在，利用电子商务平台已充分实现了低成本扩张。首先，开设分销网点无须大量资金投入，仅需上网计算机。其次，由于整体管理输出，不仅业务运作规范，而且人工成本、销售费用、仓储费用等大幅减少。仅这几项，每年可使公司的经营费用下降近300万元，管理费用同比下降20%。

资料来源：

① 黄丽华、傅新华主编：《成功的企业信息化——上海市信息化示范企业的十大案例研究》，复旦大学出版社2005年版，第1—21页。

② 商务部信息化司：《"e"化的典型示范——爱姆意》，http://eb.mofcom.gov.cn/aarticle/al/i/200809/20080905806251.html，2009年8月16日访问。

1.1 电子商务的概念

1.1.1 电子商务的起源和发展

今天,"电子商务"已经不是一个新的名词,它广泛地出现在社会经济的各个角落,出现在人们的日常工作和生活中。一般理解,电子商务是采用电子化的方式进行的商务活动。从这一点出发,早在1839年电报出现时,人们就开始使用电子手段从事商务活动了。随着电话、传真等工具的应用,现代商务逐渐成形,并更为紧密地与电子技术联系在一起。这突出表现在20世纪60年代末70年代初计算机开始普及以后,随着商务活动与计算机技术、网络通信技术的互动发展,电子商务逐渐出现和发展起来。

1. 电子商务的起源与发展历程

(1) 电子商务的雏形——20世纪70、80年代的EDI/EFT

真正意义上的电子商务始于20世纪70年代末。当时,一些世界知名的大公司为了加快企业之间的贸易流转速度,节约交易成本,纷纷在相关公司之间建立了专有的计算机通信网络,基于这个网络进行采购、销售、合同管理、支付结算等一系列商务活动,取代了效率较低、容易出错的手工商务。这时作为企业间电子商务应用系统雏形的是电子数据交换EDI(Electronic Data Interchange)和电子资金转账EFT(Electronic Funds Transfer)。在接下来的80年代,更为实用的EDI商务得到了较大的发展。EDI电子商务主要是通过增值网络VAN(Value-Added Networks)实现的。通过EDI网络,交易双方可以将交易过程中产生的询价单、报价单、订购单、收货通知单、货物托运单、保险单和转账发票等报文数据以规定的标准格式在双方的计算机系统上进行端对端的数据传送。到了90年代,EDI电子商务技术已经十分成熟。应用EDI使企业实现了"无纸贸易",大大提高了工作的效率,降低了交易的成本,减少了由于失误带来的损失,加强了贸易伙伴之间的合作关系,因此在国际贸易、海关业务和金融领域得到了大量的应用。众多的银行、航空公司、大型企业等均纷纷建立了自己的EDI系统,在贸易界甚至提出了"没有EDI就没有订单"、"EDI引发了贸易领域的革命"等口号。但是,EDI电子商务的解决方式都是建立在大量功能单一的专用软硬件设施的基础上的,同时EDI对技术、设备、人员有较高的要求,并且使用价格极为昂贵。因此,EDI应用仅局限在先进国家和地区以及大型的企业范围内,在全世界范围内尚未得到广泛普及和发展,大多数的中小企业还难以应用EDI开展电子商务活动。这使EDI的局限性凸显无遗:网络建设成本高、相关企业范围窄、无法全球化、不能全天候等。

（2）当代电子商务——20 世纪 90 年代开始的互联网电子商务

90 年代初开始，随着 Internet 和计算机网络技术的蓬勃发展，网络化和全球化已成为不可抗拒的世界潮流，为电子商务向广度和深度发展奠定了坚实的技术基础，推动电子商务进入了一个快速发展的阶段。网络化和全球化使企业的原材料、销售市场范围变得更大，需求波动加剧，供需不平衡的矛盾相比以前更为突出，竞争对手也遍及全球。为了应对激烈的全球性竞争要求，灵活应对变化、及时响应需求、加速新品上市、良好的性价比与售后服务成为企业制胜的关键。同时，企业的经营模式也面临新的挑战。因此，电子商务的应用已经成为企业在商场上克敌制胜的关键技术，企业传统的商务活动进入了新的电子商务时代。这里所讲的“电子商务”一般是指基于互联网技术的商务，即电子商务 = 互联网 + 商务。

作为一种崭新的商务交易活动方式，网上电子商务目前已经被公认为现代商业的发展方向。这是一个发展潜力巨大的市场，具有诱人的发展前景。电子商务已成为推动未来经济增长的最关键动力之一。

银行信用卡（Credit Card）、自动柜员机（ATM）、零售业销售终端和联机电子资金转账（POS/EFT）技术的发展，以及相应的网络通信技术和安全技术的发展，使电子商务产生了很多新的模式，并得到了长足的发展。互联网电子商务是一种以遍及全球的 Internet 网络为架构、以交易双方为主体、以银行支付和结算为手段、以客户数据库为依托的全新商业模式。它利用 Internet 的网络环境进行快速有效的商业活动，从单纯的在网上发布信息、传递信息到在网上建立商务信息中心，从借助于传统贸易的某些手段的不成熟的电子商务交易到能够在网上完成供、产、销全部业务流程的电子商务虚拟市场，从封闭的银行电子金融系统到开放式的网络电子银行，为企业在增加产值、降低成本、创造商机等方面带来了很大的益处。现代电子商务已不再局限在一些国际大公司之间，而是可以被世界上任何两个或多个个体（包括企业、个人、社会团体）共同使用。作为 Internet 的一项极为重要的应用系统，电子商务蓬勃发展的态势在 21 世纪的今天仍在继续。

全球使用电子商务的潜在用户群仍在不断扩大。根据权威机构 comScore 在 2009 年初发布的数据，截止到 2008 年 12 月，全球 15 岁以上的互联网用户总数突破 10 亿，其中 41.3% 的用户来自亚太地区。我国的互联网用户数无疑是发展比较快的一个群体，目前我国已经成为占全球用户总数比例最大的国家，达到 17.8%；美国第二，占 16.2%，但是其增长势头正在放缓。潜在用户群的不断扩大使得 B2C 电子商务的市场发展前景值得期待。iResearch 的《亚洲 B2C 电子商务研究报告》显示，在亚洲，2006 年 B2C 电子商务的零售额为 51 亿美元，2010 年将达到 1150 亿美元。其中，我国 2006 年的 B2C 电子商务零售额占据整个亚洲50%的份额,2006—2010年的平均年增长率达到64%。预计到2010年,我国B2C电子商务零售额将达到180亿美元。根据我国商务部的统计,我国2008年电子商务交易总额达到3.1万亿元,比2007年增长了43%。不仅如此,在当前经济环境欠佳的情况下,运用电子商务的中小企业的生存状况远远好于运用传统模式的企业。有关统计资料显示,在金融危机中,未运用电子商务的企业陷入困顿的比例高达84.2%,而运用电子商务的企业陷入困顿的比例仅为15.8%。根据iResearch的统计和跟踪研究,我国2008年B2B电子商务市场交易规模达2.96亿元,年同比增长39.4%,相比2006年的96.9%和2007年65.9%大幅减速。

各种形式的电子商务仍将在当前乃至今后一段时期内保持稳定的发展态势,并且随着技术的不断发展与革新,还将呈现出一些新的趋势。

2. 电子商务的未来发展趋势

经过近几年的发展,电子商务通过技术革命和观念革新不断改变着商业模式和企业管理流程,在根本上影响着产业的发展和变革。互联网电子商务在未来一段时期内还将继续深入发展。首先,互联网电子商务的形式逐步扩散到社会各个领域,如政府、医疗卫生、教育、军事等公共管理领域,电子商务的发展环境越来越受到重视。其次,互联网电子商务的建设逐渐从分散走向行业内的融合和行业间的互补,从内容上看更加注重以服务为导向,提供更为专业、更具针对性和更便捷的服务。此外,电子商务将与企业运营管理的各个环节更为紧密地结合在一起,融入财务管理、营销管理、物流与供应链管理等具体运营管理活动。随着信息技术的不断革新以及新的市场需求的挖掘,当前电子商务呈现出一些新的发展方向和趋势。Web 2.0技术、互动式媒体技术、移动网络技术等的发展都为电子商务的发展提供了新的机遇。通过移动通信网络进行的移动商务可以说是新一轮电子商务革命的开始,它是基于互联网的电子商务的进一步延伸,其发展必将成为带动电子商务发展的新引擎。无论从技术发展还是从市场增长情况看,移动商务在未来一段时间里都将成为电子商务的主流发展模式之一,必将引起电子商务领域的新一轮革命。

1.1.2 电子商务的定义与内涵

1. 电子商务的定义

电子商务产生至今,尚无一个被广泛接受的统一定义。一些国际组织、政府、企业界人士和学者等,从不同的角度和各自的理解出发,对电子商务给出了多种定义。下面列出的是其中比较典型的定义:

1997年11月,国际商会在法国首都巴黎举行世界电子商务会议(the World Business Agenda for Electronic Commerce),世界各国商业、信息技术、法律等领域的专家和政府部门的代表与会。大会对电子商务的定义为:实现整个贸易活动的电子化。电子商务从交易方式角度可以定义为:交易的各方以电子贸易的方式而不是通过当面交换或直接面谈方式进行的任何形式的商业交易活动;从技术方面可以定义为:一种多技术应用的集合体,包括交换数据(如电子数据、电子邮件)、获得数据(如共享数据库、电子公告板)以及自动捕获数据(如条形码、IC 卡应用)等。

世界贸易组织(WTO)在其《电子商务》专题报告中,对电子商务的定义是:通过电信网络进行的生产、营销、销售和流通活动,它不仅指基于 Internet 进行的交易活动,而且指所有利用电子信息技术(IT)解决问题、降低成本、增加价值和创造商业和贸易机会的商业活动,包括通过网络实现从原材料查询、采购、产品展示、订购到出品、储运、电子支付等的一系列贸易活动。

联合国经济与发展组织(OECD)对电子商务的定义是:发生在开放网络上的包含企业之间(Business to Business)、企业与消费者之间(Business to Consumer)的商业交易。

美国政府在其《全球电子商务纲要》中比较笼统地指出:电子商务是通过 Internet 进行的各项商务活动,包括广告、交易、支付、服务等活动。全球电子商务将会涉及全球各国。

加拿大电子商务协会对电子商务的定义较为严格:通过数字通信进行商品和服务买卖以及资金转账,它还包括公司间和公司内利用 E-mail、EDI、文件传输、传真、电视会议、远程计算机联网所能实现的全部功能(如市场营销、金融结算、销售、商务谈判等)。

IBM 公司对电子商务的描述是:在 Internet 等网络的广阔联系与传统信息技术系统的丰富资源相互结合的背景下应运而生的一种相互关联的动态商务活动。它强调的是在计算机网络环境下的商业化应用,不仅仅是硬件和软件的结合,而是在因特网(Internet)、企业内部网(Intranet)、企业外部网(Extranet)下进行的业务活动。其定义公式为:电子商务(EB) = IT + Web + Business。

美国学者瑞维·卡拉科塔和安德鲁·B. 惠斯顿认为,电子商务是指利用因特网进行购买、销售或交换产品与服务,旨在降低成本、缩短产品的生命周期、加快服务的传递速度以及改进服务的质量。从通信的角度看,电子商务是利用电话线、计算机网络或任何其他电子媒介所进行的信息、产品/服务的传递以及支付过程。从企业流程的角度看,电子商务是商业交易和工作流程自动化的技术应用。从服务的角度看,电子商务是企业管理阶层想要降低成本,同时又要提高产品品质和加快服务传递速度的一种工具。从网络的角度看,电子商务提供了网络上的采购与销售产品和提供服务的能力。

综上所述,电子商务可以从广义和狭义两个角度加以理解。广义的电子商务定义为:电子工具在商务活动中的应用。不管是初级的还是高级的电子工具,均涵盖其中,如电话、电报、Internet 等。狭义的电子商务定义为:在技术、经济高度发达的现代社会里,由掌握现代信息技术与商务理论和实务活动规则的人,系统化地运用网络手段和使用各类电子工具,高效率、低成本、安全、方便地从事以泛商品交换为中心的各种经济事务活动。一般认为,狭义的电子商务是指互联网环境下的商品交易以及与商品交易相关的商务活动,广义的电子商务是指一切利用电子手段进行的商业活动。例如,电话购物、电视购物、POS 联机销售等都是广义的电子商务的内容。

一般而言,电子商务应包含以下五点含义:采用多种电子方式,特别是通过 Internet;实现商品交易、服务交易(包括人力资源、资金、信息服务);既包含企业间的商务活动,也包含企业内部的商务活动;涵盖交易的各个环节,包括询价、报价、订货、售后服务等;采用电子方式是形式,跨越时空、提高效率是目的。

2. 电子商务的内涵

电子商务的内涵可以从四个方面进行归纳,即电子信息技术的应用是电子商务开展的前提条件;掌握现代信息与商务理论和实务的人是电子商务的核心;系列化、系统化电子工具是电子商务的基础;以商品贸易为中心的各种经济事务活动是电子商务的对象。

(1) 电子商务的前提

现代电子信息技术是以多媒体计算机技术为核心,以通信技术和网络技术为两大支撑,并结合人工智能技术的综合技术。电子信息技术的应用极大地改变了信息资源开发和利用的方式,也是传统商务转变为电子商务的必要前提。

当前,信息技术已经在社会和经济生活的各个领域得到十分广泛的应用。无论是发达国家还是发展中国家,都把大力发展信息产业、加快推进信息化作为国家的战略任务,从而为电子商务的发展创造更加有利的条件。

(2) 电子商务的核心

电子商务首先是一个社会系统,它的中心必然是人。商务系统实际上是由围绕着商品贸易的各个方面、代表着各方利益的人所组成的关系网。在电子商务活动中,虽然充分强调工具的作用,但是归根结底起关键作用的仍然是人。工具的制造发明和应用、效果的实现都是靠人完成的。所以,人才是电子商务的主宰者,在电子商务中起决定性作用。电子商务是信息现代化与商贸的有机结合,能够掌握运用电子商务理论与技术的人必然是掌握现代信息技术、现代商贸理论与实务的复合型人才。这些复合型人才的数量和质量是一个国家、一个地区发展电子商务最关键的因素。

(3) 电子商务的工具

这里所说的"电子商务"是狭义的电子商务,即具有很强时代烙印的高效率、低成本、高效益的电子商务。与之对应的是能跟上信息时代发展步伐的成系列、成系统的电子工具。从系列化讲,强调电子工具应该是从商品需求咨询、商品配送、商品订货到商品买卖、货款结算、商品售后服务等伴随商品生产、消费甚至再生产的全过程的电子工具。例如,电视、电话、电报、电传、电子数据交换(EDI)、电子收款机系统(POS)、管理信息系统(MIS)、决策支持系统(DSS)、电子货币、电子商品配送系统、售后服务系统等。从系统化讲,强调商品的需求、生产、交换要构成一个有机整体,构成一个大系统;同时,为防"市场失灵",还要将政府对商品生产、交换的调控引入该系统。能达此目的的电子工具主要为局域网(LAN)、城市网(MAN)和广域网(WAN)等。它们是纵横相连、宏微结合、反应灵敏、安全可靠的电子网络,有利于电子商务活动方便、可靠地进行。

(4) 电子商务的对象

从社会再生产发展的环节看,在生产、流通、分配、交换、消费这个链条中,发展变化最快、最活跃的是中间环节的流通、分配和交换。这些中间环节可以看成是以商品的贸易为中心展开的,即商品的生产主要是为了交换,用商品的使用价值换取商品的价值,而围绕交换必然产生流通、分配等活动,它们连接了生产和消费等活动。因此,电子商务的对象是指以商品贸易为中心的各种经济事务活动,也就是商务活动。

1.1.3 电子商务的特点与功能

所谓商务,是指以营利为目的的市场经济主体通过商品交换获取经济资源的各种经济行为的总称。商务活动是商品从生产领域向消费领域运动过程中经济活动的总和。商业企业在订货、销售和存储等经营活动中与生产厂商、消费者发生的贸易、交易与服务行为以及其间的信息传递过程均属于商务活动的范畴。传统的商务活动一般采用面对面交易或纸面交易的方式进行,是一种直线结构,因而存在信息不完整、耗费时间长、花费高、产品积压、生产周期长和客户服务有限等方面的局限。与传统商务相比较,电子商务在功能和特点上表现出突出的优势。

1. 电子商务的功能

(1) 广告宣传

电子商务可凭借企业的 Web 服务器和客户的浏览,在 Internet 上发布各类商业信息。客户可借助网上的检索工具(Search)迅速地找到所需的商品信息,而商家可利用网上主页(Home Page)和电子邮件(E-mail)在全球范围内作广告宣传。与以往的各类广告相比,网上的广告成本最为低廉,而给顾客的信息量却最为丰富。

(2) 咨询洽谈

电子商务可借助非实时的电子邮件、新闻组(News Group) 和实时的讨论组(Chat)了解市场和商品信息、洽谈交易事务;如有进一步的需求,还可用网上的白板会议(Whiteboard Conference)交流即时的图形信息。网上的咨询和洽谈能超越人们面对面交谈的限制,提供多种方便的异地交流形式。

(3) 网上订购

电子商务可借助 Web 中的邮件交互传送实现网上订购。网上订购通常都是在产品介绍的页面上提供十分友好的订购提示信息和订购交互格式框。当客户填完订购单后,系统通常会回复确认信息单以保证订购信息的收悉。订购信息也可采用加密的方式,使客户和商家的商业信息不会泄漏。

(4) 网上支付

电子商务要成为一个完整的过程,网上支付是重要的环节。客户和商家之间可采用信用卡账号实施支付。在网上直接采用电子支付手段,将可省略交易中诸多人员的开销。网上支付需要更为可靠的信息传输安全性控制,以防止欺骗、窃听、冒用等非法行为。

(5) 电子账户

网上支付必须有电子金融支持,即银行、信用卡公司以及保险公司等金融单位要为金融服务提供网上操作的服务。电子账户管理是其基本的组成部分。信用卡号或银行账号都是电子账户的一种,其可信度需配以必要的技术措施加以保证。例如,数字凭证、数字签名、加密等手段的应用提供了电子账户操作的安全性。

(6) 服务传递

对于已付款的客户,应将所订购的货物尽快地传递到他们的手中。有些货物在本地,有些货物在异地,电子邮件能在网络中进行物流的调配。最适合在网上直接传递的货物是信息产品,如软件、电子读物、信息服务等,它们能直接从电子仓库发送到用户端。

(7) 意见征询

电子商务能十分方便地采用网页上的"选择"、"填空"等格式文件收集用户对销售服务的反馈意见。这样,可使企业的市场运营形成一个封闭的回路。客户的反馈意见不仅能提高售后服务的水平,更能使企业获得改进产品、发现市场的商业机会。

(8) 交易管理

整个交易的管理将涉及人、财、物多个方面,包括企业和企业、企业和客户以及企业内部等各方面的协调和管理。因此,交易管理是涉及商务活动全过程的管理。电子商务的发展,将会提供一个良好的交易管理的网络环境以及多种多样的应用服务系统。这样,能保障电子商务获得更广泛的应用。

2. 电子商务的特点

(1) 商务性

商务性是电子商务最基本的特性,即为交易参与者提供一种方便、快捷的服务手段和机会。电子商务对传统商务下的竞争规则和市场格局带来巨大冲击,它为不同规模的企业创造了相对平等的竞争机会和共同的发展机遇,将生产企业、流通企业以及消费者和政府带入了一个网络经济、数字化生存的新天地。

(2) 便利性

在电子商务环境中,客户足不出户即可大范围地比较、选择和查询商品,不仅能进行价格上的筛选,还能对不同商家的服务质量进行对比,消除或减少了信息的不对称,从而选择出最中意的品种。此外,电子支付和网络银行的全天候服务使客户可以随时存取资金、快速查询支付过程以及进行资金管理,为网上交易的达成提供了极大的便利。

(3) 集成性

电子商务是电子信息技术应用发展的重要成果,大量使用新的技术和产品。同时,网络的商业价值使得新老技术得到协调,用户能更加行之有效地利用他们已有的资源和技术完成交易。电子商务的集成性还在于事务处理的整体性和统一性,它能规范事务处理的工作流程,将人工操作和信息处理集成为一个不可分割的整体。这样,不仅能提高人力和物力的利用率,也可提高系统运行的严密性。

(4) 安全性

在电子商务中,安全性是极为重要的核心问题。不管是个人还是企业,即使网上的物品非常具有吸引力,如果对交易的安全性缺乏把握,就不会在网上进行交易。欺骗、窃听、病毒和非法入侵等都在威胁着电子商务,因此要求网络能提供一种端到端的安全解决方案,包括加密机制、签名机制、分布式安全管理、存取控制、防火墙、防病毒保护等,以为网上交易的开展创造一个安全可靠的环境。

(5) 协调性

商务活动包括企业在订货、销售和存储等经营环节中与生产商、消费者发生的贸易、交易与服务行为以及其间的信息传递,它本身就是一个协调过程。除了传统商务需要的雇员和客户、生产方和供货方以及商务伙伴间的协调之外,电子商务更要求银行、配送中心、通信和技术服务等多个部门的通力协作。这样,才能保证电子商务各个环节的通畅运作,从整体上体现出电子商务的高效率。

1.1.4 电子商务的影响与效益

1. 电子商务的影响

电子商务的兴起对社会各个领域产生了巨大的影响,它不仅仅是技术变革,还通过技术的辅助、引导、支持实现了前所未有的、频繁的商务经济往来,是商务活动本身发生的根本性革命,并对企业的运行环境、经营管理理念与方式、整体形态,以及消费者的消费环境、方式、行为等形成很大的冲击。

(1) 电子商务改变了商务活动的方式

在电子商务环境下,传统商务中的买卖方式、贸易磋商方式、售后服务方式等都发生了根本性的改变。消费者足不出户就可货比三家,同时还能够以一种轻松自由的自我服务的方式完成交易。Web 技术使得企业能够为每个客户定制产品和服务。电子商务使得全球上亿网民都有可能成为企业的客户或合作伙伴,企业可以利用 Web 每天 24 小时轻松又实惠地发展潜在客户。联机客户服务程序可以把客户的问题及时传送到不同的部门,并与现有的客户信息系统相集成。

(2) 电子商务是企业经营管理的一次重大革命

对企业而言,电子商务是一种业务转型,也是一次重大革命。变换企业业务运作模式,改变企业竞争策略,提升企业间业务合作伙伴关系,是企业在电子世界中获得成功的关键。真正的电子商务能使企业从事在物理环境中所不能从事的业务,包括:对新的子公司开放后端系统,使 Internet 成为一种重要的业务传送载体;生成新的业务,产生新的收入,使企业进行相互连锁交易;自适应导航,使用户通过网上搜索交换信息;使用智能代理,运用注册业务或媒介组织买方和卖方;使业务交往个人化,具有动态特征,受用户欢迎,更具效益。

电子商务对企业过程的影响体现在,随着信息技术的发展,企业内部的管理机制处于不断变化之中。电子商务作为信息处理技术的一个飞跃,其影响不会仅仅停留在交易手段和贸易方式上。由于这些因素的改变,尤其是供应链的缩短、市场核心的转移以及各方面管理成本的大幅度降低,必然导致企业内部过程的变迁,因而使得电子商务成为企业过程重组的一种根本的推动力。这对企业来说是一个改革自身、重新适应新环境、迅速投入新环境的最佳契机。

(3) 电子商务带来新的贸易组合模型

电子商务将贸易社会视为一个有机体:当把视野从单个企业扩展到整个行业之后,又继续放宽到整个贸易社会中所有的企业组织(供应商、运输商、分销商、银行等)中去,这时人们所看到的是一个单一的、复杂的有机体,将原材料变成成品,然后送到最终用户手里,是一个资金在其中连续流动并积累到效率更高的企业中去的结构。

当电子商务在整个贸易社会所有的个体中实现时，这个社会将作为一个联合的、有目的的、高效的实体运行。当一个行业的主导企业已经将电子商务变成商业运作的基本标准时，如果一个小企业想与大企业合作，就必须使用电子商务。企业似乎都在经历一个思想上的转变，从"如果我不加入电子商务，我将失去最大的客户"到"如果我早知道电子商务会使我的业务变得如此简单，我早就采用它了"。

总之，电子商务是一种新的贸易形式。就其本质而言，电子商务应该是一种业务转型，它正在从包括企业竞争和运作、政府和社会组织的运作模式、教育以及娱乐方式等各方面改变着人类相互交往的方式和关于各种生活细节的思维、观念。电子商务可以帮助企业接触新的客户，增加客户信任度，合理运作，以更快的方式将产品和服务推向市场；可以帮助政府更好地为更多的市民服务，并因此提高公众对政府的满意度；可以更新人类的消费观念和生活方式，改变人与人之间的关系。

2. 电子商务的效益

企业通过电子商务所得的效益可以分为直接效益和间接效益两种。直接效益主要是指通过电子商务活动而得到的可以进行定量分析的货币价值。从测量方法来讲，直接效益可以通过比较企业在应用电子商务前后各个方面的指标，根据统计数据得到。间接效益主要是企业在更广泛意义上的收益或减少不利因素。

(1) 电子商务的直接效益

直接效益主要包括：

① 管理成本的降低。电子商务通过电子手段、电子货币大大降低了传统的书面形式的费用，节约了单位贸易成本。有统计显示，使用电子商务方式处理单证的费用是原来书面形式的1/10，可以有效节约管理成本。

② 库存成本的降低。大量的库存意味着企业流动资金的占用和仓储面积的增加，也意味着运转费用的增加和效益的降低。利用电子商务，可以有效地管理企业库存，降低库存成本。这是电子商务在企业的生产和销售环节最突出的一个特点。通过电子商务，还可以减少商品库存的时间，降低商品积压程度，进而可以实现"零库存"。库存量的减少意味着企业在原材料供应、仓储和管理开支上将实现大幅度的节省，尤其是在土地价格不断上涨的情况下。

③ 采购成本的降低。企业的采购过程是一个复杂的多阶段过程。在这一过程中，购买方首先要寻找相应的产品供应商，了解他们的产品在数量、质量、价格等方面是否满足要求，然后再将详细的购买计划和需求信息传送给产品供应商，以便供应商能够按照顾客所要求的性能指标组织生产。产品生产出来后，如果达到顾客的要求，则向顾客发货，并进行相关的财务方面的工作。采购过程的

费用是相当大的,而利用电子商务进行采购则可以降低大量的劳动力和邮寄成本。据统计,施乐、通用汽车、万事达信用卡三个不同行业、不同性质的企业,通过电子商务在线采购后,成本分别下降了 83%、90% 和 68%。

④ 交易成本的降低。虽然企业从事电子商务需要一定的投入,但是与其他销售方式相比,使用电子商务进行贸易的成本将会大大降低。例如,将 Internet 当做媒介做广告,进行网上促销活动,可以节约大量的广告费用并扩大商品的销售量。同时,电子商务没有时间、空间的限制,可以全天候地进行网上交易。

(2) 电子商务的间接效益

间接效益主要包括:

① 更好地进行客户关系管理。通过电子商务在 Internet 上介绍产品,可以为客户提供商品的技术支持,客户可以自己查询已订购商品的处理信息。这可以使客户服务人员从烦琐的日常事务中解放出来,以便更好地处理与客户的关系,从而使客户更加满意。

② 促进信息经济的发展和全社会的增值。电子商务是目前信息经济最具前途的发展趋势,是未来的贸易发展方向,将大大推动信息经济的发展。同时,电子商务还能大幅度增加世界各国的贸易活动,大大提高贸易环节多数交易的成交数量,从而促使全社会的增值。

③ 促进新行业的出现。在电子商务条件下,原来的业务模型发生了变化,许多不同类型的业务过程由原来的集中管理变为分散管理,社会分工进一步细化,因而会出现新行业。

④ 其他效益。电子商务还有很多难以测算的其他潜在效益。例如,实施电子商务后,客户可更充分地实现"货比三家",数字化产品的交付更加便捷,城市与农村的商品交易更加深入,更多的人可以在家里办公和购物等。

1.2 电子商务的分类

电子商务可以按参与交易的对象、交易涉及的商品性质和开展电子商务业务的企业使用的网络类型等进行不同的分类。

1. 按参与交易的对象分类

(1) 企业与消费者之间的电子商务(Business to Customer,即 B TO C 或 B2C)

这是消费者利用网络直接参与经济活动的形式,类同于商业电子化的零售商务。随着万维网(WWW)的出现,网上销售迅速地发展起来。目前,在 Internet 上有许许多多各种类型的虚拟商店和虚拟企业,提供各种与商品销售有关的服务。通过网上商店买卖的商品可以是实体化的,如书籍、鲜花、服装、食品、汽车、电视等;也可以是数字化的,如新闻、音乐、电影、数据库、软件及各类基于知识的商品;还可以是提供的各类服务,如安排旅游、在线医疗诊断和远程教育等。

(2) 企业与企业之间的电子商务(Business to Business,即 B TO B 或 B2B)

B TO B 方式是电子商务应用最重要和最受企业重视的形式,企业可以使用 Internet 或其他网络对每笔交易寻找最佳合作伙伴,完成从订购到结算的全部交易行为,包括向供应商订货、签约、接受发票和使用电子资金转移、信用证、银行托收等方式进行付款,以及在商贸过程中发生的其他问题如索赔、商品发送管理和运输跟踪等。企业对企业的电子商务经营额大,所需的各种软硬件环境较复杂,但是在 EDI 商务成功的基础上发展得最快。

(3) 企业与政府之间的电子商务(Business to Government,即 B TO G 或 B2G)

这种商务活动覆盖企业与政府组织间的各项事务。例如,企业与政府之间进行的各种手续的报批;政府通过因特网发布采购清单,企业以电子化方式响应;政府在网上以电子交换方式完成对企业和电子交易的征税等。这也成为政府机关政务公开的手段和方法之一。

(4) 消费者与消费者之间的电子商务(Customer to Customer,即 C TO C 或 C2C)

C TO C 是将大量的个人买主和卖主联系起来,以便进行商品的在线交易。它通过互联网为消费者提供互相交易的环境——网上拍卖、在线竞价。除了少数人设立的用于电子商务的网站外,有些专门的网站还为消费者之间进行网上买卖提供平台。想出售商品的人可以申请网上店铺,在店铺上陈列待售商品并报出底价,等待购买者竞价;或开出一口价,由购买者选购。出售者同时也可以是购买者。互联网络的出现,让人们又回到以前的以物易物时代。网络资讯流通方便的特性,可以让买卖双方以更快捷、更透明的方式,清楚地了解价格、商品品质等影响交易过程的可能因素,以提高买家对卖家的信任。

2. 按交易涉及的商品性质分类

(1) 完全电子商务

完全电子商务也称"直接电子商务"或"纯电子商务",它涉及的商品是无形的商品和服务,可以完全通过互联网络完成整个交易过程,包括计算机软件、娱乐内容的联机订购、付款和交付,以及全球规模的信息服务等。完全电子商务能使双方越过地理界线直接进行交易,充分挖掘全球市场的潜力。

(2) 不完全电子商务

不完全电子商务也称"间接电子商务",它是针对有形的商品而言的,不能完全依靠电子商务方式完成完整的交易过程,而需要依靠一些外部要素。例如,鲜花、书籍、食品、汽车等商品的交易需要通过分销配送中心、邮政服务和商业快递服务等渠道送货以完成交易的全过程。

完全电子商务和不完全电子商务的关系如图1-1所示。根据电子商务的产品、销售过程和销售代理这三个维度的虚拟程度不同,可以把电子商务划分为八个区域,其中三个维度都是数字化的即为完全电子商务,除此之外至少有一个维度是数字化的即为不完全电子商务。

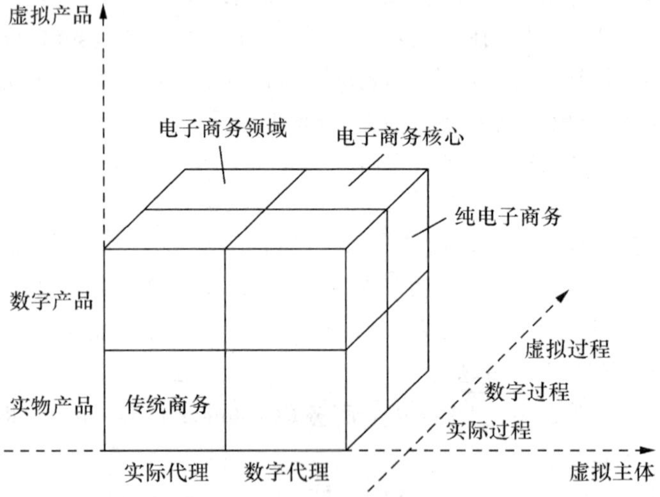

图1-1 电子商务三维理解模型

3. 按开展电子商务业务的企业使用的网络类型分类

(1) EDI网络电子商务(Electronic Data Interchange,电子数据交换)

EDI是按照一个公认的标准和协议,将商务活动中涉及的文件标准化和格式化,通过计算机网络,在贸易伙伴的计算机网络系统之间进行数据交换和自动处理。EDI主要应用于企业与企业、企业与批发商、批发商与零售商之间的批发业务。EDI电子商务在20世纪90年代已得到较大的发展,技术上也较为成熟。但是,由于开展EDI对企业有较高的管理、资金和技术的要求,所以至今尚未普及。

(2) 因特网电子商务(Internet网络)

因特网电子商务是指利用连通全球的Internet网络开展的电子商务活动。在因特网上可以进行各种形式的电子商务业务,所涉及的领域广泛,全世界各个企业和个人都可以参与。因特网电子商务正以飞快的速度在发展,其前景十分诱人,是目前电子商务的主要形式。

(3) 内联网络电子商务(Intranet网络)

内联网络电子商务是指在一个大型企业的内部或一个行业内开展的电子商

务活动。Intranet 是利用 Internet 技术组建的企业内部信息网络。Intranet 电子商务是企业内部 MIS 系统的体现，它可以使大型企业分布在各地的分支机构以及企业内部有关部门联通起来，使企业各级管理人员能够通过网络读取自己需要的信息，利用在线业务的申请和注册代替纸质文件的内部流通，从而大大提高工作效率和降低业务的成本。

（4）移动电子商务

移动电子商务一般是指利用移动通信网络进行数据传输并通过移动信息终端参与商业活动的一种新型商业模式。移动通信网络是指可以满足处于运动中的通信双方或至少一方进行信息通信的网络类型。移动电子商务通常是由手机、个人数字助理（PDA）、掌上电脑和笔记本计算机等手持终端或移动通信设备运用无线上网技术开展营销、供应、销售、采购、支付和客户服务等活动。

通过移动电子商务，用户可随时随地获取所需的服务、信息和娱乐等。用户可以在自己方便的时候，使用智能电话或 PDA 查找、选择和购买商品和服务。采购可以即时完成，商业决策也可以即时实施。服务付费可通过多种方式进行以满足不同需求，可直接转入银行、用户电话账单，也可实时在专用预付账户上借记。通过个人移动设备进行可靠的电子商务交易的能力被视为移动互联网业务的一个重要方面。

1.3　电子商务与经济学的关系

以 Internet 为核心的全球信息基础结构于 20 世纪末在世界舞台登场，电子商务这一新的交易方式随即在全球市场上展开。在网络经济形态下，传统经济规律受到巨大挑战。特别是在需求、供给以及网络外部性方面，边际收益递减规律似乎不再适用。网络经济更关心信息商品、版本划分、网络效应、路径依赖、锁定、正反馈、电子版权、竞争与合作、信息政策等这些在传统经济领域和信息经济初期所没有的新事物、新规律。

由电子商务而派生出的新经济特征与以往的经济形态大相径庭，有其自身的运行规律，主要体现为：

1. 摩尔定律

摩尔定律是网络信息技术功能价格比的变化规律，它揭示了信息技术产业快速增长和持续变革的根源。按此定律，计算机硅芯片的功能每 18 个月翻一番，而价格以减半数下降。摩尔定律反映了信息技术产品的性能价格比，揭示了信息技术产业高速增长的动力源泉。它从 20 世纪 60 年代至今依然发挥着作用，并将在今后持续发挥作用。计算机性能的不断改进与价格的快速下降导致了人类计算成本的显著下降。

2. 梅特卡夫法则

根据梅特卡夫法则,网络价值等于网络结点数的平方,或网络价值随着网络用户数量的增加而呈指数增加。信息网络的扩张效应受梅特卡夫法则支配,或者说梅特卡夫法则反映了信息网络的扩张效应。互联网用户大约每半年翻一番,通信量大约每100天翻一番,这种爆炸性增长必然会带来网络效益的迅速增长。

3. 马太效应

新经济是以信息流组织与支配商品(包括货物和服务)流、资金流、技术流、人力流的经济。在信息活动中,由于人们的心理反应和行为惯性,在一定的条件下,优势或劣势一旦出现,就不断加剧而自行强化,出现滚动的积累效果。这就是所谓的"马太效应"。

4. 边际报酬递增规律

在电子商务时代,信息资源成了新经济中的主要资源,它是可再生和重复使用的,具有无排他性,其成本不随使用量的增加而成比例增加。这从根本上改变了传统工业经济中边际报酬递减规律存在的条件,出现了要素边际报酬递增规律。在社会经济的投入产出系统中,在其他条件不变的情况下,随着要素投入的持续增加,其边际报酬(即边际产出效益)呈递增的趋势。

1.4 电子商务商业模式

1.4.1 商业模式概述

商业模式最早出现于20世纪50年代,直到90年代才开始被广泛使用和传播。今天,虽然这一名词出现的频率极高,但是关于它的定义仍然没有一个权威的版本。

对于商业模式的概念,国际上比较有代表性的表述有:(1) 产生收入、赚钱的方法;(2) 创造价值的商业系统;(3) 企业提供给顾客的价值和为创造该价值、获得收入流所需要的企业及其伙伴网络的体系结构;(4) 描述了产品、服务和信息流的体系结构,描述了商业活动中各个参与者的角色和他们的潜在收益,描述了收入的来源;(5) 从技术输入到经济产出的转换器。

以上对商业模式概念的表述基本上是以价值为核心的,都是从不同的角度强调商业模式中某个组成部分的重要性。可见,商业模式基本上是以满足最终顾客的价值利益为最终目标,从价值链发展到价值网络构建,通过减少成本、增加产出获得附加值是企业协作、共享价值增值的可行方法和必要途径。

那么，究竟什么是商业模式？我们认为，商业模式是指企业在从事某一领域经营时确立的市场定位和赢利目标，以及为满足顾客主体需要所采取的一系列的、整体的战略组合。

1.4.2　电子商务商业模式的分类

1. 电子商务商业模式的内涵

企业在网络环境下的商业运作模式通常被称为“电子商务商业模式”，它是企业运用信息技术特别是网络技术从事生产经营与服务活动、创造利润以维持自身生存与发展所采取的方法与策略的战略组合。

电子商务商业模式的内涵包括三层含义：

(1) 商务活动内容

首先要了解企业的生产经营，搞清楚维持企业生存与发展的业务内容是什么。不同的企业，其生产经营的内容是不同的。企业开展的商务活动的内容应该围绕提高企业核心竞争力展开，生产型企业主要是推出满足消费者需求的产品并提供优质服务，服务型企业主要是从事产品的贸易并提供相关的服务。例如，外贸企业主要从事的是进出口贸易并提供相关的服务。

(2) 价值增值方式

企业业务不同，获取利润的方式也不同。生产型企业依靠产品的附加值获取利润，流通服务型企业通过经销产品的批零差价获取利润，增值服务型企业通过各种增值服务获取利润。例如，外贸企业主要是通过提供进出口贸易代理服务，为其他生产型企业提供市场信息、产品设计指导、营销、采购、咨询等一系列相关的增值服务以获取利润。此外，对自营进出口业务的企业来说，以产品销售差价或代理佣金的形式从代理客户或接受服务的企业那里取得相应的劳动所得收入是其主要的价值增值方式。应用电子商务以后，这类外贸企业主要是通过电子商务综合服务平台为其他企业代理业务、提供服务或自营业务以获取利润。

(3) 应用系统建设

如何安排好商务活动在互联网络下正常运行并使之在网络环境下的价值增值过程比以前创造出更大的价值，一直是应用系统建设需要重点考虑的问题。应用系统建设包括硬件与软件环境的建设，如计算机系统的选型、网络设备的安装与调试、系统软件与应用软件的开发与应用等。电子商务商业模式的应用主要是基于电子商务业务模式下的价值增值方式的具体过程，以及实现这个过程的电子商务应用系统框架建设。

2. 电子商务商业模式的分类

电子商务商业模式应用至今，基本固定并且可靠运行下来、能够被确定为电子商务模式的大致有十类。在这些模式中，成功应用电子商务的企业大多是采用一类或几类模式复合运作。

(1) 代理模式(Brokerage)

通过代理服务平台将买卖双方撮合到一起,增加贸易机会,提高贸易效率,是代理模式的主要任务。该模式的运营代理商提供电子商务服务平台,为交易各方提供中介代理服务。交易的各方在交易系统下可以进行B2B、B2C、C2C交易业务,代理商从其撮合成功的每笔业务中收取包括酬金、佣金、中介费等各种费用,获取一定的利润。交易费用的计算方法和收取规则是代理模型运营成功的关键。

(2) 广告模式

该模式是对传统媒体广告模式的延伸扩展。每个网站都提供免费服务内容,但是在"免费"服务的同时,随之而来的是广告。广告以旗帜广告形式最常见,它是网站企业广告收入来源的重要渠道之一。采用广告模式运营的企业需要具备两个条件:一是站点网页浏览量非常大,二是网站经营高度专业化。

(3) 信息中介模式

在该模式中,有关消费者及其购物习惯的相关信息极具价值,特别是当这些信息被仔细分析并用于指导企业定位市场活动时更是如此。同样,这些信息对于中介方企业来说也是重要的,它们将收集到的生产者的产品或服务信息出售给消费这些产品或服务的企业。信息中介模式使得一些公司可以充当信息中介商,帮助买卖双方、买方或卖方了解特定市场,是一种成功的模式。

(4) 商贸模式

该模式模拟传统的商品和服务的批发商和零售商,销售方式可以是基于列表价格或拍卖。该模式的特点是:在销售的中间环节形成规模效应,实现资源在新的价值网络上的重新分配,消除无效的或效率低下的销售环节。

(5) 厂商模式

该模式能够最大限度地发挥网络的力量,使厂家可以不通过代理商、批发商和零售商而直接接触消费者,使销售渠道更加简约。该模式是基于效率和效益构建的(节约成本,从而降低消费者负担,当然也可以不降低),能够提高客户服务水平,更好地理解客户的喜好,为客户提供个性化的服务,适应市场快速变化的要求,这些都为网络直销模式奠定了基础。

(6) 会员模式

这是一种与门户模式相反的模式。该模式不再追求单一网站的高访问量,只要网上用户访问任何一个会员站点,都会为其提供购买机会。对于会员站点,商家会提供金钱上的激励机制(以折扣的方式体现)。如果会员站点没有产生销售,对于商家来说就没有产生任何成本。该模式的特点是:通过规模的扩大,增加企业和顾客的接触面,拓展贸易渠道,增加市场机遇。基于Internet的网络环境为该模式的生存与发展提供了有利条件。

(7) 社区模式

社区模式又称“团体模式”,它的生存依赖于特定用户群体的忠诚度。用户在网络社区中投入了大量的时间和感情,社区收入主要来源于辅助产品或服务的销售以及自愿捐献。该模式主要通过人才汇集和知识共享获得人气,实现网络资源的最佳配置,达到网络社区整体效益的价值增值。

(8) 订阅模式

该模式的用户要为访问站点付费。高附加值的内容是提供订阅最基本的要求,一般的新闻内容已经被证明不适用该模式。用户订阅服务也可以采用周期性(日、月或年度)付费方式,订阅费用与实际使用率无关。一般来说,站点提供的内容既包括免费内容,也含有“额外费用”内容(具有高附加值,仅仅提供给订阅者或会员)。订阅模式比较适合于经常访问站点的固定用户。

(9) 公用事业模式

公用事业模式又称“按请求付费模式”,采用统计实际使用量的方法计费,类似于传统的水电费和长途电话费等计费服务一样。该模式适合于不经常访问站点的非固定用户。

(10) 专业集市模式

专业集市模式又称“集市模式”,是为各种资源进行有效配置而专门构建的交易市场。在这个市场中,各种资源有效组合和重新配置能够比一个企业仅通过自身配置资源获得更大的效益。该模式的业务领域不仅限于产品交易,需求信息资源、生产性资源、知识性资源和物流资源等各种形式的资源都可以通过专业集市完成资源配置。

3. B2B 和 B2C 电子商务的常用商业模式

上述电子商务的十种商业模式在不同类型的电子商务中又表现为更加具体的模式。其中,B2B 和 B2C 电子商务的商业模式受到最多的关注。

B2B 电子商务的常用商业模式包括:

(1) 在线商店模式

在线商店模式(Online Stores Model)指的是企业在网上开设虚拟商店,以此网址宣传和展示所经营的产品和劳务,进而提供网上交易的便利。这是 B2B 电子商务最基本的商业模式,目前为大多数企业所采用。

(2) 内联网模式

内联网模式指的是企业将内联网络有限度地对商业伙伴开放,允许已有的或潜在的商业伙伴有条件地通过国际互联网进入自己的内部电脑网络,从而最大限度地实现商业信息传输和处理的自动化。

（3）中介模式

中介模式指的是一家中介机构在网上将销售商汇集在一起，商业机构的采购代表从中介机构的网址就可查询销售商或销售的产品。一些专业性较强的网上中介机构通过向客户提供会员资格收取费用，也有的中介机构向销售商收取月租费或按每笔交易收费。

（4）B2B 电子拍卖模式

B2B 电子拍卖模式指的是企业或第三方拍卖机构利用互联网，以商业机构为市场对象组织的拍卖式经营活动。参与拍卖的企业一般都是将过剩或者不用的物资拍卖出去，而另外一些企业则将拍卖市场作为取得廉价物料供应的一个附属渠道。

（5）专业服务模式

专业服务模式指的是网上机构通过标准化的网上服务，为企业内部管理提供专业化的解决方案，使企业能够减少不必要的开支，降低运营成本，提高客户对企业的信任度和忠诚度。

（6）虚拟战略伙伴模式

虚拟战略伙伴模式又称“虚拟公司模式”（Virtual Corporation），是指若干个商业伙伴借助以互联网为基础的 B2B 电子商务平台，组建虚拟公司的运作体系，利用网络优势，共摊成本、共享资源，以达到赢得群体优势、充分提高资源利用效率和创造新的商业机遇等目的。

（7）关联企业模式

关联企业模式指的是企业在互联网上建立网站，专门供相关联的企业交流信息，共享企业信息资源，以使企业的运营更加方便快捷，同时降低成本、减少重复劳动。

B2C 电子商务的常用商业模式包括：

（1）电子经纪模式

电子经纪模式是指以互联网作为一个信息交换平台，连接供应商和消费者，进行商品和服务的交易。它既可以展示大量相同或类似的商品，也可以将节省中间环节的成本转化为价格优势，还可以对同一种商品的不同品牌提供比较服务。

（2）电子直销模式

电子直销模式是指生产企业把自己的销售体系放到网上，最大限度地降低中间环节的信息和利润损失，通过网络获取消费者的需求信息。

（3）电子零售模式

电子零售模式是指以零售企业为主体，通过网络进行商品的销售。电子零售商可以是无所不包的网上商城，也可以是专卖店。网上购物是目前市场推广力度最大的交易形式之一。

(4) 远程教育模式

远程教育模式是指通过计算机网络实现教务和学务管理的远程管理功能，如报名、注册、交费、选课、作业、考试、学习动态管理等。网络教学运用丰富的电脑多媒体形式和虚拟现实技术，围绕教师的讲解内容，生动地表现“知识讲解”过程。在线课程学习者所提供的助学信息、参考资料容量大、更新快、模拟生动。

(5) 网上预定模式

网上预定模式是指通过网络预定旅行团、酒店，购买火车票、飞机票、演出票等。

(6) 网上发行模式

网上发行模式是指利用电子商务，与传统期刊媒体联合搭建网上报刊发行平台，借助现代网络技术，使原有的批销方式、物流传输、结算等路径得到前所未有的改善，大大加快编、发、读三者之间的信息反馈速度。

(7) 网上金融模式

网上金融包括网上银行、网上证券和网上保险。

1.5　电子商务现状及发展趋势

1.5.1　我国电子商务发展的现状

20 世纪 90 年代中期开始，各种商务网站、电子商务业务不断涌现，电子商务取得迅速发展。进入 21 世纪，我国电子商务进入了务实发展阶段，取得了新的成效。

1. 电子商务基础设施条件逐渐完善

近几年，随着我国互联网用户的不断增加，网络基础设施条件不断改善，互联网应用水平逐步提高，为电子商务发展奠定了坚实的基础。我国上网计算机数量、网民数量、网站总数持续增长。到 2008 年 2 月，我国网民数量已达到 2.21 亿，超越美国，居全球第一；IP 地址总数仅次于美国和日本，居全球第三；国际出口宽带量已经超过 370G，年增长率达到 43.7%，域名近 1200 万个，年增长率约 190%，在国家级域名中实用域名仅次于德国，居全球第二；国家顶级域名 CN 注册量突破 100 万，居亚洲第一；网站已经超过 150 万个，网页超过 80.7 亿，年增长率达到 89.4%。这些都为开展电子商务提供了良好的基础条件。

2. 电子商务应用规模不断扩大，企业电子商务成效明显

在良好的网络应用基础条件的支持下，我国电子商务的应用规模逐年扩大，电子商务的潜在市场巨大。据不完全统计，2005 年我国网上购物用户达到 2200

万个，电子商务交易额达 7400 亿元，比 2004 年增长了 50%。2008 年我国电子商务交易总额达 3.1 万亿元，比 2007 年增长了 43%。据第三方调研机构艾瑞咨询监测研究显示，2008 年我国网购交易额接近 1300 亿元，较 2007 年增长达 130% 左右。其中，淘宝网全年交易额为 999.6 亿元，成为我国最大的综合卖场，占社会消费品零售总额的 1%。在市场动力的拉动下，大多数企业都认识到了电子商务对于企业经营管理的重要性，在信息化和电子商务方面的投入不断增加。根据商务部的调查，65% 的被调查企业认为电子商务对本企业发展是非常必要的，而且绝大部分的企业都已经开展了不同形式的电子商务活动：41% 的企业开展了电子商务业务，40% 的企业通过第三方电子商务网站开展商务活动。

国民经济重点行业和骨干企业的电子商务应用不断深化。不仅如此，电子商务的行业应用进一步普及，外贸、能源、制造、金融等行业成为发展电子商务的先行行业。在经济发达的东部地区，行业网站发展迅速，仅浙江地区就有上千家，约占全部行业网站的 1/2。网络化的生产经营和消费方式逐步形成。据统计，2005 年，我国企业网上采购商品和服务总额达到 16889 亿元，企业网上销售商品和服务总额达到 9095 亿元。面向消费者的电子商务的模式日益创新，基于网络和数字化产品的服务不断涌现。

在电子商务应用不断扩展和深入的过程中，企业也获得了较好的成效。大型企业通过网络采购带动了上下游企业应用电子商务。连锁配送企业应用电子商务获得了事半功倍的效果。许多中小企业通过网上营销等方式积极应用电子商务。商务部认为，在目前的经济形势下，应用电子商务的中小企业的生存状况远远好于应用传统模式的企业。有统计资料显示，在金融危机中，未应用电子商务的企业陷入困顿的比例达 84.2%，而应用电子商务的企业陷入困顿的比例为 15.8%，两者相差近 5 倍。不仅如此，电子商务的发展还带动了物流业的发展。有统计资料显示，2008 年我国社会物流总额为 89.9 万亿元。在当前金融危机的背景下，电子商务的发展无疑为现代物流业提供了一次难得的发展机遇，我国物流业的发展还有很大的空间。

3. *电子商务发展软环境逐步改善*

电子商务的蓬勃发展离不开良好的政策环境。进入 21 世纪以来，我国先后颁布了一系列涉及网络管理、电子政务、电子商务等的法律法规，为电子商务的发展提供了良好的支持和保障。2005 年 4 月 1 日起，《电子签名法》正式实施，从法律上确认了电子商务认证（或称“CA 认证”）中心与数字签名的法律地位，明确了各方责任，使电子商务活动中的各类单证、签名得到法律保障。电子商务标准建设也得到重视，启动了“电子商务应用标准建设与发展研究”项目。有关电子商务安全认证标准初步形成，全国已建立了约 60 个电子商务安全认证机构。与安全标准、电子签名、密码系统等相关的核心技术开发受到重视并加大了投入力度。此外,由中国人民银行与国家工商总局牵头建设的全社会信用体系也在逐步建设与完善,将大大促进我国电子商务的规范化发展。

2005—2006 年,我国先后发布了《国务院办公厅关于加快电子商务发展的若干意见》、《2006—2020 年国家信息化发展战略》等重要文件,从国家高度确立了电子商务的战略地位,明确了电子商务的发展方向和重点。2007 年 6 月 1 日,国家发展和改革委员会、国务院信息化工作办公室联合发布了我国电子商务发展的指导性文件《电子商务发展"十一五"规划》,明确提出了"十一五"期间我国电子商务发展的总体目标:到 2010 年,电子商务发展环境、职称体系、技术服务和推广应用协调发展的格局基本形成,电子商务服务业成为重要的新兴产业,国民经济和社会发展各领域电子商务应用水平大幅提高并取得明显成效。同时,规划还从提高电子商务应用水平、培育电子商务服务体系、提升企业创新能力和完善职称环境四个方面提出了我国电子商务发展的具体目标。

除国家战略、指导性文件和各类法律法规以外,各地区、各部门相继制定了一些配套措施,加大了对电子商务发展的扶持力度。2007 年发布的《北京市"十一五"时期国民经济和社会信息化发展规划》明确提出:北京市要加强技术研发,完善政策法规,加快信用、认证、标准、支付和现代物流体系等方面的环境建设,加快汽车、电子信息、石化新材料、装备制造、生物工程与医药、都市工业等行业的电子商务示范和推广,加强电子商务在政府采购中的应用,力争使北京市成为全国电子商务中心。此后,北京市先后实施了网上零售业、网店新规、虚拟货币实施征税等一系列新规,虽然在实际操作中的确遇到了很多困难,但是也逐步完善了电子商务监管方面的欠缺。2008 年,《上海市电子商务发展"十一五"专项规划》发布。2009 年 3 月,我国首部地方性电子商务法规——《上海市促进电子商务发展规定》正式实施,明确定义了电子商务的范围,对电子商务企业进行了分类,特别列出了上海市优先支持的促进电子商务发展项目,并针对企业经营信息、电子商务交易信息、个人信息采集与使用、商品或服务的承诺、电子商务平台的义务、消费者保护等方面的问题作出了具体的规定。《上海市促进电子商务发展规定》填补了国内电子商务法律法规领域的空白。

在电子商务需要的其他支持环节,网络支付、物流配送、人才教育等也在逐步改善。目前,我国已经基本建成全国性跨银行支付系统,一些专门为电子商务服务的物流配送企业也相继出现。电子商务人才的教育和培训发展较快,全国已有 275 所高等院校开设了电子商务专业,初步形成了多层次的电子商务职业教育和培训体系。全社会电子商务应用意识不断增强,形成了良好的社会氛围。

1.5.2　我国电子商务发展存在的主要问题

我国仍处在向市场经济转变的过程中,传统商务环境不及欧美发达国家健全。虽然电子商务在近年来经济形势良好的情况下取得了较快的发展,国家相继出台了一些战略规划、法律法规,但是仍然存在许多制约电子商务发展的问题。特别是软环境建设的现状仍不能满足电子商务快速发展的要求,无法充分发挥电子商务在加速经济增长方式转变、提高经济运行效率等方面的促进作用。具体而言,在交易过程中涉及的电子认证、安全防护、隐私权保护、在线支付、信用管理和市场监管体系建设、现代物流等方面的问题表现尤为突出,尚需制定明确的法规、条例,发展环境有待进一步完善。这些问题主要表现在:

1. 安全与隐私问题

电子商务采用数字化方式进行商务数据交换和开展商务业务活动。各种商务平台、交易平台、支付平台应当认真负责地执行买卖双方委托的任务,并积极协助双方当事人成交。其中,认证中心扮演着一个监督管理买卖双方签约、履约的角色,买卖双方有义务接受认证中心的监督管理。在整个电子商务交易过程中,包括电子支付过程中,认证机构都有着不可替代的地位和作用。虽然目前我国还没有一个对于电子认证的统一规范和标准,但是各行业、各地区、各部门建立的电子认证机构已多达百余家,部分银行也开始做自己的认证系统。CA 认证对电子商务买卖双方的交易有着非常重要的作用。从电子商务产业的未来发展角度看,第一,需要国家从交易、支付、虚拟货币的监管角度,统一各种分散的 CA 认证体系;第二,需要考虑买卖双方认证、订单认证、虚拟货币认证的统一注册问题;第三,需要将 CA 认证的发展与应用相结合,例如在推行 B2G 的业务过程中(企业网上纳税等)推广 CA 的应用。

2. 电子支付问题

国内电子支付市场目前主要包括三种业务形态:银行或银联的电子支付平台、第三方支付服务商的电子支付平台以及企业内部自行建设的电子支付平台。

在行业发展过程中,逐渐暴露出如下一些问题:虚拟货币作为新的货币形式,是虚拟金融体系的重要组成部分,应在纳入央行的监管体系之前及早防范风险;电子支付服务的风险管理、自律与监管体系需要建立和加强;电子支付运营资格的认定、保护与发展问题;支付服务客观上提供着金融外延和金融增值服务,应明确其业务范围,促进其业务大胆创新;要警惕支付行业内无序甚至恶性的竞争损害支付服务,甚至对电子商务业务的发展起到负面冲击作用。在保护电子交易的同时,国家要考虑从支付认证、支付标准、交易透明度等角度,为工商管理、税收征管、政府的行业管理业务统一筹划建立一些标准上的、技术上的和政策上的准备;要高度警惕电子支付行业中的洗钱、国际支付转移、国际信用卡盗窃、国际交易税收流失等问题,放任电子支付行业而不加以监管的风险很大。建立和实现安全、简单、大众化的电子支付功能,是国内电子商务发展的要求,也是政府、银行和支付服务商共同的责任。

3. 诚信与监管问题

目前,我国的信用评价和监管机制还不健全,尚处在多头管理的阶段。一些信用评价机构本身服务的诚信可能就有问题,全社会的诚信意识还没有建立。一些个人和企业没有为经常性的违约、失信付出代价。这种"守信却得不到更大利益"、"失信也不会得到更大惩罚"的现象,给商业交易带来了很高的交易成本,也制约了传统商业走向电子商务的步伐。

与传统商业相比,电子商务中,买卖双方通常是不见面的,更加需要参与者诚实守信。买卖双方信用状况信息不对称甚至缺失,往往凭经验直觉、网上交流、网下调查等进行综合判断,而网下调查的成本很高,有些业务很难调查到。这样,在交易信息、供货、付款等方面很容易出现诚信问题,影响用户对网上交易的信心。为了促进电子商务行业的健康发展,传统商业模式下的信用模式需要尽快完善,信用数据应尽快共享;同时,需要为电子商务的参与者建立必要的、实用的、符合电子商务特征的信用模式和信用数据管理机制。健全信用管理体系涉及的因素较多,与信用有关的立法、执法是重中之重。我国已经出台了《电子签名法》,未来可能还需要有电子商务企业信用管理办法、网上拍卖交易管理办法、电子商务税收等一系列的政策法规。此外,金融领域的信用管理体系也很重要,它直接影响电子支付和正常服务的履约,关系到电子商务的效率和质量。可以说,底层的信用体系会影响客户端对电子商务的信任、信心与效率。

4. 物流配送问题

国内涉足电子商务的企业都已意识到物流配送的重要性,也取得了一些成效。但是,由于筹建物流体系需要庞大的资金支持,现阶段网络销售市场也还不成熟,并且在送货费过高、货物回收、资金回笼、售后服务等问题上尚未找到合理的解决方案,网上零售只能寄生于传统零售企业;加之管理落后,许多消费者在网上购物时都曾经历过面对琳琅满目的商品,点击后却出现"已卖完"、"货未到"、"待进"等字样。出现这些问题的真正原因是缺乏一个完善的现代物流配送体系。要实现真正的"电子商务",还需要一个较长的时间完善物流配送系统。

5. 创新问题

随着电子商务的发展,越来越多的网民感到不同网站之间内容相仿,功能大同小异。我国电子商务目前仍停留在对传统商务模式和海外先进的电子商务经营模式的模仿和移植水平上,很少创新,尤其缺乏与我国国情结合的创新。这在某种意义上是一种重复建设,加剧了电子商务行业的竞争。怎样与我国实际相结合,充分发挥电子商务的优越性,实现具有现实意义的电子商务与商务模式的创新,是摆在我国电子商务业界人士面前的一大课题。

6. 人才问题

当前,众多电子商务企业在发展过程中都遇到了一个瓶颈问题——人才,尤其是缺乏稳定的技术人才队伍。一方面,由于企业的人才激励机制不健全,同类企业之间人才流动率高。据报道,北京中关村一带的企业人才流动率达20%以上。这种高人才流动率造成企业内部的商业信息和技术秘密的泄露,给企业带来巨大损失。另一方面,人才市场上缺乏既懂网络技术又懂经营管理的复合型人才,也是制约电子商务发展的一大障碍。资金与人才是发展我国电子商务不可或缺的两个基本因素,但是即使拥有强大的资金来源,人才的欠缺也会使资金无用武之地。

1.5.3 电子商务的发展趋势

1. 电子商务技术的发展趋势

从电子商务技术的发展趋势看,在传统电子商务技术应用方面,将出现面向对象整体的解决方案,主要有以下几个表现:

(1) 广泛采用计算机协同工作技术,依赖协同作业体系。计算机协同工作为人们提供了新的交流方式,多部门按一定规范相互配合,协同工作,共同完成有关的电子商务活动。

(2) 开发面向中小用户的解决方案。目前的电子商务平台大多是企业与企业之间的电子商务解决方案,还没有较好的面向中小用户的解决方案。当中小企业成为电子商务的主体后,面向中小企业用户的解决方案的开发就势在必行。

(3) 研制柔性电子商务系统。用户可以对电子商务系统的应用提出具体要求,运用该系统能够生成符合用户要求的、可伸缩的电子商务系统。

(4) 出现移动嵌入式可自动生成的电子商务技术。采用该技术,可以在各个企业、部门和个人计算机系统中自动生成可嵌入的小型电子商务系统。

此外,下一代互联网、新一代移动通信(如3G)、无线射频识别(RFID)等新技术与电子商务相结合,移动商务将成为电子商务未来发展的主流。随着这些关键技术的应用和普及,电子商务的技术支撑手段更趋丰富,将进一步降低电子商务的进入门槛和经营成本,丰富电子商务的形式和内容,拓展电子商务的发展模式与创新空间,推动各类电子商务运营企业依托更先进的网络基础设施提供高效、便捷、人性化的新型电子商务服务。

2. 电子商务应用的发展趋势

目前,我国电子商务应用的潜力尚未被完全发掘出来,应用前景非常广阔。电子商务对整个社会经济进行着全方位的改造,其应用范围逐步渗透,应用层次逐渐深入。

(1) 电子商务的深度进一步拓展,全面融入企业经营管理的各个环节

随着社会的进步和科技的发展,电子商务将向纵深挺进,新一代电子商务会逐渐浮出水面,取代简单的网店、门户等初级电子商务形态。企业逐渐把电子商务的界面延伸到运营、管理的核心业务流程,将客户关系管理、供应链管理延伸到互联网上,使产品和服务更贴近用户需求。实时、互动成为企业信息交流的共同特点,网络成为企业资源计划、客户关系管理和供应链管理的中枢神经。企业创建新的价值链,形成高效的战略联盟,共同谋求更大的利益。作为与经济全球化和信息全球化相适应的一种经济运行方式,电子商务与产业发展的融合不断深化,将有效推动商贸流通等传统产业的改造升级,支撑金融、贸易、物流等领域新业态的创新发展,促进社会经济活动向集约化、高效率、高效益、可持续的方向发展。

(2) 电子商务向各行各业迅速渗透,面临国际化机遇与挑战

电子商务从其诞生开始,就遵循着一定的发展路线和轨迹。首先从金融服务业开始,其次是大型跨国公司,接着是传统加工制造业、零售企业和中小企业,电子商务逐步实现对传统产业、零售业和中小企业的嫁接和改造。随着在经济领域的成功应用与发展,电子商务逐渐扩散到政府、教育、医疗卫生、军事等公用事业部门。

随着全球经济一体化进程的加速,企业在国际市场上的竞争越来越多地与国际要求接轨。电子商务作为现代商务的一个主流模式,也必将渗透到国内各行各业。我国企业可利用互联网超越时空的特性,延伸企业经营管理的触角。当然,国外的企业也将进入到我国。这是各行各业所能作出的必然的、唯一的选择,也是对我国传统经济的一个严峻挑战。

(3) 电子商务网站出现融合、互补与联盟的热潮,更具专业性与竞争力

目前,互联网上大大小小的网站有上千万,为数不少的网站定位相近、业务内容趋同。因此,在今后一段时期内,电子商务行业内部将会出现资源整合,实现多方共赢。处于领先地位的电子商务企业在资源、品牌、客户规模等方面具有很大优势,这些具备良好基础和发展前景的网站要发展,必然采取互补性收购策略,结成战略联盟。个性化、专业化是电子商务发展的趋势。各个网站在资源方面是有限的,而客户的需求是全方位的,不同类型的网站以战略联盟形式相互协作将成为必然趋势。这一发展趋势可能出现三个方向:第一,同行兼并,由少数优秀的电子商务运营企业把持主流电子商务平台资源;第二,优势互补,与相关行业展开密切合作,形成互补共赢关系;第三,与传统行业展开合作,获取传统行业竞争优势。无论选择哪一种形式或方向,电子商务中的资源整合是大势所趋,整合后的电子商务平台将更为专业、安全、便利,更具竞争性。

(4) 行业电子商务成为发展的主流,电子商务服务业将成为新的增长点

电子商务进入迅猛发展时期的典型特征是风险投资、网站定位从以往的"大而全"模式转向专业细分的行业商务门户。面向消费者的垂直型网站和专业化网站前景看好,面向行业的专业电子商务平台发展潜力巨大。电子商务企业只有进行认真的市场细分研究,才能适应消费者对电子商务的不同需求。第一代电子商务专注于内容,第二代电子商务专注于综合性电子商务,下一代的行业电子商务将把增值内容和商务平台紧密集成,充分发挥 Internet 在信息服务方面的优势。

随着电子商务在信息服务方面的优势的逐步发挥和显现,将形成良性发展循环:基于网络的各类外包服务将逐渐被企业广泛接受,各类软件企业、信息技术服务机构将涉足电子商务服务,电子商务服务模式不断创新与丰富,面向企业和消费者的电子商务服务范围不断拓展,电子商务企业的运营能力与水平逐渐提高。随着电子商务运营企业整体实力的不断增强,电子商务服务的市场规模将不断扩大,电子商务服务业将成为现代服务业的重要组成部分,呈现出广阔的发展空间。

1.6 电子商务应用研究的理论与热点

1.6.1 电子商务应用的架构理论

1996 年,美国学者卡拉科达和温斯顿率先提出了电子商务的架构理论,认为电子商务的应用主要是由两大支柱支撑的,一个是公共政策、法律及隐私权的问题,另一个是文件、安全和网络协议的技术标准。1997 年,他们对这两大支柱的架构理论再次作了阐述和补充。

根据卡拉科达和温斯顿创立的电子商务架构理论,整个电子商务的架构由左右两根支柱、连接两根支柱的基础设施以及建立在基础设施之上的电子商务应用三部分组成。其中,电子商务的应用模式包括供应链的管理、视频点播、在线采购、在线营销及广告、在家购物以及远程金融服务等。这些应用是由公共政策、法律及隐私权的问题支柱与文件、安全和网络协议的技术标准支柱支撑起来的,连接这两大支柱的是商业服务基础设施、信息传递基础设施、多媒体内容与网络出版基础设施以及网络基础设施。

2000 年,美国学者托本对电子商务两支柱的架构理论作了扩充,提出了四个支柱的理论。他认为,整个电子商务的架构可以看成是一栋由四根支柱支撑起来的房子:位于最上面的是电子商务的应用模式,包括电子证券、电子银行、电子采购、网络营销、网络广告、虚拟购物、虚拟旅游、网上拍卖、在线出版等。位于

中间的是支撑房子的四个支柱,分别是:人、公共政策、技术标准和组织。从人来说,包括买家、卖家、中间商、服务商、信息系统人员、管理人员等;从公共政策来说,包括税收政策、法律法规、隐私政策等;从技术标准来说,包括文件格式标准、安全标准、网络协议、支付协议等;从组织来说,包括交易伙伴、竞争对手、各种协会组织、政府机构等。在支柱的下方是基础结构,由五个方面的基础结构组成,分别是:(1) 商业服务基础结构,如智能卡的安全与认证、电子支付、电子目录等;(2) 信息传递基础结构,如电子数据交换、电子邮件、超文本传输协议等;(3) 多媒体内容与网络出版基础结构,如超文本标记语言、Java 语言、万维网、虚拟建模标记语言等;(4) 网络技术基础结构,如电信网络、有线电视网络、移动网络、Internet、增值网、广域网、局域网、企业内部网、企业外部网等;(5) 接口基础结构,如与数据库的接口、与用户的接口、与应用程序的接口等。托本认为,所有这些电子商务的应用、基础结构以及支柱,都是通过电子商务的管理进行协调的。

2002 年,托本对电子商务四支柱的架构理论再次作了修正,提出了五个支柱的理论。五个支柱分别是:人、公共政策、营销与广告、支持服务以及业务伙伴。从人来说,包括买家、卖家、中间商、服务商、信息系统人员以及管理人员等;从公共政策来说,包括税收政策、法律法规、隐私政策、监管政策以及技术标准等;从营销与广告来说,包括市场调查、促销手段以及网上内容等;从支持服务来说,包括物流、支付、内容服务以及安全系统的开发等;从业务伙伴来说,包括会员制计划、企业合资、交易所、电子市以及企业联盟等。

电子商务架构理论的提出与不断完善,对整个电子商务领域作出了清晰的阐述,不仅有助于人们理解电子商务各组成部分之间的关系,而且有助于指导电子商务领域的研究。

1.6.2　电子商务领域的研究热点与趋势

近年来,在电子商务应用方面,研究热点主要集中在供应链管理、传统行业的业务流程电子化重组上;在电子商务技术方面,研究热点主要集中在数据库、安全技术、电子支付上;在电子商务中的经济管理问题方面,研究热点主要集中在电子商务的现状研究与发展预测、信任与风险研究以及市场营销上;在电子商务环境方面,研究热点主要集中在电子商务的政策与法规上,其中主要是关于税收方面的研究。

电子商务的研究热点正逐渐从基础理论阶段转向理论—实用阶段,电子商务的基础理论、现状与发展前景的研究热度逐渐下降。目前,电子商务领域的研究热点主要集中在供应链管理、传统行业的业务流程电子化重组、安全技术、电子支付等方面。

当前对于电子商务及其相关领域的研究主要包括信息系统管理、应用系统与技术、信息系统开发、信息系统学科研究四个主题,研究的视角涉及应用技术、组织行为学、经济学、社会学、管理科学等多个学科。在国内外学术会议提交的众多研究成果中,电子商务领域涵盖了十个热门主题中的四个,包括 EC/EB、WEB 技术、WC 以及 Data Mining/BI。

在研究视角上,组织行为学成为学者们青睐的切入点,越来越多的研究开始注重 IS 的接收问题,也就是强调信息系统在研发和推广过程中如何让企业、政府、个人充分接收的问题,由单纯的技术发展到技术与组织行为并重成为该学科的一个重要发展方向。交叉研究在当前电子商务和供应链的研究中越来越明显。根据对国际会议论文涉及的学科领域分布的统计,组织行为学(37%)、技术研究(18%)、管理科学(18%)、社会学(14%)、经济学(9%)成为研究的重要手段。特别是在与电子商务相关的信息系统与技术、信息系统管理等领域,交叉研究更是明显。因此,学科交叉互补、联合研究成为一个重要的发展趋势。

从研究主题看,自 2004 年以来,电子商务领域的研究热点变化很大。信息系统管理方面的研究从 IS 接受逐步向 IS 实施与项目管理以及 IS 价值与评估发展。信息系统与技术方面的研究也从传统的电子商务向知识管理、移动商务、数据挖掘以及商务智能方向拓展和深化。

随着电子商务的发展和电子商务研究的逐渐扩展和深入,会出现许多基于电子商务体系的新知识体系、法律体系、价值体系、社会组织体系理论。电子商务的发展需要新的经济理论指导,同时又推动新经济理论的产生。届时,围绕电子商务将形成一整套全新的由电子商务经济学、电子商务管理学、电子商务组织学、电子商务法学等一系列相关学科组成的理论体系。

综合实验一

电子商务商业模式

选择下列任何一个网站,试根据网站运行的现状和预测情况分析其电子商务的分类、商业模式、赢利模式,并提交一篇小论文。

慧聪网(http://www.hc360.com)

阿里巴巴(http://www.alibaba.com)

中国化工网(http://china.chemnet.com)

东方钢铁(http://www.bsteel.com)

淘宝网(http://www.taobao.com)

当当网(http://www.dangdang.com)

东方 CJ(http://www.ocj.com.cn)

百度(http://www.baidu.com)

本章小结

本章介绍了电子商务的起源、发展以及未来发展趋势。从20世纪70年代开始，随着电子信息技术的发展、更新，电子商务的发展大致经历了EDI商务和互联网商务阶段。在互联网用户群体不断扩大的背景下，互联网电子商务仍将在今后一段时期内深入发展。与此同时，以移动、互动等新技术为代表的移动商务将引领未来电子商务发展的潮流。

电子商务至今还没有形成被广泛接受的统一定义。电子商务的定义主要包含几个方面的含义，其要点包括：商务活动，包括企业间和企业内部的商务活动；采用电子方式的形式；涵盖交易的各个环节；达到提高商务效能的目的。

电子商务活动可以按照不同的划分标准进行分类。这些分类都是为研究电子商务服务的，最典型的分类方法是按照参与电子商务交易的对象进行分类。

与传统商务活动直线型的交易结构相比，电子商务具有多重功能，这些功能大部分源于电子商务所基于的电子手段载体，如广告宣传、咨询洽谈、服务传递、意见征询等。这些功能的存在使得电子商务比传统商务更具便利性、协调性。但是，由于现实中使用电子商务所需要的技术、环境等方面的要求，使得电子商务还存在一些有待完善的地方。

在网络环境下，企业生产经营采取了与以往不同的手段、方式，电子商务也由此产生了各种不同的商业模式。到目前为止，已经被成功应用的电子商务商业模式有十种，其中B2B和B2C商业模式是最受关注的两种。

由于在社会经济活动中的广泛使用，电子商务的兴起和发展对社会各个领域都产生了重大、深远的影响。随着电子商务自身在未来较长时期内的不断深入发展，它还将进一步改变社会经济活动的各个方面。使用电子商务的最直接受益者是企业，可对企业的各种成本控制产生积极的影响。电子商务对于整个社会也将带来巨大的潜在效益。我国电子商务的发展除了有其他国家在发展中普遍遇到的问题外，还存在一些由于传统商务环境不健全而导致的问题。近年来，随着国家对电子商务发展的逐步重视，我国电子商务的发展环境有了较大的改善。未来随着新技术、新应用的出现，应该结合我国电子商务发展的实际情况，在把握基本趋势的前提下，努力加快我国电子商务的发展。

思考题

1. 为什么说电子商务的产生是必然的？简述其发展阶段及未来发展趋势。
2. 简述电子商务的定义与内涵。
3. 与传统商务相比，电子商务有何特别之处？
4. 开展电子商务对企业而言有何益处？

5. 简述电子商务的特点。

6. 电子商务有哪些基本的分类形式？具体可如何进行分类？

7. 对于企业而言，有哪些可以选择的电子商务商业模式？

8. 结合一些其他资料，试述我国电子商务发展目前面临的问题及其解决思路。

9. 查阅有关文献，试列举电子商务应用研究的其他理论 1—2 个。

10. 查阅有关文献，说明近期电子商务研究的关注点主要有哪些。你对其中哪一点比较有兴趣，为什么？

参考文献

1. 汪应洛：《电子商务学科的理论基础和研究方向》，载《中国科学基金》2007 年第 4 期。

2. 汪应洛：《中国移动商务研究和应用的回顾与展望》，载《信息系统学报》第 2 卷第 2 辑，清华大学出版社 2008 年版。

3. 杭州市信息化办公室编：《中国电子商务之都 2008 年度发展报告》，浙江大学出版社 2008 年版。

4. 陆川主编：《电子商务概论》，对外经济贸易大学出版社 2007 年版。

5. 庞大连、张冰新主编：《电子商务概论》，北京大学出版社 2008 年版。

6. 杨路明、薛君、胡艳英主编：《电子商务概论》，科学出版社 2006 年版。

7. 杨路明、薛君、胡艳英主编：《电子商务》，北京理工大学出版社 2008 年版。

8. 鲁耀斌、邓朝华、陈致豫：《移动商务的应用模式与采纳研究》，科学出版社 2008 年版。

第二章　电子商务的软硬件工具

引例

Lands' End(http://www.landsend.com/)成立于1963年,是一家在服装、箱包和日用百货领域领先的老牌零售商,也是世界上15家最大的邮购公司之一。Lands' End很早就开展目录邮购业务,特别重视与顾客之间的交流,开通了800免费电话供顾客咨询,并有专门的顾客购物咨询专家。

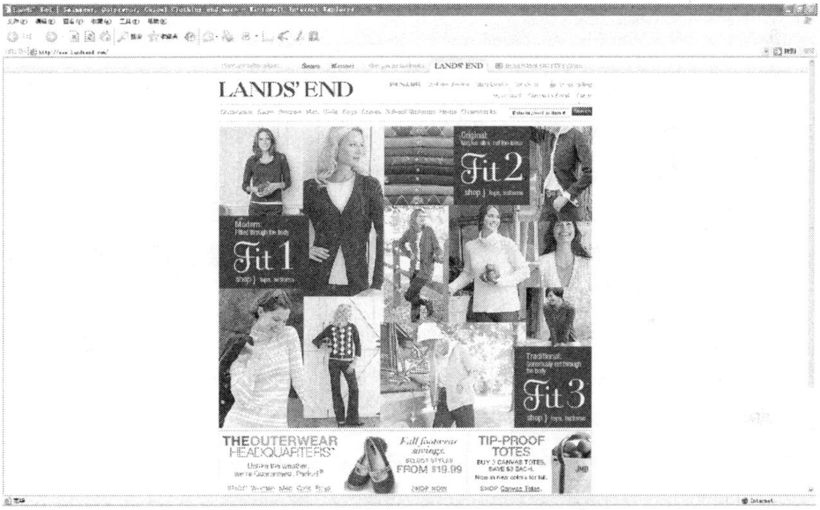

图 2-1　Lands' End 电子商务网站主页

随着信息技术的发展和互联网的普及,Lands' End在互联网上逐渐开展了电子商务。1995年,Lands' End建立了公司网站,当时有大约100种商品。后来,Lands' End不断地在网站上增加产品和服务。例如,对公司所有商品,都有实时的、个性化的交互式导购员,以及"大家一起购物"(能够使不同地点的顾客在网上交谈)系统和购物广告。这些技术和服务,进一步扩展了传统的目录购物方式给消费者带来的购物体验。网站上的导购专家可以通过网上聊天方式帮助顾客找到自己想要的商品。Lands' End在2003财年的销售额突破了15亿美元大关。同年, Lands' End更向全世界发出了2.5亿本每本价值1美元的商品目录。目前,客户可以一年365天、一天24小时拨打销售和客户服务热线。专卖店每天营业16小时,以便帮助客户选择合适的尺寸。Lands' End旗下共有8

本邮购目录。其中,the Lands' End Catalog 不但提供当月货品展示,还包括知名作家写的文章。你只要在网站登记,就可以每月收到免费的邮购目录。

为了让顾客在网上体验到实际的逛街感觉,Lands' End 提供了网络购物中的逛街情境,并且利用实时聊天功能,让女性在网上逛街时可以互相沟通,增加了许多沟通乐趣。不论何时何地,顾客对 Lands' End 在网上提供的商品有任何问题,都可以向在线店员实时询问相关讯息。更妙的是,Lands' End 为爱一起逛街的女顾客设立了"姊妹淘逛大街"(Shop with a Friend)的实时对谈服务。无论你的好姊妹远在东京还是纽约,都可以通过网络,跟你一起逛 Lands' End 虚拟大街,一边看网上展示的最新服装,一边运用网站提供的实时聊天软件交换趣闻八卦。

为了在互联网上开展电子商务,Lands' End 背后的一支经验丰富的技术团队付出了巨大努力。他们不仅要负责实施公司的网络业务,不断开发新的网页,还要做一些日常的网站维护工作,以使公司网站运行正常。实施电子商务后,他们还要密切监测企业网站,以确保顾客在任何时间浏览网站都有一致的感受。网站自构建以来,平均每年浏览量都会翻倍,而网站的升级以及公司业务上的不断改善都对技术团队提出了很大的挑战。

随着 Web 技术的不断发展和完善,Lands' End 电子商务的绩效目标也在发生着变化。例如,需要不断地缩短在顾客计算机上装载网页的速度,使得顾客能够更快地浏览网页。在网站成立初期,在顾客计算机上装载网页平均需要 15 秒左右,而现在则不到 3 秒。此外,在每年的 11 月之前,技术团队必须完成对网站的更新和改造,因为假期销售季节即将来临。Lands' End 40% 的销售量都发生在 11 月到 12 月之间,因此不该在此期间对网站作任何改变。

Lands' End 服务器硬件是由 Sun 和 IBM 计算机混合组成的,它们被其他的计算机管理以解决网络堵塞问题。一些网站的高级特性,例如具有大量图形的个人虚拟模型,都被创建并存储在另外的一些计算机上。这些计算机被置于 Lands' End 分销总部,它们运行的是 Sun 公司的 Solaris 系统以及 Apache 网络服务器软件。为了监测网站的绩效,技术团队开发了监测软件,同时采用 Keynote Systems 度量一些特殊网页负载的速度,以及每天不同时段交易处理的速度。

资料来源:Gary P. Schneider, Electronic Commerce (Seventh Edition), Thomson Learning Inc., 2007.

2.1 网络服务器

网络服务器计算机的主要任务是响应客户机的请求,主要包括服务器计算机(硬件)、操作系统软件和服务器软件。

2.1.1 网络平台

企业在日常的生产经营中,有很多的商业需求需要网络支持。因此,一个企业可能存在多种类型的网络平台,不同类型的商业需求决定了网络平台中应该采用的软硬件配置情况,以及相关的资金成本和人力资本。网络平台有以下几类:

1. 试验性网站(Development Sites)

试验性网站通常是企业用于测试网站设计的网站。一般来说,这些网站功能比较简单,主要是为了让测试者对网站有一个初步的认识,并可以通过客户端机器在 LAN 上进行测试。

2. 内联网(Intranet)

内联网是利用互联网技术构建的一个企业、组织或者部门内部提供综合性服务的计算机网络。在内联网中,可以共享一些如表格、会计报表、内部备忘录以及公司手册等文档,因此可以用于公司内部信息的迅速发布。内联网的组建简单,管理容易,且安全性较高。

3. 外联网(Extranet)

如果一个公共网络连接了两个或两个以上的贸易伙伴,一般被称为企业的"外联网",它是内联网的一种延伸。经过授权的贸易伙伴可以通过外联网共享企业系统内部的部分资源。外联网可以通过互联网或公司内部网络更新公司数据库,从而保持公司数据库的活力。每当内部或外部信息更新时,外联网向数据库中存储数据或检索数据库并实时更新。外联网可以使企业提高生产效率,降低生产费用,实现跨地区的各种项目合作,还可以为客户提供多种及时有效的服务。

4. 交易处理网站(Transaction-Processing Sites)

交易处理网站通常用于处理 B2B 和 B2C 的商务活动,因此要求网站能够每周 7 天、每天 24 小时不间断地运行和处理业务,对服务器的速度和可靠性有很高的要求。此外,还应该有一些额外的计算机用于处理网络流量拥挤时的状况。更重要的是,这些网站还必须使用高效且容易升级的软件,以应对网站的更新和负载的增加。例如,图 2-2 所示的淘宝网。

5. 内容传递网站(Content-Delivery Sites)

我们经常可以见到一些专门用于显示新闻、文字资料等信息的网站,例如中国知网(见图 2-3)。对于这类网站,客户通常需要能够快速准确地找到需要的信息。因此,网站应该具有功能强大的搜索引擎,并且网页的内容应该迅速地显示在用户屏幕上。此外,这类网站通常也需要每周 7 天、每天 24 小时不间断地运行。

图 2-2 淘宝网(www.taobao.com)

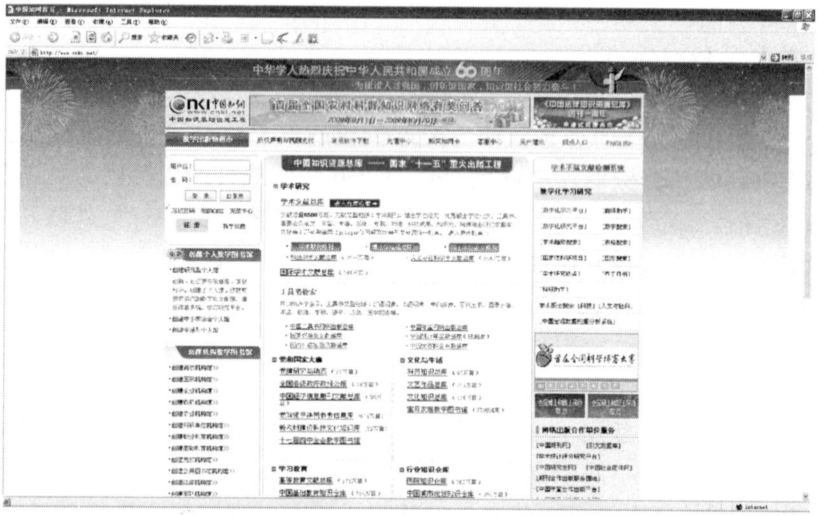

图 2-3 中国知网(www.cnki.net)

2.1.2 服务器计算机

局域网、广域网和互联网都采用客户机/服务器结构,客户机向服务器请求服务,服务器处理客户机的请求。这个过程中, WWW 客户机/服务器通信、传输页面类型以及客户机/服务器结构等因素使得运行服务器功能的计算机一般比所服务的客户机有更多的内存、更大的硬盘驱动以及更快的处理速度。

1. WWW 客户机/服务器通信

通过互联网的连接进入 WWW 的个人计算机就是覆盖全球的客户机/服务器网络中的一台客户机。WWW 客户机向远程服务器请求文件，该请求被浏览器转换成 HTTP 格式后送到服务器。服务器收到请求后，搜索客户机请求的页面或者其他信息，并转换成 HTTP 格式通过互联网送回发出请求的客户机。到达客户机后，浏览器在确定这条信息是 HTML 页面后，根据页面中的 HTML 代码所确定的指令在客户计算机上显示出该页面。有时，客户机的一个简单请求会要求服务器作出上百个独立的响应以寻找和传输信息。可见，如果一个 WWW 页面包含多个图形和其他对象，显示的速度会很慢，因为每个元素（如每个图片或多媒体文件）都会要求一个独立的请求和响应。

2. 传输页面类型

系统应客户机的要求所传输的页面组合和类型会大大影响服务器性能。动态页面的内容是应客户机的请求由特定的程序确定的，而静态页面则从磁盘搜索固定内容的 WWW 页面。如果一台服务器主要传输静态页面，其性能要好于传输动态页面的同档次服务器。因为静态页面传输比动态页面传输所需的计算能力小，而在传输动态页面时，不同服务器的性能差异很大。

3. 客户机/服务器结构

在网页传输中常采用两层客户机/服务器结构，即仅包括一个客户机和一个服务器，所有的通信都发生在客户机和 WWW 服务器之间。在这种结构中，信息的生成与阅读都是在客户机和服务器上进行的。在电子商务中还采用三层结构，即允许 WWW 服务器在响应客户机的请求之前进行一些额外的处理（如从数据库生成动态页面所需的信息）。三层以上的结构称为“多层结构”。其中，第三层通常是向 WWW 服务器提供消息的应用软件，WWW 服务器在响应客户机请求时可以用这些软件的输出。有四五层甚至更多的结构还包含数据库与数据库管理系统，它们与应用软件共同生成信息，供 WWW 服务器转换成响应客户机请求的页面。例如，多层数据库支持的一种典型服务是具有搜索、更新和显示功能的商品目录。三层和多层结构还可以用来跟踪顾客购物车里的商品和顾客偏好，查询库存数据库，更新企业的产品目录等。

在实际操作中，许多网络服务器计算机使用多处理器，而客户机则很少使用。由于服务器计算机需要具有更多、更强大的能力，因此价格比普通家用台式机贵很多。企业在选择服务器计算机的时候，通常也要考虑成本因素。很多公司如 Dell、Gateway、Hewlett Packard 以及 Sun 等都在网站上列出了不同类型、配置的服务器计算机，用户可以根据需要和资金预算，选择合适的服务器计算机。图 2-4 所示为 Dell 中国网站上的服务器计算机。

图 2-4　Dell 中国网站(www.dell.com.cn)

2.1.3　Web 服务器性能评价

影响服务器性能的因素有很多,包括硬件、操作系统软件、服务器软件、连接速度、用户容量、传输网页类型等。在评价网络服务器性能时,企业首先应该知道需要评测服务器的哪些方面。

连接速度会影响网络服务器的性能。T3 连接上的服务器向客户机传输 WWW 页面的速度要高于 T1 连接上的相同服务器的速度。

用户的数量也是影响服务器性能的一个因素。服务器处理用户要求的能力很难测量,它取决于服务器的线路速度、客户机的线路速度以及所传输页面的正常大小。测量服务器页面传输能力的重要指标是吞吐能力和响应时间,前者是某种硬件和软件的组合在单位时间内能够处理的 HTTP 请求的数量,后者是服务器处理一个请求所需的时间。这些数值应该处于服务器能够处理的负荷范围之内。

此外,如前所述,系统应客户机的要求所传输的页面的组合和类型也会影响服务器的性能。静态页面传输比动态页面传输所需的计算能力小。

对服务器的测试分为基准测试和组合测试。基准测试用于单独比较硬件或软件的性能。组合测试则是帮助我们了解哪些因素会影响 Web 服务器的性能,应该测量服务器的哪些活动,如何收集服务器的性能信息,哪些软件产品可用来收集 Web 服务器的性能数据,以及哪种软件和硬件的组合性能更好。硬件和操作系统是 IE 测试的主要领域。与高级工作站或 Unix 机相比,只有中档 CPU、硬盘不大、内存只有几兆的 PC 机的性能就要差得多了。在不同的 WWW 基准测试中,不同操作系统的性能得分也是不同的。

目前,比较流行的服务器性能测试工具主要有SPECweb、WebStone、Webbench、Avalanche等。前三者是服务器基准测试软件,是网络应用层客户端仿真和性能测试仪表。它们的工作方式类似,即模拟现实世界中访问的特点,模拟客户端向被测的服务器发送请求,产生负载,然后统计返回结果,计算出性能指标。通过监控数据库服务器、应用服务器以及网络资源的使用情况,验证评估系统的能力,定位系统的"瓶颈"。通过分析各种因素对服务性能的影响,为改进服务的性能、竣工验收等提供参考依据。

真实用户的行为对服务器实际性能的影响非常大。通常,可以总结出用户与服务器交互时的各种行为特征,例如思考时间、超时放弃浏览、浏览器类型、在线操作登录、搜索、流媒体、表单操作、收发、文件下载等。在服务器性能测试过程中,一个模拟用户等同于一个实际使用服务系统的真实用户。测试工具只有尽可能模拟真实用户访问服务器的行为特征,才可能产生符合实际负载特点的请求,从而提高测试精度和可靠性。

另外,客户端和服务器接入的网络系统的基本性能也对服务器的性能表现产生极大影响,例如网络链路传输速率、丢包率、传输时延等。因此,测试工具通过模拟大量用户测试服务器的性能指标时,也必须尽可能逼真地模拟网络系统的实际状况,这样才能产生更符合负载特点的请求,从而提高服务器性能测试精度。

2.2　服务器软件

服务器软件主要是指存储于服务器计算机中的各种数据和程序。其中,服务器软件资源都由操作系统根据用户需求按一定的策略分配和调度。有些服务器软件只能在一种操作系统上运行,而有些服务器软件则能在多种操作系统上运行。

2.2.1　Web服务器的操作系统

操作系统(Operating System,简称"OS")是管理服务器计算机系统的全部硬件资源和软件资源,它控制程序运行,改善人机界面,为其他应用软件提供支持等,使服务器计算机系统所有资源最大限度地发挥作用,为用户提供方便、有效、友善的服务界面。操作系统通常是最靠近硬件的一层系统软件,它把硬件裸机改造成为功能完善的一台虚拟机,使计算机系统的使用和管理更加方便,使计算机资源的利用效率更高,使上层的应用程序可以获得比硬件提供的功能更多的支持。

大多数应用服务器都运行在 Microsoft Windows NY Server、Microsoft Windows 2000 Server 或者 2003 Server、Linux 或者其他基于 Unix 的操作系统上。这些操作系统各有优缺点。很多人认为,基于 Unix 系统的计算机对企业级的应用服务器的支持更为强大和可靠。Linux 是开发源码的操作系统,安装简单,速度很快。

2.2.2 Web 服务器软件的功能

Web 服务器软件的功能包括:

1. 核心功能

(1) 检索搜索功能

检索引擎和索引程序是 WWW 服务器能提供的标准服务。检索引擎或检索工具可在本网站或整个 WWW 检索所请求的文档。索引程序可提供全文索引,也就是为存储在服务器上的所有文档所创建的索引。当浏览器请求网站检索时,检索引擎会比较索引中的术语和请求者的检索术语,寻找与请求术语相匹配的文档。

(2) 数据分析功能

WWW 服务器可获取有关访问者的信息,包括谁(访问者的 URL)正在访问网站,访问者浏览网站的时间有多长,每次访问的日期、时间以及浏览了哪些页面等。这些数据放在 WWW 的运行日志文件里。通过对运行日志文件进行认真分析,可以揭示出访问者的很多有趣信息,包括他们喜欢什么或不喜欢什么。网站管理者还有必要采用第三方的 WWW 运行日志文件分析程序。这些程序通过查询运行日志文件汇总该类文件的信息,可以得出一个汇总的报告,也可以把众多的细节汇集起来,从而揭示出每天、每小时或每分钟访问网站的人数以及访问的高峰时段。Analog 是一种非常流行的 WWW 运行日志文件分析程序。

2. 链接检查

公司的网站应该定期检查指向公司网站内部和外部页面的链接。很多 WWW 软件包含链接检查软件,第三方的开发商也提供了多种程序。维护网站的链接是极其重要的,因为网站上过多的坏链接和死链接会使访问者离开该网站而转向其他网站。在点击一个死链接时,计算机会显示一个错误的信息而不是页面。一旦浏览 WWW 的客户厌倦了经常出错的 WWW 链接,他们点一下鼠标就可以转向竞争者的网站。

只要你输入一个网站地址并选中几个选项框,就可以运行一些免费的链接检查和网站验证程序了。链接检查的结果可以自动在你的计算机上显示出来,也可以通过电子邮件发给你。除了链接检查外,网站验证程序有时还可以检查页面的拼写错误和其他结构性内容。此外,还有一些可在网站上运行的链接检查软件。虽然它们不是免费的,但是能够提供更完整的结果和更细致的分析。

这样的软件有 Linkbot Pro、Big Brother 和 SiteInspector 等。

3. 远程服务器管理

网站管理员利用远程服务器管理工具,可在互联网的任何位置控制公司的网站。大多数网站的管理和控制是通过本地控制台或浏览器完成的。管理员可以很方便地在任何地点调整和修改服务器。例如,管理员可以把 Web Site Garage 安装在任何一台连入互联网的 Windows 机或 NT 机上。这样,他可以通过这台计算机监控和修改 WWW 网站的任意内容。

4. 动态内容

动态内容是响应 WWW 客户机的请求而构造的非静态的信息。例如,客户通过一台 WWW 客户机在表格中输入订单号,询问一份已生效订单的处理情况。WWW 服务器就会检索该客户的信息,并根据找到的信息创建一个动态页面以满足该客户的请求。网站可利用动态内容吸引客户,并尽可能更长时间地留住客户。动态页面的内容来自公司的后端数据库或网站的内部数据。动态页面可根据请求者询问的内容定制。任何可处理动态内容的服务器都可处理来自多种数据库的信息。WWW 服务器可用开放式数据库连接(ODBC)从多种不同的数据库系统中获取信息,例如 Oracle、SQL Server 以及 Informix 等。

微软公司开发的 ASP 是一种供服务器用的脚本制作工具,可用于创建动态网站和 WWW 应用。通过 ASP,可用某种编程语言(如 VBScript、Jscript 或 Perl)在 HTML 文档中生成动态页面。Sun 公司升发的编程语言 Java 既可在服务器上运行程序以生成动态页面,也可在客户机上完成同样的工作。

2.2.3 Web 服务器软件

当前较流行的服务器软件主要有 Apache HTTP Server、Microsoft Interment Server 以及 Sun Java System Web Server 等。

1. Apache HTTP Server

Apache HTTP Server(简称"Apache")是 Apache 软件基金会的一个开放源码的网页服务器,可以在大多数计算机操作系统中运行,由于其多平台和安全性的特点而被广泛使用,是当前最流行的 Web 服务器端软件之一。它快速、可靠并且可通过简单的 API 扩展,将 Perl/Python 等解释器编译到服务器中。Apache 起初由美国伊利诺伊大学香槟分校的国家超级电脑应用中心(NCSA)开发。此后,Apache 由开放源代码团体的成员不断加以发展和加强。Apache 服务器拥有牢靠可信的美誉,已用在超过半数的 Internet 网站中——特别是几乎所有最热门和访问量最大的网站。

Apache 原本只是 Netscape 网页服务器(现在是 Sun ONE)之外的开放源代码选择。渐渐地,它开始在功能和速度上超越其他的基于 Unix 的 HTTP 服务器。1996 年 4 月以来,Apache 一直是 Internet 上最流行的 HTTP 服务器。1999 年 5 月,Apache 在 57% 的网页服务器上运行;到 2005 年 7 月,这个比例上升到了 69% ;2005 年 11 月,其市场占有率接近 70% 。不过,随着拥有大量域名数量的主机域名商转换为微软 IIS 平台,Apache 的市场占有率近年来些微下滑。Google 自己的网页服务器平台 GWS 推出后,加上使用 Lighttpd 网页服务器软件的网站慢慢增加,根据 netcraft 2007 年 7 月的统计数据,Apache 的市场占有率已经降为 52.65% ,8 月又滑落到 50.92% 。尽管如此,Apache 仍旧是现阶段因特网市场上市场占有率最高的网页服务器软件。

2. Microsoft Interment Information Server(IIS)

IIS 免费捆绑在 Windows Server 操作系统上。由于微软产品的普及,很多公司的内部网都使用 IIS。近年来,由于安全漏洞等原因,运行 IIS 的网站数量呈下滑趋势。

IIS 是微软公司的产品, 最初只能在 Windows NT 和 Windows 2000 操作系统上运行, 现在也可以在 Windows Server 2003 和 Window XP 操作系统上运行。

IIS 的安全性与 Windows NT 操作系统的安全性是分不开的。所以,IIS 也具备 NT 基本的访问控制机制(用户名/口令)和 SSL 软件加密功能。IIS 有一台内置的认证服务器,允许公司发放并管理数字证书。访问控制可按用户组或个人进行限制,也可按目录或文件进行控制。如果用户对一些文件没有访问权,这些文件就会对其隐藏起来。

因为 IIS 包含 ASP,所以它也提供了一个良好的应用环境,可以将 HTML 页面、Active 控件和脚本综合起来生成动态页面。

3. Sun Java System Web Server(JSWS)

JSWS 是 NCSA 服务器软件的一个分支,以前的名字是 Sunone, Netscape Enterprise Server 和 iPlanet Enterprise Sever。美国在线公司于 1999 年收购了 Netscape 公司。此前,Netscape 公司与 Sun 公司合作支持 Netscape 服务器软件的开发,名称为 iPlanet。合作结束后,iPlanet 被纳入 Sun 公司。

JSWS 最初是一种基于互联网综合服务的软件架构,其目标是用简便易用的一揽子方案为网络服务提供所需的一切。它的目录服务具有智能功能,可根据“谁”、“何时”、“何地”、“为什么”等要素,动态地提供人性化服务,被誉为“聪明服务网络”。它构建的是一个标准的、可灵活缩放的“搭积木”式应用平台,客户可随意挑选所需的木块(包括一系列打包销售的应用软件、基本组件和集成服务),迅速搭建起自己的应用系统,就像用 PC 的标准件攒机那样便宜和快捷。

2.3　电子商务软件

企业在互联网上开展电子商务会面临软件、硬件解决方案的多种选择。选择电子商务软件时，需要考虑多种因素，如企业规模、预计的访问量和销售量、资金预算、电子商务受众等。例如，销售数千种产品且访问量非常高的网站和只销售几十种产品的网站相比较，所需要的销售策略、销售功能差异很大，因此对电子商务软件的功能需求也有很大的差别。另外，企业还需要根据自身的情况，确定是利用一些电子商务服务商提供的整体服务还是自行维护电子商务网站；企业是否已有程序设计人员、网站设计人员以及相关人员组成的技术团队，是需要自己招聘还是找专业的技术公司外包电子商务的技术工作。

在明确了上述各种因素后，企业才能根据自身情况选择电子商务软件。当前，随着信息技术和软件产业的发展，电子商务软件的功能逐渐丰富，不仅包括一些基本功能，有的软件还具有可以为企业提供完整解决方案等高级的、复杂的功能。

2.3.1　电子商务软件的基本功能

在传统商务活动中，最简单的例子是：商家在店铺中展示要销售的商品，顾客来到商店后，对商品进行浏览，选中商品后到收银台付款。在网络中，电子商务的活动过程也基本类似，但是需要相应的电子商务软件支持上述过程。因此，所有的电子商务软件都应该具备一些基本功能，包括商品目录展示、购物车以及交易处理功能等。

1. 商品目录展示

商品目录便于企业对所销售的商品和提供的服务进行分类，组织并展示给顾客。在实体商店中，我们经常可以看到商品被分门别类地摆放在不同的柜台，甚至几种商品被有意摆放在一起以促进其销售。例如，著名的啤酒和尿布的例子。在网络商店中，同样可以将商品按照柜台方式展示给顾客。这里，柜台是虚拟的，其本质就是对商品进行分类。需要注意的是，在传统的实体店铺中，由于场地等因素的限制，一种商品一般只陈列在一个柜台或者货架上。在网络店铺中，同一商品却可以被分到多个商品类别中。不同规模的电子商务网站，由于其销售的商品数量和种类不同，对商品分类和展示的需求也有很大的差异。

在小型的电子商务网站，销售的商品数量比较少，种类也有限，因此商品目录也非常简单，通常用静态网页列表显示商品。例如，如果网站只销售几十种商品，那么商品的分类和组织并不是十分重要，能够展示给客户就可以。因此，在这样的网站上，可提供每种商品的照片，并直接链接到有商品介绍和详细信息的页面上。

大型的网络商店则需要采用动态商品目录，以便于存储信息到数据库中。动态商品目录通常可以提供关于商品的多个图片以及对商品细节的描述，并且会提供一些搜索工具以便于用户搜索商品和查看库存情况。具有动态商品目录功能的软件通常只包含在大型的电子商务软件包中。也有一些公司会将这种动态商品目录的功能与公司现有的数据库链接起来。（参见图 2-5）

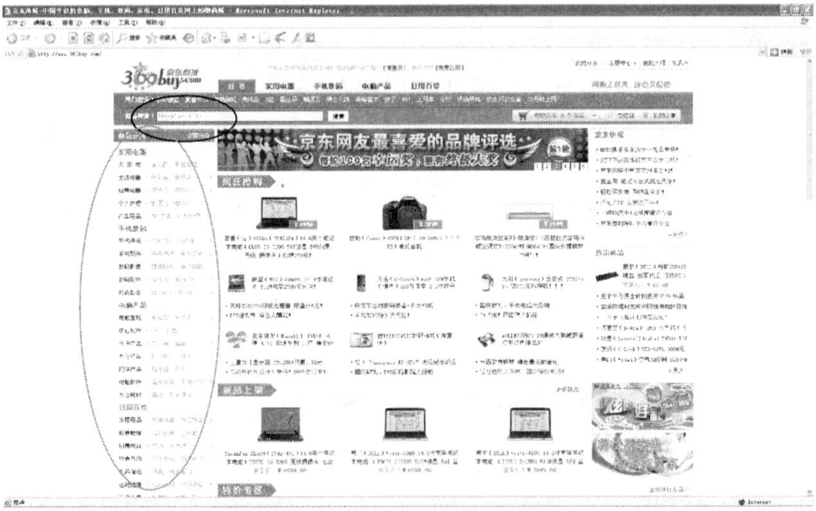

图 2-5　京东商城上的目录搜索功能

为了帮助客户作出好的购买决策，一个好的网站除了能够合理地展示商品外，还应该提供较好的商品搜索功能。尤其对于大型的网站，商品种类和数量非常多，顾客在查找商品时需要很多时间，好的商品搜索功能可以为顾客节省时间，帮助其购买到心仪的商品。

2. 购物车

在电子商务发展的初期阶段，客户想购买某种商品时，通常需要在线填写购物的表格。在表格中，有许多关于该商品信息的列表框或者文本框。有时候，商品数量和商品价格信息等分属于不同的文本框。因此，当客户购买多个商品时，需要填写非常多的信息。

这种基于表的订购方式要求客户记下商品名称、编码、单价以及其他信息，以便在进入订单页面时再输入这些信息。顾客有时会忘记已按下了提交按钮，或以为已按过提交按钮而实际并未按过。这种方法会使顾客不知所措，而且很容易出错。（如图 2-6 所示）

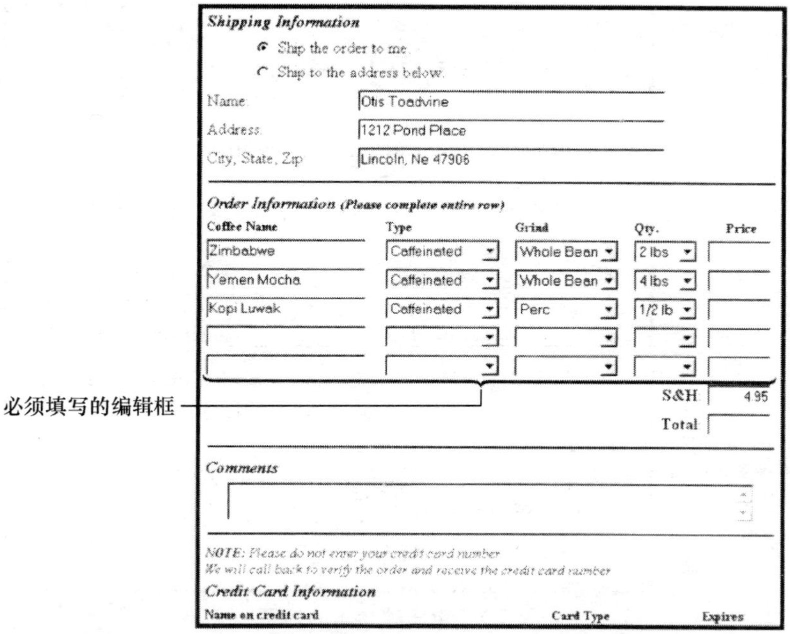

图 2-6 需要输入的订单表

现在,电子购物车已经替代了这种基于表的订购方式。就像在超市里推着购物车选购商品一样,在线购物时,客户对于想要购买的商品只需要点击一下按钮,商品就被添加到电子购物车中。在最后付款时,客户还可以把不想要的商品拿出来。电子购物车中会列出客户挑选的所有商品,方便其一件一件地检查,添加或者删除商品,同时还可以跟踪挑选的所有商品。客户还可以检查购物车内的商品,加进新商品或取出商品。客户要订购一个商品,只需用鼠标点击这个商品。商品的所有细节信息(包括价格、商品编码及其他标识信息)都已自动保存下来。客户如果想从购物车里取出商品,只需查看购物车,从中删去不要的商品。客户在决定付款时,按一下去收款台的按钮就开始委托交易。电子购物车的例子如图 2-7 所示。

由于 Web 无法记录传输和会话的信息,电子购物车的相关信息只有被存储下来才能供客户后续使用,同时不能混淆不同客户购买的商品。为此,经常需要创建并保存 Cookie。Cookie 是网站为了辨别用户身份、进行 Session 跟踪而储存在用户本地终端上的数据(通常经过加密)。Cookie 由服务器端生成,发送给 User Agent(一般是浏览器)。浏览器会将 Cookie 的 key/value 保存到某个目录下的文本文件内,下次请求同一网站时就发送该 Cookie 给服务器(前提是浏览器设置为启用 cookie)。当客户返回网站时,电子购物软件便会从客户计算机的 Cookie 上或者从商店的数据库里读取数据。

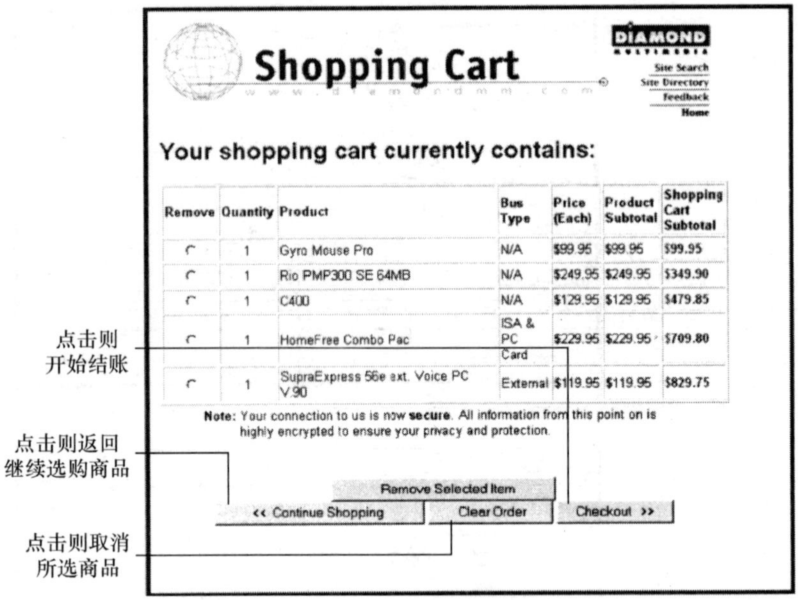

图 2-7 电子购物车的例子

3. 交易处理

在实体商店中,客户选好商品后,最后还要到收银台结账付款,才能取得商品,完成一次交易。在网络店铺中,客户需要按下结账按钮,然后到虚拟收银台处理交易。这时,需要电子商务软件进行一些最后的计算和统计工作,例如计算商品数量、折扣款额以及运费等。如图 2-8 所示。

图 2-8 麦考林购物的结账界面

在结账时，浏览器会自动切换到安全通信状态。这时，会出现一个对话框，说明浏览器是否处于安全状态，现在所有的浏览器是否都支持安全套接层和其他安全协议。

交易处理是在线销售最复杂的部分。计算税（如境外交易）和运费成本是交易处理过程中非常重要的部分，网站的管理人员必须经常检查税率和运费的变化，以确保信息及时更新。现在有的软件已经可以提供到运输公司的链接功能。

2.3.2　电子商务软件的高级功能

1. 中间件

大型的企业通常需要中间件（Middleware）这种软件建立电子商务与其现有系统之间的联系。中间件处于操作系统软件与用户应用软件的中间。中间件在操作系统、网络和数据库之上，处于应用软件的下层，总的作用是为处于自己上层的应用软件提供运行与开发的环境，帮助用户灵活、高效地开发和集成复杂的应用软件。具体而言，中间件屏蔽了底层操作系统的复杂性，使程序开发人员面对一个简单而统一的开发环境，减少了程序设计的复杂性，将注意力集中在自己的业务上，不必再为程序在不同系统软件上的移植而重复工作，从而大大减少了技术上的负担。中间件带给应用系统的，不只是开发的简便、开发周期的缩短，也减少了系统的维护、运行和管理的工作量，还减少了计算机总体费用的投入。Standish 的调查报告显示，由于采用了中间件技术，应用系统的总建设费用可以减少 50% 左右。

需要注意的是，大型企业在购买中间件时，其花费的主要成本不在于购买软件本身，而是多数用于聘请咨询顾问，让他们帮助使开发的电子商务软件与企业现有的信息系统实现良好的整合。这对企业来说才是最重要的。主要的中间件公司有 BEA、Broadvision、Digital River 和 IBM Tivoli 系统公司等。

2. 企业应用集成

企业应用集成（Enterprise Application Integration，EAI）能够将业务流程、应用软件、硬件和各种标准联合起来，在两个或更多的企业应用系统之间实现无缝集成，使它们像一个整体一样进行业务处理和信息共享。EAI 通过建立底层架构，联系横贯整个企业的异构系统、应用、数据源等。EAI 不仅表现为对一个商业实体（例如一家公司）的信息系统进行业务应用集成，它在多个企业系统之间进行商务交易的时候也表现为不同公司实体之间的企业系统集成，例如 B2B 的电子商务。同时，为了实现网上交易，必须将企业的后台系统（例如 ERP）与企业的外部网站集成在一起，以便在客户能够进行自助式服务时（例如 B2C 的商务活动），EAI 也可以大显身手。

随着企业各种应用的迅速增加，以及更多地把自己的业务转向电子商务，EAI方案对企业的重要性日益显现。越来越多的企业开始采用EAI解决方案，将企业内部的应用软件与外部客户和供应商的应用软件进行链接，实现数据流和业务运作的自动化，从而保证业务的实时与快速。EAI与电子商务的结合为企业快速实现业务的自动化提供了可靠的保证。

3. Web服务

Web服务是一种新的、重要的应用程序，也是一种面向服务的架构的技术。它通过标准的Web协议提供服务，目的是保证不同平台的应用服务可以互操作。Web服务是一段可以用XML发现、描述和访问的代码。在这一领域，有许多活动，其中有三种主要用于Web服务的XML标准：

SOAP：简单对象访问协议(Simple Object Access Protocol)是一种轻量的、简单的、基于XML的协议，它被设计成在Web上交换结构化的和固化的信息。SOAP可以与现存的许多因特网协议和格式结合使用，包括超文本传输协议(HTTP)、简单邮件传输协议(SMTP)以及多用途网际邮件扩充协议(MIME)等。它还支持从消息系统到远程过程调用(RPC)等大量的应用程序。

WSDL：Web服务描述语言(Web Services Description Language)是一种使用XML编写的文档。这种文档可规定服务的位置，以及此服务提供的操作或方法。

UDDI：统一描述、发现和集成(Universal Description, Discovery, and Integration)协议规范定义了一种发布和发现网络服务信息的方式。这是一套公开的实现规则，允许企业注册它们所提供的网络服务信息，以便其他的企业能够找到它们。

Web服务的工作原理是各公司从注册表(UDDI的注册表)获得发布信息，建立满足要求的执行过程，然后向注册表发布的服务。以后，其他公司发现注册表中列出的一项服务，同意已制定的标准，然后开展业务。一旦在标准上取得一致，并且约定的规则得到满足，应用程序就可以接管交易处理，因而从开展业务的开销中去除了人工互动。在这种模型中，通过利用现有基础设施，应用可以交换有关公司希望提供和消费的服务的信息。此外，应用还可以查询注册表，查找可以以更优惠条件提供同样服务的其他应用(公司)。

Web服务的思想是企业计算方式的一个重大变革。多年来，大企业雇用大批程序员编写中间件软件，以便将财务管理、库存管理、营销与其他部门的应用系统整合起来。Web服务则提倡将组织内部和企业间的软件标准化并连接起来，是非常大的变革。然而，Web服务依然存在一些潜在漏洞，安全性就是其中的一个大问题。

在未来，卸载一些非核心商业功能的趋势，快速简易的联合工艺和良好的适应性,以及集成化、跨平台的服务实时性,使得 Web 服务仍然有很大发展潜力。同时,在拓展企业业务方面,Web 服务也是防火墙内外的有力工具。

4. 与企业的 ERP 系统整合

大型企业通常都有内联网和外联网,因此与简单电子商务网站有所不同的是,其电子商务网站往往还需要一些特别的工具和能力。在大型的 B2B 交易中,买卖双方可能都存在着复杂的系统。一般而言,B2B 网站需要不同于标准 B2C 网站的安全工具,例如 Encryption 和 Authentication 等。

许多企业之间的商务系统必须与现有的企业信息系统连接起来。现在,这些信息系统可能是企业资源规划(Enterprise Resource Planning, ERP)。它是一种进行物质资源、资金资源和信息资源集成一体化管理的企业信息管理系统。通过运用 ERP,企业能够利用计算机对资金、货物、人员和信息等资源进行自动化管理,具有制造、办公操作、供应链管理、人力资源管理、项目管理、财务管理、客户服务、销售与市场营销等商业功能。

主要的 ERP 软件公司有 Baan、Oracle、SAP 以及金蝶和用友等。ERP 的实施费用不菲,因此实施了 ERP 的企业希望能够将电子商务网站与 ERP 系统有效地集成。

2.3.3　面向不同规模企业的电子商务软件

1. 面向中小型企业的电子商务软件

中小型企业可以选择简单商务服务商和购物中心式服务商提供的方案。其中,简单商务服务商(Basic Commerce Service Providers,CSPs)通常会提供免费或者价格低廉的电子商务软件,用于构建在 CSPs 服务器上的电子商务网站。企业可以即时建立自己的网站,利用 Web 界面和软件。各网站的收费不同,不过成本比较低。这类简单的托管服务一般根据所销售商品的品种和数量按月收取。

这类服务主要适合品种较少且交易率较低的小企业。例如,ValueWe 公司提供广泛的电子商务托管服务,包括共享托管、专门托管以及 Co-location 服务。Prohosting. com 和 Interlan 也是面向小型和中小型企业的 Web 托管公司。这类企业提供多种服务,因此经常被称为 ISP、CSP、MSP 或者 ASP。

Tophosts. com 网站介绍了一些 CSPs 以及相关的托管问题。该网站包含了上千个托管服务的链接及相关信息。雅虎也提供了关于 Web 托管以及电子商务服务的内容。如图 2-9 所示。

购物中心式商务服务商可以为小企业互联网提供链接和网站创建工具,同时没有杂乱的网络广告。这类主机服务通常是按月收取月租费,比低档服务的费用高,而且还会收取一次性的初装费。有些还需要按照每笔交易收取固定的

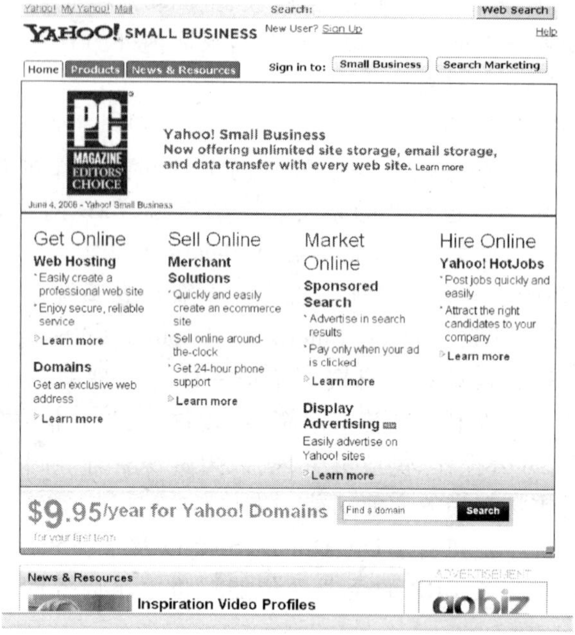

图 2-9 Yahoo Small Business 的主页

手续费,或者按照交易额的百分比收费。这种主机租用网站还提供一些高质量的工具,如电子商店的模板、非常好用的界面、快速生成页面工具和页面维护工具等。

这类服务商提供购物车软件或者嵌入第三方的购物车软件,还提供多种顾客交易处理工具。顾客可以选择信用卡、电子现金或者其他结算手段支付所购买的商品或者服务。这类服务商还可处理信用卡的授权和确认业务。

2. 面向中大型企业的电子商务软件

中等规模的企业可以选择中档的电子商务软件包。中档软件包可与复杂的数据库系统连接起来,并存储商品目录信息。将商品目录信息存储在数据库中,会使商品维护更为方便和简单。有些中档系统还提供了与现有的库存和 ERP 系统的连接,这样所带来的成本节约非常可观,因为不再需要两套相同的库存系统了。现有的库存与 ERP 系统可通过使用多个软件系统而使成本得以分摊。所有中档软件系统都是在电子商店店主自己的计算机上运行的。和 Web 服务器软件一样,电子商务软件不是在各种计算机和操作系统上都能运行,必须仔细考虑电子商务系统、Web 服务器和计算机硬件系统之间的匹配。有些中档软件包可当主机托管软件包使用,这时就能够支持其他小的电子商店,从而收回部分投资。中档软件系统都能高度定制,从信用卡处理类型到送货方式等各方面都有很大的选择余地。以下介绍三种中档软件包:Intershop Enfinity、IBM Web-

Sphere Commerce Professional Edition 和 Microsoft Commerce Server 2002。

Intershop Enfinity 提供搜索引擎、商品目录、购物车、信用卡在线处理以及与后台业务系统和数据库的连接功能。它带有很好的商品目录和数据管理工具，并提供了 50 种电子商店模板。用户可在浏览器下完成电子商店的管理和编辑工作，既可在本地服务器上进行，也可通过因特网连接远程进行。Intershop Enfinity 库存管理程序能够跟踪库存水平，允许店主查看现货商品的数量，创建库存交易报表，并在库存中加入新商品。折扣规则也很容易输入，用户可自定义折扣的规则，也可自定义特殊折扣的时限。送货费可在运输软件包内置的工具中输入。该软件上还捆绑了数据库管理系统，用户可以访问 DB2 或者 Oracle 的数据库。

IBM 公司的 WebSphere Commerce Professional Edition 提供支持大中型企业在网上销售商品或者服务所需要的软件。它带有完整的商品目录模板、安装向导以及辅助网站设计开发电子商务网站所需要的高级目录工具。该软件可以用于建立 B2C 电子商务网站，也可以用于建立 B2B 电子商务网站，还能够与企业的库存和采购系统建立连接。它可以在多种操作系统上运行，商家可以从一个很小的商店开始，构建成功能完善和强大的电子商店。软件提供的自动帮助工具可以帮助商家完成构建电子商店的整个过程，而且还可以通过执行一些命令或者编写程序代码增强电子商店的功能。如果想创建更复杂的电子商店，该软件还提供了大量的函数、工具程序和命令，可以方便商家进一步定制网站。总之，该系统具备所有标准的电子商务功能，包括购物车、交易完成后的电子邮件通知、安全的交易支持、促销和折扣、送货跟踪、与会计系统的连接以及基于浏览器的本地或者远程的管理。

微软公司的 Commerce Server 2002 为网上销售商品或者服务的企业提供了诸如用户档案管理、交易处理、商品和服务管理以及目标市场营销等工具。它不是一个黑箱式的解决方案，用户可以用它的自动帮助工具构建网站，然后用定制代码满足特殊需求。该软件还具有电子商务营销或者广告、订单交易和售后分析等业务工具，以及促销、交叉销售、个性化沟通等一些功能强大的工具。它提供了分析网站活动和商品销售的预制报表，并可以与业务需求同步增长。该系统提供了许多电子商店模板、店铺设置的自动帮助工具以及数据库连接功能。标准版的 Commerce Server 2002 最多支持两个服务器，企业版支持的服务器数量不限，但是价格较高。

3. 面向大型企业的电子商务软件

大型企业通常要选择企业级的电子商务软件。这些软件提供了对企业间商务和企业到消费者商务的支持工具，另外可与现有的后台系统（包括各种数据库系统、会计系统和 ERP 系统）连接。大型在线企业所用的电子商务软件除需要 Web 服务器前端系统和必要的防火墙外，还需要一个或多个专用的计算机。企业级的电子商务软件还要求有域名服务器(DNS)、处理电子邮件的 SMTP 系统、HTTP 服务器、支持上载和下载功能的 FTP 服务器和数据库服务器(如 Oracle 和 SQL Server)。

比较典型的、支持高交易量的大型在线企业的电子商务系统包括 IBM 公司的 Net. Commerce Pro、网景公司的 Netscape CommerceXpert、Oracle 公司的 Internet Commerce Server 和 Pandesic 公司(Intel 公司和 SAP 公司的合资企业)的 Web Business Solution 等。

大型企业对消费者的商务系统与企业间的商务系统对软硬件的需求差异会很大。例如，淘宝网、亚马逊网站这样对消费者销售的大型商店需要稳健的电子商务软件包，要求能在大型计算机上运行，能与数据库系统通信以便显示商品目录并处理订单。这种系统的创建和运行成本很高，而且需要有专门的人员维护。在互联网、内部网和外部网上进行企业间电子商务所需要的工具和功能与企业对消费者销售的网站完全不同。例如，企业间的商务系统需要诸如加密、认证、数字签名和签名收据等工具。

企业级电子商务软件一般都为连接和支持供应和采购活动提供了良好的工具。企业间商务的大部分工作就是从贸易伙伴处订购原料并签发相应的单证(如采购订单)。对销售企业来说，企业级电子商务软件还支持标准的电子贸易业务，包括安全交易和订单履行。企业级电子商务软件的功能还有很多，例如与企业的库存系统进行交互并对库存进行适当调整，在库存达到安全库存的下限时签发采购订单，同时在 ERP 或现有会计系统中生成会计凭证。基本功能软件包和中档电子商务软件一般需要管理人员用手工方式检查库存，并用手工方式对需要补货的商品下订单。

对企业到消费者的电子商务，消费者可用浏览器查看企业的商品目录。对电子商品(软件、调查报告、音乐等)，消费者可从网站上直接下载或从离自己较近的镜像网站上下载，也可订购硬拷贝。Web 服务器可与后台系统连接起来。后台系统一般包括关系数据库管理系统、电子商务服务器和应用服务器。关系数据库管理系统通常包含有关商品、价格、库存、用户档案、用户采购历史等的数百万行记录。用户采购历史的信息可用在用户再次光顾商店时提醒其期望或偏好采购的商品。商务服务器可用来存放电子商务系统和关键的后台系统，处理结算、计算送货费和销售税，并在需要送货时通知订单履行部门。

对于大型企业，为达成电子商务目标，还需要客户关系管理软件、供应链管理软件、内容管理软件以及知识管理软件等软件。

2.4 企业电子商务软硬件的选择与电子商务战略

2.4.1 企业电子商务战略

企业实现电子商务并不是一蹴而就的,电子商务发展需要循序渐进。企业电子商务开发和应用可分为四个相互关联的阶段,即打基础阶段、企业信息孤岛整合阶段、企业内部信息化阶段和电子商务阶段。

1. 打基础阶段

这一阶段主要是加强基础管理,即推动企业标准化工作,整理基础数据,改善业务流程,甚至进行必要的体制变革,为企业信息化提供一个良好的环境。企业信息化素有"三分技术,七分管理,十二分数据"之说,可见基础之重要。实践也证明,很多企业上系统失败,多是因为基础没打好。企业先不要盲目上系统,而要打造好环境;即使不上系统,也可大大提高管理水平和管理素质。

2. 企业信息孤岛整合阶段

现在不少企业做了大量信息化的工作,也有很多的投资和资源,但是由于各方面的原因,这些资源的价值没有发挥出来。信息建设的平台、数据格式不统一,导致形成了信息孤岛,促成了信息私有化,使资源不能共享。为此,必须成立权威的信息化决策机构和管理机构,整体规划,统一平台,解决各自为政、各立山头的问题,使新增投资不走老路;同时,对已形成的信息孤岛要进行整合,在充分利用已有资源的基础上打破壁垒。

3. 企业内部信息化阶段

在前两个阶段的基础上,要在企业关键部门如产、供、销、技术部门建立起相互联通、相互共享、能进行信息交换的系统。企业内部信息化要统一规划,根据企业条件分阶段实施。对于没有存量的企业,在结构上要与电子商务接轨,采用B/S结构;对于老企业,要在整合阶段逐步把C/S模式改造成B/S模式或混合模式。

4. 电子商务阶段

这一阶段,需要建设企业内部互联网即供内部使用的企业信息门户,整合Internet/Intranet,通过代理和反向代理进行内外部的相互访问,从而形成完整的企业电子商务环境,开展网上定购和网上销售。可以采用如下战略发展企业电子商务:

(1) 电子化市场战略。即通过电子方式实现在线销售、在线购物、在线服务,从而达到扩大市场、增加销售和降低成本的目的。

(2) 有效的客户关系管理战略。即对有关市场和客户的信息进行统一管理,实现共享,并能进行有效分析,从而为企业内部的销售、营销、客户服务等提供全面的支持。

(3) 电子贸易战略。传统的企业间的交易往往要耗费企业大量的资源和时间,无论是销售和分销还是采购都要占用产品成本。通过电子交易的方式,买卖双方能够在网上完成整个业务流程,使企业之间的交易减少许多事务性的工作流程和管理费用,降低了企业经营成本。

(4) 供应链管理战略。即对企业供应链的管理,是对供应、需求、原材料采购、市场、生产、库存、订单、分销发货等的管理。供应链是企业赖以生存的商业循环系统,是企业电子商务管理最重要的课题。统计数据表明,企业供应链可以耗费企业高达25%的运营成本。

2.4.2 电子商务硬件的选择

根据企业的性质和电子商务的战略,可以考虑构建不同规模的电子商务平台。

1. 小型电子商务平台

小型电子商务平台应有不少于一台服务器,不能用 PC 替代,至少要使用 IBM 的低档服务器,配置依系统分析的数量确定,不宜追求单一高参数。内存容量宜稍高配置,推荐选用4GB 以上。热拔插硬盘最少有两个,当带有系统的热拔插硬盘出故障时,另一个热拔插硬盘能交替使用。网络交换机最低配置 Cisco Catalyst 2950 系列交换机。该平台适宜专业经营,可用于初始进入电子商务企业前期的小型平台、小型企业、专业户和新产品销路不畅的场合。平台经营者应有充分可靠的高质量货源保证。可靠并能满足电子商务要求的网络环境是电子商务平台平稳运行的基础。如果没有一个好而流畅、瓶颈限制小的网络平台,要正常进行电子商务交易难度很大。一个符合要求的网络平台由企业行为确定,根据企业需求,系统分析宜"量体裁衣",不可随意加大成本,必须保障安全与正常的交易。首先,预计企业进行电子商务时可上网交易的商品量,估算电子商务正常业务开展后从事电子商务的业务人员的数量、可供外界并发访问的客户数量等。其次,电子商务平台要求 7 ×24 小时不关断服务器地连续服务, 网络环境满足保密机制和服务器、NOS(Network Operating System)、应用软件、DB(Data Base)等软硬件系统的密级配合,多处防范制约,使电子商务平台成为一个可靠、安全、方便交易的系统,同时亦能正常、有效、安全地与银行、税务、保险、统计等相关的网关链接。

2. 最小群集服务器电子商务平台

如果业务做得稍大和出于综合因素考虑,最好有两台以上精简指令集服务器,组成最小群集服务器。此方案为 IP 专线业务, 从网络到电子商务平台内各通道的传输速率为10Mbps。该平台需安装企业级防火墙和网络版防杀病毒软件,有机组合网络、服务器和相应设备、电子商务平台、电子商务网络应用软件、DB等,建立系统工程成效机制。此方案适合中小型企业,满足既要投入少又要效果相对好的需求,所建立的平台为企业群集服务器系统,保证服务器常年开机,不间断服务。该平台不影响客户访问、咨询以及业务员处理业务事宜,确保需货、供货、售后服务信息等正常工作。这就要求企业的产品供给充裕,如经销工业品等。该平台适于电子商务专业交易,兼顾多个业务员并行从事一对一的电子商务交易活动;若对货源的质量管理不力或无法控制,则应慎用。

3. 有小型机的最小群集服务器电子商务平台

大中型企业可采用小型机组或有小型机服务器。该平台的特点是:保密性好,安全级别高,适合生产能力足、货源丰富的企业。通过电子商务平台,扩大销售地域范围,凭借产品的质量、定价等因素发挥电子商务的作用。从网络到电子商务平台内各通道的传输速率可达100 Mbps。企业可采用IBM System、HP Alpha Server或SUN小型机服务器。平台中可有多种NOS,包括Unix、Linux、Windows Server 2003企业版等。

4. 有小型机的大中型群集服务器电子商务平台

对大型企业,可采用有小型机组的服务器的群集系统方案,配合可靠的网络、无漏洞的网络应用软件和DB,有机组成B/S、C/S模式。小型机组的服务器采用双机企业级服务器机制,装有Oracle DB群集软件,采用超大规模内存技术。从网络到电子商务平台内各通道的传输速率可达1000 Mbps,具有足够的并发处理能力。小型机Server可采用IBM System或HP Alpha Server,多种NOS互联。

2.4.3 电子商务软件的选择

当前,软件和应用程序厂商已取得了巨大的进步,不断提供更完善的商业化解决方案,包括软件组件和基于标准的扩展。这些进步允许互联网商务站点将最好的应用与可选择的自定义开发结合起来。

总的来说,软件解决方案有两个主要类别:成套的或自定义的。套装软件是指互联网商务应用软件,一般为一个完整的互联网商务系统的几个部分,如包含一个目录、一个订购机制和一种支付方式的店面。这些成套系统缩短了编程和开发时间,使不太懂技术的个人也可以建立并运行电子商务站点。成套系统提供了基本的组件和即购即用的商务逻辑,而且它们可被立即用于(某些配置)完成实用的“监控”互联网商务的功能。

自定义软件是指商务软件解决方案和相关的套件,是为需要大量客户化和灵活性的电子商务站点准备的。这类软件提供了基本水平的服务,如会话管理、应用程序设计接口(API)以及建立电子商务应用软件所需(或用于插入第三方软件组件,如个性化、销售或电子数据交换能力)的模块的基本框架。虽然它们功能强大,具有可扩展性、可扩充性和丰富的特性,但是还是需要有经验的程序员实施。

企业在决定采用何种软件时应考虑多种因素。例如:企业的规模如何,是大型、中型还是小型企业?开展的电子商务业务的类型是什么?对电子商务软件的功能需求是什么?已经确定的硬件系统如何?除此之外,企业还需要考虑其他一些问题,包括:

(1) 业务目标。企业的远景规划是什么?正在处理哪些业务流程?相关各方都有哪些有价值的建议?

(2) 自定义软件与套装软件的对比。现在以及今后对软件有哪些功能和技术方面的要求?员工有哪些技术技巧?

(3) ASP的使用。预算方面有哪些制约?软件解决方案是否需要不断更新?有哪些内部资源和技术技巧?对开发内部资源或进行外包是否更有利?

(4) IT界面。需要与之相连的现存的内部和外部系统有哪些?集成应该是纯技术的即连接API并交换数据还是更加面向处理?由于有些厂商专门提供商家对商家集成、处理自动化以及企业应用集成,因此这个问题的回答将会影响技术选择。

(5) 技术标准。厂商技术如何适合电子商务开发和部署的现有标准?它是否建立在一个可提供未来灵活性的开放的体系结构框架上?

(6) 定价。定价模式是什么?财务方面是否实行收入共享和风险共担?

选择电子商务软件时,充分利用尽可能多的信息资源是很有帮助的,这些信息资源包括实践经验、厂商示范、客户等级以及分析报告等。最重要的是,企业必须了解其业务目标并规划电子商务体系结构,以作出适当的决策。

综合实验二

电子商务软硬件选择

华宝工艺品有限公司是一家历史悠久的工艺品生产和销售企业,商品类型丰富,包括各种具有民族风格的特色手工艺品、礼品、高档工艺品等。企业自成立以来,收益稳定,并逐年增长。2000年,企业的销售收入达500万元人民币。但是,随着市场竞争的不断加剧,以及经济形势的萎缩,从2001年开始,企业的订单不断减少,收益大幅度下滑。面对这样的形势,企业的管理层准备开展电子商务以扩大市场。如果你是该企业的信息技术总监,请结合企业的实际情况,为企业构建电子商务网站选择合适的电子商务软硬件,并撰写一份报告。报告要明确提出你的建议及充分的理由，以便于董事会作出决策。

提示：

在报告中，应该包括以下要点：

1. 确定网站服务器的功能和容量；
2. 提出网站服务器可用的每种操作系统的优缺点；
3. 提出网站可用的每种WWW服务器软件包的优缺点；
4. 网站的初装费、月服务费以及交易费用是多少；
5. 是否提供搜索引擎；
6. 提供什么样的促销和营销措施；
7. 是否提供购物车或其他订单输入方式；
8. 提出网站可用的电子商务软件包的成本和功能。

本章小结

网络服务器计算机的主要功能是对网络客户的需求作出反应。因此，一个网络服务器包含三个基本元素：计算机硬件及相关的组件、操作系统软件以及网络服务器软件。这三个基本元素一起提供有效的计算机能力。

当一个公司已经决定开始开发电子商务网站时，它首先需要估计网站的访问数量，在每次访问时平均浏览多少网页，这些网页有多大，以及同时在线的访问者最大数量可能是多少等。接下来，它需要选择软件和硬件，以最大程度地满足网站访问者。

在选择网络服务器时，首先要确定用它完成什么样的工作。企业应该根据实施电子商务的计划、中长期的规划以及电子商务战略等，估算电子商务的业务规模，并以此预计电子商务网站的客户访问数量。同时，企业应根据业务类型，确定电子商务网站上要展示和传递给客户哪些类型的文件。此外，从人力资源的角度而言，企业还应当清楚信息技术员工的情况，如专业人员的数量、对网络的熟悉程度以及掌握哪些具体的网站开发技术等。

思考题

1. 网络平台有哪些类型？
2. 比较两层与三层客户机/服务器结构，哪种结构适合电子商务网站？
3. 分析个人台式机与服务器计算机之间的区别。
4. 服务器软件的功能有哪些？
5. 调查当前主流的服务器软件，并比较优缺点和购买成本。
6. 电子商务软件的基本功能有哪些？
7. 大型企业需要运行稳健、功能强大的电子商务系统，这类企业有哪些特点？

8. 什么是Web服务?查找资料,了解Web服务成功的实际案例。

参考文献

1. 吴敏良主编:《电子商务》,对外经济贸易大学出版社2005年版。
2. 严国辉、陈柏良编著:《电子商务》,北京理工大学出版社2008年版。
3. 张润彤、郑丰编著:《电子商务》,清华大学出版社2006年版。
4. 邵兵家主编:《电子商务概论》,高等教育出版社2006年版。

第三章　电子商务技术基础

引例

戴尔公司的 Web 技术

戴尔(Dell)计算机公司是 PC 机销售历史上最成功的一家零售商。作为世界上最大的计算机制造商之一,戴尔公司的年销售额已超过 250 亿美元。戴尔的顾客包括各种公司、政府机构、教育机构和个人用户。

20 世纪 90 年代初,戴尔公司通过免费电话向客户直接销售计算机。几年后,戴尔公司把销售业务扩展到互联网上,目前相当一大部分的销售是通过互联网实现的。成千上万的消费者现在可以访问公司的 WWW 网站,并通过互联网订货。现在,戴尔公司每天通过互联网实现的销售达数百万美元。使用 WWW 不仅增加了公司的销售额,而且降低了公司的管理费用。通过 WWW 网站直销,意味着参与交易的人将大大减少。技术支持(包括一些常见问题的解答)也可以通过 WWW 实现。

WWW 网站是戴尔公司 21 世纪发展战略的一个重要组成部分。公司的管理人员预测,在未来的几年内,公司一半以上的销售额将在互联网上完成。这种快速增长的销售额背后是通信设备和网络组成的基础设施、戴尔的服务器以及微软公司提供的电子商务软件。在选择硬件和软件时,还要考虑到其能力应能满足日益增多的客户的需要。先进的 WWW 网站带来了滚滚的利润,戴尔公司的前途一片光明。

那么,Internet 是如何发展的?其原理是什么?目前和将来的 Internet 和 Web 为支持的电子商务所提供的基础设施又是什么?未来的企业战略需要企业充分掌握这些新技术。

资料来源:Gary P. Schneider, Electronic Commerce (Second Edition), Thomson Learning Inc., 2002.

3.1　互联网技术

3.1.1　互联网概述

Internet 是一个由网络和计算机(也称为“宿主机”或“主机”)组成的,将企业、教育机构、政府机构和个人连接在一起的互联网络。目前,Internet正在向全世界的亿万用户提供诸如电子邮件、新闻组、网上购物、信息检索、即时消息、音乐、视频和新闻发布等各种服务。Internet并不受某个组织的控制,也不归属于任何人。WWW(World Wide Web)通常缩写为“Web”,是Internet中最受欢迎的服务之一,能够提供超过10亿个Web页的访问、浏览。Web页是指使用超文本标记语言(HTML)编写的,包含了文本、图像、音频、视频和其他内容的文档。此外,Web页中也包括了便于用户从一个网页直接跳转到另一个网页的“超链接”。

计算机网络是一项将计算机彼此连接的技术,互联网构成了电子商务的技术基础设施。互联网是互相连接的计算机网络所组成的一个大系统,这个系统覆盖全球。通过互联网,人们可以用电子邮件与世界各地的人进行交流,可以阅读网络版的报纸、杂志、学术期刊和图书,可以加入各种主题的讨论组,可以参加各种网上的游戏和模拟社区,可以免费获得计算机软件等。

最近几年,越来越多的企业使用互联网联系业务伙伴和客户。现在,在网上推广和销售其产品或服务的企业已经涵盖所有行业。

WWW是互联网的一部分,它是一些计算机按照一种特定方式互相连接所构成的互联网的子集,这些计算机可以很容易地进行内容互访。WWW最重要的特点是具有容易使用的标准图形界面,这种界面使那些对计算机不是很精通的人也可以访问大量的互联网资源。

3.1.2 互联网商业用途的开发

20世纪80年代,随着个人计算机性能的日趋强大、价格的日趋降低和使用的日趋普及,越来越多的企业利用个人计算机构建自己的网络。这些网络装有电子邮件软件,可以在企业的雇员之间实现信件收发。但是,一些企业还是希望它们的雇员能够和企业网络之外的人进行信息交流。在美国,国防部的网络和其他大部分相关的学术网络都受美国科学基金会(NSF)的资助。由于美国科学基金会禁止商业网络连入自己的网络,这些企业只好求助于商业的电子邮件服务提供商。一些大公司开始建立自己的网络,这些网络租用电信公司的线路,把地区分部和公司总部连接在一起。1989年,美国科学基金会允许两家商业性的电子邮件服务商MCI Mail和CompuServe与互联网建立有限的连接,即只和互联网互相交换电子邮件。

从20世纪90年代起,各行各业的人——不仅仅是科学家和学术研究者——开始把网络作为一种全球性的共享资源使用,这就是我们现在所熟知的互联网。

3.1.3　互联网的发展

从1991年进一步放宽对互联网商业活动的限制，到1995年互联网私有化工作的基本完成，美国科学基金会将其对互联网的运营权逐步交给了一批私营公司，这些公司被称为"网络访问服务商"。

互联网就这样悄悄地进入了我们的生活。图3-1所示为互联网主机（即直接接入互联网的计算机）数量的增长，从中可以看到互联网的发展速度非常惊人。

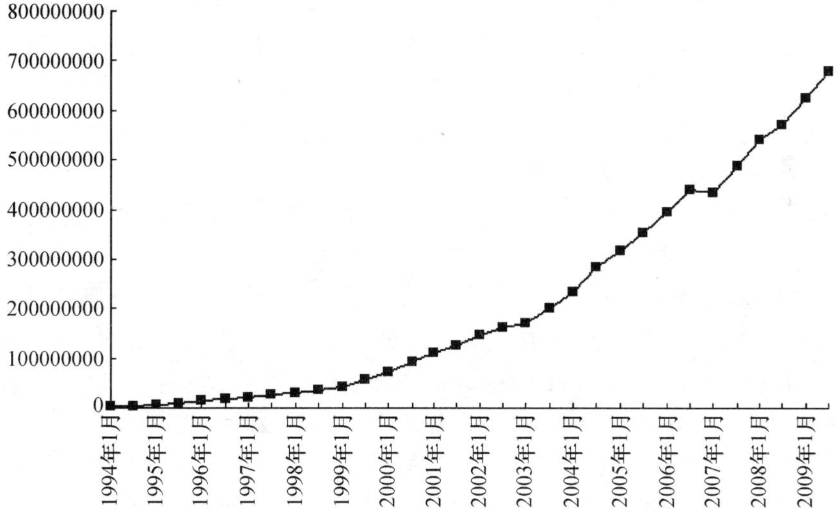

图3-1　互联网的增长

资料来源：The ISC Domain Survey, Internet System Consortium, 2009.

互联网的发展成为20世纪最惊人的一项技术和社会成就，数以亿计的普通人正在使用这种由计算机构成的复杂网络。

对商务活动的开放推动了互联网的高速发展。同时，伴随互联网发展而出现的另一项技术也大大加快了互联网的进程，这就是WWW。

3.1.4　WWW的兴起

WWW是运行在连入互联网的计算机上的软件。目前，WWW是互联网上最广泛的应用，已经超过电子邮件、文件传输和其他数据传输。与其说WWW是一种技术，倒不如说它是对信息的存储和获取进行组织的一种思维方式。从这个意义上说，WWW的历史要追溯到很多年以前。

Internet开始于20世纪60年代，而WWW直到1989—1991年才由欧洲物理实验室（CERN）的蒂姆·伯纳斯·李（Tim Berners-Lee）博士最早提出。

WWW 最重要的两项创新是超文本和图形用户界面。

1. *超文本的发展*

1989 年,蒂姆·伯纳斯·李开始着手改进实验室的研究档案处理程序。CERN 当时连入互联网已有两年时间,但是科学家们想找到更好的方法交流全球高能物理研究领域的科学论文和数据。蒂姆·伯纳斯·李提出了一个超文本开发计划,以提供数据共享功能。

在接下来的两年里,蒂姆·伯纳斯·李开发出了超文本服务器程序代码,并使之适用于互联网。超文本服务器是一种储存超文本标注语言(HTML)文件的计算机,其他计算机可以连入这种服务器并读取这些 HTML 文件。今天在 WWW 上使用的超文本服务器通常称为"Web 服务器"。蒂姆·伯纳斯·李为超文本程序开发的超文本标注语言(HTML)是附加在文本上的一套代码(标记)语言。这些代码描述了文本元素之间的关系。例如,HTML 中的标记说明了哪个文本是标题元素的一部分,哪个文本是段落元素的一部分,哪个文本是项目列表的一部分。其中一种重要的标记类型是超文本链接标记。超文本链接可以指向同一 HTML 文件的其他位置或者其他 HTML 文件。

2. *超文本的图形用户界面*

读取 HTML 文件的软件有很多,大部分人用的是网景公司的 Navigator (1994)或微软公司的 Internet Explorer(1995)等 WWW 浏览器。WWW 浏览器是一种软件界面,可以帮助用户读取或浏览 HTML 文件,也可以让用户通过文件中附加的超文本链接标记从一个 HTML 文件转移到另一个 HTML 文件。如果这些 HTML 文件放在连入互联网的计算机上,用户就可以用 WWW 浏览器从一台计算机上的一个 HTML 文件转移到互联网上另一台计算机上的一个 HTML 文件。

但是,这些早期的网页只能显示黑白文本,最初的网络浏览器仅能提供命令行界面。直到 1993 年,网络中的共享信息仍是纯文本的。这时,马克·安德森(Marc Andreesen)和美国国家超级计算应用中心的工作人员共同开发出了具有图形用户界面(GUI)的 Web 浏览器 Mosaic,使用户能够以图形方式浏览 Web 上的文档。

Web 浏览器在其图形用户界面上以一种易读的方式把 HTML 文件显示出来。它使用彩色背景,图像甚至是简单的动画。图形用户界面(Graphical User Interface, GUI)是一种向用户显示程序控制功能和输出结果的显示方式。它显示图片、图符和其他图形元素,而不仅仅是文本。现在,几乎所有的个人计算机都使用了微软的 Windows 或 Macintosh 等图形用户界面。HTML 页自此从简单的黑白文本中解放出来,可以被世界上任何一个能够操作鼠标和使用 Macintosh 或 PC 机的用户浏览。

3. WWW

蒂姆·伯纳斯·李把他设计的由超文本链接的 HTML 文件构成的系统称为"WWW"。

现在,WWW 网站的增长速度甚至超过了互联网自身的发展速度。据估计,目前全球的 WWW 网站已经超过 7500 万家,WWW 文件数以亿计。图 3-2 显示了 WWW 网站数量的快速增长。

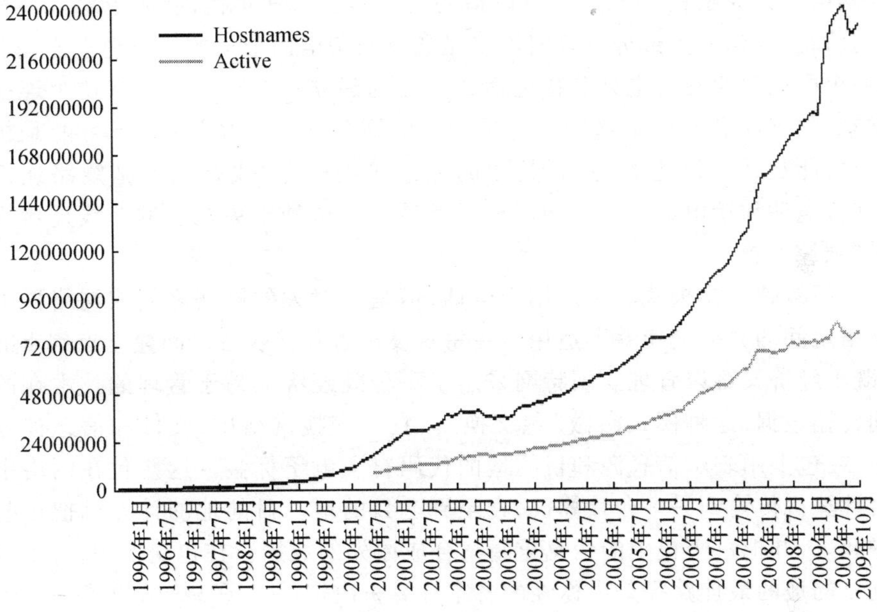

图 3-2　WWW 的增长

资料来源:November 2009 Server Survay, Netcraft.

3.2　IP 与域名系统

3.2.1　互联网技术基础

电子商务存在的前提是几项关键技术,最重要的技术当然是因特网。除了这种彼此连接的网络系统外,很多其他的硬件和软件也是重要的支持手段。这些硬件和软件包括数据库软件、网络交换中心和集线器、加密硬件和软件、多媒体支持工具等,当然还包括 WWW。这些支持工具的发展速度也是极其迅速的。所有参与电子商务并希望在未来保持竞争优势的企业都必须及时地采用各种因特网新技术。WWW 及其支持技术的快速发展要求企业不断灵活地调整它们在 WWW 上开展商务活动的方式。那些僵化不变的企业将很快丧失它们在 WWW

上的业务。在线消费者认为,WWW网站的拙劣表现(如响应时间太长)会使他们放弃某些电子商务网站,转向响应更迅速的网站。电子商务未来的急剧发展要求企业寻找更快、更有效的方式,以迎接蜂拥而至的网上顾客和日趋增加的企业间业务。对于那些正在策划电子商务战略的企业来说,这种投入的回报将是惊人的,网上业务量有时不到一年就会翻一番。

1. 包交换网

网络化计算机的早期模式可以追溯到20世纪50年代,起源于地方和长途电话公司。早期的大部分计算机网络是通过租用电话公司的线路建立连接。当时,一个电话呼叫在打电话和接电话的人之间建立一个连接。一旦这个连接建立起来,数据就沿着这个路径进行传输。电话公司的交换设备(既可能是机械的,也可能是计算机化的)选择特定的电话线或称为“线路”,并把线路连接起来,在打电话和接电话的人之间形成一条通路。这种中央控制的单线连接模式叫做“线路交换”。

虽然线路交换模式非常适用于电话,但是它对大的网络之间或网络群中的子网络之间的数据交换并不适用。在每对发出者和接收者之间建立点到点的连接,既不经济又难以管理。因特网采用了一种既经济又易于管理的技术在两点之间传输数据,这种模式叫做“包交换”。在包交换网络中,文件和信息被分解成包,在包上用表示信息源和目的地的代码打上电子标签。这些包在网络中从一台计算机传输到另一台计算机,直至到达目的地。目的地的计算机把这些包集中起来,并把每个包中的信息重新集合成原先的数据。在包交换中,每个包从源到目的地的最佳路径是由途经的各个计算机决定的。图3-3给出了一个包交换网的例子。决定包的传送路径的计算机叫做“路由器”,确定最佳路径的程序叫做“路由算法”。

包交换是在因特网上进行数据传输的方法,它有很多优点。其中一个优点是:长数据流可分解成易于管理的小数据包,小数据包沿着大量不同的路径进行传输,避免了网络中的交通拥挤。另一个优点是:在数据包到达目的地后,更换受损数据包的成本较低。如果一个数据包在传输途中被改变了,只要重新传输这个数据包就可以了。

最早的包交换网叫做“ARPANET”,仅连接了几个大学和研究中心。这种实验性的广域网(WAN)在几年内逐渐成熟起来,它采用的是网络控制协议(NCP)。协议是一组规则的集合,它规定网络传输数据的格式和顺序,并检查这些数据中的错误。协议确定了数据的发送设备如何表示已经完成信息的发送,以及接收设备如何表示已经收到(或没收到)信息。在ARPANET(后来发展成为因特网)的发展过程中开发出的开放式体系结构思想包括以下四个要点(这四个要点对因特网的成功作出了很大的贡献):

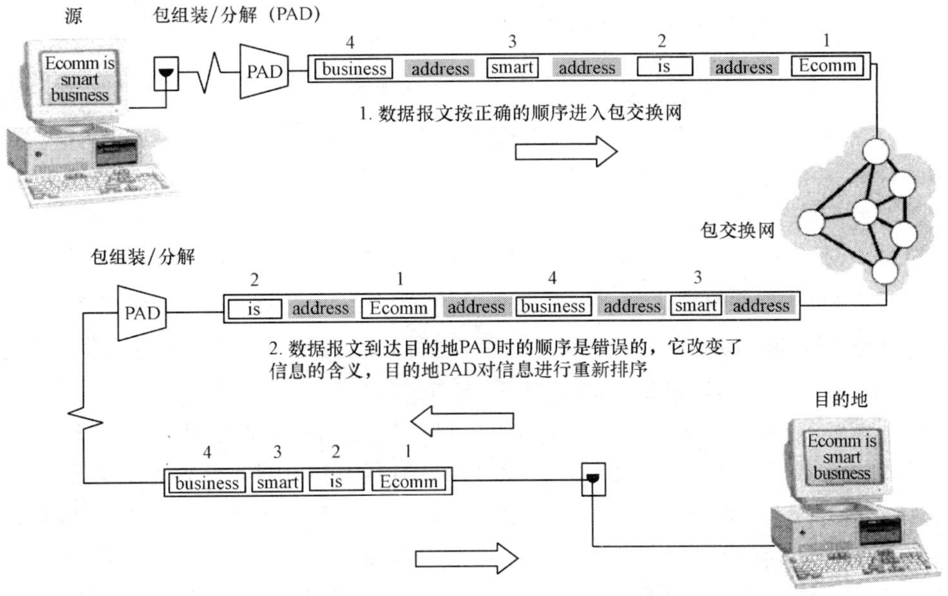

图 3-3　包交换网和信息包的传递

（1）独立的网络在连入另外的网络时不需要任何变化；

（2）没有到达目的地的信息包必须从其源节点重新传输；

（3）路由器计算机不保留处理过的信息包的信息；

（4）对网络没有全球化的控制。

2. 通信协议

支持因特网基本操作的协议是传输控制协议（TCP）和网际协议（IP）。这两个协议是因特网的先驱文森特·瑟夫（Vincent Cerf）和罗伯特·卡恩（Robert Kahn）开发的，他们建立了一些基本规则，以确定数据的网络传输方式，以及建立和断开网络连接的方式。我们通常用缩写字母“TCP/IP”表示这两个协议。

TCP/IP 是一种双层程序，它包括网络上的计算机用来建立和断开连接的规则。TCP 控制信息在因特网传输前的打包和到达目的地后的重组，以及 IP 控制信息包从源到目的地的传输路径。IP 处理每个信息包的所有地址信息，确保每个信息包都打上了正确的目的地地址标签。TCP/IP 协议一开始就在技术上优于 ARPANET 上使用的 NCP，并逐渐代替了 NCP。

TCP/IP 协议是 Windows 95/98 和 Windows 2000 计算机的标准协议。“因特网”的概念第一次出现在 1974 年文森特·瑟夫和罗伯特·卡恩所写的一篇关于 TCP 协议的文章中。因为 TCP/IP 协议的开发在因特网的历史中起到了至关重要的作用，所以很多人把文森特·瑟夫称为“因特网之父”。

3.2.2 IP 地址与 IP 寻址方式

1. IP 地址

每台接入 Internet 的计算机都必须拥有唯一的 IP 地址。使用调制解调器上网的计算机会被分配一个临时的 IP 地址。过去 20 年中,互联网上应用的 IP 地址是互联网协议第四版(Internet Protocol version 4),简称"IPv4"。它用一个 32 位的数字识别编入互联网的计算机,这个数字被称为"IP 地址"。计算机使用二进制系统进行所有内部运算,IPv4 所使用的 32 位数字可以表示 40 多亿个地址。IP 地址一般被写成 4 组圆点分隔的数字,这种地址被称为"点分十进制"。每个 IPv4 地址都是一个 32 位数字,4 组数字每组都由 8 位数字构成。在二进制中,一个 8 位位组取值范围为 00000000—11111111,这些数字分别对应十进制的 1—255。例如,IP 地址 11011000011100110110110011110101 可表示为点分十进制地址 216.115.108.245。一般来说,4 组数字中的前面部分代表计算机所在的网络,剩下的数字代表网络上的一台特定的计算机。

根据网络的大小,IP 地址又分成了 A、B、C、D、E 几个不同的等级。因此,由 IP 地址的第一组数值即可知道该地址属于哪个等级。通常,最常用的是 A、B、C 类网络。如表 3-1 所示。

表 3-1 IP 地址子网划分

类别	起始位	开始	结束	点分十进制掩码
A	0	1.0.0.0	127.0.0.0	255.0.0.0
B	10	128.0.0.0	191.255.0.0	255.255.0.0
C	110	192.0.0.0	223.255.255.0	255.255.255.0

A 类地址,用 7 位标识网络号,24 位标识主机号,最前面的一位为"0"(二进制数值)。此类地址主要用于世界上少数的具有大量主机的网络,其网络数量有限。全世界总共只有 126 个可能的 A 类网络。

B 类地址,用 14 位标识网络号,16 位标识主机号,最前面的两位为"10"(二进制数值)。每个 B 类网络号最多可以连接 65534 台主机。此类地址用于适量的、规模适中的网络。由于 Internet 的迅速发展,一般也很难分配到此类地址。

C 类地址,用 21 位标识网络号,8 位标识主机号,最前面的 3 位为"110"(二进制数值)。每个 C 类网络最多可以有 254 台主机。此类地址主要用于网络数多、主机数相对较少的小型网络,如校园网等。

D 类地址,特殊的 IP 地址,前 4 位二进制数取值为 1110,用于多点传输的地址,如支持组播技术等。

E 类地址,特殊的 IP 地址,前 5 位二进制数取值为 11110,暂保留,以备将来使用。

需要说明的是,目前的32位IP地址以后会被淘汰,因为它不能满足互联网地址日益增长的需要,取而代之的将是128位的IP地址,即IPv6。在互联网向目的地发送信息前,IP协议需要对信息打包,包中既包括源IP地址,也包括目的地IP地址,这样的地址唯一确定了一台连入互联网的计算机。

2. IP寻址方式

(1) 网络寻址有如下规则:

① 网络地址必须是唯一的。

② 网络标识不能以数字127开头。在A类地址中,数字127保留给内部回送函数。

③ 网络标识的第一个字节不能为255。数字255作为广播地址使用。

④ 网络标识的第一个字节不能为0。0表示该地址是本地主机,不能传送。

(2) 主机寻址有如下规则:

① 主机标识在同一网络内必须是唯一的。

② 主机标识的各个位不能都为1。如果所有位都为1,则该地址是广播地址,而非主机的地址。

③ 主机标识的各个位不能都为0。如果各个位都为0,则表示只有这个网络,而这个网络上没有任何主机。

3.2.3 域名系统

互联网的创建者发现点分十进制标记法非常难记忆,为了便于使用,就发明了一种用单词代替数字的地址标记方式。在这种系统中,类似www.amazon.com表示的地址就成为域名。

域名是用来表示IP地址的单词组,包括以句点间隔的两个以上的单词。最右边的部分是域名中最通用的部分,越左边的部分越具体。域名最右边的部分是一级域名(也称"顶级域名"),再往左是二级域名、三级域名。

一级域名可以分为两类:一类表示国家或行政区(参见表3-2),另一类表示机构类别(参见表3-3)。

表3-2　一级域名按国家或行政区分类(部分)

域名	国家或行政区	域名	国家或行政区	域名	国家或行政区
.au	澳大利亚	.ca	加拿大	.ch	瑞士
.cn	中国	.de	德国	.fr	法国
.in	印度	.jp	日本	.ru	俄罗斯
.se	瑞典	.sg	新加坡	.uk	英国

表 3-3 一级域名按机构类别分类(部分)

域名	类别	域名	类别
.com	公司企业	.net	网络服务部门
.org	非营利性组织	.edu	教育机构
.gov	政府部门	.mil	军事部门
.int	国际组织	.info	提供信息服务的实体组织

我国的域名管理机构中国互联网络信息中心(CNNIC)成立于1997年6月3日,行使国家互联网络信息中心的职责。我国互联网络的二级域名分为类别域名和行政区域名两类。类别域名有6个(参见表3-4),行政区域名有34个。在CNNIC新的中文域名系统中,为用户提供“.中国”、“.公司”和“.网络”结尾的纯中文域名注册服务。其中,注册“.中国”的用户将自动获得“.四”的中文域名。例如,注册“清华大学.中国”,将自动获得“清华大学.cn”。2008年的统计数字表明,我国“.cn”域名网站数已位居世界第一。

表 3-4 我国按类别分类的二级域名

域名	类别	域名	类别
.ac	科研机构	.gov	政府部门
.edu	教育机构	.org	各种非营利性组织
.com	工商金融等企业	.net	互联网络、接入网络的信息中心(NIC)和运行中心(NOC)

3.2.4 IPv6

在互联网发展早期,由IPv4提供的40多亿个IP地址足够应付一个实验性研究网络的需要。但是,由于区段分配方法的问题,这些IP地址中有大约20亿个不是被占用就是不可用。现在,互联网允许很多新设备(如无线PDA、上网手机等)加入,又增加了IP地址的需求。因此,新版的IP协议IPv6正在被采用。这两种协议是不兼容的,转用IPv6至少需要10年的时间。网络工程师已经设法在互相连接的网络上同时运行这两种协议。IPv6的主要优点是用128位地址代替IPv4的32位地址,地址量可以达到2128个,比IPv4的地址量大无数倍。IPv6还去除了不必要的域,添加了安全域和其他可选信息。

IPv6也有一个地址标记法,类似IPv4的点分十进制标记法。由于IPv6地址空间非常大,所以采用8组16位二进制数字,每组由4个十六进制数字表示,组之间用冒号分隔,称为“冒号区分十六进制”。例如,这种标记法表示的IPv6地址CD18:0000:0000:AF23:0000:FF9E:61B2:884D。为节省空间,0都可以省略,这样就缩写成CD18:::AF23::FF9E:61B2:884D。

3.3 互联网上的协议

计算机网络由多个独立的计算机系统与通信网络连接而成。不同的计算机系统之间可能是不兼容的,具有不同的体系结构,使用不同的计算机语言,采用不同的数据存储结构。即使是兼容的系统,彼此之间也可能频率不同。为了实现网络中互不兼容的计算机之间的通信,通信双方必须遵循统一的网络协议。计算机网络通信协议 OSI 和 TCP/IP 参考模型是目前使用最广泛的国际标准的通信协议模型。

3.3.1 OSI 七层模型

由于世界各大型计算机厂商分别推出各自的网络体系结构,国际标准化组织 ISO 于 1978 年提出“开放系统互连参考模型”,即著名的 OSI 模型。它将计算机网络体系结构的通信协议从下到上规定为物理层、数据链路层、网络层、传输层、会话层、表示层、应用层七层(如图 3-4 所示)。在 OSI 模型中,下一层为上一

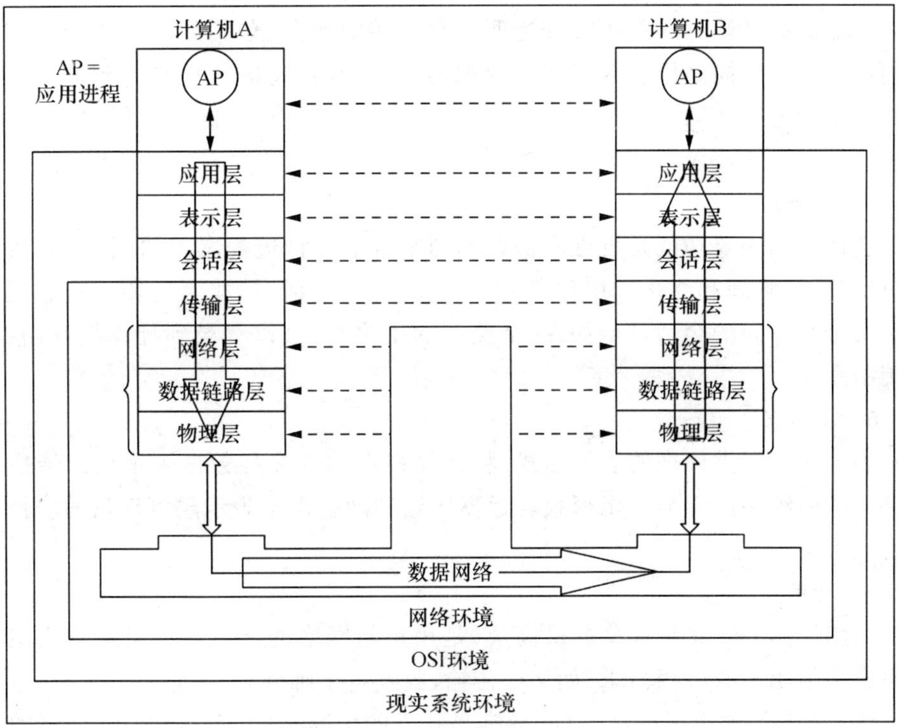

图 3-4 OSI 参考模型总体结构

层提供服务，而各层内部的工作与相邻层是无关的。OSI 模型通过三十多年的发展和推进，目前已成为各种计算机网络结构的统一标准。

1. 物理层

物理层是 OSI 参考模型的最低层，它通过传输介质发送和接收二进制比特流，为数据链路层提供物理连接。该层定义了与物理链路的建立、维护和拆除相关的机械、电气、功能和规程特性，包括信号线的功能、“0”和“1”信号的电字表示、数据传输速率、物理连接器规格及其相关的属性等。

2. 数据链路层

数据链路层通过校验、确认、反馈重发和流量控制等手段，将两个相邻结点之间不可靠的物理链接转换成对网络层来说无差错的数据链路。该层传送的数据帧中包含物理地址（MAC 地址）、控制码、数据以及校验码等信息。

3. 网络层

网络层通过路径选择算法（路由）将数据包送到目的地，同时进行拥塞控制和解决网际互联的问题，并为传输层提供服务。该层传送的分组中包含节点 IP 地址和数据链路层的数据帧。

4. 传输层

传输层提供端到端的可靠和透明的数据传输服务，包括处理差错控制和流量控制等。该层向高层屏蔽了下层数据通信的细节，使高层用户看到的只是一条在两个传输实体间的主机到主机的、可由用户控制和设定的、可靠的数据通路。该层传送的协议数据单元称为“报文”。

5. 会话层

会话层的主要功能是管理和协调不同主机上各种进程之间的通信（对话），即负责建立、管理和终止应用程序之间的会话。“会话层”得名的原因是它很类似于两个实体间的会话。例如，一个交互的用户会话，以登录到计算机开始，以注销结束。

6. 表示层

表示层可提供标准的表示形式，将计算机内部的多种数据表示格式转换成网络通信中统一的标准表示形式。数据压缩和加密也是表示层可提供的转换功能之一。

7. 应用层

应用层是 OSI 参考模型的最高层，是用户与网络的接口。该层通过应用程序完成网络用户的应用需求，如文件传输、收发电子邮件等。

ISO 为各层制定了标准，这些标准是独立的国际标准，而不是 OSI 模型的一部分。

3.3.2 TCP/IP 协议

如前所述,支持互联网基本操作的协议是传输控制协议(Transmission Control Protocol, TCP)和网际协议(Internet Protocol, IP)。我们通常用缩写字母"TCP/IP"表示这两个协议。

TCP/IP 是当前较为完整且被普遍接受的通信协议簇,其中包含了一百多个通信标准,用来规范各计算机之间如何通信、网络如何连接等操作。TCP 控制信息在互联网传输前的打包和到达目的地后的重组,IP 控制信息包从源地址到目的地的传输路径。IP 处理每个信息包的寻址信息,确保每个信息包都打上了正确的源地址和目的地址标签。TCP/IP 协议一经确定就替代了 ARPANET 原先使用的 NCP 协议。

图 3-5 表示了 TCP/IP 的结构,按照任务将协议划分成五个功能层。在因特网传输数据时,这五个功能是同时工作的。最低层也是最基本的功能层是硬件层,它管理因特网的相关设备。最高层是应用层,它是因特网的服务程序运行的地方。每一层为上一层提供服务。虽然本书不介绍 TCP/IP 各层的全部细节,但是有必要指出在这个结构中的一些重要内容的位置。例如,TCP 在传输层工作,IP 属于因特网层。

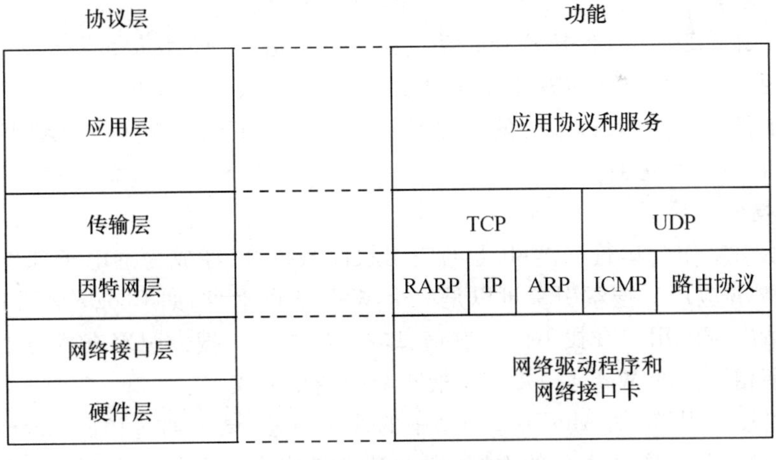

图 3-5 TCP/IP 结构

除了用于互联网,TCP/IP 协议也可用于局域网。目前,个人计算机常用的操作系统(如 Linux、Macintosh、Microsoft Windows 和 Unix 等)都支持 TCP/IP 协议。

3.3.3 互联网上提供的服务

Internet与WWW催生了大量新的、功能强大的软件应用，这些应用构成了电子商务发展的基础。

1. 电子邮件

电子邮件自问世以来一直是Internet中最常用的网络应用。美国每天估计有35亿封商业电子邮件和27亿封个人电子邮件发送，而全球每天发送的电子邮件数量则超过80多亿封。电子邮件使用一系列协议，使包含文本、图片、声音和视频等的消息从一个Internet用户传递到另一个Internet用户。电子邮件因其灵活性与高速度而成为商务交流最常用的形式，甚至比电话、传真和传统信件(邮政服务)还要常用。

除了邮件中输入的文本外，电子邮件还允许发送者在其中插入附件，附件可以是文档、图片、声音或视频剪辑等。

虽然电子邮件主要用于人们之间的信息交流，但是它也可成为一个非常有效的营销工具。电子商务网站从邮件列表供应商处购买邮件地址列表，然后向潜在客户和现有客户发送邮件广告。这种有目标的邮件宣传获得的反馈率高达20%，与横幅广告不足1%的反馈率相比，是相当突出的。大多数电子商务网站都有“联系我们”一项，可方便客户提出要求和建议。

然而，除了与愿意保持这种联系的人进行通信这种可接受的行为外，一些公司还使用邮件群发技术发送电子邮件，从而产生了大量的垃圾邮件，即未经请求的电子邮件。在美国，许多州的法律都反对垃圾邮件。但是，垃圾邮件目前仍然是Web上的一大祸害。

2. 搜索引擎

搜索引擎作为运行在Web上的应用软件系统，已经成为继电子邮件之后的第二大Web应用。搜索引擎可以是一个Web站点本身，如Google和百度；也可以是网站内帮助用户查找不同主题信息的一项服务。搜索引擎查找与用户输入的关键字相匹配的Web页，并提供最匹配的结果列表。

一些搜索引擎，如AltaVista网站中的搜索引擎，试图通过访问Internet中现有的每一个网页，阅读主页的内容，定义其中最常用的单词或关键字，然后建立一个带有关键字的巨大的域名数据库。有时，搜索引擎只阅读主页中的Meta标签和其他关键字部分。这种方法速度快，但是网页设计者常常要将大量关键字塞入Meta标签中。搜索引擎发布到网上执行这种检索功能的程序叫做“蜘蛛”(Spider)或“爬虫”(Crawler)。随着网游人数超过20亿，越来越多的网页被搜索引擎遗漏。Google可能是最完善的搜索引擎了，所涉及的网页也只有全部网页的一半(10亿左右)。搜索引擎的搜索范围通常不会重叠，这意味着一个搜索引擎中检索不到的网页可能在其他搜索引擎中找到。因此,最好是同时使用多个搜索引擎。

另外一些搜索引擎则采用不同的检索策略。Google 使用协同过滤技术,即根据请求并登录网站的用户数对网站建立检索和排序。这种方法倾向于高访问量的网站,用户看到的结果往往也是大多数人看到的结果。雅虎则使用人工索引组织尽可能多的网页。但是,这种方法偏向于那些进入到雅虎工作人员视野的网站。由于这种局限性,一般网站很难在雅虎上注册。

美国市场调查公司 Nielsen/NetRatings 提供的数据显示,2005 年 8 月,全球 65 家搜索引擎的搜索总量达到 50 亿次,其中 80% 的搜索量集中在三大搜索引擎。按照搜索量排名,Google 占 45.9%,雅虎占 23.2%,Microsoft MSN 占 11%。

搜索引擎最新的发展趋势之一是集中化。一些搜索引擎不再试图满足用户的每一个可能的信息需求,而决定集中于某一特定领域。通过将搜索范围限定于诸如体育、新闻、医药或金融等主题,利基型(Niche)搜索引擎希望自己能够脱颖而出,为用户提供更高质量的检索服务。例如,FindLaw. com,一个法律信息的搜索引擎和目录服务网站,其访问量稳步上升。专门从 1800 多个新闻网站中收集和报道标题新闻的搜索引擎 Moreover. com 也是如此。

尽管搜索引擎主要是用来查找用户感兴趣的综合信息,如可以购买酿酒用具的网站,或 Barbados 的 Internet 使用率统计等,但是它们也已经成为电子商务网站中的重要工具。用户在检索程序的帮助下,能够更容易地准确找到所需要的内容。

3. 文件传输服务

文件传输(File Transfer Protocol,FTP)是一种实时的联机服务,其作用是将文件从一台计算机传送到另一台计算机。文件传输服务不受两台计算机所处的地理位置、连接方式以及所用的操作系统的限制。

FTP 是计算机间传输数字化业务信息的最快途径。FTP 的最广泛应用也许是销售和交付软件包以及更新软件。例如,微软公司在网上免费提供大量更新软件。不管是使用 WWW 浏览器还是 FTP 客户机程序,用户都可以下载图书、手册和完整的软件包等。通过匿名 FTP,商业用户和学生可以从商业网站下载准备购买的文件。使用一个有用户名和口令的账户访问企业或大学的计算机,可以获得比匿名账户更多的特权,如可以向主机或个人计算机发送文件、文档或其他任意数字信息等。

FTP 有普通的和匿名的两种类型,前者需要获得对方计算机的存取权限,而后者则不需要账号和密码。使用 FTP 可以传输任何类型的文件。

4. 远程登录服务

远程登录(Telnet)服务是互联网提供的最基本的信息服务之一,也是在互联网上开展的最早的服务活动之一。

所谓"远程登录",就是在网络通信协议 Telnet 的支持下,使本地的计算机暂时成为远程计算机的仿真终端。通过执行终端仿真程序的功能,Telnet 将用户键入的命令和其他字符串直接传输到远程主机。这台远程计算机就可以直接执行用户通过 Telnet 键入的命令了。用户可以使用任何 Telnet 客户机并键入地址 locis. loc. gov 登录美国国会图书馆,也可以把自己的 WWW 浏览器作为 Telnet 客户机,输入 URL 地址 telnet: //locis. loc. gov 并按回车键。出差在外甚至在国外的销售人员可以使用因特网和 Telnet 客户机登录他们公司的计算机,以查看订单和库存情况,也可以获取其他业务信息。

5. 新闻组服务

网络新闻组(Usenet)起源于美国的北卡罗来纳州,最初是由几位学生在 Unix 上实现的。Usenet 原先的设想是用来公布通知和新闻,后来催生出了电子公告栏(BBS),不久又演变成一种讨论组。利用 Usenet 可以把网络上具有相同兴趣的人组织起来,彼此交流看法,分享有益的经验。如今的 Usenet 已经发展成为由多个讨论组组成的集合体,包含了世界上成千上万个不同类型的讨论组和数以百万计的用户,每个讨论组都围绕某个特定的主题展开讨论。

Usenet 有自己的一套命名规则,可以让人们方便地找到自己感兴趣的讨论组。根据命名规则,名称中最左边的部分代表讨论组的类别,称为"顶级类别"。

3.4 Web 技术应用

Web 通信的基本原理是:由浏览器向 Web 服务器发出 HTTP 请求,Web 服务器接到请求后进行相应的处理,并将处理结果以 HTML 文件的形式返回给浏览器,客户浏览器对其进行解释并显示给用户。Web 服务器要与数据库服务器进行交互,并需通过中间件实现。

在网上,如果要向全球范围内发布信息,需要有一种能够被广泛理解的语言,即所有的计算机都能够理解的一种用于出版的"母语"。WWW 所使用的出版语言就是 HTML 语言。通过 HTML,将所需要表达的信息按某种规则写成 HTML 文件,通过专用的浏览器识别,并将这些 HTML"翻译"成可以识别的信息,就是我们现在所见到的网页。

3.4.1 标记语言

页面包括许多元素,例如图形、照片、声音剪辑或者可以在浏览器上运行的小程序等,这些元素都以文件形式在 Web 服务器上单独储存。页面上最重要的部分是页面结构和构成页面主题的文本。页面结构与文字存储在采用页面标记语言的文本文件中。页面标记语言规定了插入文本中的标记。标记是 WWW 客户机软件可以理解的格式命令。将文本和其他文件中的页面元素显示成客户机屏幕上出现的页面时,WWW 客户机软件就要使用这些指令。

WWW 上最常用的标记语言是 HTML,它是更早也更复杂的文本标记语言 SGML——标准通用标记语言的子集。SGML 是一种元语言,可以用来定义其他标记语言。SGML 派生出的另一种标记语言是扩展标记语言(XML),现在常被用于标记网上企业共享的信息。XML 也是一种元语言,用户可以用它创建自己的标记。

1. SGML

从 20 世纪 60 年代开始,出版业使用标记语言,以便排版后能够以多种版式印刷。美国国防部的承包商也使用标记语言生成武器系统的手册和零件目录,这些文档经常需要以不同的版式重新印刷。利用电子方式存储以及将这些格式解释成不同版式版面的程序极大节省了重新录入的时间和成本。

这些早期的工作催生了一种通用标记语言(GML),用来为电子文档创建标准的格式。1986 年,国际标准组织采纳了 GML 的一种变体,称为"标准通用标记语言"(SGML)。SGML 主要用于帮助大型组织对大量文档进行格式化和分类组织。很多机构,特别是那些对文档管理有特殊或复杂要求的组织,都使用 SGML,如美国出版商协会、惠普公司和柯达公司等。SGML 的优点在于,它能够不依赖任何软件独立运行,没有专利限制,与平台无关,允许用户自定义标记。但是,SGML 语言非常复杂,难以掌握,而且不能快速生成页面,建立和维护 SGML 的成本很高,需要昂贵的软件工具。所以,用 SGML 定义文档既费钱又费时。

2. HTML

超文本标记语言(HTML)也是一种通用的标记语言,它更加容易使用。HTML 为网页设计者提供了一组固定的用于编写网页的标记"标签"。这些标记直接嵌入网页,当浏览器发现"标签"后,就会将其解释成一个页面显示。HTML 定义网页结构和样式的功能包括格式化标题、图片定位、格式化表格和文本等。HTML 页面可以通过任何一种文本编辑器如记事本、写字板创建。使用 Word 或 Web 网页编辑器也可以创建 HTML 页面。

和文字处理文件不一样,HTML 文件对一个特定文本元素的出现方式不作规定。例如,使用文字处理软件编辑文件标题时,可以把标题文本的字体定义成 Arial 字体,字号定义成 14 号,位置居中。无论何时用该文字处理软件打开这个文件,文件将严格按照上述设置显示或打印出来。与之相反,HTML 文件只是在这个标题文本上简单地加上一个标题标记。很多浏览器程序都可以读取 HTML

文件。这些程序识别出标题标记,然后以自己的显示方式将这个标题文本显示出来。不同的浏览器程序对文本的显示方式是不一样的。

自 HTML 问世以来,网景公司的 Navigator 和微软公司的 Internet Explorer 这两个主要的浏览器不断地为 HTML 增加新功能,使网页设计人员能够进一步优化网页的布局。然而,许多改进都只是针对一个公司的浏览器,而这样的发展趋势已威胁到了通用计算机平台的主旨。更糟糕的是,浏览器的专有性功能增加了建设电子商务网站的成本。

有许多图形化的 HTML 开发工具,使网页的制作变得非常简单。例如,微软公司推出的 Microsoft FrontPage、Micromedia 公司推出的 Dreamweaver 等编辑工具,被称为"所见即所得"的网页制作工具。这些图形化的开发工具可以直接处理网页,而不用书写复杂的编码。但是,受到图形编辑工具自身的约束,用户很难编辑出一些精确的效果。一个高级的网页编写者应该在掌握图形编辑工具的基础上进一步学会 HTML,以便快速地编写出使自己满意的网页。

3. XML

随着互联网的发展,HTML 对希望创建漂亮页面的网站设计者来说是非常有用的工具。当公司开始开展电子商务时,在页面上展示大量数据变得很重要。公司网站有存货、发票、订单和其他商业数据的表单,即使是更新这些表单也非常重要。这些需求对网站设计者是一个新挑战,曾经帮助网站设计者创建页面的工具 HTML 对展示和维护信息就不再好用了。所以,在信息时代,如何以最便捷、最可靠、最有效的方式获取所需的信息是一个很大的困扰。人们期待能够找到一种可以描述任何逻辑关系的数据格式以统一电子数据的存储,从而不再因为数据格式的不统一而苦恼和困惑。目前,能够担当此任的就是可扩展标记语言(Extensible Markup Language, XML)。20 世纪 90 年代末,一些公司开始用 XML 维护含有大量数据的页面。

XML 是专为 Web 应用而设计的,它是 SGML 的一个优化子集,是由 WWW 协会(W3C)于 1998 年 2 月发布的一种标准。它以一种开放的自我描述方式定义了数据结构,在描述数据内容的同时能突出对结构的说明,从而体现出数据之间的关系。这样所组织的数据对于应用程序和用户都是友好的、可操作的。

XML 是一种元标记语言,使用者可按需创建新的标记,其可扩展性就在于此。XML 的精髓是允许文档的编写者制定基于信息描述、体现数据之间逻辑关系的自定义标记,确保文档具有较强的易读性、清晰的语义和易检索性。因此,一个完全意义上的 XML 文档不仅仅是"格式良好的",而且还应该是使用了一些自定义标记的、"有效的"XML 文档。也就是说,它必须遵守文档类型定义 DTD 中已声明的种种规定。

XML 的特点主要有以下几点:

一是可扩展性。正如 Java 允许使用者声明他们自己的类一样,XML 允许使用者创建和使用他们自己的标记。这一点至关重要。企业可以用 XML 为电子商务和供应链集成等应用定义自己的标记语言。甚至有些特定行业可以共同定义本领域的特殊标记语言,作为该领域信息共享与数据交换的基础。

二是灵活性。HTML 很难进一步发展,因为它是格式、超文本和图形用户界面语义的混合,要同时发展这些混合在一起的功能是很困难的。XML 提供了一种结构化的数据表示方式,使得用户的显示界面分离于结构化数据。所以,Web 用户所追求的许多先进功能在 XML 环境下更容易实现。

三是自描述性。XML 文档通常包含一个文档类型声明,因而是自描述的。不仅人能读懂 XML 文档,计算机也能处理它。XML 表示数据的方式真正做到了独立于应用系统,并且数据能够重用。XML 文档被看做是文档的数据库化和数据库的文档化。

除了上述先进特性以外,XML 还具有简明性。XML 只有 SGML 约 20% 的复杂性,却具有 SGML 约 80% 的功能。XML 比完整的 SGML 简单得多,易学、易用、易实现。另外,XML 也吸收了人们多年来在 Web 上使用 HTML 的经验。XML 支持世界上几乎所有的主要计算机语言,并且不同语言的文本可以在同一文档中混合使用,应用 XML 的软件能处理这些语言的任意组合。所有这一切都将使 XML 成为数据表示的一个开放标准。这种数据表示独立于机器平台、供应商以及编程语言,它将为网络计算注入新的活力,为信息技术带来新的机遇。目前,许多大公司和开发人员已经开始使用 XML,包括 B2B 在内的许多优秀应用已经证实了 XML 将会改变今后创建应用程序的方式。

XML 与 HTML 主要的不同如下:

(1) 信息提供者能够任意定义新的标签与属性名称。

(2) 文件结构可以是任意阶层或者是网状结构。

(3) XML 不像 HTML 只有内建的样式,它有样式表标准,称为“可扩展式语言”(XSL)。

(4) XML 除了支持与 HTML 的简单链接外,还提供了功能更强大的超链接。XML 的超链接机制被定义为 XML 链接语言(XLink)与 XML 指标语言(XPointer)。

3.4.2 Web 客户和服务器

当用因特网的连接进入 WWW 时,你的计算机就成为了覆盖全球的客户机/服务器网络中的一台 WWW 客户机。浏览器软件(如 Internet Explorer 或 Navigator)就是支持你的计算机以 WWW 客户机方式工作的软件。因特网将很多不同类型的计算机连接在一起,这些计算机运行着不同的操作系统软件。

WWW 软件独立于平台,它能够让你的计算机与这些不同类型的计算机实现有效的通信。这是 WWW 能够迅速发展并被广泛接受的关键。

WWW 服务器是一些连入因特网的计算机,这些计算机包含大量的文件,这些文件的所有者通过与因特网的连接而使这些文件为大众共享。图 3-6 展示了客户机/服务器结构如何利用因特网在各种客户机和服务器计算机之间建立多种连接。

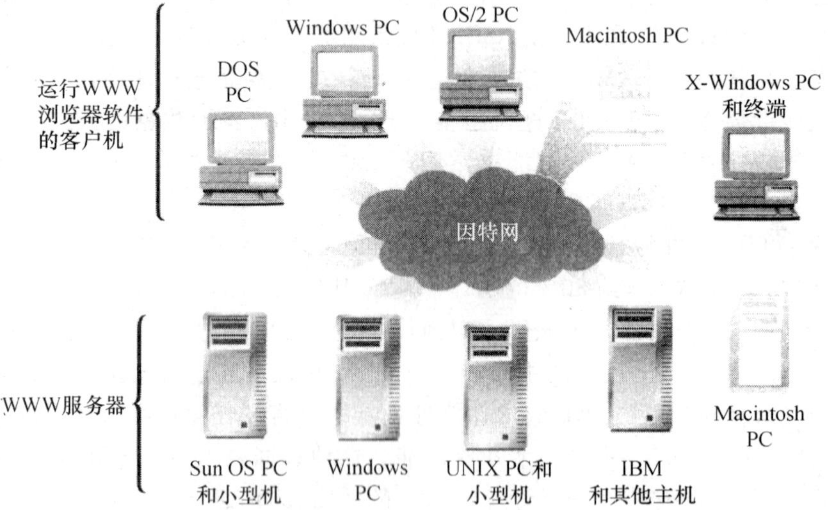

图 3-6 客户机/服务器结构

WWW 上共享的文档包括文本和 HTML 代码。位于同一计算机或不同计算机上的文档之间的 HTML 超链接构成了文档互联的 WWW。WWW 页面真正是国际化的。但是,如果这些页面不符合客户机/服务器体系结构,不能满足因特网基础设施的要求,就会停滞不动。当 WWW 浏览器的用户点击一个超链接时,此链接的目标 URL 所指向的另一个页面会立即出现在用户的屏幕上。

1. WWW 客户机/服务器体系结构

客户机/服务器体系结构可用于局域网、广域网和 WWW。这三种用途迥异的网络具有一个共同特点,即工作负荷在服务器和客户机之间的分配。在每种网络中,客户机一般是要求服务,包括打印、信息检索和数据库访问。这些活动由服务器完成,它负责处理客户机的要求。客户机一般不做什么工作。

服务器的工作负荷很重,除了收取和解释客户机的要求外,还要寻找信息、重新处理信息、要求对资源初始化(这些资源是由服务器所控制的计算机上运行的其他应用程序提供的)等。因为有工作负荷分担协议,所以服务器通常是可靠的、价值昂贵的计算机,有巨大的磁盘容量、容错的处理器和巨大的存储器。

与服务器不同,客户机只是一台普通的个人计算机。我们通常用“瘦客户”描述客户机相对较少的工作负荷。这种无硬盘的客户机一般是连入因特网的局域网中。在电子商务中,它们是低成本的客户计算机,人们用它们从有 WWW 主机的企业采购商品和服务。在这种情况下,WWW 企业必须承担更大的购买成本,并运行强大的计算机和软件,以便服务于数量庞大的潜在顾客群。

2. WWW 客户机/服务器通信

工作负荷在 WWW 客户机和服务器之间的分配截然不同。WWW 客户机(办公室或家庭计算机)向远程计算机上的一个特定 WWW 服务器请求信息。通过因特网,这个请求被转换成一个 HTML 请求并送到远程计算机——服务器上。目标服务器收到这个请求后,会检索客户机所请求的页面或其他信息,把它转换成一个 HTML 格式的页面,并通过因特网送回发出请求的客户机。所请求的信息(在这个例子中是 HTML 页面)到达客户计算机后,WWW 浏览器软件在确定这条信息是 HTML 页面后,根据其 HTML 代码所确定的指令在客户计算机上显示出该页面。同样的情形不断反复:客户机发出请求,服务器根据请求作出响应,客户机显示结果。有时,客户机的一个简单请求会要求服务器作出上百个独立的响应以寻找和传输信息。

如果一个 WWW 页面包含很多图形和其他对象,显示的速度就会很慢,因为每个元素都会要求一个独立的请求和响应。工作负荷在客户机和服务器之间的这种分配方式是固定不变的。无论是客户机还是服务器,都得遵循应承担的负荷。但是,服务器和客户机完成其任务的具体方式可能会有所区别。

(1) 两层客户机/服务器

两层模型仅包括一个客户机和一个服务器。所有的通信都发生在客户机和目标服务器之间。

例如,假设你已经安装了 WWW 浏览器,目前从事计算机市场的研究。你想先比较一下价格,然后再买一台计算机。你先看一下 Gateway 公司的产品。那么,在你的浏览器和 Gateway 公司的 WWW 服务器之间发生了哪些交互作用?你首先输入 Gateway 公司的 URL:www. Gateway. com。你的浏览器把此 URL 变成一条消息,然后创建一个 HTTP 请求,并把这个请求发到因特网。这时,目标服务器 Gateway. com 等待请求到达。HTTP 请求到达一个特定端口(用于特定类型网络传输的 TCP/IP 连接点)。服务器监控端点以观察到达的 HTTP 信息。一旦 Gateway. com 收到你输入的 HTTP 请求,服务器就和客户计算机建立起一种临时连接。

在收到请求解码后,服务器会辨别出客户机是请求 Gateway 公司的主页。一旦服务器找到了 Gateway 公司的主页,就会创建一条含该页面的 HTTP 信息,然后用客户机提供的回复 URL 地址将这条完整的信息发给客户机。当服务器发出的信息到达发出请求的客户机时,浏览器如果识别页面是用它能够解释的HTML语言写成的,就将页面显示在客户机的屏幕上。如果页面含有需要插件程序(一种辅助程序,不在浏览器程序内)的对象,就需要运行插件程序。插件程序可播放嵌入的视频和动画片段或声音和音乐。一旦服务器向客户机发送了信息,它们之间的临时连接就断开了。如果页面中包含图形等其他对象,客户机还要用一个独立的请求要求服务器传输这些对象。当然,对于包含很多非HTML元素的页面,就有很多类似的请求。图3-7描述了WWW客户机和服务器通过因特网进行的通信。

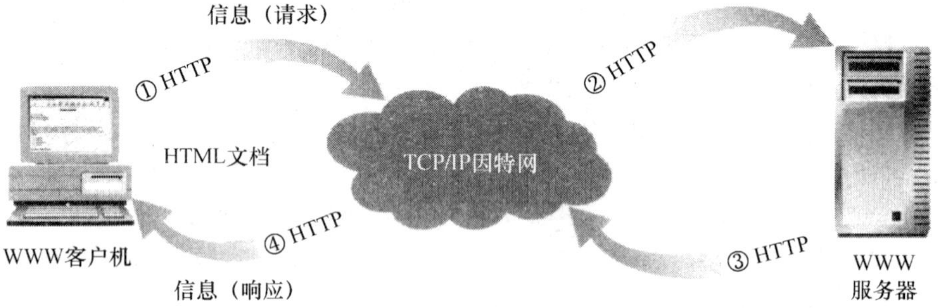

图3-7 WWW客户机和服务器之间的信息流

(2) 三层客户机/服务器

三层结构建立在传统的两层结构的基础上。第一层是客户机;第二层是WWW服务器;第三层包括一些应用软件及其相关的数据库,它们可向WWW服务器提供非HTML消息。从软件的角度看,这三个层次是客户机处理(第一层)、WWW服务(第二层)和数据服务(第三层)。客户机和服务器之间的交互关系与两层结构是一样的。第三层提供各种数据服务,包括数据库软件所支持的各种数据库操作、企业资源规划软件和其他用于支持电子商务服务器的服务。

数据库支持的一种典型服务是具有检索、更新和显示功能的商品目录。假设一个顾客请求显示某公司所销售的珍稀水果。客户的请求被转换成一条HTTP信息,通过因特网发往服务器并由服务器检查。对该请求的分析表明,该请求需要服务器的数据库提供帮助。服务器向数据库发出请求,要求检索并返回目录上所有珍稀水果的信息。数据库信息返回服务器,服务器将响应变成格式正确的HTML信息,并通过因特网将该信息返回客户机。

辅助软件和支持硬件可用来跟踪顾客购物车里的商品、查看销售税率、跟踪顾客偏好、查询库存数据库、更新企业的产品目录等。图3-8介绍了三层结构中的信息流。信息流箭头上的数字表示信息在路径中的流动顺序。

WWW服务器和第三层中的后端机器进行通信时,客户机程序可以请求后端处理器提供服务,后端处理器通过公共网关接口(CGI)和服务器连在一起。

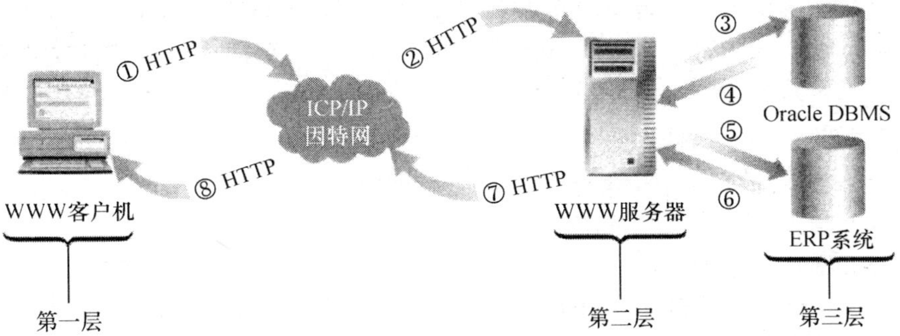

图 3-8　三层客户机/服务器结构中的信息流

CGI 是一种协议，它是 WWW 服务器和客户机（用户）实现动态交互的常用方式。含有编辑框、选择按钮和列表框的 WWW 页面提供了相关信息，供 CGI 程序管理数据库、存储信息或检索数据。所有的处理活动都发生在 WWW 服务器上，而不是在客户计算机上。CGI 是后端应用软件和 WWW 服务器之间的标准接口方式。在收到请求时，CGI 应用软件执行请求并产生输出结果，然后将结果转成 HTML 文档并返回给 WWW 服务器。

由于 CGI 技术可以更新第三层（即所谓的“后端”）的数据库，才使得电子商务的应用成为可能。后端服务器的程序可以动态地把数据转换成 HTML 形式，使 WWW 浏览器显示检索结果。在一次交易中，有大量的 WWW 信息往返于客户机和服务器，而 CGI 隐含区则从这些信息中保留了顾客交易信息。

3.4.3　内部网、外部网和互联网

并非所有的 TCP/IP 网络都要接入互联网，许多公司在组织内部建立了互联的网络。内部网（Intranet）是组织内部使用 TCP/IP 协议的互联网络。外部网（Extranet）是内部网的扩展，它连接了组织之外的业务伙伴、客户或供应商。多年来，传真、电话、电子邮件和快递一直是主要的业务交流工具。现在，外部网能以更低的成本取代它们。

1. 内部网

内部网是传播企业信息的一种流行的方法，而且成本越来越低。由于同样是基于客户机/服务器模型，内部网对文件、文档和图表等内部请求的处理过程与互联网是一样的。内部网使用基于互联网的协议，包括 TCP/IP、FTP、Telnet、HTML 和 WWW 浏览器等。因为企业的内部网和互联网是兼容的，所以内部网的信息不但可以在采用不同技术的部门之间共享，也可以很容易地让企业外部的客户共享。内部网是传输企业内部各种信息的最佳手段，因为创建和分发纸面信息通常缓慢且昂贵。

公司还能用内部网减少员工计算机上软件维护和升级的成本。计算机维护人员可以把软件的升级和补丁放入内部网,制作一个脚本程序,在员工下次登录自己的工作站时,就可以自动更新工作站。

内部网的优势包括:

(1) 高效、节约和环保("绿色")的内部交流;

(2) 购置成本和安装成本低;

(3) 维护成本低;

(4) 增加了信息的可用性;

(5) 可准确及时地获取信息;

(6) 信息发布和人员培训非常方便、节约。

然而,内部网也有一些缺点。例如,开发内部网需要成本,所以企业必须权衡收益和成本。目前,很难精确计算投资回收期(这是会计和财务主管想知道的重要指标)。另外,内部网的一些工具还不成熟,还不能大规模地使用。内部网很容易失去控制,需要认真加以监控。

2. 外部网

外部网是将公司与供应商、业务伙伴或其他授权用户连接起来的网络。外部网可以是下列几种网络类型中的任何一种:公共网络、安全(专用)网络以及虚拟专用网络(VPN)。这几种网络都能实现企业间的信息共享。外部网的信息是安全的,可以防止信息泄露给未经授权的用户。授权用户可以公开地通过外部网连入其他企业的网络。外部网为企业提供了专用的设施,帮助企业协调采购,通过 EDI 交换业务单证,实现彼此之间的交流和沟通。实际上,外部网可以通过因特网建立起来。但是,外部网一般是联系业务的独立网络。利用传统的因特网协议(包括 TCP/IP),外部网可以通过因特网实现网间通信。即使是独立于因特网的专用网络,也可以使用因特网的协议和技术进行通信。

一些外部网是从内部网发展而来的,这些内部网服务企业一般已运营多年。管理层将内部网数据向因特网用户开放,以减轻企业雇员的工作负荷。以联邦快递为例,多年来,顾客跟踪包裹的方法一直是拨打联邦快递的免费电话,告诉接线员自己的包裹号码。接线员输入包裹号码后,包裹跟踪信息就会显示在他的控制台上。最后,接线员把包裹状态告诉顾客。有关包裹的所有信息都属于联邦快递的内部信息。20 世纪 90 年代早期,联邦快递免费向所有提出要求人分发包裹跟踪软件。软件安装在顾客的计算机上,通过调制解调器拨叫联邦快递的计算机,询问包裹的状态,并在顾客的计算机上显示出结果,不需要任何接线员的帮助。后来,联邦快递放弃了客户机软件,而在其网站上提供包裹跟踪服务。这样,客户就用浏览器运行联邦快递网站上的一个程序,而不是成千上万的程序在客户的计算机上运行。联邦快递将这种基于互联网的系统称为"FedEx

Ship Manager”,允许客户使用互联网上任何计算机的任何浏览器完成包裹跟踪、生成空运单据、登记装运等业务。重要的信息如包裹的状态等,都保存在联邦快递外部网的 FedEx Ship Manager 区里,让客户访问。

(1) 公共网络

公共网络是公众可用的任何计算机网络或电信网络。互联网就是一个公用网络。虽然可以用公用网络运营外部网,但是因为安全风险很高,很少有公司这样做。

(2) 专用网络

专用网络是两个企业之间的专线连接,这种连接是两个企业的内部网之间的物理连接。专线是两点之间永久的专用电话线连接。和一般的拨号连接不同,专线是一直连通的。这种连接的最大优点就是安全。除了这两个合法连入专用网络的企业,其他任何人和企业都不能进入该网络。所以,专用网络保证了信息流的安全性和完整性。

专用网络的最大缺陷是成本太高,因为专线是非常昂贵的。每对想要使用专用网络的企业都需要一条独立的专用(电话)线把它们连到一起。例如,如果一个企业想通过专用网络与七个企业建立外部网连接,就必须支付七条专线的费用。企业一般把这个问题称为“伸缩”问题,即增加专用网络的数目很困难、昂贵且耗时。随着加入外部网公司的增加,人们开始考虑其他网络方案。

(3) 虚拟专用网络

虚拟专用网络(VPN)是一种特殊的网络,它采用一种叫做“通道”或“数据封装”的系统,使用公共网络及其协议向贸易伙伴、顾客、供应商和雇员发送敏感的数据。IP 通道是因特网上的一种专用通路,可保证数据在外部网上的企业之间安全地传输。利用建立在因特网上的 VPN 专用通道,处于异地的企业员工可以向企业的计算机发送敏感的信息。WWW 服务器通过互联网把封装的信息包送到目的地。收到信息的计算机打开信息包,并用 VPN 软件对消息进行解密。

人们常常把外部网和 VPN 混为一谈。虽然 VPN 是一种外部网,但是并非每个外部网都是 VPN。设计虚拟专用网络可以节省成本,尽管其主要目的是利用合作企业间的联盟创造一种竞争优势。与使用专线的专用网络不一样, VPN 适时地建立了一种临时的逻辑连接,一旦通信会话结束,这种连接就断开了。VPN 中“虚拟”一词的意思是:这种连接看上去像是永久的内部网络连接,实际上却是临时的。一旦两个内部网之间发生交易, VPN 就建立起来,交易通过因特网完成。交易结束后,连接就终止了。(参见图 3-9)

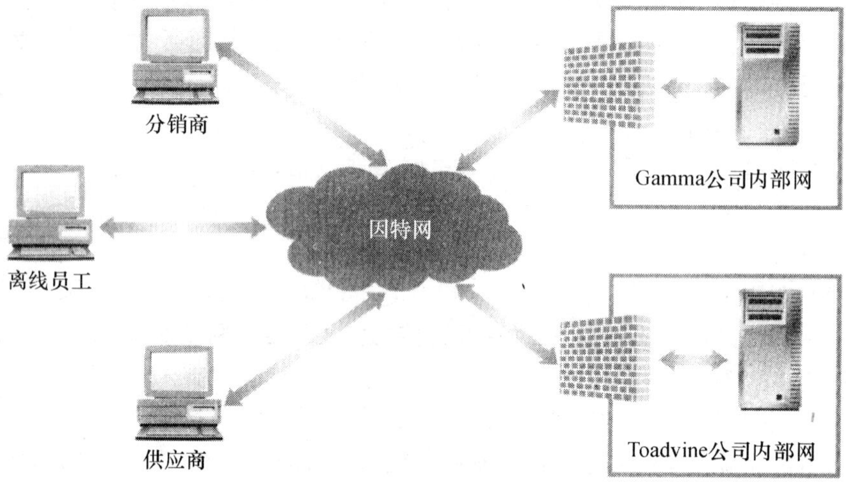

图 3-9 安全的 VPN 外部网

3.4.4 Web 2.0 与电子商务

1. Web 2.0 的定义和应用形式

Web 2.0 是一个新生事物。关于 Web 2.0 的定义有很多,国内外学者目前还没有形成一个统一的认识。一般认为,Web 2.0 是以 Flickr、Craigslist、Linkedin 等网站为代表,以 Blog、Tag、SNS、RSS、Wiki 等社会软件的应用为核心,依据六度分隔、Xml、Ajax 等新理论和技术实现的互联网的新一代模式。Web 2.0 是相对于 web 1.0 而言的。2003 年以前的互联网模式称为"Web 1.0"。在 Web 1.0 时代,主要是靠网站提供信息,用户接受信息,手段比较有限;而在 Web 2.0 时代,网站的信息则以用户提供为主,更加强调用户个性化和交互性。

目前,Web 2.0 的应用形式包括:Blog(博客,包含文字、声音、图像、视频,让个人成为主体)、RSS(聚合内容,是站点之间共享内容的一种简易方式)、Wiki(维客或"维基",一种网上共同协作的超文本系统)、Tag(分类分众标签,用户可以为发表的文章、图片添加一个或多个标签,与其他用户产生更多的联系和沟通)、Bookmark(社会性书签)、SNS(社会网络服务)、AJAX(异步传输)等。这些应用都是在 Web 2.0 体系下的理论和思想指导下形成的,包括六度空间理论、长尾理论、微内容、去中心化等。

2. Web 2.0 的基本特征

Web 2.0 是目前互联网正在进行的一场深刻变革。它不完全是技术,同时也代表着一种精神理念。Web 2.0 结束了单向的、只读的网络时代,创造了一个平等的、互动的、可读写的网络平台,实现了从"全民上网"到"全民织网"。

Web 2.0 提供了一种平台,让个人的智慧、知识、技能可以体现商业价值。

(1) 个性化

Web 2.0 强调信息需求的个性化。信息的发布不再是从速度和数量上堆砌,而是通过 Tag 和 RSS 对内容进行筛选和分类,在到达用户之前已经过了信息组织,最终使用户得到个性化的信息服务。在现代市场商品极其丰富的前提下,消费者的基本商品需求得到满足后,个性化的消费需求和消费体验越来越成为影响商品销售情况的关键因素。

(2) 开放性

随着使用相关设备的成本减少、利用相关技术的门槛降低,人们可以自由地在网络上生产、发布各种内容,比如文本信息、语音记录、视频录制等。信息的生产和传播不再仅仅是商业资本或者技术精英的特权。这一便利条件给资金薄弱、技术不强的中小企业甚至个人提供了一个参与到电子商务热潮中的大好机会。

(3) 社会性

Web 2.0 强调个性,但是并非主张完全独立,而是让彼此相连的个体、群体、内容和应用等充分互动起来,进而带来更多的用户并产生更丰富的内容,使网站的使用价值和凝聚力都大为增加,并据此结成一个庞大的信息网络,从而为用户提供一个绝佳的信息交流平台。在此基础上建立起来的电子商务网站因为有针对性而更有粘力以及更高的用户忠诚度。

(4) 微内容

Web 2.0 的信息传播以微内容为基础。微内容可以是用户所生产的任何数据:一则 Blog、一条评论、一幅图片、收藏的书签、喜好的音乐列表等。用户评论、用户推荐、用户标签等具有 Web 2.0 色彩的零星散乱的数据聚沙成塔,形成各种个性化的丰富应用,让电子商务网站重视消费者,使"以人为本"的理念真正落到实处。

(5) 去中心化

简单地说,去中心化就是没有中心。传统的网络信息大都是由控制信息方发布的。在 Web 2.0 的环境中,每个网民都可以成为创造者、建设者和分享者,分散在各个群体中的用户都有发布信息的能力。这样,可以极大地调动消费者的积极性。

(6) 参与性

网民不仅仅是互联网的读者,也是互联网的作者;不仅仅是互联网冲浪者,也是波浪制造者。网民由被动地接收互联网信息向主动参与创造互联网信息发展。借助 Web 2.0,一个交互式、全民参与的互联网可以极大地释放买方市场下消费者的主动购买欲望。

（7）分享性

Web 2.0是一种体验经济的模式。网站根据用户在互联网上的浏览记录，深入地了解消费者的偏好，及时提供相关的增值服务。用户之间也可以分享各自的消费体验。这不仅给用户创造了新的价值，也给整个互联网创造了新的价值，为开展新的商务模式提供了平台。

3. Web 2.0与电子商务

虽然Web 2.0出现的时间不长，但是目前在电子商务中已经出现了Blog、Ajax、Tag、RSS和Wiki等比较典型的应用，极大地促进了电子商务企业的发展。从长远看，Web 2.0对我国电子商务的发展将会产生以下几点重要影响：

（1）社会化商务和社区化电子商务将成为重要的发展趋势

基于Web 2.0开放性、社会性的特征，电子商务呈现出交易形式的多样化与全面化的态势，即所谓的"社会化商务"。其实质是web2.0体系无缝渗透到商务交易体系中。美国公关专家史蒂夫·鲁贝尔（Steve Rubel）认为，社会化商务使大家能在线合作，共享信息，每个用户从可信赖的其他人那里获取建议，找到商品、服务，最终完成购买，从而通过集体的力量缩减调研和购买的周期。一个很好的社会化商务的例子是雅虎的Shoposphere（商店空间）。用户在Shoposphere中可以按主题分类，并在其他购物者经常选择的商品中发现有趣的产品。

Web 2.0的发展呈现出以人为中心的社区化趋势，即在强调以人为中心的基础上，实现高度的沟通和高频率的人际互动，形成各种特定主题下的用户聚合。网络社区是指能够提供具备用户参与性和互动性、主题特定并形成用户归属感的互联网增值服务。伴随着这种社区化应用的扩张，电子商务行为也表现出新的体验方式。从某种意义上讲，这种社区化电子商务属于社会化商务的一种。当网络社群的参与者分享个人喜好或者共同体验，并通过网络跟帖或发表新帖表达意见时，浏览信息所获得的用户体验可以得到提高。这种用户体验分享的方式达到的效果已不仅仅是单个的累加，而是几何级数的增长。网络社区已成为电子商务网站集结人气、拓展人脉的重要手段。赛迪（CCID）的统计资料显示，网络社区占2005年Web 2.0风险投资的40%。由此，可见网络社区的潜能和投资价值之大。

（2）博客营销带来网络营销的新变革

作为Web 2.0的典型应用，博客（Blog）是目前最受关注、使用人数最多的应用。博客是个人或群体以时间顺序所作的一种不断更新的记录。博客之间的交流主要是通过反向引用和留言、评论的方式进行的。传统的网络营销方式主要是网络广告和电子邮件。这种方式的明显弊端是传播对象过于宽泛，无法及时准确地传递信息给目标用户。同时，垃圾邮件所带来的负面影响也是一个困扰。基于博客的网络营销，其目标受众的针对性明显增强。因为博客是用户自身主动的行为，博客群体在讨论一个话题时会吸引来其他博客的参与，信息会得到更加广泛的传播，用户数量也会逐渐地增加。同时，这种讨论也比较容易形成更加强大的影响力，使传播效果得到极大的提升。将博客作为广告载体，可以使企业以人性化的方式与外界交流。德国学者哈贝马斯（Habermas）对工业文明下的交往异化进行了剖析，他认为，理想的社会关系应该是交往者在没有压力与操纵的世界里平等交流、相互理解、求同合作。博客最大程度地体现了这一特色。作为一种商家主观可控的低成本媒体渠道，博客逐渐在以企业公关为代表的各种行销领域展现其不可替代的重要意义，其商业价值的潜力是无穷的。

（3）电子商务系统信息模式发生变化

Web 2.0 强调的是用户体验，突出的是用户的个性化。基于 Web 2.0 的电子商务系统要强调信息需求的个性化，重视用户的体验和感觉。同时，Web 2.0 环境下的电子商务系统要注重信息交流的双向性。由于网络是可读写的，用户的信息反馈可以随时进行，信息源也可以随时更新信息，形成一种真正的双通道交流模式。基于 Web 2.0 电子商务系统的信息市场要更加细分，着眼于用户个体，提供给用户一个用于微内容的收集、创建、发布、管理、分享、合作、维护等的平台，强调开源、参与、个人价值与合作。

4. 两种基于博客的电子商务模式

传统的电子商务基本上是现实商务模式的网络化，只是简单地依靠网络提供的便利节约成本、提高效率，缺乏重大创新与突破。Web 2.0 的理念就是开放、参与、分享，在电子商务领域引入 Web 2.0 不仅仅是技术的简单应用，而是“以客户为中心”的经营理念的更新，将给电子商务带来全新的模式。

（1）博客 + SNS 企业专区电子商务模式

SNS 即社交网络服务，其理论依据是哈佛大学心理学教授 Stanley Milgram 在 1967 年创立的六度分隔理论，即你和任何一个陌生人之间所间隔的人不会超过六个。按照这个理论，通过 SNS，每个个体的社交圈都会不断放大，最后成为一个大型社会化网络。

博客 + SNS 企业专区电子商务模式是以博客为代表的 Web 2.0 技术的电子商务模式，有别于传统的 B2C、B2B、C2C 模式。它通过博客介绍每个企业的相关情况，吸引同行或相关的人接近自己，同时也了解他人，从而建立良好的双赢关系。其目的是使职业相关者建立起企业专区，即博客 + SNS 电子商务模式。

企业专区是企业深化品牌形象、拓展网络营销、加强客户关系、传播企业文化、培育公共关系的一个平等、开放、多元的信息交互和市场营销平台。公共企业博客可以在以下几个方面发挥作用：消费者沟通、品牌打造、市场调查、新产品测试、广告发布、售后服务、客户关系处理等。因此，对企业而言，它是一个有效的市场营销渠道；对社会公众而言，它是一个交流对话的平台。

建立企业专区，可使博客 + SNS 服务成为开展电子商务业务商家的中介商店 + BSP（博客提供商），让广告客户成为博客 + SNS 社区的用户，产生可持续赢利的商业模式。

（2）博客 + Tag 电子商务模式

Tag（标签）是有表征含义的关键词，它用于标注个人喜欢的电子资源，如网页、博客、音乐等。用上标签后，用户可以搜索系统中被标注为相同 Tag 的所有网址，从而共享其他用户的资源。博客 + Tag 主要有以下两种功能：

① 实现分众分类的管理

利用博客 + Tag 技术，可以为企业的信息交换和共享带来极大的便利。Tag 的基本功能是实现分众分类的思想，其自发性使得用户可以根据自己的兴趣和需要随意地对资源进行不同的分类。与其他分类模式相比，分众分类的管理模式具有更大的灵活性和适应性。

用户在定制某产品前，首先要找到一个与自己需求相似的他人定制的某产品。标签能够很快地让用户找到这种产品。这是因为，Tag 创作的标签相对于原有的搜索和分类而言具有无可比拟的优势。例如，在建材批发的物流供应链中，上游供应商是建材批发企业的生命线。因此，建材批发企业必须每时每刻了解供应商的确切报价、库存情况、产品质量以及供货时间等。在传统的电子商务环境下，建材批发企业的运作模式通常是：首先，通过搜索引擎或行业网站搜索供应商，获得成千上百个条目；而后，再仔细地逐条浏览，便可发现实际上只有很小一部分确实是建材供应商；最后，浏览每一家供应商的网站，查询报价、质量、库存、供货时间，作出选择。这样做业务，好比是大海捞针，工作量相当大。更严重的问题是，即使是最好的搜索引擎和行业网站，也只能覆盖部分的供应商。

利用博客 + Tag 实现分众分类的管理，建材批发企业将会发现工作变得轻松多了：只需要登录到该类型的网站，在那里查询所有提供建材的供应商，然后登录并录入需求，即可得到对应的报价、质量、库存等。博客 + Tag 技术将使整个过程完全由计算机自动完成。同时，在查询完各家的报价之后，系统可以自动进行比较，选出其中报价最低者，并向其发出订单。

② 进行市场预测

Tag 为社会市场预测和引导消费提供了必要的信息。Tag 代表个体的兴趣和爱好，某个时段的所有 Tag 就代表了该时段用户群体所关注的信息，某个时段 Tag 集中的方向就预示着人们关注的焦点。因此，可以通过统计 Tag 及时了解和掌握最新的社会需求信息，从而作出有针对性的社会市场预测和引导，为产品的市场开发提供依据。

Web 2.0 特有的互动性、开放性和个性化的显著特点，给电子商务新模式带来了很大的发展空间。博客 + SNS 企业专区和博客 + Tag 这两种全新的电子商务模式的影响已经超出技术和理念的范围，深刻地影响着人们的思维方式和营销模式。

综合实验三

结合中国国情和美国国情，对比分析相应的电子商务技术和信息网络的基础设施，提交一篇论文。

本章小结

互联网最早的雏形是用于美国国防部的 ARPANET。20 世纪 90 年代以前，互联网都只是用于军事或研究；直到 90 年代以后，才以商业的形式迅猛发展起来。

网络系统是由网络硬件和软件组成的。在网络系统中，硬件的选择对网络起着决定性的作用，而网络软件则是挖掘网络潜力的工具。

IP 技术在互联网技术中有着举足轻重的地位。TCP/IP 协议规定每个 IP 地址的长度为 32 位，由网络部分和主机部分组成。用 4 组数字表示的 IP 地址很难记忆，使用起来也不方便，所以人们又发明了字符型的地址方案，即域名地址。IPv6 是在传统的 IPv4 不能满足 IP 地址需求爆炸式增长、安全性差的基础上应运而生的，它提供了海量的 IP 地址，效率、安全性都大大提高。

网络标识语言是用来描述电子文档及其构成的，它经历了从 SGML 到 HTML，再到 XML 的发展历程。HTML 虽然简单易学，但是扩展性差，而 XML 则着重改进了这一缺陷。

互联网提供了大量的网络信息服务，基本上可以归纳为以下几类：电子邮件服务、搜索引擎服务、文件传输服务、远程登录服务、新闻组服务等。

客户机/服务器（C/S）体系结构可用于局域网、广域网和 Web。尽管这三种网络用途迥异，但是有一个共同的特点，即工作负荷在服务器和客户机之间进行分配。在客户机/服务器体系结构中，客户机一般是请求服务的机器，包括请求打印、信息检索和数据库访问。这些活动由服务器完成。

企业内部网是基于 Internet 技术建立的用于本企业内协同工作的网络，依靠防火墙限制访问和保护企业内部的数据。外部网则是基于 Internet 技术建立的企业或组织间信息沟通的网络，是企业内部网的延伸。

Web 2.0 是以 Flickr、Craigslist、Linkedin 等网站为代表，以 Blog、Tag、SNS、RSS、Wiki 等社会软件的应用为核心，依据六度分隔、Xml、Ajax 等新理论和技术实现的互联网的新一代模式。Web 2.0 为互联网带来的变革，必将给电子商务带来深刻的影响。

思考题

1. 导致互联网商业化的主要原因是什么?
2. 什么是标记语言? 简述 SGML、HTML、XML 之间的关系。
3. 内部网、外部网、互联网之间的关系是什么?
4. Web 2.0 给电子商务带来了哪些影响?

参考文献

1. 〔美〕Jeffrey F. Rayport、Bernard J. Jaworski:《电子商务》,武忠译,中国人民大学出版社 2004 版。

2. 〔美〕Carol M. Cram:《电子商务概论》,劳帼龄译,高等教育出版社 2003 年版。

3. 〔美〕加里 · P. 施奈德:《电子商务》,成栋译,机械工业出版社 2008 年版。

4. 〔美〕Kenneth C. Laudon、Carol Guercio Traver:《电子商务——商业、技术和社会》,成栋译,高等教育出版社 2004 年版。

4. 劳帼龄主编:《电子商务》,电子工业出版社 2008 年版。

5. 赵莉、吴学霞主编:《电子商务概论》,华中科技大学出版社 2007 年版。

6. 刘敏、谈进:《两种基于 Web 2.0 博客的电子商务模式》,载《商场现代化》2009 年第 1 期。

第四章　电子商务安全

引例

美国联邦政府计算机安全问题

2002 年，美国国会就联邦政府计算机安全问题举行听证会，结果并不乐观。审计总署（GAO）汇报了过去两年对 24 个政府部门的安全评估结果，所有 24 个部门都存在不止一种漏洞，其中 16 个部门没有完成计算机安全任务。

审计总署指出的安全问题多数既不涉及复杂的技术也不需要大规模的投入，出现安全漏洞主要是因为员工培训不够以及没有及时更新安全补丁，最常见的问题是对访问控制的基本标准没有执行，比如定期更换口令、要求员工不要泄露口令等。

很多部门都有针对系统软件安全弱点的补丁程序，只是没有安装。审计总署指出，对美国政府部门计算机系统的成功攻击中，有 90% 是针对安装补丁程序就可以预防的安全弱点。审计总署的结论是：只要遵守现有的策略，这些政府部门的计算机安全水平就可以显著提高。审计总署的报告强调，在“9·11”恐怖袭击后还出现这种状况尤其不能容忍。

资料来源：Gary P. Schneider, Electronic Commerce (Seventh Edition), Thomson Learning Inc., 2007.

4.1　电子商务安全概述

4.1.1　电子商务的安全问题

了解电子商务的安全问题，需要考察从客户机到电子商务服务器的整个过程。在考察“电子商务链”上的每个逻辑链条时，为保证安全的电子商务所必须保护的资产包括客户机、在通信信道上传输的消息、WWW 和电子商务服务器（包括服务器端所有的硬件）。虽然电信通道是需要保护的主要资产之一，但是并非计算机和电子商务安全所要考虑的唯一因素。例如，如果通信连接是安全的，而客户机上有一个病毒，这个病毒就会攻击要传输到 WWW 或电子商务服务器上的信息。这时，商务交易就像客户机一样不安全了。

所以，保护电子商务安全应从客户机、通信信道和服务器三方面入手。

1. 客户机安全

(1) 网页窃听器

网页上会有某些广告主(从第三方服务器)发出的图片，但是图片小得肉眼看不见。这类第三方网站放在别的网站页面上的微小图片叫做“网页窃听器”(Web Bug)。当网站访问者载入此页面时，网页窃听器也从第三方网站发来，在访问者的计算机里放置一个 Cookie。网页窃听器的唯一用途就是让第三方网站将 Cookie 放到访问者的计算机上。网络广告界又将网页窃听器称为“空图”或“1×1 像素图”，因为这些 GIF 格式的图片往往是透明的或只有一个像素。

(2) 活动内容

活动内容是指在页面上嵌入的对用户透明的程序，它可以完成一些操作。例如，活动页面可以显示动态图像，下载和播放音乐，或实现基于 WWW 的电子表格程序。电子商务中使用的活动内容涉及将你选中的商品放入购物车并计算发票总额(包括销售税和送货费)。开发人员非常欢迎活动内容，因为它扩展了 HTML 的功能，并让页面更为活泼。活动内容还将原来要在服务器上完成的某些辅助性处理任务转给大多数情况下处于闲置状态的客户机完成。但是，由于活动内容是可以在客户机上运行的程序，有可能破坏客户机，因此给客户机带来了严重的安全威胁。

活动内容有多种形式，最知名的活动内容形式包括 Cookie、Java 小应用程序、JavaScript、VBScript 和 Active X 控件，另外还有图片、浏览器插件和电子邮件附件。

你用浏览器查看一个带有活动内容的 WWW 页面时，活动内容会随你看到的页面自动下载下来，Java 小应用程序开始在你的计算机上启动运行。活动内容模块是嵌入在 WWW 页面里的，因此它对浏览器页面的用户完全透明。企图破坏客户机的黑客可将破坏性的活动页面放进表面上看起来安全无害的 WWW 页面中。这种技术称为“特洛伊木马”，它可立即运行并进行破坏活动。特洛伊木马是隐藏在程序或页面中掩盖其真实目的的程序。特洛伊木马可以窃听计算机上的保密信息，并将这些信息传给它的 WWW 服务器，从而构成保密性侵害。更糟的是，特洛伊木马还可以改变或删除客户机上的信息，构成完整性侵害。幽灵(Zombie)的危害也一样。幽灵程序秘密接管一台计算机，然后从这台计算机上发起对其他计算机的攻击，因而无法追索到“幽灵”的制造者。

(3) Cookie

Cookie 是 WWW 服务器放置在客户机上用来识别再次访问的客户的。Cookie 使 WWW 服务器可以与客户机进行连续的公开对话，从而完成对网上业务活动很重要的一些任务。例如，购物车与结算处理软件都离不开公开会话。

最彻底的保护隐私、避免被 Cookie 跟踪的办法就是完全禁止 Cookie。这种方法的问题在于有用的 Cookie 也被禁用，访问者在每次访问同一个网站时需要不厌其烦地输入很多同样的信息。如果访问者禁用 Cookie，可能看不到有些网站的全部内容。例如，很多学校所用的远程教育软件在禁用 Cookie 时就可能无法看到。

(4) Java 小应用程序(Java Applet)

WWW 服务器将 Java Applet 随客户机所请求的页面一起发出。多数情况下，网站的访问者可以看到 Java Applet 的运行。但是，Java Applet 也可以执行网站访问者无法识别的功能。客户机这时在浏览器中运行这些程序，非常可能发生破坏安全的问题，例如输入、输出或删除文件。

(5) JavaScript

JavaScript 是网景公司开发的一种脚本语言，它支持页面设计人员创建活动内容。当你下载一个嵌有 JavaScript 代码的页面时，该代码就在你的客户机上运行。

和其他活动内容的载体一样，JavaScript 会侵犯保密性和完整性，破坏硬盘，使电子邮件的内容泄露，将敏感信息发给某个 WWW 服务器。另外，它还可能记录你所访问页面的 URL，并捕捉你填入表格的任何信息。如果你在租车时输入了信用卡号，有恶意的 JavaScript 程序就可能把信用卡号复制下来。

与 Java Applet 不同，JavaScript 程序不能自行启动。为诱导你启动这个程序，有恶意者会把程序假扮成退休金计算程序。在你点击按钮查看自己的退休金收入时，恶意的 JavaScript 程序就会启动，完成它的破坏任务。

(6) Active X 控件

Active X 控件是一个对象，包含页面设计人员放在页面执行特定任务的程序和属性。

Active X 控件的安全威胁是：一旦下载，它就能像计算机上的其他程序一样执行，能访问包括操作系统代码在内的所有系统资源。一个有恶意的 Active X 控件可格式化硬盘，向邮件通讯簿里的所有人发送电子邮件或关闭计算机。由于 Active X 控件可全权访问你的计算机，因此能破坏保密性、完整性或即需性。Active X 控件启动后不能终止，但是可以被管理。

(7) 图形文件、浏览器插件和电子邮件附件

图形文件、浏览器插件和电子邮件附件均可储存可执行的内容。有些图形文件的格式经过专门的设计，包含确定图像显示方式的指令。这就意味着带有这种图形的任何页面都是潜在的安全威胁，因为嵌入在图形中的代码可能会破坏计算机。同样，用于显示特殊内容的浏览器插件程序也给客户带来了安全威胁，因为许多插件都是通过执行相应媒体里的指令完成其职责的。这就为某些

企图破坏计算机的人打开了方便之门。他们可在看起来无害的视频或音频片段里嵌入一些指令，这些隐藏在插件程序所要解释的对象里的恶意指令可通过删除若干或全部文件实施破坏活动。

(8) 病毒、蠕虫

病毒是附在另一个程序上的一段小程序，当宿主程序启动后，它就会进行破坏活动。蠕虫病毒可在其他计算机上自我复制，并在互联网上迅速传播。宏病毒是嵌入在文件中被称为“宏”的小程序。

(9) 信息隐蔽

信息隐蔽是指隐藏于另一片信息中的信息（如命令），其目的可能是恶意的。一般情况下，计算机文件中都有冗余的或能为其他信息所替代的无关信息。信息隐蔽提供将加密的文件隐藏在另一个文件中的保护方式，粗心的观察者看不到后者中含有重要的信息。在这两个处理中，加密文件是让文件不能被阅读，而信息隐蔽是使信息不被看到。

很多安全分析专家认为，基地组织采用信息隐蔽技术，将攻击指令和其他信息藏在图片里，并贴在同伙可以看到的网站上。采用信息隐蔽技术隐藏起来的信息很难被发现。由于网络上有数以亿计的图片，政府和安全专家非常担心全球恐怖组织会采用这种技术。

(10) 客户机的物理安全

网络的出现让用户通过客户机也能控制重要的业务职能，因此对客户机物理安全的关注也越来越多。

指纹识别设备比传统的口令的保护效果更好，价格不到200美元。此外，还可以使用更精确的生物特征识别设备。它是应用圣湖构造特征识别身份的设备，如识别签名形状与着力点的书写板、识别视网膜上血管模式的视网膜扫描仪、识别手掌形状与掌纹模式的手掌扫描仪等。

2. 通信信道安全

互联网是将买方（通常是客户机）和卖方（通常是服务器）连接起来的电子链条。

虽然互联网起源于军事网络，但是美国国防部高级研究项目中心（DARPA）建造网络主要不是为了安全传输，而是为了提供冗余传输，即防止一个或多个通信线路被切断。换句话说，互联网最初的设计目的是提供多条路径以传输关键的军事信息。军方计划以加密形式传送敏感信息，保证在网络上传输的任何信息都处于保密状态。但是，在网络上所传输信息的保密性是通过将信息转化为不可识别字符串（称为“密文”）的软件实现的，在互联网发展演变过程中也没有特别增加安全机制。

互联网发展到今天，其不安全状态与最初相比并没有多大改观。在互联网上传输的信息,从起始节点到目标节点之间的路径是随机选择的,在到达最终目标之前会通过许多中间节点。在同一起始节点和目标节点之间发送信息时,每次所用的路径都可以不同。由于用户根本无法控制传输路径,也不知道信息包经过的节点,所以在某个中间节点就有可能读取信息,加以篡改或干脆删除。在互联网上传输的信息都有可能受到对安全、完整和即需的侵犯。

(1) 对保密性的安全威胁

开展电子商务的一个很大的安全威胁就是敏感信息或个人信息(包括信用卡号、名字、地址或个人喜好方面的信息等)被窃。这种事会发生在某人在网上填写表格,提交信用卡信息的时候,有恶意的人想从因特网上记录信息包(即破坏安全性)并不困难。在电子邮件传输时,也会发生同样的问题。有种叫做“探测程序”的特殊软件能够侵入因特网并记录通过某台计算机(路由器)的信息。探测程序类似于在电话线上搭线并录下一段对话。它既可阅读电子邮件信息,也可记录电子商务信息,如用户注册名、口令和信用卡号等。

安全专家经常会发现电子商务软件上的漏洞,叫做“后门”。这些漏洞是软件开发人有意或无意留下来的。知道“后门”存在的人,可以利用它窥视交易、删除数据或窃取数据。

在使用 WWW 的时候,你在连续不断地暴露自己的信息,其中包括你的 IP 地址和所用的浏览器。这也是破坏保密性的例子。有很多网站提供一种“匿名浏览”的服务,可使你所访问的网站看不到你的个人信息。

(2) 对完整性的安全威胁

对完整性的安全威胁也称“主动搭线窃听”。当未经授权方改变了信息流时,就构成了对完整性的安全威胁。未受保护的银行交易(如在因特网上传输的储蓄交易)很容易受到对其完整性的攻击。当然,破坏了完整性也就意味着破坏了保密性,因为能改变信息的窃听者肯定能阅读此信息。完整性和保密性间的差别在于:对保密性的安全威胁是指某人看到了他不应看到的信息,而对完整性的安全威胁是指某人改动了关键的传输。

破坏他人网站就是破坏完整性的例子。破坏他人网站是指以电子方式破坏某个网站的网页。这种行为相当于破坏他人财产或在公共场所涂鸦。当某人用自己的网页替换某个网站的正常内容时,就可以说发生了破坏他人网站的行为。近来媒体有多起破坏网页的报道,某些商业网页的内容被他人用淫秽内容或其他不堪入目的内容替代。

电子伪装也是破坏网站的例子。电子伪装是指某人装成他人或将某个网站伪装成另一个网站。这些破坏利用了域名服务器(DNS)的一个安全漏洞,将一个真实网站的地址替换成自己网站的地址,愚弄网站的访问者。例如,黑客用 DNS 的安全漏洞将 Widgets 国际公司的 IP 地址用他的 IP 地址替换,把 www.

widgetsinternatienal. com 网站的访问者引到一个虚假网站。这样，黑客就可改变订单中的订购量，并改变送货地址。近年来，很多著名的电子商务网站都曾遭受电子伪装的攻击，其中包括 Amazon. com、美国在线(AOL)、eBay 和 PayPal 等。

有些攻击还将垃圾邮件和电子伪装结合起来。诈骗犯发出数百万封电子邮件，这些电子邮件看起来像是著名百货公司发出的，链接所指向的网页非常类似于这家公司的网站。然后，诱导受害人输入用户名、口令甚至信用卡号。这种骗取客户机密信息的行为称为“钓鱼攻击”。钓鱼攻击的受害者往往是网上银行或结算系统(如 PayPal)等网站。

对完整性的安全威胁还会改变重要的财经、医疗或军事信息。试想，某人采集一条向银行贷款 1000 万美元的消息，然后将“贷”改成“借”可能发生的后果。同样，改变一份电子邮件发来的简历，可能会改变求职者被公司录取的机会。改变信息对企业或个人都有非常严重的后果。

(3) 对即需性的安全威胁

即需安全威胁也称“延迟安全威胁”或“拒绝安全威胁”，其目的是破坏正常的计算机处理或完全拒绝服务。破坏即需性后，计算机的处理速度会非常低。如果一台自动取款机的交易处理速度从 2 秒慢到 30 秒，这时用户就会放弃自动取款机交易。同时，降低因特网服务的速度会把顾客“赶”到竞争者的网站，再也不会回到原网站上。换句话说，降低处理速度会导致服务无法使用或没有吸引力。显然，一份报道几天前新闻的报纸根本没有阅读价值。

拒绝攻击会将一个交易或文件中的信息整个删除。例如，曾发生过一次拒绝攻击，受到攻击的 PC 机上的 Quicken 理财软件将钱都汇到了别的银行账户，结果使合法所有者无法提取这些钱。另一次有名的拒绝攻击的受害者是 Amazon. com 和雅虎等知名的电子商务网站。攻击者从被控制的计算机上发出海量数据报，淹没了这些电子商务网站，使合法用户根本无法登陆。在攻击前，罪犯会先找到一些安全措施较差的计算机，将发起攻击的软件上传到这些计算机上。1998 年的蠕虫攻击使连接到互联网的成千上万的计算机系统瘫痪，就是拒绝攻击最早的例子。

(4) 对互联网通信信道物理安全的威胁

互联网设计的初衷是抵御对物理通信链接的威胁。推动互联网出现的美国政府研究项目的目的就是协调军事行动的抵抗攻击技术。因此，基于包的网络设计使互联网不会受到关闭网上一条线路的攻击的影响。

但是，个人上网服务会受到对个人接入互联网的线路进行破坏的影响。没有人上网时会与 ISP 进行多路链接。但是，大公司以及 ISP 自己一般都有多条链接接入主干网，而且每条链接都是租自不同的网络访问服务商。如果一条链接过载或无法服务，服务商可以将访问转入到另一个访问服务商的链接，以保证组织、企业或 ISP 能够接入互联网。

3. 服务器的安全

电子商务链上的第三个环节是服务器。对企图破坏或非法获取信息的人来说，服务器有很多弱点可被利用。计算机系统的一个入口是 WWW 服务器及其软件，其他入口包括任何有数据的后台程序，如数据库和数据库服务器等。尽管没有系统能够实现完全的安全，但是电子商务服务器管理员的工作就是制定出安全措施，并考虑电子商务系统的每个部分的安全措施。

(1) 对 WWW 服务器的安全威胁

WWW 服务器软件是用来响应 HTTP 请求而进行页面传输的。虽然 WWW 服务器软件本身并没有内在的高风险性，但是其主要设计目标是支持 WWW 服务和方便使用，所以软件越复杂，包含错误代码的概率就越高，有安全漏洞的概率也就越高。安全漏洞是指破坏者可因之进入系统的安全方面的缺陷。

如果 WWW 服务器允许自动显示目录，一个服务器的文件夹名能让浏览器看到，那么就会破坏保密性。例如，当你为查看 FAQ 子目录的缺省页面而输入 http://www.somecompany.com/FAQ/时，就可能发生这种情况。WWW 服务器通常显示的缺省页面为 index.htm 或 index.html。如果目录中没有这样的文件，WWW 服务器就会显示出此目录下的所有文件夹名。这时，你就可随便点击其中一个文件夹名，从而访问到实际是限制访问的某些文件夹。细心的网站管理员会将文件夹名显示功能关闭，当某人试图浏览这种文件夹时，WWW 服务器就会警告此目录不能访问。

当 WWW 服务器要求你输入用户名和口令时，其安全性也会大打折扣。输入用户名以求得到进入 WWW 特定区域的允许，此行为本身并不会破坏保密性或隐私性。但是，当你访问同一 WWW 服务器上受保护区域的多个页面时，用户名和口令就可能泄露。引起这种情况的原因之一是，某些服务器要求你在访问安全区域的每个页面时都输入用户名和口令。WWW 是无状态的（它无法记忆在上一事务中发生过什么），记录用户名和口令的最方便的方法就是将用户的保密信息存在其计算机上的 Cookie 里，这样服务器就能以请求计算机发出 Cookie 的方式得到确认。这时会出现麻烦，因为 Cookie 信息可能是以不安全的方式传输的，从而可能被窃听者复制。虽然 Cookie 本身并非不安全的，但是 WWW 服务器不能要求不加保护地传输 Cookie 里的信息。

WWW 服务器上最敏感的文件之一就是存放用户名和口令的文件。如果此文件没有得到保护，任何人就都能以他人身份进入敏感区域。侵入者得到用户名和口令信息的前提是用户信息没有加密。大多数 WWW 服务器都会把用户认证信息放在安全区里，保证 WWW 服务器能够为敏感数据提供保护措施正是 WWW 服务器管理员的职责（第六章将讲述认证信息的保护措施）。

用户所选的口令也会构成安全威胁。有时用户所选的口令很容易猜出,因为口令可能是父母或孩子的名字、电话号码或者身份证等很容易想到的内容。所谓“字典攻击程序”,就是按电子字典里的每个单词验证口令。对付这种攻击的策略非常简单。但是,如果用户口令泄露了,就会使恶意者非法进入服务器,而这种非法进入可能长时间不被发现。

(2) 对数据库的安全威胁

电子商务系统以数据库存储用户数据,并可从 WWW 服务器所连的数据库中检索产品信息。数据库除存储产品信息外,还可能保存有价值的信息或隐私信息,这些信息一旦被更改或泄露就会给公司带来无法弥补的损失。现在大多数大型数据库都使用基于用户名和口令的安全措施,一旦用户获准访问数据库,就可查看其中相关内容。数据库安全是通过权限实施的。有些数据库没有以安全方式存储用户名和口令,或没有对数据库进行安全保护,仅依赖 WWW 服务器的安全措施。如果有人得到用户的认证信息,他就能伪装成合法的数据库用户下载保密的信息。隐藏在数据库系统里的特洛伊木马程序可通过将数据权限降级泄露信息。数据权限降级是指将敏感信息发到未保护的区域,使每个人都可使用。当数据权限降级后,所有用户都可访问这些信息,其中当然包括那些潜在的侵入者。

(3) 对其他程序的安全威胁

另一个对 WWW 服务器的攻击可能来自服务器上所运行的程序。通过客户机传输给 WWW 服务器或直接驻留在服务器上的 Java 或 C + + 程序需要经常使用缓存。缓存是指定存放从文件或数据库中读取数据的单独的内存区域。在需要处理输入和输出操作时就需要缓存,因为计算机处理文件信息的速度比从输入设备上读取信息或将信息写到输出设备上的速度快得多,缓存就用做数据进出的临时存放区。把即将处理的数据库信息放在缓存中,等所有信息都进入计算机内存后,处理器操作和分析所需的数据就准备完毕。缓存的问题在于,向缓存发送数据的程序可能会出错,导致缓存溢出,即溢出的数据进入到指定区域之外。通常情况下,这是由程序中的错误引起的。有时,这种错误是有意的。不论哪种情况,都会导致非常严重的安全后果。1998 年的互联网蠕虫病毒就是这样的程序,它引起的溢出会消耗掉所有的资源,直到被感染的计算机停机。

另一种更狡猾的溢出攻击是将指令写在关键的内存位置上,使侵入的程序在完成了覆盖缓存内容后, WWW 服务器通过载入记录攻击程序地址的内部寄存器恢复执行。这会使 WWW 服务器遭受严重破坏,因为恢复运行的程序是攻击程序,它会获得很高的超级用户权限,使每个程序都可能被侵入的程序破坏。

还有一种类似的攻击是将多余的数据发给一个服务器,一般是邮件服务器。这种攻击叫做“邮件炸弹”,即数以千计的人将同一消息发给一个电子邮件地址。邮件炸弹的目标电子邮件地址会收到大量的邮件，超出了所允许的邮件区域限制，导致邮件系统堵塞或失效。虽然很容易跟踪到扔邮件炸弹的人，但是一般没有什么意义。

4.1.2　电子商务的安全保障

整个电子商务安全是由多个层次组成的，必须全面考虑新技术的应用、组织策略和程序；同时，还要涉及新的法律和行业标准，这些法律和标准可以让执法人员有更大的权力查处违法者的行为。

为了尽可能地实现最高级别的安全，可以而且应该使用新技术。但是，光靠这些技术本身并不能够解决问题，还需要依靠组织策略和程序确保这些技术的应用。最后，还需要依靠行业标准和政府法令加强支付机制，查处违法者，制定法律以保护电子商务交易中财产转移的安全。

电子商务安全的发展史告诉我们，如果使用足够的资源与之相抗衡，任何安全的系统都有可能被攻破。所以说，安全不是绝对的，而且永远完美的安全也是不需要的，尤其是在信息时代。就像金钱有时效性一样，信息也有时效性。有时，对某个消息来说，保护几个小时、几天或者几年就足够了。同时，由于安全是要花代价的，所以我们应该不断地权衡安全的需求和成本。安全是一条链条，这条链条常常在最薄弱的环节断裂。使用上锁的方法要比使用对钥匙进行管理的方法更有用。

我们可以得出这样的结论：良好的电子商务安全需要一系列的法律、程序、政策和技术的保护，以此在一定程度上保护个人和组织。

4.1.3　电子商务安全的基本要求

电子商务的安全有六个重要方面：完整性、不可否认性、真实性、机密性、隐私性和可用性。（如表 4-1 所示）

表 4-1　从消费者和商家角度看电子商务安全的不同方面

不同方面	消费者角度	商家角度
完整性	我发出或接收的信息是否被篡改了？	网站上的数据是否未经授权就被改变了？数据是否来自合法的消费者？
不可否认性	和我进行交易的一方以后是否会否认曾经进行过交易？	消费者会否认订购产品吗？
真实性	谁在和我进行交易？我如何确认此人或者此团体就是他或者它所生成的那个？	消费者的真实身份是什么？
机密性	除了我指定的接收方外，还有其他人能读取我的信息吗？	信息或者机密数据是否会被那些未经授权者看到？

（续表）

不同方面	消费者角度	商家角度
隐私性	我能控制电子商务商家对我提交的个人信息的使用吗？	如果可能，作为电子商务交易的一部分所采集到的个人数据该如何使用？消费者个人信息可以在没得到其授权的情况下使用吗？
可用性	我能访问该网站吗？	网站在正常运营吗？

完整性是指确保网站上发布的或者通过 Internet 传递接收的信息不会被任何未经授权方以任何方式修改的能力。例如，如果某个未经授权者截取并改变了某条网上信息的内容，重新定向某条银行的转账信息，使钱款划入其他账户，则信息的完整性就遭到破坏，该信息已经不再代表原信息发送方的初衷了。

不可否认性是指确保电子商务参与者无法否认其网上行为的能力。例如。使用免费的电子邮件账户，人们可以很容易地张贴评论或者传送信息，而事后却很可能否认。即使消费者使用的是真实的姓名和电子邮件地址，在线订购商品后，否认曾下过订单还是十分容易的。

真实性是指确认与你在 Internet 上交易的个人或者实体的身份的能力。消费者如何能知道网站的运营者就是其所生成的身份？商家又如何确信消费者真是他自己所说的那个人？有时，生成自己是某某人或某某商家，其实是在“欺骗”消费者或商家，其身份是伪造的。

机密性是指确保信息和数据只能被得到授权的人读取的能力。机密性有时会与隐私性相混淆。隐私性是指控制自己提供给电子商务商家的个人信息如何使用的能力。

对电子商务商家来说，会涉及两个与隐私性相关的问题：必须建立起内部的政策以管理自身对消费者信息的使用，必须保护消费者的信息不被非法或未经授权使用。例如，如果黑客攻击了某个电子商务网站并获取了信用卡信息或其他信息，那么不仅会损害信息的机密性，也会威胁到提供信息的个人的隐私。

可用性是指确保电子商务网站继续按照预期功能运行的能力。

电子商务安全的宗旨就是要保护这六个方面。当其中任一方面遇到威胁的时候，安全问题就出现了。

4.2 加密技术

因为电子商务交易必须通过公共的 Internet 进行，交易数据包在传递过程中要经过数千个路由器和服务器，所以安全专家认为，最大的安全威胁就发生在 Internet 的通信子网。这与在通信双方间建立专用通信线路的专有网络有很大区别。保护 Internet 通信安全的工具有很多,其中最基本的工具是信息加密。

加密是把明文(正常的文字)转换成除发送方和接收方外任何人都无法读取的密文的过程。从明文到密文的转换是通过密钥完成的。密钥是把明文转换成密文的方法。

加密的目的是保证存储信息的安全,以及保证信息传送的安全。加密可以为电子商务安全的六个方面中的四个提供保障:

(1) 完整性——保证消息不被篡改;

(2) 不可否认性——防止用户否认曾经发送过消息;

(3) 真实证——提供发送消息的个人(或机器)的身份证明;

(4) 机密性——保证消息不被他人读取。

4.2.1　信息传输加密

信息传输加密主要是对传输中的信息进行加密,其目的是保护正在网络中传输的信息的安全。信息传输中的加密方式主要有:

1. 链路加密

链路加密通常用硬件在物理层实现,加密设备对所有通过的数据加密。这种加密方式对用户是透明的,用户不需要了解加密技术的细节。链路加密的方式对网络上传输数据的报文的每一个比特进行加密,不但对数据报文正文加密,而且对路由信息、校验等控制信息全部加密。所以,当数据报文传输到某个中间节点时,必须被解密以获得路由信息和校验,进行路由选择、差错检验,然后再被加密,发送给下一个节点,直到数据报文到达目的节点位置。链路加密的全部报文都以明文形式通过各节点的处理器,在节点上的数据容易受到非法存取的危害。它的优点在于,不受由于加密、解密对系统要求的变化等的影响,所以容易被采用。目前,一般网络安全系统都主要采用这种方式。

2. 节点加密

节点加密是在协议传输层上进行加密,是对源节点和目标节点之间传输的数据进行加密保护。节点加密是对链路加密的改进,它为了解决在节点上的数据是明文的缺点,在中间节点上装有用于加密、解密的保护装置,由这个装置完成一个密钥向另一个密钥的变换,克服了链路加密在节点处易遭非法存取的缺点。因此,明文除了在保护装置里出现外,在节点内是不会出现的。但是,节点加密和链路加密方式一样,有一个共同的缺点:需要目前的公共网络提供者配合,修改交换节点,增加安全单元或保护装置。

3. 端对端加密

端对端加密是把加密设备放在网络层和传输层之间或在表示层以上对传输的数据加密。在这种方式中,由发送方加密的数据在没有到达最终目的地接收节点之前是不被解密的，加密、解密只是在源节点和目的节点进行。用户数据在整个传输过程中以密文的形式存在。因此，这种方式可以按通信对象的要求改变加密密钥以及按应用程序进行密钥管理等等，而且可以解决文件加密问题。端对端加密不需要考虑网络底层，下层协议信息以明文形式传输，由于路由信息没有加密，所以易受监控分析。端对端加密易于用软件实现，且成本低、安全性高，但是密钥管理问题困难，主要适用于大型网络系统中信息在多个发送方和接收方之间传输的情况。

链路加密和端对端加密的区别在于：前者是对整个链路的通信采取保护措施，而后者则是对整个网络系统采取保护措施。因此，端对端加密方式是将来的发展趋势。不同的加密方式在网络层次中的侧重点不同，网络应用中可以将链路加密、节点加密与端对端加密结合起来，弥补单一加密方式的不足，从而提高网络的安全性。

4.2.2 加密系统

1. 对称加密系统

对称加密又叫做“私有加密”，其特点是数据的发送方和接收方使用的是同一把私有密钥，即把明文加密成密文和把密文解密成明文用的是同一把私有密钥。私有密钥为了保密起见，经常进行变换，且主要用于文件会话，所以又叫做“会话密钥”。

利用私有密钥进行对称加密的过程如下：

发送方用自己的私有密钥对要发送的信息进行加密。发送方将加密后的信息通过网络传送给接收方。接收方用发送方进行加密的那把私有密钥对接收到的加密信息进行解密，得到明文。

整个加密、解密过程如图 4-1 所示。

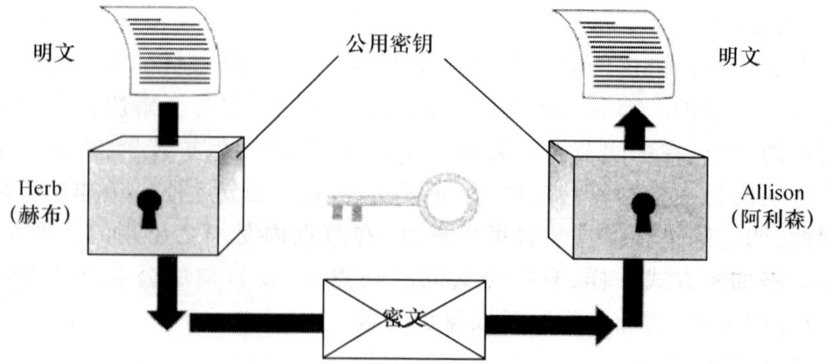

图 4-1

使用对称加密对信息进行加密和解密的速度很快，且使用方便，计算量小，加密效率高。所以,对称加密算法广泛用于对大量数据文件的加密,但是需要仔细保存密钥。

对称加密的主要缺点是密钥的管理比较困难,因为交易双方必须持有同一把密钥,且不能让他人知道。一旦密钥泄露,信息就失去了保密性,发送方和接收方再进行通信就必须使用新密钥。把新密钥发送给接收方也是件困难的事情,因为必须对传送的新密钥进行加密,而这就又要求有一把新密钥。采用私有密钥的另一个问题是,其规模很难适应互联网这样的大环境。如果某一交易方有N个贸易关系,那么他就要维护N把专用密钥,因为一把密钥对应了一个交易方。

目前Internet上使用得最广泛的对称密钥加密方法是数据加密标准(DES),它是由美国国家安全委员会和IBM公司在20世纪50年代开发的,使用56位的加密密钥。为了应对运算速度更快的计算机,DES已经升级为三重加密(Triple DES)——每次使用一个单独的密钥把信息加密三次。另外,还有很多其他的对称加密系统使用高达2048位的密钥。与所有的对称密钥系统一样,DES要求发送方和接受方交换并共享一把密钥,并要求对于每项交易都采用一套不同的密钥。

2. 非对称加密系统

非对称加密又叫做"公开密钥加密",它采用两个在数学上相关的密钥——公开密钥和私有密钥对信息进行加密。其中,私有密钥是由系统保密持有的,而公开密钥则是公开的,并且知道公开密钥不可能推断出私有密钥,以此达到保密的目的。

公开密钥系统对于信息的加密和解密过程如下:

发送方若想接收方发送消息,则要从公开渠道获取接收方的公开密钥,并以此对信息进行加密。发送方将加密后的信息通过网络传送给接收方。接收方用自己的私有密钥对接收到的加密信息进行解密。

整个加密、解密过程如图4-2所示。

与私有密钥加密相比,公开密钥加密有如下优点:

(1) 密钥的发布不再成为问题,如果需要,可随时公布公开密钥;

(2) 在与多个交易对象进行信息的保密传输时所需要的密钥数量远远少于对称密钥加密系统的要求,在N方之间传递信息,只需要N对公开密钥;

(3) 利用公开密钥加密可以实现数字签名。

目前最流行的公开密钥加密算法是于1977年由麻省理工学院的三位教授Ronald Rivest、Adi Shamir和Leonard Adleman联合发明的,所以用三位教授姓名的首字母结合,将其称为"RSA加密算法"。这是第一个既能用于数据加密也能用于数字签名的算法。

RSA是一种分组密码,其明文和密文均是0至$n-1$之间的整数,通常n的大小为1024(二进制数)或309(十进制数)。

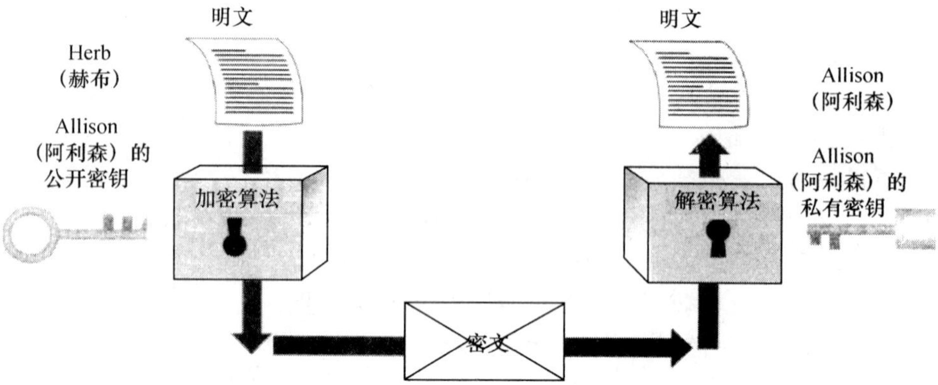

图 4-2

RSA 选取密钥的过程如下：

（1）选取两个大质数 p 和 q。质数的值越大，破解 RSA 就越困难，进行加密和解密的时间就越长。

（2）计算 $n = p * q$ 和 $z = (p - 1) * (q - 1)$。

（3）选择小于 n 的数 e，并且和 z 没有公约数，即 e 和 z 互质。

（4）找到数 d，满足 $e * d - 1$ 被 z 整除。

（5）公开密钥是数对 (n, e)，私有密钥是数对 (n, d)。

加密过程如下：

假设发送方甲想向乙发送数 m，$m < n$。为了加密，甲进行指数运算 me，接着计算 me 被 n 除的模余数，即密文 c。最后，甲发送 c。

为了解密接收到的密文消息 c，乙计算 $m = c^d \bmod n$。

举个简单的例子：假设乙选取 $p = 5$，$q = 7$，那么 $n = 35$，$z = 24$。乙选取 $e = 5$，因为 5 和 24 没有公约数。最后，乙选取 $d = 29$，因为 $5 \times 29 - 1$（也就是 $e * d - 1$）恰好可以被 24 整除。乙公开 $n = 35$ 和 $e = 5$，保留 $d = 29$。假设甲现在想向乙发送字母“LOVE”，将每个字母看做是一个 1—26 之间的数字，a 为 1，b 为 2，以此类推。甲加密的过程和乙解密的过程分别如表 4-2 和表 4-3 所示。

表 4-2 甲的 RSA 加密（$e = 5$，$n = 35$）

明文字母	数值表示（m）	m^e	密文 $c = m^e \bmod n$
L	12	248 832	17
O	15	759 375	15
V	22	5 153 632	22
E	5	3 125	10

表 4-3　乙的 RSA 解密($d=29$, $n=35$)

密文 c	c^d	$m=c^d \bmod n$	明文字母
17	481 968 572 106 750 915 091 411 825 223 072 000	12	L
15	12 783 403 948 858 939 111 232 757 568 359 400	15	O
22	8.516 433 190 856 377 019 561 944 211 1 $*10^{38}$	22	V
10	100 000 000 000 000 000 000 000 000 000	5	E

3. 混合加密系统

公开密钥加密必须由两个密钥的配合使用才能完成加密和解密的全过程,因而有助于加强数据的安全性。但是,公开密钥加密也有其缺点,主要是加密和解密的速度很慢。用公开密钥加密算法加密和解密同样的数据所花费的时间是利用私有密钥加密算法的 1000 倍。所以,公开密钥加密不适用于对大量的文件信息进行加密,一般只适用于对少量数据如对密钥进行加密。

正是因为公开密钥加密和私有密钥加密各有所长,所以在实际应用中,往往将公开密钥加密与私有密钥加密算法结合起来使用,以达到扬长避短的目的。这就是混合加密系统。

在混合加密系统中,发送方将大量的文件用对称密钥进行加密,对对称密钥则用公开密钥进行加密,其具体操作过程如下:

(1) 发送方生成一个对称密钥,并用自己的对称密钥对要发送的信息进行加密;

(2) 发送方用接收方的公开密钥对自己的对称密钥进行加密;

(3) 发送方把加密后的信息和加密后的对称密钥通过网络传输给接收方;

(4) 接收方用自己的私有密钥对发送方传送过来的对称密钥进行解密,得到发送方的对称密钥;

(5) 接收方用发送方的对称密钥对接收到的加密信息进行解密,得到信息明文。

整个过程如图 4-3 所示。

因为只有接收方才拥有自己的私有密钥,所以即使其他人得到了被加密的发送方的对称密钥,也无法进行解密,从而保证了这把对称密钥的安全性。在上述过程中,实际上分别实现了两次加密、解密过程,即文件信息本身的加密、解密和发送方对称密钥的加密、解密。这是通过私有密钥加密和公开密钥加密算法的结合实现的。

通过公开密钥加密技术实现对发送方对称密钥的管理,使相应的密钥管理变得简单和更加安全,同时解决了对称加密中存在的可靠性问题和鉴别问题。发送方可以为每次交换的信息生成唯一的一把对称密钥,并用接收方的公开密钥对该密钥进行加密,然后再将加密后的密钥与用该密钥加密的信息一起发送

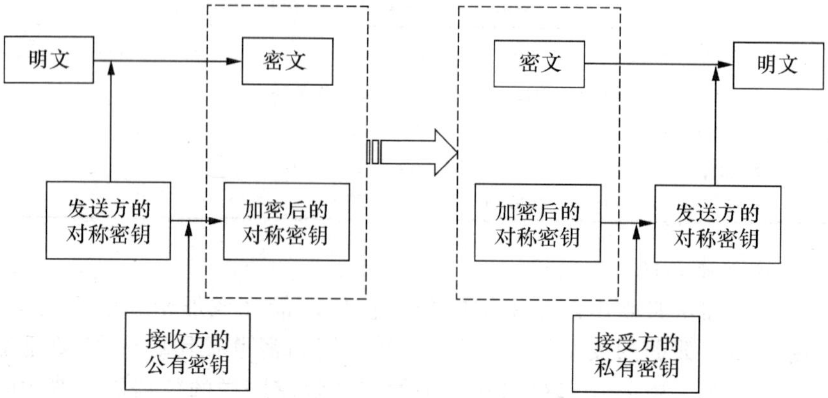

图 4-3 混合加密系统中的加解密过程

给相应的接收方。由于每次信息交换都对应生成了唯一的一把密钥,因此各交易方就不再需要对密钥进行维护和担心密钥的泄露或过期。这种方式的另一个优点是:即使泄露了一把密钥,也不过影响一笔交易,而不会影响到交易双方之间所有的交易关系。这种方式还提供了交易伙伴间发布私有密钥的一种安全途径。

值得注意的是,能否切实有效地发挥加密系统的作用,其关键点在于密钥的管理,包括密钥的生成、分发、安装、保管、使用以及作废的全过程。

4.2.3 验证

认证技术是信息安全理论与技术的一个重要方面。利用加密技术可以保证信息的保密性。但是,加密保护只能防止被动攻击,即防止通信中的机密信息被窃取和破译,而认证保护则可以防止主动攻击。被动攻击的主要方法是截收信息。主动攻击的主要方法是对信息进行有意的修改,使其失去原来的意义。主动攻击比被动攻击更复杂,手段更多,危害更大,后果也更严重。在某些情况下,信息认证显得比信息保密更为重要。例如,用户通常并不要求购物信息保密,而只需要确认网上商店不是假冒的。这就需要身份认证,且保证自己与网上商店交换的信息未被第三方修改或伪造。此外,网上商家不能赖账。这就需要消息认证,商家也是如此。另一个例子是网络中的信息广播(通知),接收方主要关心的是信息的真实性和信息来源的可靠性。另外,用户也可能否认或抵赖其先曾经做过的行为等。因此,对信息和用户的真实性、通信双方的不可否认性以及信息的完整性等进行安全认证是十分必要的。

1. 数字摘要技术

数字摘要又叫做"消息摘要",它是由 Ron Rivest 发明的,是一个信息唯一对应的一个散列值。它由单向的散列函数对一个信息作用生成,有固定的长度(一般是 128 位或 160 位),主要用于保护数据的完整性。散列函数是一种可以产生一个称为“散列值”或固定长度数字摘要的算法。“单向”是指只能从信息生成散列值,而不能反向被解密。数字摘要相当于信息的指纹,它对每条信息都是唯一的。如果散列算法设计得好,由两个不同信息计算得出同一散列值(即引起冲突)的概率是很小的。所以,在一定程度上可以认为:信息的散列值具有唯一性,即不同信息生成的散列值的结果一定不同,而相同信息的散列值则一定是相同的。散列编码对于判别信息是否在传输时被改变非常方便。如果信息被改变,原散列值就会与由接收者所收消息计算出的散列值不匹配。

数字摘要的使用过程如图 4-4 所示。

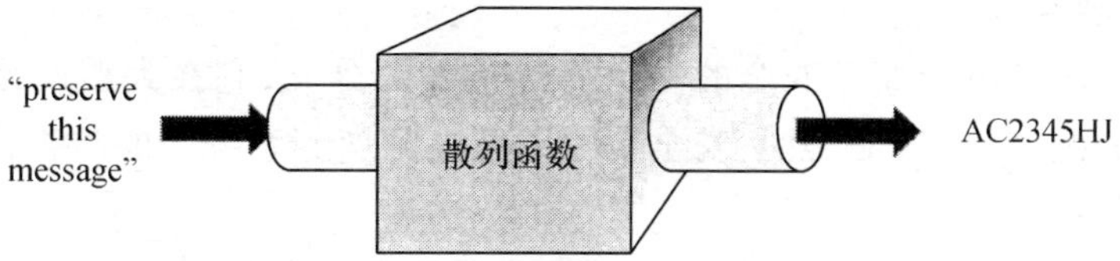

图 4-4 数字摘要的生成过程

常用的数字摘要的算法有安全散列算法 SHA-1 和 MD5 等。

2. *消息验证码*

在使用过程中,如果明文和数字摘要同时受到篡改,即篡改了明文之后重新生成篡改后明文的数字摘要,那么接收方通过数字摘要的方法就无法判断出明文是否已遭篡改。为了解决这一问题,可以使用消息验证码(Message Authority Code,MAC)。消息验证码也称“完整性校验值”或“信息完整校验”,它是附加的数据段,由消息的发送方发出,与明文一起传送,并与明文有一定的逻辑联系。MAC 值与输入消息的每一位都有关系,如果消息中的任何一位发生了改变,那么 MAC 也会不同。生成 MAC 除了需要明文外,还需要密钥。如果没有密钥,即使明文被截获并篡改,篡改者也不能生成篡改后信息所对应的 MAC,接收方就可以知道该消息的完整性是否已遭到了破坏。图 4-5 说明了 MAC 的使用过程。

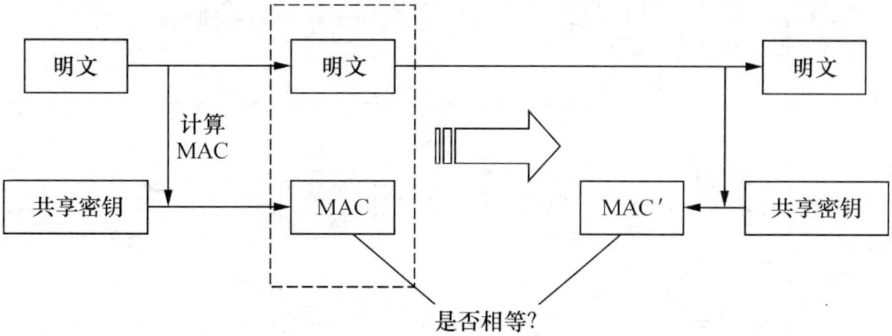

图 4-5 消息验证码的使用过程

生成 MAC 的常用方法有两种：

(1) 基于散列函数的方法

对某个位串运用散列函数生成 MAC,该位串中既包含了消息的数据位,又包含了数据的加密密钥,即通过散列函数作用于明文和密钥得到 MAC。这种方法称为“密钥散列函数”(HMAC)。

(2) 基于对称加密的方法

使用对称加密系统生成 MAC,即通过密钥作用于明文得到 MAC。这种方法在 1986 年已形成标准,并广泛应用于金融行业。

3. 数字签名

数字签名是电子商务安全的一个非常重要的分支,它在大型网络安全通信中的密钥分配、安全认证、公文安全传输以及电子商务系统中的防否认等方面都具有重要作用。

加密后的消息摘要称为“数字签名”。带数字签名的采购订单可让商家确认发送者的身份,并确定此消息是否被更改过。

数字签名技术以加密技术为基础,其核心是采用加密、解密算法体制实现对消息的数字签名。数字签名能够为接收方证实发送方的真实身份,发送方事后不能否认所发送过的消息,以及接收方或非法者不能伪造、篡改的消息。

只有公开/私有密钥的所有者才能对消息摘要进行加密。这时,商家就用客户的公开密钥对消息进行解密并计算出消息摘要,如果结果匹配,就说明消息发送者的身份是真实的。这样,就解决了欺骗问题。同时,使用公开密钥加密、消息摘要和数字签名能够为因特网交易提供可靠的安全性。图 4-6 所示为数字签名和消息摘要的创建和发送方式。

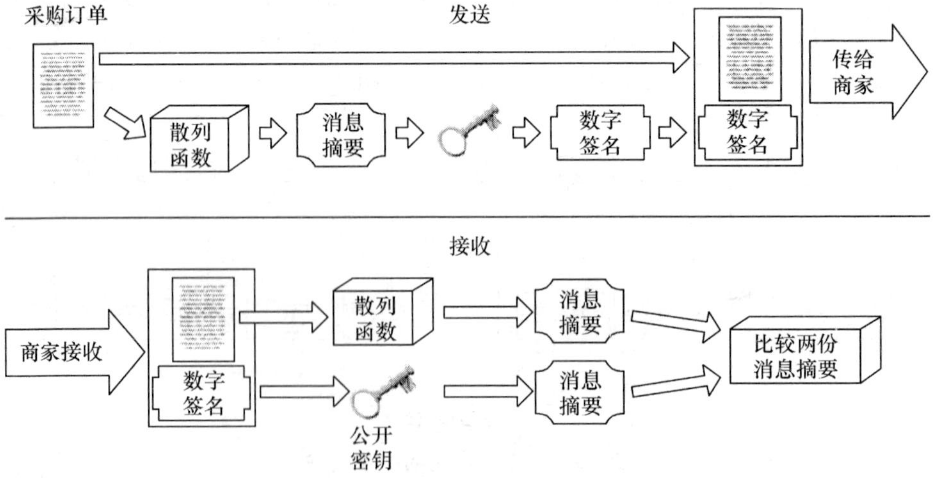

图 4-6 发送和接受签名消息

数字签名的生成和验证过程如下：

发送方的原文经过一个单向函数（如 Hash 算法）生成数字摘要，然后用发送方的签名私钥加密数字摘要，形成数字签名，并和原文一起传递给接收方。接收方在收到发送方的数字签名后，用发送方的公钥解密得到数字摘要，然后将收到的明文用相同的函数重新生成一个数字摘要，与解密得到的数字摘要进行比较验证。若一致，则表示明文确由特定的发送方发出且没有遭到篡改；反之，则无法确定发送方身份和明文篡改情况。

4. 数字信封

公钥加密的计算速度很慢。假设某人用 128 位或 256 位的密钥加密一个大型文件，如一章或者整本书，则会出现传输速度的显著减慢与处理时间的显著增加。对称密钥的计算速度则比较快，但是这种加密方法有一个缺点，即必须通过不安全的传输路径将对称密钥传递给接收方。解决这一问题的一种办法是：用速度比较快的对称密钥对大型文件加密和解密，而用公钥加密方法加密和传送这把对称密钥。这种技术方法叫做"使用数字信封"。被公开密钥加密的对称密钥部分称为"数字信封"。

加密后的明文和数字信封通过 Web 传输。接收方先用相应的私有密钥打开数字信封，得到对称密钥，再使用对称密钥将密文解密。加密和解密都使用了速度比较快的对称密钥，因此可大大节约时间。

5. 数字时间戳

在交易文件中，时间是十分重要的信息。在书面合同中，文件签署的日期和签名一样，均是防止文件被伪造和篡改的关键性内容。由于用户电脑的时间各不相同，而且很容易改变，所以需要对电子交易文件的日期和时间采取安全措施。数字时间戳服务（DTS）就能提供对电子文件的日期和时间信息的安全保护。它是网上电子商务安全服务项目之一，应由专门的机构提供，即时间认证机构（TSA）。

数字时间戳包括三个部分：

（1）需要加时间戳的明文的数字摘要；

（2）TSA 收到该数字摘要的时间和日期；

（3）TSA 的数字签名。

用户首先将需要加时间戳的文档用 Hash 函数生成数字摘要，然后将该摘要发送给 TSA。TSA 在收到该摘要后，向其中加入收到该摘要的时间和日期信息，然后用自己的私有密钥对其进行数字签名，最后将时间信息和数字时间戳绑定生成的数字签名返还给发送方。

4.3 防火墙技术

4.3.1 防火墙概述

防火墙是一种在企业的专用网络与 Internet 间起过滤作用的应用软件。它就是要在你的网络以及相连的服务器和用户的周围建立起一堵围墙,就像在现实世界里防火墙能在有限的时间里保护你免受大火侵害一样,对你的网络起保护作用。防火墙可以阻止远程客户机登录到内部网络,监视并检查所有进出网络的通信信息。网络接收或发送的每条信息都要经过防火墙软件处理,由它判断该条消息是否符合企业制定的安全政策,如果符合,就允许其传输,否则就拒绝其进入。例如,某个安全措施下的防火墙允许 HTTP 访问通过防火墙,却不允许 FTP 或 Telent 请求出入被保护网络。在理想的情况下,防火墙保护应限制未经授权的用户访问防火墙内的网络,从而保护敏感信息;同时,又不能妨碍合法用户,使防火墙之外的员工能访问防火墙所保护的网络和数据文件。防火墙还可以把公司的网络分成若干安全区域,防止某个部门的员工访问另一个部门的信息。这时的防火墙就相当于一个简单的访问权限过滤设备。

4.3.2 防火墙的种类

防火墙可以分成若干类,包括:

1. 包过滤防火墙

包过滤防火墙负责检查需要在可信网络和互联网之间传输的所有数据,包括信息包的源地址、目标地址以及进入可信网络的信息包端口,并根据预先设定的规则拒绝或允许这些包进入。

包过滤防火墙通过对数据包的检查判断其何时要发送到禁止的目的端口,或者来自于禁止的 IP 地址(由安全管理者具体规定)。过滤器在判断某消息是否应该传输时,尤其注意的是消息的来源和目的地址,同时也包括端口和包的类型。包过滤采访时的一个缺陷是容易产生电子欺骗,因为它并不对真实性进行验证。

2. 网关服务器

网关服务器是根据所请求的应用对访问进行过滤,而不是根据消息源或目的地址对通信信息进行过滤的防火墙。网关服务器会限制诸如 Telent、FTP 和 HTTP 等应用的访问。它应用网关对网络内部和网络外部的访问进行仲裁。与包过滤技术不同,应用级的防火墙不是在较低的 IP 层而是在应用层过滤请求和登录。网关服务器提供了一个中心点,在此处可对所有请求进行分类、登录以及事后分析。例如,一个网关级的安全策略可允许向内的 FTP 请求,但是不允许向外的 FTP 请求，这样就能够防止防火墙内部的员工从防火墙外部下载有潜在安全威胁的程序。

网关服务器还要处理应用层的请求，所以与包过滤方式相比，距离客户端更远。通过提供一个中央过滤点，应用网关可以提供比包过滤更高的安全性。当然，这其中也有系统自身性能的因素。

3. 代理服务器

代理服务器是一种对来自于 Internet 或发送到 Internet 上的通信信息进行处理的软件服务器，它通常位于某台专用的计算机上，在企业中扮演着“发言人”或者“卫兵”的角色。代理服务器的主要作用是限制内部用户访问外部的 Internet 服务器。对内部计算机来说，代理服务器就是网关；而对外部计算机来说，它则是邮件服务器或者数字地址。

当某个内部用户请求访问 Web 网页时，该请求首先被送到代理服务器上。代理服务器在验证用户的身份与请求的性质后，再把请求送到 Internet 上。由外部的 Internet 发来的网页首先要经过代理服务器。如果可以接受，该网页就进入到内部网络的 Web 服务器，然后送到用户的计算机中。通过禁止用户直接与 Internet 通信，企业可以限制用户访问某些类型的网站，如色情、拍卖或者股票交易网站等。代理服务器通过在本地存储经常请求的网页，减少了上传时间，隐藏了内部网的地址，使黑客更难于监视网络，从而也提高了 Web 的性能。

除了可以安装在企业网络上外，防火墙软件也可以在客户机上安装，即所谓的“个人防火墙”。

4.3.3 防火墙的局限性

防火墙是保护 Internet 免受外部攻击的极有效的方式，是整体网络安全计划中的重要组成部分，可以解决大多数的安全问题。但是，任何屏障都不是绝对安全的，防火墙也有其自身的局限性。

1. 防火墙不能防范来自内部的攻击

防火墙只是设在内部网和 Internet 之间，对其间信息流进行干预的安全措施。在一个单位内部，各部门之间设置的防火墙也具有类似特点，都不能用于防范内部的攻击破坏。这些问题要通过内部系统的认证和接入控制机构解决。

2. 防火墙不能防范不经由防火墙的攻击

如果内部网中有些资源绕过防火墙直接与 Internet 连接，则得不到防火墙的保护。例如，如果允许从受保护网内部不受限制地向外拨号，一些用户可以形成与 Internet 直接的 SLIP（串行线 IP）或 PPP（点对点协议）连接，从而绕过防火墙，形成一个潜在的“后门”攻击渠道。因此，必须保证内部网中任何用户没有直通 Internet 的通道。

3. 防火墙不能防止病毒

尽管许多防火墙检查所有外来通信以确定其是否可以通过内部网络,但是这种检查大多数是对原目的地址和端口号进行的,而不是对其中所含数据进行的。即使可以对通信内容进行检查,但是由于病毒的种类太多且在数据中隐藏的方式太多,防火墙无法逐个扫描每个文件查找病毒,因此病毒防护不能依赖于防火墙。

4. 防火墙不能防止数据驱动式攻击

当有些表面上看来无害的数据如电子邮件、FTP 等被邮寄或复制到 Internet 主机并被执行时,就会发生数据驱动式攻击。数据驱动式攻击常常会先修改一台主机有关的安全文件,从而为下次入侵作准备。防火墙无法防范这类攻击。

5. 防火墙无法完全防止新出现的网络威胁

防火墙是为防止已知的威胁而设计的。虽然尽心设计的防火墙也可以防止新的威胁,但是没有一种防火墙会自动抵御任何一种新的威胁。

此外,防火墙是一种潜在的瓶颈,因为所有的连接都要通过防火墙,而且防火墙还要经常对这些连接进行检查、过滤。也有人认为,采用防火墙相当于"把所有的鸡蛋都放在一个篮子里",一旦防火墙遭到损坏,内部网一些保护不周的系统将受到很大损害。

4.4 电子商务安全规范

4.4.1 PKI

1. PKI(公钥基础设施)

在 Internet 上,网络通信实体之间可能千差万别,他们可能有不同的特征,有各自的需求。那么,在他们相互交流时,仅仅依靠加密和认证等手段就能够保证通信安全吗?虽然加密和认证等技术能解决消息的机密性、完整性、不可否认性等安全需求,但是如果没有一个良好的管理方法和模式,依然会面临严重的安全威胁。

许多事实已经证明,一定要有一个共同的安全基础设施,以提供一致的安全特性。像电力供应基础设施等其他基础设施一样,安全基础设施也具有通用性和实用性。具有普适性的安全基础设施适用于多种环境,可避免零碎的、点对点的、没有互操作性的解决方案。同时,可引入可管理的机制以及具有跨越多个应用和计算机平台的一致的安全性。目前的办法是建立公钥基础设施(Public Key Infrastructure,PKI),以保证信息的安全传输。从理论上讲,只要 PKI 具有友好的接口,那么普通用户只需知道如何接入 PKI 就能获得安全服务,而完全不需要理解 PKI 是如何实现安全服务的。

PKI 是一种遵循既定标准的密钥管理平台，它利用非对称加密技术为电子商务、电子政务等多种网络应用提供一整套具有通用性的安全服务基础设施。PKI 的基础技术包括加密、数字签名、数据完整性机制、数字信封、双重数字签名等。PKI 采用数字智能的形式管理用户的公钥，即它通过一个可信任的、公正的认证中心（Certificate Authority，CA）把用户的公钥和其他标识信息（如名称、E-mail、身份证号码等）捆绑在一起，在 Internet 上验证用户的身份。PKI 是在公钥加密基础上实现证书的产生、管理、存档、发放以及撤销管理等功能，并包括实现这些功能的硬件、软件、技术规范、政策以及为 PKI 体系中各成员提供的全部的安全服务。

简而言之，PKI 就是提供公钥加密和数字签名的服务系统，目的是管理密钥和证书，保证网上数字信息传输的机密性、真实性、完整性和不可否认性等。加密技术和认证技术是 PKI 的基础技术。PKI 的核心机构是认证中心（CA）。数字证书是 PKI 最关键的产品和服务，通过数字证书建立网络用户间的信任关系。一个机构通过 PKI 框架管理密钥和证书，可以建立一个安全的网络环境。

PKI 能够为有不同安全需求的用户提供各种不同的网上安全服务，主要有身份认证、数据保密性、数据完整性、不可否认性以及时间戳服务等。用户利用 PKI 所提供的这些安全服务进行安全通信以及不可否认的安全电子交易活动。PKI 在国内外已得到广泛的应用。例如，安全电子邮件、Web 访问、虚拟专用网络 VPN 和本地简单的登录认证，以及电子商务、电子政务、网上银行和网上证券交易等各种强认证系统，都普遍应用了 PKI 技术。PKI 技术具有非常广阔的市场应用前景。Entrust 公司的 Entrust/PKI 5.0 可提供多种功能，能较好地满足商业企业的实际需求。VeriSign 公司也已经开始提供 PKI 服务，Internet 上很多软件的签名认证都来自该公司。

一个完整的 PKI 系统应具有权威认证机构（CA）、数字证书库、密钥备份及恢复系统、证书作废系统、应用接口（API）等基本组成部分。在构建 PKI 时，也应围绕这五大系统着手进行。

2. CA 认证中心与认证体系

在电子商务中，必须解决两个问题：一个是身份验证，另一个是交易的不可否认。由于交易双方互不见面，并且是一些不带有本人任何特征的数据在交换，因此有可能造成一些交易的否认。为解决这两个问题，必须引入一个交易双方均信任的第三方，对买卖双方进行身份验证，以使交易的参与者确信自己确实是在与对方所说的人交易。同时，在 PKI 中，公开密钥的真实性鉴别也是一个重要问题。CA 中心为用户发放的证书是一个有该用户的公开密钥和个人信息并经证书授权中心数字签名的文件。由于 CA 的数字签名是攻击者所不能伪造和篡改的,因此证书便向接收者证实了某人或某机构对公开密钥的拥有,与对方进行交易时不必怀疑其身份,对方传来的数据是带有其身份特征且不可否认的。

在这里,这个各方均信任的第三方就是 CA 安全认证机构。上述理由构成 CA 产生的根本原因。

CA 也称为"认证中心",是 PKI 机制中的核心。CA 是 PKI 应用中权威的、公正的、可信任的第三方机构,其作用就像颁发护照的部门。CA 负责具体的数字证书颁发和管理,其主要功能包括:证书的发放、证书的更新、证书的撤销和证书的验证等。具体可描述如下:

(1) 接受和验证最终用户数字证书的申请;

(2) 确定是否接受最终用户数字证书的申请——证书的审批;

(3) 向申请者颁发或拒绝颁发数字证书——证书的发放;

(4) 接收和处理最终用户数字证书的更新请求——证书的更新;

(5) 接收最终用户数字证书的查询、撤销;

(6) 产生和发布证书废止列表(CRL);

(7) 数字证书归档;

(8) 密钥归档;

(9) 历史数据归档。

CA 为了实现上述功能,主要由注册服务器、证书申请受理和审核机构、认证中心服务器三部分组成。

4.4.2 数字证书

1. 数字证书

现实生活中,人们所从事的活动的主体凭证一般有以下几种:当事人本身、有效证件以及亲笔签名等。这些凭证的共有特点是实物性,可以得到确认和追诉。在 Internet 的世界里,人们面对和处理的都是数字化的信息或数据,要对在 Internet 上所发生的某个动作行为或交易进行确认和追溯,就需要一种统一的技术和方式。数字证书解决了这一问题。

数字证书类似于现实生活中的身份证,是一个经证书授权中心数字签名的、包含证书申请者(公开密钥拥有者)个人信息及其公开密钥的文件。它可以作为网上交易双方真实身份证明的依据。通过数字签名,保障了证书的合法性和有效性,也保障了用户密钥和相关信息的真实性和完整性。这使得证书发布依赖于对证书本身的信任。也就是说,证书提供了基本的信任机制。证书和相关私钥可以提供诸如身份认证、完整性、机密性和不可否认性等安全服务。证书中的公钥可用于加密数据或者验证名私钥的签名。

数字证书可用于发送安全电子邮件、访问安全站点、网上银行、网上证券、网上招标采购、网上签约、网上办公、网上缴费、网上税务等网上安全电子事物,以及电子商务和电子政务活动。

2. 数字证书的类型

(1) 个人证书

个人证书仅为某一个用户提供凭证,以帮助其在网上进行安全交易操作,主要是针对个人的电子邮件安全。个人身份的数字证书通常是安装在客户端的浏览器内的,并通过安全的电子邮件进行交易操作。

(2) 企业(服务器)证书

服务器证书主要为网上的某个 Web 服务器提供证书。拥有 Web 服务器的企业可以用具有凭证的互联网站点进行安全的电子交易。拥有数字证书的 Web 服务器可以自动与客户进行加密通信,即将其与客户端的 Web 浏览器的通信加密。

(3) 开发者证书

开发者证书通常为互联网中被下载的软件提供证书。开发者证书又被称为"代码签名数字证书",借助这种数字证书,软件开发者可以为软件作数字表示,在互联网上进行安全的传送。当客户从开发者网站上下载经过数字标识的 Active X 控制命令、Java 程序、动态链接库、HTML 内容时,就能确信该代码的确来自于开发者,而且没有被改变或破坏。

另外一些专门的安全技术协议和整体解决方案也会根据各自的标准向交易的各方颁发相应的数字证书,如 SSL 数字证书和 SET 数字证书等。

3. 数字证书的内容

X.509v3 定义了数字证书的标准项和扩展项,内容包括版本号、序列号、证书签发者的唯一标识名(DN)、申请者的唯一标识名、公钥、证书有效期和扩展项等。同时,认证中心要对上述内容进行签名。

4. 数字证书的应用

国外常见的 CA 有 VeriSign、GET Cyber、Thawte 等。1998 年,我国第一家以实体形式运营的上海 CA 中心(SHECA)成立。此后,全国先后建成了几十家不同类型的 CA 认证机构,CA 认证逐步从电子商务渗透至电子政务、金融、科教等各个领域。按建立背景,国内的 CA 中心大致可以分为三类:大行业或政府部门建立的 CA,如 CFCA、CTCA 等;地方政府授权建立的 CA,如上海 CA、北京 CA 等;商业性 CA。

以下是国内部分 CA 的名称和网址:

中国金融认证中心(http://www.cafa.com.cn);

北京数字证书认证中心有限公司(http://www.bjca.org.cn);

上海市数字证书认证中心(http://www.sheca.com);

广东数字证书认证中心有限公司(http://www.gdca.com.cn);

广州市数字证书管理中心(http://www.gzca.gd.cn);

中国数字认证网(http://www.ca365.com);

安信数字证书认证中心(http://www.jlca.com.cn)。

用户要获得证书,首先需向 CA 提出申请,说明自己的身份。CA 在证实用户身份后,向用户发出相应的数字证书。

4.4.3 常用的电子商务安全协议

网络安全是实现电子商务的基础,但是仅有加密、认证、防火墙、入侵检测等安全技术还不够,还必须结合应用一些具体的网络协议,规定这些技术或算法的使用规范,如数据格式、信息传递的路径、有效期、权限、使用方式等。这一系列的规定就形成了不同的安全应用标准或者说安全协议。因此,一个通用性强、安全性可靠的网络协议是实现电子商务安全交易的关键技术之一,它也会对电子商务的整体性能产生很大的影响。

目前,国际上已经出现了多种电子商务安全协议,主要包括:用于访问控制的安全套接层协议(SSL),基于信用卡交易的安全电子交易协议(SET),安全超文本传输协议(S-HTTP),安全多用途互联网邮件扩充协议(S/MIME),用于公对公交易的 Internet EDI 协议等。这些协议分别在不同的协议层上进行,在 Internet 上提供安全的电子商务服务。

1. 安全超文本传输协议(S-HTTP)

S-HTTP 是一种安全的、面向消息的通信协议,与 HTTP 联合使用。其设计目的是希望与 HTTP 并存,并可以方便地与 HTTP 应用集成。S-HTTP 的设计目的是安全地传递个人消息,它提供了多种安全功能,包括客户机与服务器认证、加密、请求/响应的不可否认等。在加密方式方面,S-HTTP 提供了用于安全通信的对称加密,以及用于客户机与服务器认证的公开密钥加密。客户机和服务器能单独使用 S-HTTP 技术。也就是说,客户机的浏览器可用私有(对称)密钥得到安全保证,而服务器可用公开密钥技术请求对客户的认证。

并非所有的浏览器和 Web 网站都支持 S-HTTP。当 URL 以"https://"开头时,你就可以知道你正在与一个支持它的网站联系,该站点上的信息是安全的。S-HTTP 协议的基本出发点就是要使 HTTP 更加安全。

2. 安全多用途互联网邮件扩充协议(S/MIME)

S/MIME 最初是由 RSA 公司的一个私人小组开发的,是在 RFC1521 所描述的多用途互联网电子邮件扩充协议(MIME)的基础上添加数字签名和加密技术的一种协议。MIME 是正式的互联网电子邮件扩充标准格式,但是它没有提供任何的安全服务功能。S/MIME 的目的是在 MIME 上定义安全服务措施的实施方式。S/MIME 已经成为产业界广泛认可的协议，如 Microsoft、Netscape 等都支持该协议。

3. 安全套接层协议(SSL)

SSL 是适用于在 Internet 上进行保密通信的一个安全协议，它的主要目的是保证两台机器之间的通信安全，提供网络上可信赖的服务。SSL 协议最初是由网景公司于 1995 年推出的，主要用于提高应用程序之间数据的传输安全。

SSL 在客户机和服务器开始交换一个简短信息时提供一个安全的"握手"信号。在开始交换的信息中，双方确定将用的安全级别并交换数字证书。每台计算机都要正确识别对方。确认完成后，SSL 对在这两台计算机之间传输的信息进行加密和解密。这将意味着对 HTTP 请求和 HTTP 响应都进行加密。所加密的信息包括客户机所请求的 URL、用户所填的各种表格(如信用卡号)和 HTTP 访问授权数据(如用户名和口令)等。简而言之，SSL 支持的客户机和服务器之间的所有通信都加密了。在 SSL 对所有通信都加密后，窃听者得到的是无法识别的信息。图 4-7 给出了 SSL 会话的具体建立过程。

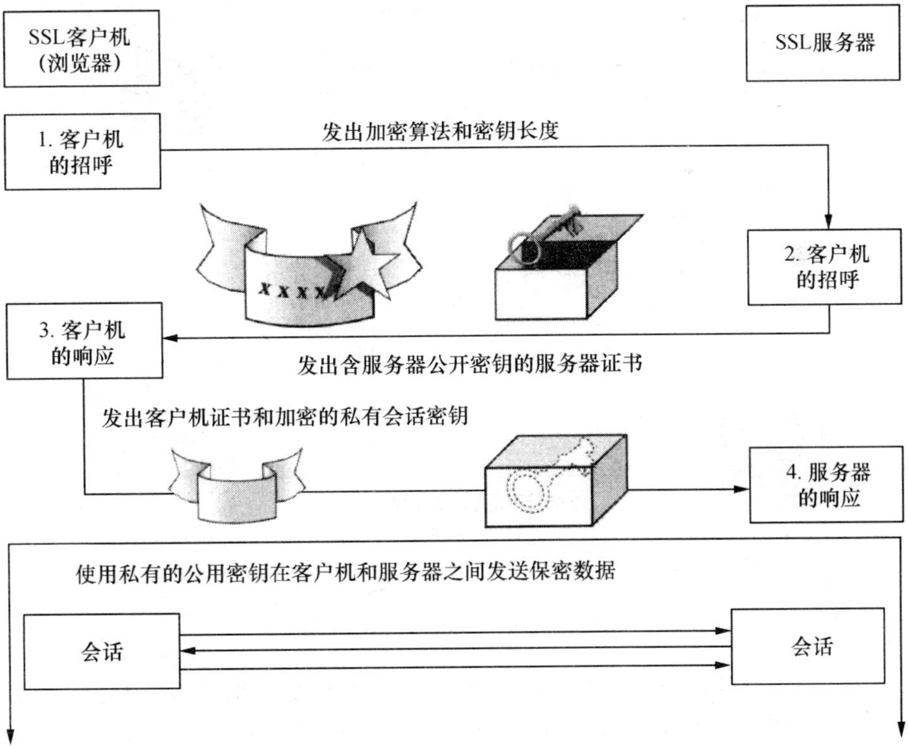

图 4-7　建立 SSL 会话

除 HTTP 外,SSL 还可以对计算机之间的各种通信提供安全的保护。例如,SSL 可为 FTP 会话提供安全保护,支持敏感的文档、电子报表和其他数据的安全上传和下载。

虽然 SSL 协议提供了在商家和消费者间的安全交易,但是它只保证了服务器端的真实性,因为对客户身份的认证是可做可不做的。此外,SSL 无法提供不可否认性的保护——消费者可以订购商品或者下载信息类商品,然后声称交易从未发生过。目前已出现其他一些用来保护金融交易的协议,如安全电子交易协议 SET 等。

4. 安全电子交易协议(SET)

SET 试图通过对商家和持卡人的身份进行认证,并使用数字签名使消费者无法拒绝付费,以克服普通网上信用卡交易的弱点。SET 是电子商务行业的一个公开标准,它是由 MasterCard 和 Visa 这两大美国信用卡发行组织共同开发和提供的,旨在促进并提高信用卡交易的安全。通过使用 SET,商家可以确保接收到的订单在交易过程中未被篡改过。图 4-8 说明了 SET 交易的处理过程。

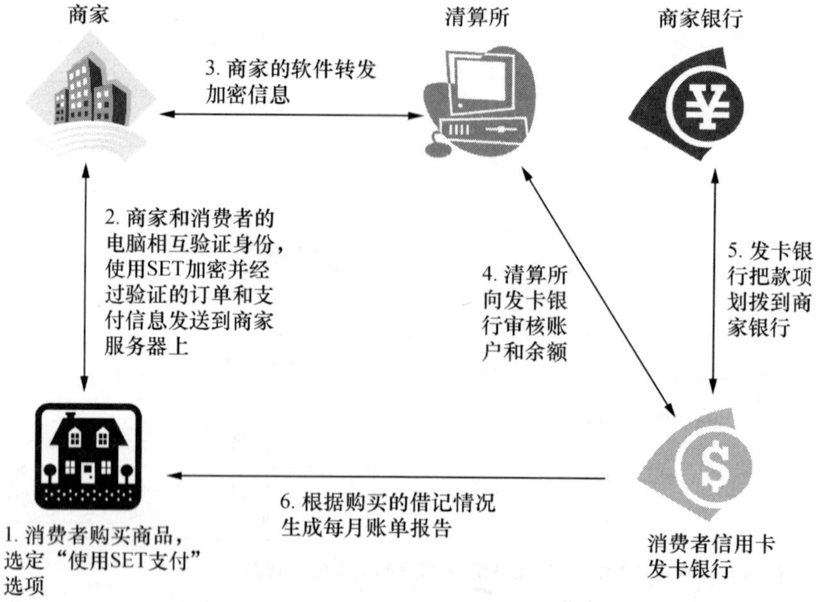

图 4-8 SET 交易的处理过程

SET 交易的处理过程本身与标准的网上信用卡交易很相似,但是包含了更多的身份验证。如图 4-8 所示,在填写了网上订单表格后,消费者在网站上选定“使用 SET 支付”选项,然后选择使用何种信用卡。(#1)在收到订单表格后,商家的电脑就通过访问消费者的数字钱包了解信用卡支付的细节信息。商家服务器使用数字钱包中的数字证书验证消费者的身份。一旦验证完毕,一个包含了所有支付信息的加密文件就会发送到商家服务器上。(#2)随后,商家服务器把加密的信息转发给商家银行的清算所,等待解密和授权。(#3)清算所验证了商家和持卡人的身份后,交易的处理就和其他任何信用卡购物过程一样了。(#4,#5)商家得到了发送商品的授权后,即将商品发给消费者,相应购买的借记记录则反映在消费者每月的对账单上。(#6)

SET是目前处理网上支付最安全的方法。但是,目前大多数的网上商家都还没有签约使用SET,而是继续依赖传统的信用卡处理流程。商家之所以拒绝改用SET,是因为把SET集成到现有系统中的成本很高;而消费者抵制SET或对SET不感兴趣,则是因为他们不了解数字钱包和数字证书,不愿意把这些系统下载到自己的电脑上。

综合实验四

选择教材中的加密技术或者其他图书中的加密技术,选择一种语言,C、C#或JAVA,实现这种加密技术。

C语言算法

```
#include <CkRsa.h>
#include <CkString.h>

void ChilkatSample(void)
    {
    CkRsa rsa;

    //  Any string argument automatically begins the 30-day trial.
    bool success;
    success = rsa.UnlockComponent("30-day trial");
    if (success != true) {
        printf("RSA component unlock failed\n");
        return;
    }

    //  Generate a 1024-bit RSA key pair.
    rsa.GenerateKey(1024);

    //  This example will sign a string, and receive the signature
    //  in a hex-encoded string.  Therefore, set the encoding mode
    //  to "hex":
    rsa.put_EncodingMode("hex");

    CkString strData;
    strData = "This is the string to be signed.";
```

```
//  Sign the string using the  md5 hash algorithm.
//  Other valid choices are "md2" and "sha-1".
CkString hexSig;
hexSig = rsa.signStringENC(strData,"md5");

printf("%s\n",(const char *)hexSig);
printf("%s\n",rsa.lastErrorText());

//  Now verify the signature:
success = rsa.VerifyStringENC(strData,"md5",hexSig);
if (success == true) {
    printf("Signature verified!\n");
}
else {
    printf("%s\n",rsa.lastErrorText());
}

//  Try it with an invalid signature:
success = rsa.VerifyStringENC(strData,"md5","not a valid sig");
if (success == true) {
    printf("Signature verified!\n");
}
else {
    printf("%s\n",rsa.lastErrorText());
}

//  Try it with invalid data:
success = rsa.VerifyStringENC("Not the original data","md5",hexSig);
if (success == true) {
    printf("Signature verified!\n");
}
else {
    printf("%s\n",rsa.lastErrorText());
}

//  Try it with the wrong hash algorithm:
success = rsa.VerifyStringENC(strData,"sha-1",hexSig);
if (success == true) {
    printf("Signature verified!\n");
}
else {
    printf("%s\n",rsa.lastErrorText());
}

}
```

本章小结

本章针对电子商务中存在的各类安全问题，从客户机、通信信道和服务器三个薄弱环节入手，针对电子商务的完整性、不可否认性、真实性、机密性、隐私性和可用性六个方面的基本要求，提出了构建综合性电子商务安全的保障体系。

加密就是把明文(正常的文字)转换成除发送方和接收方外任何人都无法

读取的密文的过程。

信息传输加密主要是对传输中的信息进行加密,其目的是保护正在网络中传输的信息的安全。信息传输中的加密方式主要有链路加密、节点加密和端对端加密,每种加密方式都有其不同特点。

加密系统有两种基本形式,即对称加密系统和非对称加密系统。在对称加密系统中,数据的发送方和接收方使用的是同一把密钥,加密、解密速度快,效率高。非对称密钥使用公开密钥和私有密钥两把密钥进行信息的加密、解密,系统的安全性高,但是加密、解密速度慢。结合两种加密系统各自的优缺点,形成了混合加密系统。

验证技术可以确保接收方收到的信息没有被篡改。常见的验证技术有数字摘要、消息验证码、数字签名、数字信封和数字时间戳等。消息验证码与消息摘要最大的不同在于,生成 MAC 不仅需要明文,而且需要密钥;而数字签名与消息验证码最大的不同在于,数字签名技术还可以提供不可否认服务。数字时间戳主要是提供权威的时间认证。数字信封通过公开对对称密钥的再次加密,解决了公钥加密慢和对称密钥加密不安全的问题。

防火墙是一种在企业的专用网络与 Internet 间起过滤作用的应用软件。防火墙限制未经授权的用户访问防火墙内的网络,从而保护敏感信息;同时,可使防火墙之外的员工能访问防火墙所保护的网络和数据文件。防火墙还可以把公司的网络分成若干安全区域,相当于一个简单的访问权限过滤设备。但是,防火墙也有其一定的局限性。防火墙可以分成包过滤防火墙、网关服务器和代理服务器三种类型。

将安全技术综合应用,可形成一套安全的解决方案,即电子商务安全规范。它主要包括 PKI、数字证书和电子商务安全协议。

公钥基础设施(PKI)是一种遵循既定标准的密钥管理平台,它利用非对称加密技术为电子商务、电子政务等多种网络应用提供一整套具有通用性的安全服务基础设施。PKI 的基础技术包括加密、数字签名、数据完整性机制、数字信封、双重数字签名等。

PKI 的核心机构是认证中心(CA),数字证书是 PKI 最关键的产品和服务。数字证书类似于现实生活中的身份证,是一个经证书授权中心(CA)数字签名的、包含证书申请者(公开密钥拥有者)个人信息及其公开密钥的文件。

常用的电子商务安全协议有安全超文本传输协议(S-HTTP)、安全多用途互联网邮件扩充协议(S/MIME)、安全套接层协议(SSL)、安全电子交易协议(SET)等。

思考题

1. 电子商务交易有哪几个薄弱环节?

2. 简要介绍公钥加密体系的工作原理。数字签名的引入是如何改变这一过程的?

3. 防火墙有哪些局限性?

4. 查询一家认证中心,并进行个人证书的申请。

参考文献

1. 〔美〕Carol M. Cram :《电子商务概论》,劳帼龄译,高等教育出版社2003年版。

2. 冯晓玲:《电子商务安全》,对外经济贸易大学出版社2008年版。

3. 〔美〕加里 · P. 施奈德:《电子商务》,成栋译,机械工业出版社2008年版。

4. 〔美〕Jeffrey F. Rayport、Bernard J. Jaworski:《电子商务》,中国人民大学出版社2004版。

5. 张润彤主编:《电子商务》,科学出版社2005版。

6. 〔美〕Kenneth C. Laudon、Carol Guercio Traver:《电子商务——商业、技术和社会》,成栋译,高等教育出版社2004年版。

7. 奚宪铭、鞠成东、刘科文编著:《电子商务安全与法律》,经济科学出版社2009年版。

8. 劳帼龄主编:《电子商务》,电子工业出版社2008年版。

9. 李洪心编著:《电子商务概论》,北京大学出版社2008年版。

10. 刘克强:《电子交易与支付》,人民邮电出版社2007年版。

第五章　电 子 支 付

引例

中国人民银行2009年4月3日发布的《中国支付体系发展报告(2008)》公布了2008年我国支付体系的主要数据。

各类支付系统全年共处理支付业务93.82亿笔,金额1131.04万亿元,是当年GDP的37.62倍。

作为我国支付体系的核心基础设施,中国人民银行大额支付系统全年共处理支付业务2.14亿笔,金额640.23万亿元,同比分别增长24.42%和20.14%。银行业金融机构行内支付系统全年共处理支付业务28.82亿笔,金额408.54万亿元。

2008年,我国使用票据、银行卡、汇兑等非现金支付工具办理支付业务183.27亿笔,全年人均发起非现金支付业务13.8笔,同比增长18.1%。流通中现金与GDP之比逐年下降,2008年为11.31%,较2007年下降了0.79个百分点。

至2008年末,银行卡发卡总量18亿张,人均持卡1.36张,城镇人口人均持卡2.97张,同比分别增长19.3%和17.4%;银行卡持卡消费额在社会消费品零售总额中占比达24.2%。同时,全国有20个省份6.4万个农村信用联社和邮政储蓄银行经营性网点开通农民工银行卡特色服务。

2008年4月,中国人民银行组织建设并运行了境内外币支付系统,相继开通了港币、日元、欧元、美元等八个币种的支付业务。

资料来源:中国人民银行支付结算司:《中国支付体系发展报告(2008)》,中国金融出版社2009年版。

5.1　电 子 货 币

货币本质上是起一般等价物作用的特殊商品,同时体现一定的社会关系。电子货币作为货币形态的特殊形式,是现代商品经济高度发达和银行转账与结算技术不断进步的产物,代表了现代信用货币形式的发展方向,体现了现代支付手段的不断进步。

5.1.1 电子货币的概念

电子货币,也称“数字货币”。关于它的定义很多,其中巴塞尔委员会和国际清算银行发布的版本比较权威。巴塞尔委员会认为,电子货币是指零售支付机制中,通过销售终端,在不同的电子设备之间及在公开网络(如 Internet)上执行支付的储值(Stored Value)和预付(Prepaid)支付机制。国际清算银行把电子货币定义为以电子形式储存于消费者持有的电子设备,依现行货币单位计算的货币价值。

从技术的角度讲,电子货币是采用电子技术和通信手段的信用货币。它是以电子信息网络为基础,以商用电子化机具和各类交易卡为媒介,以电子计算机技术和通信技术为手段,以电子数据(二进制数据)形式存储在银行的计算机系统中,并通过计算机网络系统以电子信息传递形式实现流通和支付功能的货币。

广义的电子货币可以是由某一经济组织(如商业银行、电话公司等)发行的,其在一定范围内具有存款、取款、消费、支付、转账、汇兑、授信等多种功能或单一功能。它的主账户在作为发行者的经济组织。狭义的电子货币,是指商业银行发行的,在一定范围内,以电子技术、电子计算机技术和通信技术为手段,具有存款、取款、消费、支付、转账、汇兑、授信(或无授信)等多种功能的流动的辅助资金结算账户。它的主账户在作为发行者的商业银行。

5.1.2 电子货币的基本形态

1. 基本形态

目前,对于电子货币的定义尚无定论,但大多数电子货币的基本形态是一致的:用一定金额的现金或存款从发卡者处兑换,获得代表相同货币金额的数据,通过使用某些电子化方法将该数据直接转移给支付对象,从而能够清偿债务,该数据本身即可称作电子货币(如图 5-1 所示)。

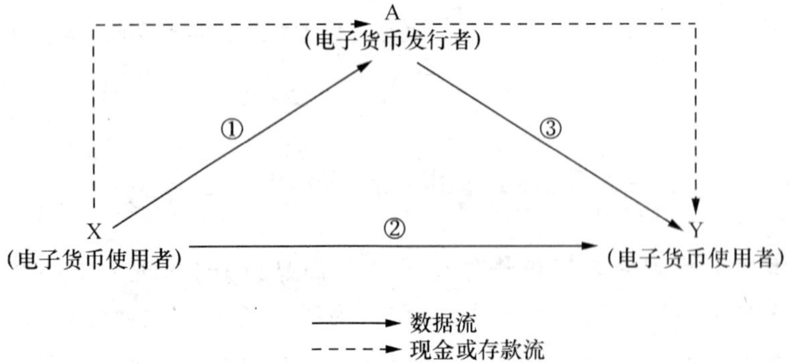

图 5-1 电子货币的基本形态

电子货币发行和运行的流程分为三个步骤，即发行、流通和回收。具体如下：

① 发行。电子货币的使用者 X 向电子货币的发行者 A（银行及信用卡公司等）提供一定金额的现金或存款，并请求电子货币的数据对 X 授信。

② 流通。X 接受了来自 A 的电子货币，为了清偿对电子货币的另一使用者 Y 的债务，将电子货币的数据对 Y 授信。

③ 回收。A 根据 Y 的支付请求，将电子货币兑换成现金支付给 Y（或存入 Y 的存款账户）。

2. 中介机构的介入

以上述基本形态为基础，电子货币还存在另一种较典型的体系，即在发行者与使用者之间有中介机构介入。例如，除 A、X 和 Y 三个当事者之外，A、X 之间介入了银行 B，A、Y 之间介入了银行 C（如图 5-2 所示）。

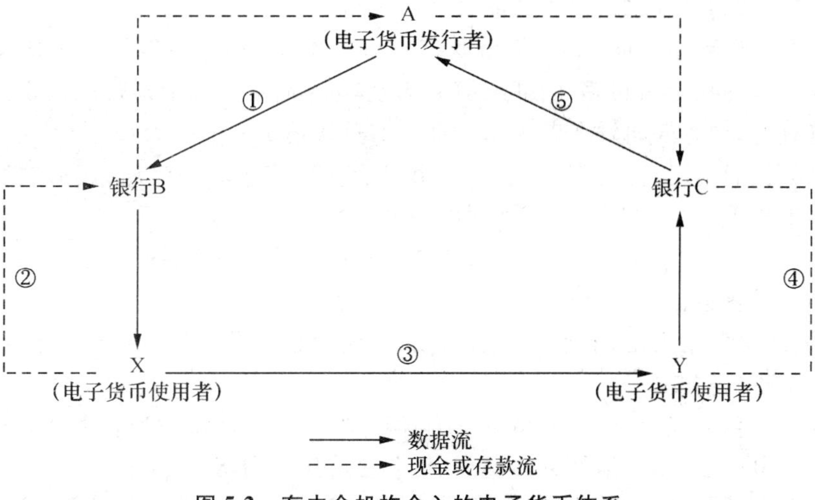

图 5-2 有中介机构介入的电子货币体系

该电子货币体系的运行分为五个步骤，涉及五个当事者。

① A 根据银行 B 的请求，以现金或存款作交换，向 B 发行电子货币。

② X 对 B 提供现金或存款，请求得到电子货币，B 将电子货币向 X 授信。

③ X 用从 B 处获得的电子货币清偿债务，授信给 Y。

④ Y 的开户银行 C 根据 Y 的请求，将电子货币兑换成现金支付给 Y（或存入 Y 的存款账户）。

⑤ A 根据从 Y 处接受了电子货币的银行 C 的请求，与电子货币兑换，将现金支付给 C（或存入 C 的存款账户）。

5.1.3　电子货币的特征

电子货币是在传统货币的基础上发展起来的。它具有传统货币的本质、职能和作用,也有其独特之处,归纳如下:

(1) 形态上,电子货币以电子数据的形式储存,脱离了货币的传统形态。

(2) 技术上,电子货币的发行、流通、回收等过程均使用电子化手段。为了防止对电子货币的伪造、复制、非正当使用等,电子货币采用了信息加密、数字签名等安全保密措施。

(3) 发行上,电子货币大多由银行发行,对其使用只能宣传引导,不能强迫命令,并且在使用中,要借助法定货币反映和实现商品的价值,结清商品交易者之间的债务关系。

(4) 使用上,电子货币不受营业时间、对象、金额、地区的限制,可以为使用者提供更多的金融服务,促进商品交易的实现。

(5) 流通规律方面,电子货币既有只可一次换手的(只能用于一次支付就返回发卡者处),也有可多次换手的(可多次辗转流通),无论第几次换手的电子货币持有者,均有权向发卡者提出对资金的兑换请求。

(6) 流通速度、范围方面,电子货币只能在转账领域内流通,流通速度远远快于传统货币。

(7) 用途上,电子货币集储蓄、信贷和非现金结算等多种功能于一体。在使用和结算过程中,电子货币简化了以往传统货币的复杂程序,不仅减少了印钞、发行、流通等费用支出,节省了社会劳动,还能为客户提供更多的金融服务,促进了商品交易的实现。

(8) 结算方式上,电子货币可分为预付型、后付型和即付型。上文介绍了基本形态的电子货币,其结算方式属于预付型。当 A 向 X 发行电子货币时,X 要先向 A 提供资金作为交换。从 X 的立场看,用电子货币对 Y 支付之前,须预先向 A 支付资金,所以是预付型(储值型)的结算。

5.1.4　电子货币的职能

本质上,电子货币是商品交换的一般等价物,是真实货币的代表或符号,它以全新的形式完成货币的各项职能。

(1) 从价值尺度职能看,电子货币以一定的货币单位及其倍数通过电子脉冲显示商品的价格及其价格总额。同时,这样的显示也广泛地扩展到非商品价值领域,一项债权债务、一笔货币结存等资料,均可简明无误地通过电脑及其他存读器具显示出来。

(2) 从流通手段职能看,通过计算机等电子货币媒介的使用,以及在网络上发生货币信息的传输,实现商品和货币的对流,为持卡人在特约商号购物服务,这种货币信息的不断传输并引起转账划拨活动,正体现了电子货币的流通手段职能。使用电子货币购物时,实际上也是“一手交钱,一手交货”,无异于使用现金购物。

(3) 从支付手段职能看,电子货币不仅能以电子信号形式将客户存款记录在银行系统的记录介质上,而且可按照客户指令在不同账户间实现转账划拨。这种利用电子脉冲信号完成的转账结算,不仅方便快捷,而且安全可靠。在存款账户的基础上,当存款不足时,客户可凭卡获得一定额度的善意透支,实际是获得了一笔消费贷款,体现出电子货币的支付手段职能。

(4) 从储藏手段职能看,电子货币的储藏和积累不仅表现在持有人账户的保证金和备用金上,也反映在各种结算收款上。当客户的电子货币账户与普通存款账户能够实现自动转账时,这种储藏手段职能范围将进一步扩大。

(5) 从世界货币职能看,具有外汇支付功能的电子货币,尤其是在跨国电脑联网上的电子货币,可以便捷地通过汇率换算模式在计算机上实现不同币种的兑换,在国际网络上进行跨国收付和结算,正所谓“一币在手,走遍全球”。

5.1.5 电子货币的分类

1. 按支付方式分类

按支付方式,电子货币大致可以分为以下三种:

(1) 预付型:“先存款,后消费”

如目前在我国广泛使用的借记信用卡和储值卡。

(2) 后付型:“先消费,后付款”

如国际通用的 Visa 卡和 Master 卡等贷记信用卡,由发卡者提供消费信用。

(3) 即付型:在消费的同时从银行账户即时自动转账

如使用 ATM(自动柜员机)或银行 POS(销售点终端)的现金卡。

2. 按电子货币的形态分类

按电子货币的形态分类,目前我国流通的电子货币主要有四种类型。

(1) 储值卡型电子货币

储值卡型电子货币一般以磁卡或 IC 卡形式出现,其发行主体除了商业银行之外,还有电信部门(普通电话卡、IC 电话卡)、IC 企业(上网卡)、商业零售企业(各类消费卡)、政府机关(内部消费 IC 卡)和学校(校园 IC 卡)等。发行主体在预收客户资金后,发行等值储值卡,使储值卡成为独立于银行存款之外的新的“存款账户”。储值卡在客户消费时以扣减方式支付费用,也就相当于存款账户支付货币。储值卡中的存款目前尚未在中央银行存款准备金之列,因此储值卡可使现金和活期储蓄需求减少。

(2) 信用卡应用型电子货币

信用卡应用型电子货币指商业银行、信用卡公司等发行主体发行的贷记卡或准贷记卡,可在发行主体规定的信用额度内贷款消费,之后于规定时间内还款。信用卡的普及使用可扩大消费信贷,影响货币供给量。

(3) 存款利用型电子货币

存款利用型电子货币主要有借记卡、电子支票等,用于对银行存款以电子化方式支取现金、转账结算、划拨资金。该类电子化支付方法的普及使用能减少消费者往返于银行的费用,致使现金需求减少,并可加快货币的流通速度。

(4) 现金模拟型电子货币(如 Mondex、E-Cash)

现金模拟型电子货币主要有两种:一种是基于 Internet 网络环境使用的且将代表货币价值的二进制数据保管在微机终端硬盘内的电子现金;一种是将货币价值保存在 IC 卡内并可脱离银行支付系统流通的电子钱包。该类电子货币具备现金的匿名性、可用于个人间支付并可多次换手等特性,是以代替实体现金为目的而开发的。该类电子货币的扩大使用,能影响到通货的发行机制,减少中央银行的铸币税收入,缩减中央银行的资产负债规模等。

3. 按流通形态分类

按流通形态的不同,电子货币大致可以分为两类:

(1) "开环型"

所谓开环型电子货币,是指金额信息在个人或企业之间可辗转不断地流通下去,信息的流通路径没有限定终点(不构成闭合环路)。这类电子货币的流通形态类似于现金,可以无数次换手。

(2) "闭环型"

所谓闭环型电子货币,是指用于一次支付的金额信息必须返回到发行主体。这类电子货币的金额信息在"发行主体—顾客—商店—发行主体"这样的闭合环路中流动。

严格地讲,目前属于开环型的电子货币只有 Mondex,其他大多数使用 IC 卡的储值卡型电子货币或电子现金仍属于闭环型。因此,Mondex 是目前最接近现金的电子货币。

5.1.6 电子货币的发展

1. 电子货币的发展概况

电子货币的产生是经济和科技发展到一定程度的成果。电子货币的使用,一是可以最大限度地取代现金的发行,使得货币的发行费用降低;二是将使发行主体由中央银行向其他主体转变。

目前的电子货币主要有银行卡和网上电子货币两种。现在,银行卡已在人们的生活中得到了更普遍的应用。对于客户来说，利用银行卡购物付款、提现、存款、转账，方便快捷、安全高效，而且可以获得咨询和资金融通的便利。同时，世界上由网上电子货币带动的网上金融服务正在迅速发展。据统计，全球网上金融业务在2000年占传统金融业务量的10%—20%，其中美国的网上金融业务发展最快，欧洲国家也在大力发展；在亚洲，新加坡等是发展电子货币的先进国家和地区。欧洲央行也指出，电子货币的应用范围将越来越广，推广电子货币将成为欧洲央行未来货币政策的组成部分之一。

2. 我国电子货币的发展情况

从总体上讲，我国电子货币的发展相对于发达国家起步较晚，尚处于起步阶段，网上金融服务开展较少，电子货币系统的建设进展缓慢。由于国情的缘故和信用概念在我国商品经济发展初期没有市场基础，一直到20世纪90年代中后期，随着金融体制改革的深化，银行被推向市场，商品经济的生存竞争意识才迫使我国的银行界开始思考电子货币的发展策略。

在我国，电子货币目前发展的重点仍在信用卡业务上。与国外相比，我国的银行信用卡发展历史很短，第一张银行信用卡是1985年6月由中国银行珠海分行发行的“中银卡”。近年来，我国银行卡业务发展迅速。2010年银行卡消费金额10.43万亿元，占全年社会消费品零售总额的比重高达35.1%，极大地推动了社会消费品零售市场的发展。

3. 电子货币的发展趋势

目前电子货币的发展十分迅速。据专家预测，美国在近十年内可能有12%—15%的交易将以电子方式进行，并且该发展趋势仍将不断加快。2000年有约10%的人用电子货币进行商业交易。在我国，目前电子商务正处于迅速发展期，必然带动电子支付结算方式的发展和普及。可见，电子货币将会朝更便利、更安全、更规范化的方向发展，支付方式也会趋于简单化和统一化，电子货币必然有更广阔的发展前景。

5.1.7 电子货币使用面临风险

在金融电子化和国际互联网迅猛发展这两驾马车的共同作用下，电子货币作为基于网络的支付结算工具，得到前所未有的高速发展。电子货币的发展对我国社会经济来说是一把双刃剑。一方面，电子货币的高科技可使我国与发达国家站在同一起跑线上开展电子商务；另一方面，它将引发多方面的风险。

1. 技术安全风险（系统风险）

技术安全风险包括系统故障、系统遭受外来攻击、伪币和欺诈等。目前，涉及电子货币的潜在犯罪行为大致有两种，一种是利用电子货币支付系统所进行的犯罪,如洗钱、避税和非法赌博;另一种是由于电子货币自身属性所造成的犯罪,如对电子货币进行伪造,利用电子货币进行欺诈。据有关报道,近年来,每年由于信用卡欺诈和伪造造成的损失已超过十亿美元。此外,不适当的内部程序、支付系统失败和人工操作失误等也会引起电子货币支付系统出现故障,甚至导致系统瘫痪。目前,电子货币职能机关只能通过加密、签名等方式而无法通过物理手段加以防伪,只要关键技术被窃取或者以其他手段掌握,伪造起来就非常容易。伪币的大量出现将会带来电子货币支付系统和发行机构的重大损失,从而威胁到电子货币系统的稳定,并有可能导致金融危机。技术安全风险因素具体可以归纳为以下三点:

(1) 计算机系统硬件、数据库和应用程序的设计缺陷等不确定因素。根据发达国家的经验,系统停机对金融业造成的损失最大。

(2) 电子货币支付系统一旦遭受攻击,将严重影响客户对电子货币的接受程度,甚至导致信誉危机。

(3) 计算机病毒破坏等因素。

2. 法律风险

随着电子商务的不断推广和应用,利用电子货币立法不健全的漏洞进行犯罪的现象日益突出。电子货币立法滞后引起了多种法律问题。

(1) 电子数据的法律效力问题

作为电子货币的物是存储于计算机或 IC 卡中的电子数据,那么电子数据的法律效力问题就是传统法律所要解决的首要问题。我国《合同法》第 11 条规定,数据电文为书面形式之一种。据此,以电子数据为物质载体的电子货币与以纸面为物质载体的纸币具有同等的法律效力。但是,笔者认为,此种“功能等同”模式的立法只是过渡性质的立法。我国法律应明确规定作为意思表示的电子数据的法律效力,也应明确规定作为电子货币的物之一种的电子数据的法律效力。另外,承认电子数据的效力固然重要,但解决电子数据的认证问题则更具重大意义。从 2005 年 4 月 1 日开始正式实施的《电子签名法》应运而生。它以法律形式对直接关系公共利益的电子认证服务业设定行政许可,并授权信息产业部作为实施机关,对电子认证服务提供者实施监督管理。

(2) 电子货币安全问题

安全是银行业内部和外部每一个人都密切关注的焦点问题。电子货币将自古以来孤立的系统环境转变成开放的充满风险的环境,增加了安全风险。所有零售支付系统自身在某种程度上都是脆弱的,而电子货币产品也增加了一些诸如鉴定、认可、完整性方面的问题。安全崩溃可能在消费者、商家或发行者任何一个层次上发生,其潜在因素包括:盗用消费者和商家的设备,伪造设备,更改存储或设备间传输的数据，或者更改产品的软件功能。安全攻击大部分是为了利益，但也可能是为了攻击系统本身。因此，电子货币安全问题也是立法应充分考虑的问题之一。

(3) 电子货币的监管问题

电子货币的产生与发展给各国的金融机构提出了新的问题，特别是电子货币对现行金融监管制度带来了直接或间接的影响。为维护金融体系的稳定和安全，防止侵害消费者利益的行为发生，以及避免出现恶性竞争和无秩序的行为，"政府适度监督有没有必要"成为各国比较关注的问题。如果将电子货币作为一种科技产品来管理，沿用统一、规范和标准化原则，势必会与电子货币兴起进程中出现的产品多样化和技术、协议等的快速进化相矛盾，同时又形成一些业务领域的规则和管理的真空。因此，需要通过详尽的法律规定对电子货币的监管制度加以完善。

(4) 电子货币的隐私权保护问题

就法定货币而言，除了通过银行转账结算的情形外，其流通完全是匿名的，即交易当事人以外的第三人对货币的流向无从知晓，持币人支付了多少金额，支付给了谁，都无据可查，从而在技术上很好地保护了当事人的交易隐私。目前的电子货币却不能如此成功地实现这一点。账户依存型电子货币的流通完全依赖于转账结算，由账户管理者保存其交易记录。因此，对账户管理者而言，交易当事人毫无隐私可言。现金型电子货币的流通不依赖于转账，在现实生活中谁向谁支付了多少金额，第三人并不知晓，故具有一定的匿名性，在很大程度上保护了当事人的交易隐私。但是，现金型电子货币系统要求每一个使用者都须在发行者处开设一个存款账户，便于使用者申请电子货币或最后兑换法定货币时转账之用，发行者可由此掌握某些信息，造成使用者的隐私利益受到一定程度的损害。由上可见，目前的电子货币都不能像法定货币那样解决使用者的隐私保护问题。这就需要我们在法律上和电子技术上加以完善。

(5) 电子货币洗钱犯罪问题

电子货币的出现和利用，为犯罪分子进行洗钱活动提供了便利。就大规模的洗钱犯罪来说，传统货币本身给犯罪分子带来许多不便，如其面值有限，大量价值的货币必然占据较大的空间，运输、清点和计算都需要花费时间，远距离地安全传输更需要付出大量的时间与资源，且容易被发现。电子货币则不存在这些问题。犯罪分子可以通过电话线、互联网瞬间将巨额资金从地球的一端传到另一端。所以，电子货币，尤其是现金型电子货币，对洗钱犯罪分子具有极大吸引力。他们可以把来源于非法活动的钱利用电子货币很快转移到对洗钱犯罪监管较为薄弱的国家，在那儿会更容易将这些钱合法化。如何有效地预防和打击洗钱犯罪，是电子货币发展中亟待解决的问题。

3. 金融风险

(1) 中央银行丧失货币发行权的风险

在信息技术创新推动电子商务和资金流通日益走向一体化的进程中，将由网上金融市场自由地调节电子货币的发行。由信誉卓著、实力雄厚的信用机构取代中央银行发行竞争性的电子货币，是一种比中央银行垄断电子货币发行权更有效的制度安排。在效率性与安全性的“两难”选择中，一些国家的中央银行对电子货币的垄断虽在相当程度上保证了电子货币的安全，但极有可能阻碍本国电子货币的发展，并使之成为易受攻击的货币。如欧盟各成员国一致认为，央行发行货币的法律垄断力并不包括电子货币产品。电子货币对纸币的取代是一个渐进的历史进程，在相当长的时期会出现电子货币与纸币同时流通的情况，最终实现电子货币对纸币由部分替代走向完全替代。电子货币流通对中央银行货币发行权发出的挑战将逐渐显现。

(2) 中央银行损失铸币税收入的风险

从中央银行的资产负债表看，主要负债项目是不支付利息的通货，而资产一方则由附有利息要求的各种债权组成。因此，中央银行可以从资产与负债的利息差中获利。这种利润是中央银行收入的主渠道之一，也是一般所称的“铸币税收入”(Seigniorage Revenues)。

当电子货币的竞争性发行机制得以确立，随着电子货币被广泛地作为小额交易的支付工具，央行所发行的通货被明显取代，中央银行的“铸币税收入”将大幅减少，从而使其货币政策独立性受到影响。尤其对于发展中国家，由于其现金使用的范围广泛，管理成本较高，将会使这一问题更加严重。

(3) 中央银行货币政策失效的风险

由于电子货币的种类、规模、结构不同，将使货币政策的操作更加繁杂。中央银行使用的以货币供应量为中介目标的传统货币政策机制将受到挑战，并将最终影响到货币政策的有效性。而且，由于互联网突破了传统的时空界限，网上货币可被用于国际支付，这将加剧通货膨胀和通货紧缩的国际传递。一国货币政策的实施将对其他国家产生直接的影响，使各国中央银行在测定电子货币量与执行货币政策时不得不面临国际协调问题。

(4) 电子货币风险与中央银行的监管

随着电子货币流通规模的不断增大，会有越来越多的参与机构介入，电子货币发展带来的一些风险将逐步显现，如果监管不当，有可能导致最终形成系统性风险。这对中央银行的监管提出了新的挑战。西方国家中央银行对电子货币的监管存在着两种倾向：一种以一些欧洲国家为代表，主张在电子货币的初期就应建立谨慎的监管机制，使电子货币在规范化协议和技术条件下发展。这样在统一标准的规范体系下发展可避免竞争产生的重复投资和资源浪费，降低电子货币系统的潜在风险,但有可能阻碍电子货币发展进程中的竞争和创新。另一种如美国等一些国家,在确认监管手段确有必要时,才制定具体措施,为电子货币业务的参与者提供一个宽松的环境,鼓励竞争。但是,这有可能造成监管的滞后与成本的提高。面对电子货币发展已经出现的风险,中央银行应尽量避免由于监管缺位对金融运行造成损害。

5.2　电子支付系统

5.2.1　电子支付概述

所谓电子支付(Electronic Payment),意指电子交易的当事人,包括消费者、厂商和金融机构,以商用电子化设备和各类交易卡为媒介,以计算机技术和通信技术为手段,以二进制(0,1)为存储形式,通过计算机网络系统进行的货币支付或资金流转。从广义上说,电子支付就是发生在购买者和销售者之间的金融交换,而这一交换方式往往借助银行或其他机构支持的某种电子金融工具完成,如电子现金、电子支票和电子银行卡等。它无须任何实物形式的标记,是纯粹电子形式的货币,一般以二进制数字的方式保存在计算机中。与传统的支付方式相比,电子支付具有如下特征(见表5-1):

表5-1　电子支付的特征

	电子支付	传统支付
支付媒介	采用先进的技术,通过数字流转完成信息传输,通过数字化的方式进行款项支付	通过现金的流转、票据的转让及银行的汇兑等物理实体完成款项支付
环境	基于开放的系统平台(互联网)	较为封闭的系统
通信手段	使用先进的通信手段,如Internet、Extranet	使用传统的通信媒介
设施要求	对软硬件设施要求高,一般要求有联网的微机、相关的软件及其他一些配套设施	无特殊要求
性能	方便、快捷、高效、经济	

电子支付手段的发展经历了以下几种支付形式,分别代表着电子支付发展的不同阶段:

第一阶段是银行利用计算机处理银行之间的业务,办理结算。

第二阶段是银行计算机与其他机构计算机之间的资金的结算,如代发工资等业务。

第三阶段是利用网络终端向客户提供各项银行服务,如自助银行等。

第四阶段是利用银行销售点终端(POS)向客户提供自动的扣款服务。这是当前电子支付的主要方式。在这一阶段,以各发卡行的行内授权系统为基础,全国银行卡信息交换中心和城市银行卡中心的建立为银行卡的跨行交互和跨行交易创造了条件。网络现行的支付系统也自然成为第五阶段网上支付的软硬件基础。

第五阶段是最新阶段,也是正在发展的阶段。电子支付系统可随时随地地通过互联网进行直接转账结算,形成电子商务交易平台。这一阶段的电子支付又称“网上支付”。

与传统的支付方式相比,电子支付具有以下优势:

(1) 电子支付适应了整个社会向信息化、数字化发展的趋势。电子支付是通过网络以先进安全的数字流转技术完成信息传输;而传统的交易支付方式则以传统的通信媒介通过现金、票据、银行兑汇等物理实体完成,无法满足信息社会高效、便捷的商务活动的需求。

(2) 电子支付的工作环境是基于开放的系统平台(如互联网);而传统的交易支付方式则在较为封闭的系统中运行(如某银行的各分行之间)。工作环境的开放性使得商家加入电子支付系统更加方便快捷,没有障碍;而开放性带来的普遍性也使得消费者可以随时随地进行消费支付活动。

(3) 电子支付是跨时空的电子化支付,能够真正实现全球7天24小时的服务保证。交易方只要有一台能够上网的PC机,就可以足不出户,在很短的时间内完成整个支付过程。

(4) 电子支付有助于降低交易成本,最终为消费者带来更低的价格。传统的支付系统要求由银行、分行、银行职员、自动取款机及相应的电子交易系统来管理现金和转账,成本非常高;而电子支付只需现有的技术设施、互联网和现有的计算机系统就可以,而且只需要少数系统维护人员。电子支付的交易效率较高,从而加快了资金周转速度,降低了企业的资金成本。

信用卡专线支付结算方式在20世纪70年代就开始了,因此电子支付结算方式的出现要早于Internet。随着20世纪90年代全球范围内Internet的普及和应用,电子商务的深入发展标志着信息网络经济时代的到来,一些电子支付结算方式逐渐采用费用更低、应用更为方便的公用计算机网络,特别是以Internet作为运行平台,网络支付(Internet Payment)就应运而生了。

5.2.2 电子支付在电子商务中的作用

随着Internet的蓬勃发展,电子商务也在迅速崛起,其飞速增长所带来的商机是巨大而深远的。现在电子商务已经发展到了一个非常关键的时期,电子支付成为了电子商务流程中最为关键的组成部分。任何一个交易都涉及支付,而传统的支付方式在效率、安全、方便、跨时空等方面存在着许多的局限性和弊端,支付与结算方式上的局限性已经成为电子商务发展的最大瓶颈之一。

电子商务的最终目的是通过网络实现网上信息流、物流和资金流的三位一体,从而形成低成本、高效率的商品及服务交易活动。在线支付是电子商务的关键环节,也是电子商务得以顺利发展的基础条件。

电子商务的实现必须有两个重要组成环节:一是交易环节,二是支付环节。前者在客户与销售商之间完成,后者需要通过银行网络,运用安全、平稳和高效的支付系统支撑。

信息流、商流、资金流、物流是商务活动的四大环节。其中,资金流是商务运作模式的核心,是政府、商家、客户最为关心的对象,其运作的好坏直接影响到商务处理的结果。因此,政府、企业以及个人对解决资金流的运行效率和服务质量的要求也越来越高。在这种背景下,特别是信息网络技术的进步,促使资金流的支付结算系统不断从手工操作走向电子化、网络化与信息化。尤其是20世纪中后期,随着以Internet为代表的信息网络技术在各行各业和普通家庭的大规模普及应用,电子商务这个崭新商务形式的出现与发展,使人们对支付结算系统的高服务质量需求更加迫切。

由于电子商务主要基于Internet开展,而Internet的特点就是随时随地、方便易用、即时互动并且结合多媒体传递,这些为电子商务的信息流、商流(如电子合同)、物流信息的交互与共享、全天候、跨区域与低成本处理提供了很好的技术支撑。但是,要整体上体现电子商务的低成本、高效率与个性化,还要使其资金流也能得到快速的、自动化的网上处理。传统的支付结算方式不能充分满足高水平电子商务的发展需求。现金、纸质支票等不但应用范围有限,结算速度较慢,而且不太安全。即使一些已有的较为现代化的电子支付结算方式,如信用卡支付、EFT等,目前也均是应用在专用金融网络上,不但应用不太方便,而且由于商务交易系统与支付系统的分离,给商务实体特别是企业的运作增加了很多不确定性与经营风险,影响效率,增加了企业与银行的支付结算成本,所以也不能很好地应用到电子商务的支付结算中。除了这些原因以外,现金等支付结算方式还带有太多的传统习惯,如人们喜欢并且习惯于"一手交钱,一手交货"。这与崭新的电子商务的发展需求并不适应,也增加了企业开展电子商务的难度与成本。于是,在信息流、商流、物流信息等基本可在网上进行方便快捷的传递、处理的情况下,资金流的处理成了电子商务业务流程中的难点。

随着电子技术和计算机网络技术日新月异的发展,银行业正在发生一场新的变革,从金融IC卡的出现到网上银行服务,标志着银行向无现金、无支票、无纸张的电子货币时代迈出了新的一步。伴随着电子货币的快速普及,电子支付已成为新兴发展领域。

5.2.3 电子支付系统

电子支付系统是电子商务系统的重要组成部分，它指的是消费者、商家和金融机构之间使用安全电子支付手段交换商品或服务，即把新型支付手段包括电子现金、信用卡、借记卡、智能卡等的支付信息通过网络安全传送到银行或相应的处理机构来实现电子支付。电子支付系统是融购物流程、支付工具、安全技术、认证体系、信用体系以及现在的金融体系为一体的综合大系统。

1. 电子支付系统整体构架

电子商务的发展要求信息流、资金流和物流三流畅通，以保证交易的速度。在电子商务的交易中，如果依赖传统的支付方法，如现金、支票等，就不可能完成在线的实时支付。所谓“实时”，就意味着当消费者点击浏览器上的“付款”按钮时，整个交易就已经被执行并完成。传统支付方式则通常要求消费者离开在线平台，以电话或邮寄的方式付款。银行转账也存在一定的处理时延，而且容易产生诈骗行为，因为消费者无法知道网上商店是真正存在的还是骗财的虚构公司。由此可见，没有适当的支付手段相配合，电子商务的发展只能是纸上谈兵，无从体现电子商务方便快捷、低成本的优越性。在这种情况下，在线电子支付应运而生，它是电子商务得以顺利发展的基础条件。

电子支付系统一般由以下几部分构成：

(1) 客户：一般是指从某企业购买了商品或服务的单位或个人。客户是与商家有交易关系并存在未清偿的债权债务关系（一般是债务）的一方。客户用自己拥有的支付工具（如信用卡、电子钱包等）发起支付，是支付体系运作的原因和起点。

(2) 商家：是指卖出商品或服务的一方。商家是拥有债权的商品交易的另一方，可以根据客户发起的支付指令向金融体系请求获取货币给付。商家一般准备了优良的服务器来处理这一过程，包括认证以及不同支付工具的处理。

(3) 银行：是电子支付系统的中转站，不可缺少。由于客户和商家不一定在同一银行开户，银行应包括客户的开户行和商家的开户行。客户的开户行是指客户在其中拥有账户的银行。客户所拥有的支付工具就是由其开户行提供的。客户开户行在提供支付工具的同时也提供了一种银行信用，即保证支付工具的兑付。在卡基支付体系中，客户开户行又被称为“发卡行”。商家开户行是商家在其中开设账户的银行，其账户是整个支付过程中资金流向的地方。商家将客户的支付指令提交给其开户行后，就由开户行进行支付授权的请求以及行与行间的清算等工作。商家的开户行是依据商家提供的合法账单（客户的支付指令）来工作的，因此又被称为“收单行”。

(4) 支付网关：是因特网和金融专用网的接口，支付请求必须通过它才能进入支付系统，从而完成相应的结算支付。支付网关的建设关系着支付结算的安全以及银行自身的安全，关系着电子商务支付结算的安排以及金融系统的风险，必须十分谨慎。电子商务交易中同时传输了两种信息：交易信息与支付信息，必须保证这两种信息在传输过程中不被无关的第三方阅读，包括商家不能看到其中的支付信息（如信息卡号、授权密码等），银行不能看到其中的交易信息（如商品种类、商品总价等）。这就要求，一方面，支付网关必须由商家以外的银行或其委托的卡组织来建设；另一方面，网关不能分析交易信息，对支付信息也只是起保护与传输的作用，即这些保密数据对网关而言是透明的。

（5）金融专用网：是银行内部及各银行间进行通信的专用网络。我国的金融专用网发展较快、较全面，从而为我国电子商务的发展创造了条件；具有较高的安全性，包括中国国家现代化支付系统、人民银行电子联行系统、工商银行电子汇兑系统、银行卡授权系统等。

（6）CA 认证机构：负责为参与商务活动的各方（包括客户、商家与支付网关）发放数字证书，以确认各方的身份，保证电子商务支付的安全性。认证机构必须确认参与者的资信状况，如在银行的账户状况、与银行交往的信用历史记录等，因此认证过程也离不开银行的参与。

各部分的相互联系如图 5-3 所示：

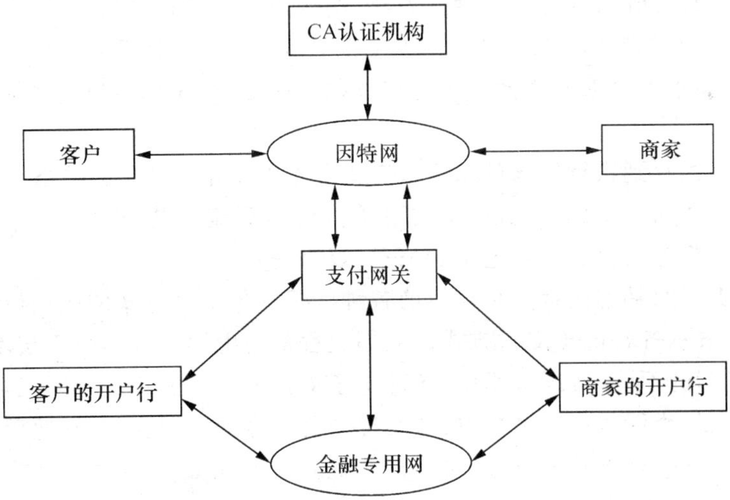

图 5-3　电子支付系统基本构成

电子商务系统的重要内容之一是电子支付问题。支付工具的发展从纸币、支票、转账到电子资金处理，经历了一个世纪的变迁。在电子商务时代，将产生新型的支付形式，更好地为电子贸易服务。

下面举一个简单的“网上购物”的例子，说明电子支付的一般过程：

购物者通过因特网商店的网站选定自己想要的商品并发出购买请求,并按商店要求的付款方式向对方提供自己的银行卡号。

网上商店把购物者的银行卡号发往自己的开户行请求收付。商店的开户行通过金融专用网络向购物者的开户行取得支付授权,并把相应的资金划入商店的账户。

商店在确认资金到位后,便可按购物者的要求发货了。

2. 电子支付系统流程

电子支付处理借鉴了很多传统支付方式的应用机制和过程,所以基于互联网平台的电子支付结算流程与传统的支付过程类似。其基本流程如下:

(1) 客户连接互联网,进行商品的浏览、选择与订购,填写网络订单,选择应用的电子支付工具,如信用卡、电子钱包、电子现金、电子支票或网络银行账号等,并且得到银行的授权使用。

(2) 客户机对相关订单信息进行加密处理,在网上提交订单。

(3) 商家服务器对客户的订购信息进行检查、确认,并把相关的、经过加密的客户支付信息等转发给支付网关,直至银行专用网络的银行后台业务服务器进行确认,以期待从银行等电子货币发行机构验证得到支付资金的授权。

(4) 银行验证确认后,通过建立起来的支付网关的加密信道,给商家回送确认及支付信息;同时,为进一步确保安全,给客户回送支付授权请求。

(5) 银行收到客户传来的进一步授权结算信息后,把资金从客户账号拨至商家账号上,借助金融专用网络进行结算,并分别给商家和客户回送支付结算成功的信息。

(6) 商家收到银行发来的结算成功的信息后,给客户发送网络付款成功的信息和发货通知。至此,一次典型的电子支付结算流程结束。商家和客户可以分别借助网络查询自己的资金余额信息,以进一步核对。

电子支付的基本流程只是对目前各种电子支付结算方式的应用流程的简单归纳,并不表示各种电子支付方式的应用流程都与上述一样。由于技术、资金数量、管理机制的不同,实际应用中,各种电子支付方式的流程是有所区别的。

电子支付流程还有一个特点,即实现的是资金的立即支付,它适用于数目众多的较小金额的电子商务业务,对客户与商家来说都是方便的。对较大金额的资金支付结算,如大企业与大企业之间的电子商务,实现互联网上的立即支付并不现实。这时,独立于商务交易环节的金融 EDI 或银行专业 EFT 系统,是目前比较普遍采用的支付结算方式。

3. 电子支付系统分类

基于电子货币的分类基础和常见的电子支付类别,以互联网为主要运作平台的电子支付方式有多种分类。随着电子商务的发展与技术的不断进步,更多更新的电子支付工具将被不断地研发出来并投入使用,届时还会产生新的分类。通过对目前国内外正在使用与实验中的电子支付方式的分析,可以进行如下分类:

(1) 按电子支付模式分类

① 脱机支付系统:指消费者在实施了网上购物以后,利用如电话、传真或邮件等手段传递支付信息。这种方法很不方便,但是比较安全。支付方法通常包括信用卡、支票、电话、传真、数字现金、第三方交易。

② 联机在线支付系统:即在网上直接付款。

(2) 按开展电子商务的交易模式分类

① B to C 型网络支付方式:它是企业与个人、政府部门与个人、个人与个人进行网络交易时常采用的支付方式,比如信用卡网络支付、IC 卡网络支付、电子现金支付等。这种方式适用于小额的网络交易支付结算,应用较为方便灵活,风险不大。

② B to B 型网络支付方式:它是企业与企业、企业与政府部门进行网络交易时常采用的支付方式,比如电子支票网络支付、电子汇兑系统等。这种方式适用于较大金额的网络交易支付结算。

(3) 按支付数据流的内容分类

① 指令传递型网络支付方式:网络支付的支付指令是指启动支付与结算的电子化命令,即一串指令数据。支付指令的用户从不真正地拥有货币,而是由他指示银行等金融机构替他划拨货币,完成转账业务。该类型电子支付方式主要是指银行网络划拨指令方式,如 EFT、CHIPS、SWIFT、电子支票、网络银行等。

② 电子现金传递型网络支付方式:指客户进行网络支付时在网络平台上传递的是具有一般等价物性质的电子货币本身,即电子现金的支付结算机制。

(4) 按支付金额的规模分类

① 微支付:指款额特别小的电子支付系统。

② 消费者级网络支付:指满足个体消费者、零售业或政府部门在经济交往中的一般性支付需要的电子支付系统,又称"小额零售支付系统"。

③ 商业级网络支付:指满足一般企业部门之间的电子商务业务支付需要的电子支付系统,也称"中大额资金转账系统"。

(5) 按系统中使用的支付工具分类

① 信用卡支付系统:每张卡对应一个账户,资金的支付最终通过转账实现。由于在消费中实行"先消费,后付款"的方式,对信用卡账户的处理是后于贷款支付的。

② 电子转账支付系统:支付过程中的操作直接针对账户,对账户的处理即意味着支付的进行,是一种"即时付款"的支付方式。

③ 电子现金支付系统:向持有电子现金者事先预付资金,便可获得相应币值的电子现金(智能卡或硬盘文件),可以离线操作,是一种“预先付款”的支付方式。

4. 电子支付系统的功能

无论采用何种电子支付方式,对电子支付系统共同的要求都是安全、有效、便捷。对于一个支付系统而言,应具有的功能如下:

(1) 使用数字签名和数字证书实现对参与各方的认证

为确保交易的安全性,对参与贸易各方身份的有效性进行认证,通过认证机构或注册机构向参与各方发放数字证书,以证实其身份的合法性。

(2) 使用加密技术对业务信息进行加密

可采用单钥体制或双钥体制对消费信息加密,采用数字信封技术、数字签名技术增强数据传输的保密性,以防止未被授权者获取真实消息。

(3) 使用消息摘要技术确认业务信息的完整性

为保证传递过程中信息的完整性,可以使用消息摘要算法验证信息在传递过程中是否被篡改过。若传送的摘要和接受方生成的消息摘要完全相同,则信息没有被篡改,否则应要求发送端重发。

(4) 保证业务信息的不可否认性

当交易双方出现异议、纠纷时,支付系统必须提供足够充分的证据迅速辨别纠纷中的是非。可采用仲裁签名、不可否认签名技术来实现。

(5) 能够处理贸易业务中的多边支付问题

网上支付要牵涉到客户、商家、银行等多方面,其中传送的信息包含订单信息和支付信息两类,商家只有确认了支付信息才会继续交易,银行只有确认了订单信息才会提供支付。同时,商家不能看到客户的支付信息,银行也不能读取客户的订单信息。这种多边支付的关系可通过双联签字等技术来实现。

5.2.4 电子支付工具

电子支付工具主要有电子现金、信用卡、电子支票、电子钱包、电子钱夹等。

1. 电子现金

(1) 电子现金概述

电子现金(E-Cash)是一种以电子数据形式流通的货币。它把现金数值转换成一系列的加密序列数,通过这些序列数来表示现实中各种金额的币值。

电子现金通常基于银行账户资金,相当于用户对该账户资金的支取凭证。电子现金与实物现金有很多相同的特征:交易可以是私下的,有丢失的可能性,在任何场合均可被接受,交易为个人到个人(H to H)。它是电子支付工具中最主要的取代纸币的方式。它的优势在于完全脱离实物载体,使得支付更加方便灵活,更加快速高效,尤其适用于各种小额交易。

电子现金是由荷兰的大卫·乔姆(David Chaum)开发出来的。他认为国际互联网必须拥有自己的网络货币,即符合互联网特点的数字现金。数字现金可以在互联网上自由流通,成为网上商品交换的支付手段。用户在开展电子现金业务的银行开设账户并在账户内存钱后,就可以在接受电子现金的商店购物了。

当用户拨号进入 Internet 网上银行,使用一个口令(Password)和个人识别码(PIN)验明自身,直接从其账户中下载成包的低额电子"硬币"时,电子现金才起作用。这些电子现金被存放在用户的计算机存储器中,直到用户使用它们从网上商家购买商品为止。为了保证交易安全,计算机还为每个"硬币"建立随机选择的序号,并把这个号码隐藏在一个加密的信封中,这样就没有人知道是谁提取或使用了这些电子现金。按这种方式购买商品实际上可以使买主无迹可寻,提倡个人隐私权的买家对此很欢迎。

电子现金既具有实物现金所拥有的基本特点,又由于和网络结合而具有互通性、多用途、快速简便等特点,因而已经在国内外的电子支付系统中被广泛使用。随着电子商务的发展,电子现金将成为因特网支付的一种重要工具,特别是涉及个体的小额网上消费的电子商务活动。

(2) 电子现金的持有方式

目前,电子现金的持有方式有在线存储和离线存储两种。

在线现金存储意味着消费者不需要亲自拥有电子现金,而是由一个可信赖的第三方参与到所有的电子现金转账过程中,并持有消费者的现金账号。在线现金系统要求商家先与消费者的开户银行联系,然后接受消费者的采购结算。这样就可通过确定消费者的现金是否有效而防止欺诈的发生。这种方式与检查消费者的银行账户以确认信用卡是否有效、消费者的名字是否与信用卡相符的过程非常相似。

离线现金存储是在消费者自己的"钱包"里保存虚拟货币,消费者自己持有货币,不需要可信的第三方参与交易。这时,防止欺诈就成为人们担心的问题。所以,这时需要借助软硬件防止重复消费或欺诈的发生。

(3) 电子现金的使用

① 消费者必须亲自到银行去开一个账户,并提供表明身份的证件。

② 当消费者想用电子现金消费时,可通过互联网访问银行并提供身份证明。

③ 在银行确认了消费者的身份后,发给消费者一定量的电子现金,然后从消费者账户上减去相同的金额。银行会收取一小笔处理费,与所发的电子现金成正比。

④ 消费者将电子现金存在自己计算机硬盘上的"钱包"里或智能卡上。在

消费者找到接受电子现金的商务网站时,就可花费这些电子现金了。

⑤ 简要地说,消费者将电子现金发给商家以支付购买商品的费用。商家要验证电子现金是否伪造、是否属于这位消费者。只有当商品送达消费者时,商家才能将电子现金交给发行银行。银行将此金额加进商家的账户中,但要减去一小笔服务费。

由于电子现金使用密码控制,安全系数较高,不易伪造。在网上,消费者支付电子现金,商家将电子现金进行其他购买或去银行进行兑换。银行在将电子现金发到消费者的计算机时,都会在每一"张"电子现金上盖上数字印章。当消费者支付电子现金时,只需将适当数目的电子现金传输到商家那儿,商家再发到银行进行确认。为了保证每一"张"电子现金只被使用一次,银行在每一"张"电子现金被支付出去时都记录其序列号。如果一"张"正被支付的电子现金的序列号经确认已经在数据库中,即已经被使用过,银行就会检测到某人试图将一"张"电子现金使用多次,就会通知商家该电子现金无使用价值而将其拒收。

另外,使用电子现金进行商品交易时,交易双方可以快速处理完毕,时间短,效率高。消费者本人也可及时核查自己的使用金额,避免出现信用卡使用过程中"挥霍过度,心中无数"的情况。对于金融机构和交通、邮电、通信等其他部门来说,电子现金的使用将会使整个社会系统进一步有机地联系起来,不再"各自为政,互不往来"。

(4) 各种电子现金系统

目前,国际上比较有影响的电子现金有以下几种:

① Digicash(http://www.digicash.com):无条件匿名电子现金。其主要特点是通过数字记录现金,集中控制和管理现金,是一种足够安全的电子支付工具。

② NetCash(http://www.isi.edu):可记录的匿名电子现金。其主要特点是设置分级货币服务器来验证和管理电子现金,电子交易的安全性可得到保证。

③ Mondex(http://www.mondex.com):欧洲使用的以智能卡为电子钱包的电子现金。它可以应用于多种用途,具有信息存储、电子钱包、安全密码锁等功能,可以保证安全。

另外,还有 CAFé 和 EMV 现金卡等。

目前,只有少数商家接受电子现金,而且只有少数几家银行提供电子现金开户服务,给使用者带来许多不便。

2. 信用卡

(1) 信用卡概述

信用卡(Credit Card)于 1915 年起源于美国,至今已有近百年的历史。最早发行信用卡的机构并不是银行,而是一些百货商店、饮食业、娱乐业和汽油公司。

1952年,美国的富兰克林银行作为金融机构发行了第一张银行信用卡。目前,信用卡在世界各地使用非常广泛,已成为一种普遍使用的支付工具和信贷工具。它使人们的结算方式、消费模式和消费观念发生了根本性的改变。

信用卡是市场经济与计算机通信技术相结合的产物,是一种特殊的金融商品和金融工具。"信用"一词来自英文 credit,其含义包括:信用、信贷、信誉、赊销及分期付款等。信用卡是银行或专门的发卡机构发给消费者使用的一种信用凭证,是一种把支付与信贷两项银行基本功能融为一体的业务。银行或发卡机构通过征信,规定一定的信用额度,将信用卡发给资信情况较好的企业和有稳定收入的消费者。持卡人可以凭卡到指定的银行机构存取现金,到指定的特约商户消费。受理信用卡的商户将持卡消费者签出的记账单送交银行或发卡机构,由银行或发卡机构向持卡人收账。信用卡这种结算方式对卖方(特约商户)而言,具有加速商品推销及流通的优点;对买方(持卡人)而言具有先消费后付款、避免携带大量现金的优点;而对信用卡发行机构而言,则可收取手续费,通过发放贷款取得利息,加快资金的周转。可以说,信用卡具有惠及三方的优越性。

信用卡的最大特点是同时具备信贷与支付两种功能。持卡人可以不用现金,凭信用卡购买商品和享受服务。由于支付款项是发卡银行垫付的,银行便对持卡人发生了贷款关系。信用卡又不同于一般的消费信贷,一般的消费信贷只涉及银行与客户二者之间的关系,信用卡除银行与客户之外,还与受理信用卡的商户发生关系。

信用卡是由附有信用证明和防伪标志的特殊塑料制成的卡片。国际统一标准是:长85.72 mm、宽53.975 mm、厚0.762 mm。信用卡正面印有发卡银行(或机构)的名称、图案、简要说明,打制的卡号、有效期,持卡人姓名、性别等;背面附有磁条和签名条;还可印上持卡人的彩色照片和证件号码等。

(2) 基于SET的信用卡支付

SET(Secure Electronic Transaction,即安全电子交易协议)是美国Visa和MasterCard两大信用卡组织联合Netscape、Microsoft等公司于1997年5月31日推出的用于电子商务的行业规范,其实质是一种应用在Internet上、以信用卡为基础的电子付款系统规范,目的是保证网络交易的安全。SET妥善地解决了信用卡在电子商务交易中的交易协议、信息保密、资料完整以及身份认证等问题。SET已获得IETF标准的认可,是电子商务的发展方向。

SET支付系统主要由持卡人(Card Holder)、商家(Merchant)、发卡行(Issuing Bank)、收单行(Acquiring Bank)、支付网关(Payment Gateway)、认证中心(Certificate Authority)等六个部分组成。对应地,基于SET协议的网上购物系统至少包括电子钱包软件、商家软件、支付网关软件和签发证书软件。

（3）SET 协议的工作流程

① 消费者利用自己的 PC 机通过因特网选定所要购买的商品，并在计算机上提交订单。订单上需包括在线商店、购买商品名称及数量、交货时间及地点等相关信息。

② 消费者通过电子商务服务器与有关在线商店联系。在线商店作出应答，告诉消费者所填订单的货物单价、应付款数、交货方式等信息是否准确及是否有变化。

③ 消费者选择付款方式，确认订单，签发付款指令。此时，SET 开始介入。

④ 在 SET 中，消费必须对订单和付款指令进行数字签名，同时利用双重签名技术保证商家看不到消费者的账号信息。

⑤ 在线商店接受订单后，向消费者的卡银行请求支付认可。信息通过支付网关到达收单银行，再到电子货币发行公司确认，批准交易后，回送确认信息给在线商店。

⑥ 在线商店发送订单确认信息给消费者。消费者端软件可记录交易日志，以备将来查询。

⑦ 在线商店发送货物或提供服务，并通知收单银行将钱从消费者的账号转移到商店账号，或通知发卡银行，请求支付。在认证操作和支付操作中间一般会有一个时间间隔。例如，在每天的下班前请求银行结一天的账。

（4）虚拟信用卡

随着电子商务的发展，网上支付变成了不可缺少的一环。作为拥有世界上最大用户群的卡类，信用卡自然不可避免地成为网上支付的手段。由于信用卡只需要提供卡号、有效期、验证码即可完成支付，安全上的脆弱性大大影响了其实现网上支付的功能。在这样的背景下，就产生了虚拟信用卡。

虚拟信用卡主要用于网上支付。要开通虚拟信用卡，首先要有一张真实的信用卡，然后到提供虚拟信用卡的公司的网站，就可以申请若干张虚拟信用卡了。虚拟信用卡与一般信用卡的区别在于：

① 没有实体卡；

② 不可以透支，消费的时候只可以消费掉预存在卡里的金额；

③ 有一定的匿名性，没有任何有关姓名和地址的资料与虚拟信用卡联系在一起。客户在使用时，可以有效地避免私人信息泄漏。

虽然称为虚拟信用卡，但是实际上是预付费卡，是不可以透支的，所以准确应称为虚拟 Visa/MasterCard 借记卡。

虚拟信用卡最大的缺点就是没有实体卡。当今人们网络安全意识日益增强，绝大多数的商家都开始要求消费者提供所使用信用卡的扫描件以及签署信用卡安全协议。对于虚拟信用卡的使用者来说，这显然是无法提供的。

3. 电子支票

(1) 电子支票的特点

电子支票(Electronic Check)是客户向收款人签发的、无条件的数字化支付命令,它通过Internet或无线接入设备完成传统支票的所有功能,是一种借鉴纸张支票转移支付的优点,利用数字传递将钱款从一个账户转移到另一个账户的电子支付方式。这种支付方式必须由第三方来证明是有效和经过授权的。

使用电子支票付款时,客户手中使用的不再是传统的支票簿,而是"电子支票簿"。"电子支票簿"只是一个形象的称谓,它是一种类似于IC卡的硬件装置。这个卡片大小的装置中有一系列程序和设备,插入客户计算机插口后,客户通过密码或其他手段激活这个装置,使其正常运作。这个装置就像传统的支票簿一样"制造"出支票来。只是这种支票不再是纸质的,而是显示在屏幕上。像填支票一样,客户在电子支票上填好相关信息,最后还要进行数字签名。

客户的电子支票簿中装有客户的私人密钥,可以自动生成客户的数字签名。把购货信息、电子支票等一同做成数字签名,像一个信封一样把所有的信息都缄封起来。"签完字"以后,客户把这张"支票"通过网络付给商家。商家收到"支票"以后,再使用同样的数字签名技术在支票上进行"背书",签上自己的数字名字,把经过"背书"的电子支票交给自己的开户银行。开户银行通过银行间的清算设备和网络与客户的开户行进行清算,最后通知商家钱已经到了商家的账户上。客户的开户行也会通知客户支票上的钱已经付给对方。

电子支票具有以下优点:

① 可以完成多种在线服务。电子支票可以通过跨省市的电子汇兑、清算,实现全国范围内的资金传输;可通过银行自动柜员机网络系统进行普通费用的支付;可完成每月从银行账户中扣除水电费等日常费用;也可以完成大额资金在海内外银行之间的资金传输等。

② 与传统支票十分相似,用户接受度高。

③ 效率高,节省时间。电子支票技术可连接公众网络、金融机构和银行票据交换网络,以达到通过公众网络连接现有金融付款体系的目的。

④ 成本低,事务处理费用也较低(因为通过网络完成支付)。除此以外,由于支票内容可以附在贸易对方的汇票资料上,所以电子支票容易和EDI应用的应收账款整合。

⑤ 适宜做小额的清算。

⑥ 加密容易。电子支票系统的密码加密方式比以公开密钥加密的系统容易处理。收款人、收款人银行和付款人银行都可以使用公开密钥来验证支票。电子签名可以自动验证。

⑦ 灵活性强,没有退票。

⑧ 用电子支票支付时，银行能为参与电子交易的商户提供标准化的资金信息。

（2）电子支票的使用

电子支票的支付是在与商户及银行相连的网络上以密码方式传递的，多数是用公用关键字加密签名或个人身份证号码代替手写签名。用电子支票支付，事务处理费用较低，而且银行也能为参与电子商务的商户提供标准化的资金信息，因此对 B to B 的电子商务形式来说，电子支票有可能成为最有效率的电子支付工具。

使用电子支票进行支付，消费者可以通过计算机与网络将电子支票发向商家的电子邮箱，同时把电子付款通知单发到银行，银行随即把款项转入商家的银行账户中。这一支付过程在数秒内即可实现。

电子支票交易的过程可分为以下几个步骤：

① 消费者和商家达成购销协议并选择使用电子支票支付。

② 消费者通过网络向商家发出电子支票，同时向银行发出付款通知单。

③ 商家通过验证中心对消费者提供的电子支票进行验证，验证无误后将电子支票送交银行索付。

④ 银行在商家索付时，通过验证中心对消费者提供的电子支票进行验证，验证无误后即向商家兑付或转账。

在电子支票的处理过程中，消费者通过电子邮件或者电子数据交换方式将支票发送给商家。电子邮件或电子数据交换程序将支票发送至第三方的在线计算机系统，我们称之为“服务器”，其中包含确认支票所需要的信息。服务器将电子支票发送到商家银行，商家银行像处理普通支票一样处理电子支票。这些信息将被编码加密，并加入一个相当于汇款人实际签名的电子签名。

4. 电子钱包

电子钱包是消费者在网上购物活动中常用的一种支付工具，它是一个可以由持卡人用来进行安全电子交易和储存交易记录的软件，也是小额购物或购买小商品时常用的新式钱包。电子钱包在功能上与普通的钱包没有什么区别，只是货币不再是可见的纸币，取而代之的是电子货币，即电子现金、电子零钱、信用卡、在线货币、数字货币等。在电子商务服务系统中设有电子钱包管理器（Wallet Administ），顾客可以用它来改变保密口令或保密方式，查看自己银行账号上收付往来的银行账目、清单和数据。在电子商务服务系统中还有电子交易记录器。顾客通过查询记录器，可以了解自己都买了些什么物品，购买了多少，也可以把查询结果打印出来。

使用电子钱包购物，通常需要在电子钱包服务系统中进行。网络贸易活动中的电子钱包的软件通常都是免费提供的。用户可以直接使用与自己银行账号相连接的网络贸易系统服务器上的电子钱包软件，也可以采用各种保密方式使用 Internet 上的电子钱包软件。

目前，世界上有许多电子钱包服务系统，如 Visa Cash 和 Mondex 电子钱包服务系统。英国西敏寺(National Westminster)银行开发的电子钱包 Mondex 是世界上最早的电子钱包系统，于 1995 年 7 月首先在有"英国的硅谷"之称的斯温顿(Swindon)市试用。在我国，中国银行也推出了中银电子钱包。

(1) 电子钱包的功能

电子钱包具有以下功能：

① 个人资料管理。消费者成功申请电子钱包后，系统将在电子钱包服务器上为其建立一个属于个人的电子钱包档案。消费者可在此档案中增加、修改、删除个人资料。

② 网上付款。消费者在网上选择商品后，可以登录到电子钱包，选择入网银行卡，向银行的支付网关发出付款指令进行支付。

③ 交易记录查询。消费者可以对通过电子钱包完成支付的所有历史记录进行查询。

④ 银行卡余额查询。消费者可以通过电子钱包查询个人银行卡余额。

在使用电子钱包时，消费者将有关的应用软件安装到网络贸易服务器上，利用电子钱包服务系统就可以把自己的各种电子货币或电子金融卡上的数据输入进去。在发生收付款时，如果消费者用信用卡付款，例如 Visa 卡或者 MasterCard 卡等，只要点击一下相应项目(或相应图标)即可完成。

了解了整个网上交易的特点后，就会明白电子钱包其实只是我们在计算机上使用的一个应用程序，它集成在浏览器中。电子钱包与普通钱包和 IC 卡电子钱包有一个功能是相似的，就是在进行网上支付时完成货币支付功能。不一样的是，电子钱包在网上传输的加密信息中，并没有像使用 IC 卡电子钱包时传送的电子货币，而是发送该消费者的发卡银行账号信息和网上"电子证书"，让商家判断该消费者是否真的存在。银行也可以通过该电子证书和银行账号验证消费者的身份及其账号上是否有钱，并将得到的结果返回商家，商家再通过消费者的电子钱包告诉消费者交易是否成功。电子钱包除了要具备完成支付的基本功能外，也要能够安全存储电子证书，否则有可能造成电子钱包被冒用。

(2) 电子钱包的工作流程

使用电子钱包在网上购物时，主要流程如下：

① 消费者使用浏览器在商家的 Web 主页上查看在线商品目录，浏览商品，选择要购买的商品。

② 消费者填写订单，订单内容包括项目列表、价格、总价、运费、搬运费、税费等。

③ 商家电子商务网站传回订单信息。

④ 消费者确认订单信息后,选定用电子钱包来支付:将电子钱包软件装入系统,单击电子钱包的相应项或电子钱包图标,电子钱包立即打开,然后输入自己的保密口令,在确认是自己的电子钱包后取出一张电子信用卡来付款。

⑤ 电子商务服务器对此信用卡号码采用某种保密算法算好并加密后,发送到相应的银行。同时,商家也收到了经过加密的购货账单。商家将自己的顾客编码加入电子购货账单后,再转送到电子商务服务器上去。

⑥ 如果经银行确认后被拒绝并且不予授权,则说明消费者的这张电子信用卡余额不足或者已经透支。遭银行拒付后,消费者可以再次单击电子钱包的相应项打开电子钱包,取出另一张电子信用卡,重复上述操作。

⑦ 如果经银行证明这张信用卡有效并予以授权后,商家就可以交货了。与此同时,商家留下整个交易过程中发生往来的财务数据,并出示一份电子收据发送给消费者。

⑧ 上述交易完成后,商家就按照消费者提供的电子订货单将货物在发送地点交到消费者或其指定人的手中。

(3) 电子钱包的特点

电子钱包网络支付的特点如下:

① 个人资料管理与应用方便;

② 客户可使用多张信用卡;

③ 客户可使用多个电子钱包;

④ 可以保存与查询购物记录;

⑤ 可以多台电脑使用同一个电子钱包,共用一张数字证书;

⑥ 不管使用何种电子货币,都具有较强的安全性;

⑦ 支付快捷,效率高;

⑧ 对参与各方要求都很高。

5. 智能卡

智能卡也称"IC 卡",是在塑料卡内部嵌入了一个微型集成电路(IC)芯片,用以存储数据的电子卡。智能卡具有储存信息量大、数据保密性好、抗干扰能力强、储存可靠、读写设备简单、使用灵活、操作速度快等特点。

智能卡是在法国问世的。20 世纪 70 年代中期,法国 Roland Moreno 公司采取在一张信用卡大小的塑料卡片上安装嵌入式储存器芯片的方法,率先成功开发了 IC 存储卡。经过多年的发展,真正意义上的智能卡,即在塑料卡上安装嵌入式微型控制器芯片的 IC 卡,已由摩托罗拉公司和 Bull HN 公司于 1997 年研制成功。

我国于 1993 年起在全国范围内开展"金卡工程",目标是用十年左右的时间,在三亿城市人口中推广普及金融交易卡,实现支付手段的革命性变化,使其跨入电子货币时代。其总体构想是建立全国统一的金卡专用网、金卡服务中心和金卡发行体系。1998 年,世界第三、欧洲最大的智能卡供应商 Bull 公司与我国的深圳城市合作银行达成了一笔交易,由 Bull 为深圳城市合作银行设计实施一种基于智能卡(包括电子钱包和借贷功能)的付款系统,Bull 将提供数万张卡以及用于向卡中加入电子现金和进行付款的终端。此举标志着我国在支付电子化方面迈出了实质性的一步。

智能卡的工作流程包括卡片开发过程和卡片使用过程。

卡片开发过程主要包括三个部分:

(1) 建立智能卡的程序编制器。程序编制器在智能卡开发过程中使用,它以对智能卡布局的高水平描述为卡的初始化和个人化创建所有所需数据。

(2) 作为处理智能卡操作系统的代理,包括智能卡操作系统和智能卡应用程序接口的附属部分。该代理具有极高的可移植性,可以集成到芯片卡阅读器设备或个人计算机及客户机、服务器系统上。

(3) 作为智能卡应用程序接口的代理。该代理是应用程序到智能卡的接口。它帮助实现对使用不同智能卡代理的管理,并且还向应用程序提供了一个智能卡类型的独立接口。

智能卡内安装了嵌入式微型控制器芯片,因而可储存并处理数据。卡上的价值受个人识别码(PIN)保护,因此只有真正的持卡人能访问它。多功能的智能卡内嵌有高性能的 CPU,并配备了独立的基本软件(OS),能够如同个人电脑那样自由地增加和改变功能。这种智能卡还设有"自爆"装置,如果犯罪分子想打开 IC 卡非法获取信息,卡内软件上的内容将立即自动消失。

6. 电子钱夹

电子钱夹是一种能够装载和读出智能卡(或电子信用卡)内信息的小型便携装置。它可以用来显示客户智能卡内余额,并且在适当之时或在相互认可的情况下,可以利用这种电子钱夹在各个电子钱包之间、用户或其他人的智能卡之间划拨现金。有一些电子钱夹还能够进行无线通信,或者能够与 PDA(个人数字助理)集成。

电子钱夹也是一种集成于 WWW 浏览器或与 WWW 浏览器结合使用的程序,在 Check Free 公司和 Electronic Business 公司中有所应用。这种电子钱夹用来保障信用卡信息在网络上的安全传输,为商业用户提供 Check Free 授权允许,并可以用来支持进行和完成相应的交易。电子钱夹也是进行各种网上购物或电子商务活动的电子支付工具。

使用电子钱夹时,通常要将电子钱夹接入银行网络,还要利用电子钱夹软件、电子钱夹管理器、电子钱夹记录器和电子钱夹系统等。

7. 其他各种电子支付工具

除了以上介绍的电子支付工具外,还有电子零钱、安全零钱、电子信用卡、在线货币、数字货币等。这些支付工具的共同特点是将现金或货币无纸化、电子化和数字化,便于利用电子计算机和在网络银行中使用,也便于在网络上进行传输、支付和结算,有助于实现电子支付和在线支付。利用这些电子货币极大地提高了网络银行的支付服务能力和服务质量,极大地提高了网络银行的信誉,为网络银行的发展开辟了广阔前景。

5.3 网络银行

5.3.1 网络银行概述

网络银行又称"网上银行"、"在线银行",它是指采用数字通信技术,以 Internet 作为基础的交易平台和服务渠道,在线为公众提供办理结算、信贷服务的商业银行或金融机构。可以说,网上银行是在 Internet 上的虚拟银行柜台。用户可以通过任何一台 PC、一部手机或其他数字终端设备,采用拨号连接、宽带连接、专线连接、无线连接等方式,登录 Internet,享受网络银行的服务。网络银行使用户不再受限于银行的地理位置、工作时间等因素,突破了时间、空间和物体媒介的限制。

网络银行向客户提供开户、销户、查询、对账、行内转账、跨行转账、信贷、网上证券、投资理财等传统服务项目,使客户可以足不出户就能够安全便捷地管理活期和定期存款、支票、信用卡及个人投资等。

欧洲银行标准委员会对网络银行的定义为:利用网络为通过使用计算机、网络电视、机顶盒及其他一些个人数字设备连接上网的消费者和企业提供银行服务的银行。美国货币监理署(OCC)认为,网络银行是指一些系统,利用这些系统,银行用户可以通过 PC 或其他智能化装置,进入银行账户,获得一般银行产品和服务信息。这些机构对网络银行的定义尽管有所不同,但总的来说都包含以下几个要素:

(1) 电子虚拟服务方式。网络银行所有业务数据的输入、输出,都以电子方式进行,而不是通过面对面的传统柜台方式。

(2) 运行环境开放。网络银行是利用开放性的网络作为银行业务实施的环境,而开放性的网络意味着任何人只要具备必要的设备,支付一定的费用,就可进入网络银行的服务场所,接受网络银行的服务。

(3) 真实的银行业务。网络银行像传统的银行一样,持有金融资产和负债。

(4) 业务实时处理。实时处理业务既是网络银行为用户提供的便利,也是其生存的基础。

一般说来,网络银行的业务品种主要包括基本业务、网上投资、网上购物、个人理财、企业银行及其他金融服务。

1. 基本业务

银行提供的基本网络银行服务包括:在线查询账户余额、交易记录,下载数据,转账和网上支付等。

2. 网上投资

由于金融服务市场发达,可以投资的金融产品种类众多,国外的网上银行一般提供包括股票、期权、共同基金投资和 CDs 买卖等多种金融产品服务。

3. 网上购物

网上银行设立的网上购物协助服务,大大方便了客户网上购物。

4. 个人理财助理

个人理财助理是国外网上银行重点发展的一个服务品种。各大银行将传统银行业务中的理财助理转移到网上进行,通过网络为客户提供理财的各种解决方案,提供咨询建议,或者提供金融服务技术的援助,从而极大地扩大了银行的服务范围,并降低了相关的服务成本。

5. 企业银行

企业银行是网上银行服务中最重要的部分之一。其服务品种比个人客户的服务品种更多,也更为复杂,对相关技术的要求也更高。所以,能够为企业提供网上银行服务是银行实力的象征之一。一般中小网上银行或纯网上银行只能部分提供,甚至完全不提供这方面的服务。

企业银行一般提供账户余额查询、交易记录查询、总账户与分账户管理、转账、在线支付各种费用、透支保护、储蓄账户与支票账户资金自动划拨、商业信用卡、投资等服务。部分网上银行还为企业提供网上贷款业务。

6. 其他金融服务

除了银行服务外,大商业银行的网上银行均通过自身或与其他金融服务网站联合的方式,为客户提供多种金融服务产品,如保险、抵押和按揭等,以扩大网上银行的服务范围。

5.3.2 银行电子化服务的发展

随着 20 世纪 90 年代互联网的广泛应用与电子商务的快速发展,以电子支付与电子货币建设为基础的、服务于电子商务与金融电子化的网络支付结算方式发展迅猛。网络支付结算方式有着传统支付方式不可比拟的优势。目前,国内外许多网络支付结算方式已经投入实际应用,很多更新、更好的网络支付结算方式正在研发中。

1. 国外网络支付发展情况

在以美国为首的西方发达国家中，由于金融电子化与信息化的水平较高，网络支付结算方式的发展也较为成熟，具有较高的应用普及率。最为关键的是，这些发达国家的商务实体，如政府部门、企业与个人等，在观念上基本接受了电子商务与网络支付结算的理念，为其网络经济的快速发展创造了条件。

自从1952年第一张银行信用卡在美国富兰克林银行诞生以来，在短短几十年的时间里，信用卡已经得到迅速的发展，几乎遍及全球各个国家和地区。信用卡的发行突破了传统的现金支付方式，为银行建立先进的自动化服务系统创造了条件，成为自动服务系统中的重要组成部分，并且为电子货币、电子支付及网络支付结算时代的来临奠定了基础。以美国和日本为代表的西方发达国家在20世纪80年代已经基本普及信用卡，由于ATM、POS机等的应用，已经达到人均拥有数张信用卡，银行卡持卡消费额已占总销售额的70%以上，自助银行服务也已普及。

随着这些小额网络支付结算工具的运用，人们已经乐意接受并使用信用卡、自助银行等服务方式，接受电子货币的观念，构成了西方国家金融电子化和信息化最普遍的基础。信用卡等小额网络支付结算工具的普及应用，有力地促进了这些国家电子商务的发展。在这一过程中，VISA卡功不可没，被称为“世界上最佳的支付工具”。VISA卡是一个由全球两万多家金融机构所组成和拥有的非股份、非营利性的国际银行卡组织。凭借其领先的信息技术和业务处理系统，VISA成为世界上为消费者、企业和政府机构提供服务的最大的金融机构。VISA卡可在全球200多个国家和地区的2900多万个商户交易点受理，并能够在180多万台ATM机获得现金服务。目前，VISA卡的全球发行量已超过18.5亿张。

有资料显示，美国网上银行用户规模逐年递增。2000年，网上银行用户占网民总数的18%。到2007年，使用电子银行的网民已经达到53%。网上支付在美国互联网家庭中的普及率快速提升。2002年1月，仅有37%的互联网家庭至少使用过一次网上支付服务。发展至2007年1月，这个比例已快速上升到74%。网上支付以其方便、快捷的服务赢得了越来越多互联网家庭用户的关注和使用。其他西方国家的情况与美国差不多，特别是在瑞士等银行业发达的国家。另外，韩国、新加坡等国的小额网络支付结算发展得也不错。

2. 我国网络支付发展情况

我国金融电子化与信息化虽然起步较晚，但起点较高，发展和应用都很快，并且存在着跨越式发展的机会。虽然我国网络支付方式的应用还不尽如人意，与发达国家仍存在着巨大的差距，但毕竟还在快速发展中。自20世纪80年代以来的一系列电子化与信息化工程的实施，以及中国国家现代化支付系统的实施，极大地促进了我国整个金融电子化与信息化进程，为推进网络支付方式的应用提供了良好的基础。

2007 年,我国电子商务的交易总额已经超过了 2 万亿元,其中,B to B 电子商务交易规模达到了 21239 亿元,C to C 电子商务交易规模达到了 470 亿元。在区域经济较为发达的东部地区,行业网站发展迅速。

目前,我国基本上已经建成了以下几类电子支付结算系统:同城清算所系统;全国手工联行系统;全国电子联行系统;电子汇兑系统;银行卡支付系统;邮政储蓄和汇兑系统;中国现代化支付系统等。这些系统的相互配合与应用形成了我国的现代化电子支付与电子银行体系,基本上能直接或间接地为电子商务提供支付结算服务,也是我国目前发展网络支付结算方式的基础。以下就我国比较成熟的几种电子支付结算系统作进一步的介绍。

(1) 同城清算所

商务活动中的支付结算通常涉及多个商业银行的资金清算,这一般由作为第三方的同城清算所处理。目前,我国共有约 2500 家同城清算所,分布在城市与乡镇中,以完成同城跨行支付或异地跨行支付。虽然绝大多数同城清算所仍然使用实物票据交换,但比较发达的城市同城清算所已经开始采用电子化或网络化手段交换支付信息,实现自动化或网络化处理。同城清算所的自动化水平正在迅速提高。互联网与网络银行业务的发展为同城清算所的发展提供了新的机遇。

(2) 全国电子联行系统

全国电子联行系统于 1989 年开始建设,采用了 VSAT 卫星通信技术,建立了中国人民银行专用的卫星通信网,通过卫星通信链路连接各分/支行卫星通信小站的基于 PC 的处理系统,并可在位于北京的全国总中心主站和各地中国人民银行分/支行的小站之间传递支付指令。该系统于 1991 年正式投入使用。到 2000 年底,已有六百多个中国人民银行分支/行连接入网,覆盖一千六百多个县以上城市,与二十多万个商业银行的通汇网点相连。该系统的下一步计划是将全国两千多家中国人民银行分支/行全部连接起来,组成一个真正覆盖全国的支付清算网络。

随着 2002 年 1 月 15 日最后一批电子联行的开通,中国人民银行电子联行系统已覆盖了全国各地。中国人民银行电子联行因其"快、准、平、清、安全"的优势和特点,已成为我国银行业异地资金汇划的主要渠道,对改善金融服务、加快资金周转发挥着积极的作用。

(3) 中国国家现代化支付系统

中国国家现代化支付系统是中国人民银行总行正在建设与试点推广的集金融支付服务、资金清算服务、金融经营管理和货币政策职能于一体的现代化支付清算系统。它将中国商业银行为客户提供金融服务的下层分支服务系统与中央银行为商业银行提供支付清算服务的上层服务系统，通过中国国家金融网络有机地结合在一起，其大额资金转账系统是支付应用系统的核心。

（4）电子汇兑系统

电子汇兑系统主要是商业银行面向行内机构采用电子化方式进行资金汇兑业务处理的系统。从1996年底起，中国工商银行、中国银行、中国农业银行、中国建设银行都用电子资金汇兑系统逐步取代了原来的手工联行业务。目前，随着"银联"工程的完善，银行间的支付业务大多是由这种电子资金汇兑系统处理的。电子汇兑系统除了提供支付清算服务之外，还被用来收集有关信息，以加强银行管理。商业银行电子汇兑系统的建立，为实现我国商业级的网络支付提供了基础。

（5）银行卡支付系统

银行卡，包括信用卡、储蓄卡、借记卡等，正迅速深入我国社会生活的各个层面。对商家而言，银行卡是对处理现金非常方便的替代方式。银行卡支付系统的实施与应用，是"金卡工程"的主要内容，也是我国电子银行体系的重要组成部分，大大促进了我国金融电子化的发展。目前，我国的商业银行先后建立了各自的地区性和全国性的银行卡授权和支付系统。

2002年3月，总部设在上海的中国银联股份有限公司的创立，标志着在我国实现了银行卡跨地区的完全互通互联。截至2008年5月底，我国银行"银联"卡发卡数量已经超过15亿张，银联成员机构已达215万家，境内联网商户88万户。银行卡彻底实现了跨行联网，可以说是"金卡工程"的延续。

至2008年末，银行卡消费占据整个消费市场的份额已经达到24.2%。各商业银行相继发行了长城卡、牡丹卡、龙卡、金穗卡和太平洋卡等，除可以进行POS支付、网络支付、存/取款、代发工资和缴费以及理财等服务外，也是我国目前所有基于个人或小额支付的网络支付手段中应用最普及的。

（6）邮政储蓄和汇兑系统

同许多国家一样，我国邮政支付系统在个人消费者支付汇款中起到了一定的作用。邮局提供汇款业务，主要面向个人用户。中国邮政的电子汇兑系统总体上来说还是比较方便的，普通个人特别是农民对邮政汇兑比较熟悉。邮局也开办了邮政储蓄业务，提供具有"银联"功能的邮政储蓄卡。

我国第五大银行——中国邮政储蓄银行有限责任公司于2007年3月6日依法成立。中国邮政储蓄银行农民工银行卡特色服务已于2008年5月7日和14日分别在贵州和湖南成功试点，并将逐步在其他劳务输出大省的县及县以下营业机构开通。

5.3.3　网络银行实例

以下以中国建设银行为例，介绍网络银行的具体业务。

首先需要注册网上银行，然后进行登录。点击中国建设银行主页上的“网上银行”，然后点击“个人网上银行”，输入证件号码和密码后登录。如图 5-4 所示：

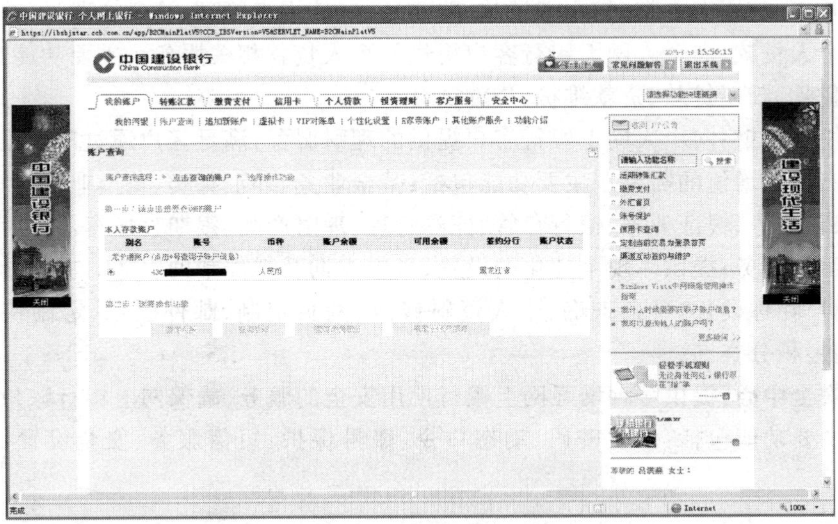

图 5-4　中国建设银行网上银行登录

个人网上银行业务包含“我的账户”、“转账汇款”、“缴费支付”、“信用卡”、“个人贷款”、“投资理财”、“安全中心”等，点击各业务标签会显示相关功能。例如，点击“缴费支付”，会出现图 5-5 所示的具体业务：

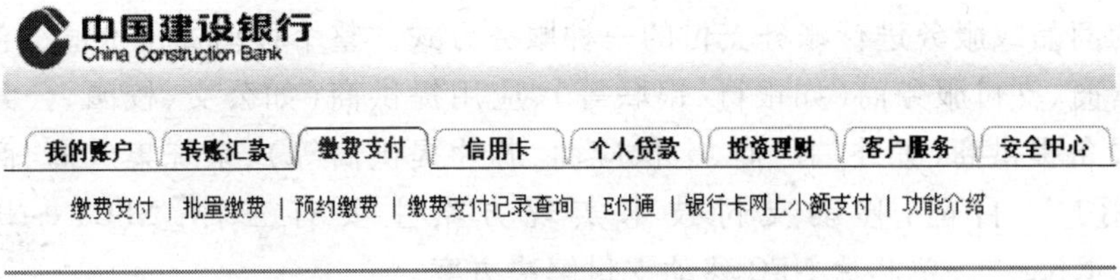

图 5-5　中国建设银行网上银行功能

下面分别介绍各业务的具体功能：

我的账户：提供所有网上银行登记账户的查询、管理及设置等综合类服务功能。主要功能包括：我的网银、账户查询、追加新账户、虚拟卡、VIP 对账单、个性化设置、E 家亲账户、其他账户服务（包括公积金、支票通服务、账户注销、账户挂失、履约保函、结算通服务）。

转账汇款:向个人网上银行客户提供的网上转账汇款服务。主要包括:活期转账汇款、定活互转、向企业转账、跨行转账、预约转账、批量转账、外汇汇款、结果查询、收款人名册、转账交易限额。

缴费支付:向个人网上银行客户提供的网上缴费支付服务。主要包括:缴费支付、批量缴费、预约缴费、缴费支付记录查询、E付通、银行卡网上小额支付。

信用卡:通过网上银行实现信用卡账户的相关服务设置。主要功能包括:信用卡开卡、信用卡查询、信用卡还款、购汇还款、信用卡管理、3DS管理。

个人贷款:向个人网上银行客户提供的个人贷款相关服务。主要功能包括:我的贷款、归还贷款、贷款维护、贷款试算。

投资理财:向个人网上银行客户提供的理财服务,满足客户通过网上银行实现资产保值增值的需要。主要功能包括:基金业务、外汇买卖、黄金业务、债券业务、保险业务、银证业务、银行存管、证券管理、理财产品、银期直通车。

客户服务:提供体现个性化的设置、日志查询及邮件帮助服务。主要功能包括:用户昵称设置、日志查询、个人资料修改、网页定制、邮件服务、定制快速通道、网银积分查询。

安全中心:提供多种增强网上银行使用安全的服务,确保网上银行账户的安全。主要功能包括:修改密码、动态口令、账号保护、短信服务、安全设置、软件下载。

5.4 移动支付

5.4.1 移动支付方式

移动支付也称“手机支付”,是允许用户使用其移动终端(通常是手机)对所消费的商品或服务进行账务支付的一种服务方式。整个移动支付价值链包括移动运营商、支付服务商(如银行、银联等)、应用提供商(如公交、校园、公共事业等)、设备提供商(如终端厂商、卡供应商、芯片提供商等)、系统集成商、商家和终端用户。目前,移动支付技术实现方案主要有三种:NFC、e-NFC和SIMpass&reg——单芯片NFC移动支付解决方案。

5.4.2 手机钱包

手机钱包是中国移动推出的一项综合了支付类业务的各种功能的全新服务。它以银行卡账户为资金支持,以手机为交易工具,将用户在银行的账户和用户的全球通手机号码绑定。通过手机短信息、IVR、WAP等多种方式,用户可以对绑定账户进行操作,实现购物消费、代缴费、转账、账户余额查询,并可以得到交易结果通知和账户变化通知。手机钱包是将手机与信用卡两大高科技产品融合起来,演变成一种最新的支付工具,为用户提供安全、便捷、时尚的支付手段。目前手机钱包支持的业务包括:移动话费自缴、充值、话费代充、话费代缴、手机彩票、手机捐款、话费余额查询、银行卡余额查询等。

本章小结

本章在介绍了电子支付的发展阶段及电子支付在电子商务中的作用的基础上,系统地阐述了电子支付的工具及网络银行的应用。

电子支付系统中使用的支付工具可以分为以下三大类:

(1) 银行卡电子支付工具,主要包括信用卡和借记卡;

(2) 电子现金支付工具,如 Mondex、NetCash 等;

(3) 电子票据支付工具,如电子支票等。

电子现金是一种以电子数据形式流通的货币。它把现金数值转换成一系列的加密序列数,通过这些序列数表示现实中各种金额的币值。

信用卡是市场经济与计算机通信技术相结合的产物,是一种特殊的金融商品和金融工具。"信用"一词来自英文 credit,其含义包括:信用、信贷、信誉、赊销及分期付款等。信用卡是银行或专门的发行公司发给消费者使用的一种信用凭证,是一种把支付与信贷两项银行基本功能融为一体的业务。

电子支票是客户向收款人签发的无条件的数字化支付命令,它通过 Internet 或无线接入设备完成传统支票的所有功能,是一种借鉴纸张支票转移支付的优点,利用数字传递将钱款从一个账户转移到另一个账户的电子支付方式。这种支付方式必须有第三方证明这个支付是有效和经过授权的。

电子钱包是顾客在网上购物活动中常用的一种支付工具,是一个可以由持卡人用来进行安全电子交易和储存交易记录的软件。电子钱包是小额购物或购买小商品时常用的新式钱包。

智能卡也称"IC 卡",是在塑料卡内部嵌入一个微型集成电路(IC)芯片,用以存储数据的电子卡。智能卡具有储存信息量大、数据保密性好、抗干扰能力强、储存可靠、读写设备简单、使用灵活、操作速度快等特点。

网络银行又称"网上银行"、"在线银行",是指采用数字通信技术,以 Internet 作为基础的交易平台和服务渠道,在线为公众提供办理结算、信贷服务的商业银行或金融机构。可以说,网络银行是在 Internet 上的虚拟银行柜台。网络银行向客户提供开户、销户、查询、对账、行内转账、跨行转账、信贷、网上证券、投资理财等传统服务项目,使客户足不出户就能够安全便捷地管理活期和定期存款、支票、信用卡及个人投资等。

思考题

1. 什么是电子现金？阐述电子现金的支付过程。
2. 电子支票有什么特点？
3. 网络银行有什么特点？其主要业务有哪些？
4. 注册网络银行，进行实际操作。
5. 什么是电子支付？电子支付与传统的支付方式相比有什么特点？
6. 目前电子支付存在哪些问题？如何解决？

参考文献

1. 杨坚争、杨晨光：《电子商务基础与应用》，西安电子科技大学出版社2001年版。
2. 刘克强：《电子交易与支付》，人民邮电出版社2007年版。
3. 宋文官主编：《电子商务基础》，东北财经大学出版社2005年版。
4. 陈科鹤主编：《电子商务实务教程》，清华大学出版社2006年版。
5. 周虹主编：《电子支付与网络银行》，中国人民大学出版社2006年版。
6. 臧良运、纪香清主编：《电子商务支付与安全》，电子工业出版社2006年版。
7. 黄云森、林强等编著：《电子商务基础教程》，清华大学出版社2000年版。
8. 祈明主编：《电子商务安全与保密》，高等教育出版社2001年版。
9. 李红、梁晋编著：《电子商务技术》，人民邮电出版社2001年版。
10. 胡国胜主编：《电子商务安全》，华南理工大学出版社2003年版。

第六章 物流与供应链管理

引例

通用汽车公司(GM)是如何进行在线协同的

2009年6月1日晚间消息,通用汽车公司周一在纽约联邦法庭申请了破产保护,预计该公司很可能将需要花费60到90天的时间进行重组,成为一家规模更小、更加精简的公司。重组后公司的多数股份将由美国联邦政府持有,目标是成为一家具有市场竞争力的21世纪新公司。在此之前的通用公司有过辉煌的历史,我们可以用来作为一个案例。

面临的问题

汽车设计是一个复杂的过程。以通用汽车公司的一个小部分设计为例,设计出的每种新车模型都需要进行正面撞击试验。通用汽车公司开发的每辆新车原型的价值都在百万美元以上,并且都要进行正面撞击试验。通用汽车公司通过撞击实验改进汽车原型,然后再进行试验。在20世纪90年代后期,通用汽车公司对每种新的车型都要进行很多次的试验,有的甚至可以达到七十多次。

公司可以从这些撞击试验和其他试验中收集到关于新型设计的一些相关信息,这些信息可以让通用汽车公司的16个设计实验室的数百个部门和车间的约一万多名设计者和工程师使用,其中有的实验室还位于不同的国家。此外,通用汽车公司还必须和一千多个主要供应商的设计工程师进行交流与协作。所有这些交流活动都延缓了设计过程,增加了设计成本。新车原型需要4年才能投放市场,而且新车往往在进入市场时看起来已经不新了,因为在开发过程中客户的喜好发生了变化。

解决方案

与竞争者一样,通用汽车公司正在向电子商务转型。这种渐进式的转型是从20世纪90年代中期开始的,那时互联网的带宽已经增加到足够大。通用汽车公司首要的任务是检查七千多个现有的遗留的IT系统,将其数量减少到大约三千多个,并且让它们能支持Web应用。通用汽车公司新的电子商务系统以计算机辅助设计(CAD)程序为中心,这个程序是由电子数据系统公司(EDS)提供的。该系统就是Unigraphics,它可以通过电子数据系统软件把设计人员和工程人员连接起来,在线共享3D设计文档。此外,协同软件和Web会议软件工具也被用于改善团队工作。2003年,通用汽车公司换上eVis 4.0软件,该软件可以使所有的供应商都能与通用汽车公司进行通信。这些工具从根本上改变了汽车试验的过程。

为了了解现在通用汽车公司是如何与供应商进行协同的,以下举个例子说明。由于需要降低由Johnson Control公司生产的座驾成本,通用汽车公司将有关座驾的详细说明和具体要求用电子方式传输到对方的产品数据库系统中。Johnson Control公司的协同系统(eMatrix)已和电子数据系统中的Unigraphics系统集成在一起。这种协同可以进行联合搜索、设计、加工并实时测试座驾,加快了整个运作过程,并降低了大约10%的成本。最后,利用数学的建模方法和实时的、基于Web的检验过程,通用汽车公司在设计阶段就可以对某些汽车原型以电子方式进行撞击试验,而不是在每次设计改动后进行实际的试验。通用汽车公司利用高级设计工作室和虚拟实验室支持了这个协同过程。

效果

现在,一款新车投放市场的时间不到18个月,而以前需要4年多,并且设计成本也大大降低。例如,在设计阶段,60辆汽车以电子方式进行撞击,只有10辆样品车进行实际的撞击,这种变化产生了巨大的经济效益。此外,设计周期的缩短也使通用汽车公司可以更快地开发出更多的新车型,为公司提供了竞争优势。

这些变化都已经转变为收益。尽管全美经济发展速度在减慢,但是通用汽车公司在2002年的收入却增加了6%,当年二季度的收入是2001年同期的2倍。到2004年,装配线故障降低了25%,库存成本降低了20%。

资料来源:Efraim Turban, Electronic Commerce: A Managerial Perspective(Fourth Edition), 2007.

6.1 供应链管理概述

6.1.1 电子商务物流的概念

随着生产力的发展、社会经济的进步以及科学水平的提高,人们对"物流"的概念与观念也发生了深刻的变化。目前,已经有多种关于物流的定义:

我国于2001发布的《物流术语》对物流的定义是:物品从供应地到接收地的实体流动过程,根据实际需要,将运输、储存、装卸、搬运、包装、流通加工、配送、信息处理等基本功能实施有机结合。

日本对物流的定义是:为了满足客户的需要,以最低的成本,通过运输、保管、配送等方式,实现原材料、半成品、成品及相关信息由商品的产地到商品的消费地所进行的计划、实施和管理的全过程。

美国关于物流的定义：为了满足客户的需要，对商品、服务及相关信息在源头与消费点之间的高效（高效率、高效益）正向、反向流动与储存进行的计划、实施与控制的过程。这也是目前国际上普遍接受的关于物流的定义。

综上可见，物流的活动主要包括：为用户服务、需求预测、销售情报、库存控制、物料搬运、订货销售、零配件供应、工厂和仓库选址、物资采购、包装、退换货、废物利用和处置、运输和仓储等。

6.1.2　电子商务物流的产生和发展

物流的产生可以追溯到20世纪初，美国经济学家提出"物的流通"的概念。但是，真正的、完整的"物流"概念和理论都是在第二次世界大战中形成的。

物流随着商品的出现而产生，随着市场经济的完善而发展。在人类社会早期，生产力水平低下，人们自给自足，生产出来的有限产品主要用于自己消费，而不需要考虑物品的运输、储存等问题，也就没有对物流的需求。

随着生产力水平的提高，特别是在资本主义初期阶段，出现了大机器生产，大大提高了人们的劳动生产率，生产出了较多的产品。但是，从整个社会看，总的产品数量还是很有限，产品生产出来总可以分销出去。所以，人们的注意力都放在怎样改进生产技术、多生产产品上，而不担心产品分销不出去，也就不关心分销，从而也不关心分销运输成本和效益，因而也不会产生"物流"的概念。

物流的发展反映了经济社会的发展，也是人们在不同时期对物流认识过程的反映。物流的发展大体上经历了三个不同的阶段，即分拨阶段、开发阶段和现代化阶段。

（1）物流分拨阶段

物流分拨阶段是指20世纪50年代前后的一段时间。这一阶段，美国将物流称为"物资分拨"（Physical Distribution），其物流运作内容也是停留在这一层面上。

（2）物流开发阶段

物流开发阶段的标志是经济学界和实业界对物流的重要性有了较为深刻的认识，并推动了整个经济社会的物流开发。这一阶段大体上在20世纪60年代至70年代。随着生产社会化的迅速发展，单纯依靠技术革新、扩大生产规模、提高生产率获得利润的难度越来越大，这就促使人们开始寻求新的途径，如改进和加强流通管理。因此，加强物流管理就成为现代企业获得利润的新的重要源泉之一。

（3）物流现代化阶段

这一阶段，在物流研究和管理方面的特点是把物流的各项智能作为一个系统进行研究,从整体上进行开发。在美国,加强物流系统的管理被视为美国"再工业化"的重要因素。

6.1.3 物流的分类

按照不同的标准,物流可作不同的分类。通常,物流可以按以下几种方式分类:

1. 根据范畴的不同,将物流分为社会物流和企业物流

社会物流属于宏观范畴,包括设备制造、运输、仓储、装饰包装、配送、信息服务等,公共物流和第三方物流贯穿其中。企业物流属于微观范畴,包括生产物流、供应物流、销售物流、回收物流和废弃物流等。

2. 根据作用领域的不同,将物流分为生产领域的物流和流通领域的物流

生产领域的物流贯穿生产的整个过程。生产的全过程从原材料的采购开始,便要求有相应的供应物流活动,即采购生产所需的材料;在生产的各工艺流程之间,需要原材料、半成品的物流过程,即所谓的"生产物流";部分余料、可重复利用的物资的回收,即所谓的"回收物流";废弃物的处理需要废弃物物流。流通领域的物流主要是指销售物流。在当今买方市场条件下,销售物流活动带有极强的服务性以满足买方的需求,最终实现销售。在这种市场前提下,销售往往以送达用户并经过售后服务才算终止。因此,企业销售物流的特点便是通过包装、送货、配送等一系列物流实现销售。

3. 根据发展的历史进程,将物流分为传统物流、综合物流和现代物流

传统物流一般是指产品出厂后的包装、运输、装卸、仓储,其主要精力集中在仓储和库存的管理和派送上,有时也会把主要精力放在仓储和运输方面,以弥补在时间和空间上的差异。综合物流是指能够承担和完成多项甚至所有的物流功能。从事综合物流的企业必须具备规模化、网络化和信息化等方面的物质条件。综合物流不仅提供运输服务,也包括许多协调工作,是对整个供应链的管理,如对陆运、仓储部门等一些分销商的管理,还包括订单处理、采购等内容。现代物流提出了"物流系统化"的概念,并付诸实施。现代物流是为了满足消费者的需要而进行的从起点到终点的原材料、中间过程库存、最终产品和相关信息有效流动及储存计划、实现和控制管理的过程。它强调了从起点到终点的过程,提高了物流的标准和要求,是各国物流的发展方向。国际上一些大型物流公司认为,现代物流有两个重要功能:一是能够管理不同货物的流通质量;二是开发信息和通信系统,通过网络建立商务联系,直接从客户处获得订单。

4. 根据提供服务主体的不同,将物流分为代理物流和企业内部物流

代理物流也称"第三物流"(Third Party Logistics,3PL),是指由物流劳务的供方、需方之外的第三方完成物流服务的运作模式。第三方就是提供物流交易

双方的部分或全部物流功能的外部服务提供者。一个生产企业从原材料进厂后,经过多道工序加工成零件,然后将零件组装成部件,最后组装成成品出厂。这种企业内部物资的流动称为“企业内部物流”。

5. 根据流向的不同,将物流分为内向物流和外向物流

内向物流是企业从生产资料供应商进货所引发的产品流动,即企业从市场采购的过程。外向物流是从企业到消费者之间的产品流动,即企业将产品送达市场并完成与消费者交换的过程。

6. 根据活动内容的不同,将物流分为一般物流与特殊物流

一般物流是指具有普遍适应性的物流活动。由于物流活动是全社会各行各业和居民生活都离不开的活动,因此物流系统的建立、物流活动的开展必须具有较强的普遍适用性。一般物流要着眼于物流的一般规律,建立普遍适用的物流标准化,研究物流的共同功能要素,实现物流系统与其他系统的轻松衔接,保持物流信息系统与管理体制的统一性等。特殊物流是指在专门领域、特殊行业发生的物流活动。特殊物流在遵循一般物流的基础上,还有自身的特殊制约因素、特殊应用领域、特殊管理方式、特殊劳动对象、特殊装备特点等。

6.1.4　物流在电子商务中的地位

物流是电子商务中实现“以顾客为中心”理念的最终保证。电子商务的出现,在最大程度上方便了最终消费者。消费者不必再跑到拥挤的商业街,一家又一家地挑选自己所需的商品,只要坐在家里,在 Internet 上搜索、查看、挑选,就可以完成购物过程。但是,如果消费者所购的商品迟迟不能送到,或者商家所送并非消费者所购,那么消费者还会选择网上购物吗?缺少了现代化的物流技术,电子商务给消费者带来的便捷就等于零。因此,物流是电子商务的重要组成部分。电子商务离不开物流,物流是实施电子商务的根本保证。

具体地说,物流在电子商务起到如下作用:

(1) 提高电子商务的效率与效益;

(2) 协调电子商务的目标;

(3) 扩大电子商务的市场范围;

(4) 实现基于电子商务的供应链集成;

(5) 集成电子商务中的商流、信息流与资金流;

(6) 支持电子商务的快速发展;

(7) 促使电子商务成为最具竞争力的商务形式。

6.1.5　电子商务物流对传统物流的冲击

自从有人类活动以来,物流活动就一直存在。物流涉及物资移动过程中的

运输、保管、包装、装卸、流通中的加工、配送以及相伴随的信息处理等。其中,物资的运输和装卸也许出现得最早,当人类生产有了富余的时候,也就产生了对剩余物资的保管(仓储)。虽然流通领域的加工、配送和信息处理出现得相对较晚,但是也远比我们现在谈论的物流要早。

那么,传统方式上的物流运作与我们现在所追求的所谓"现代综合物流"有何区别?最主要的区别在于,传统物流过程中的各个环节相互割裂,没有整合。传统物流中的运输、装卸、仓储、加工等环节,由互不沟通的不同经济实体分别承担,它们之间似乎不存在利益的共生关系。这造成它们之间产生了较烦琐的物流转移程序,这些程序使伴随物流的信息被人为地割裂开来。虽然这并没有影响物资的实际流动(即从生产者到用户的整个过程),但是却影响到物资流动的绩效和成本。

进入20世纪90年代,随着网络经济的出现和电子商务的兴起,传统物流受到一定的冲击,发生了脱胎换骨的变化,逐步向现代物流转化。现代物流包括运输合理化、仓储自动化、包装标准化、装卸机械化、加工配送一体化、信息管理网络化等。随着现代科学技术的迅猛发展,全球经济一体化的趋势加强,现代物流作为一种先进的组织方式和管理技术,被广泛认为是企业在降低物资消耗、提高劳动生产率以外的重要利润源泉,并在国民经济和社会发展中发挥着重要作用。

现代物流相对于传统物流来说,是一个革命性的突破,它的特征表现在以下几个方面:

(1) 整合现有物流资源,提供集成化的物流服务

传统物流只是提供简单的位移,现代物流提供的还有增值服务。电子商务物流管理体系在整合零散的物流资源的基础上,不仅可提供仓储、运输、搬运装卸、包装、流通加工、信息处理等基本物流服务,而且能提供订单处理、物流方案的选择与规划、贷款回收与结算、物流系统设计与规划方案的制定等增值服务,以及按客户的业务流程设计一整套完善的供应链解决方案这样的个性化服务,更好地为客户服务,提供完整的物流产品或服务,增加交易和服务的透明度。

(2) 传统物流是被动服务,现代物流是主动服务

传统物流是给钱才给送货,货品送达,客户才知道是什么货。它通常只是物品的流动,资金流未参与其间,信息流在物流完成后才发生。现代物流过程是商流、物流、信息流和资金流的统一。打个电话,上一下网,客户主动将送什么货的信息先于物流发送出去,通过现代通信手段全程跟踪,对运输、收货和资金可以了如指掌。

(3) 传统物流侧重点到点或线到线的服务,电子商务能有效地实现全球化物流运营服务

传统物流只是由生产企业到批发企业和零售企业的物流运动,它是点到点或线到线的运输,而且运输工具单一。在电子商务物流管理体系中,供应链全球化合作的趋势将更加强烈,来自全球化市场的竞争压力也将进一步加剧。尽管在供应链物流体系中仍然存在着营销和竞争壁垒、金融壁垒与配送渠道壁垒等,但是经济增长、供应链理念、地区化、技术和接触管制等主要动力始终推动着企业全球化物流运营的进程。借助于全球化的电子商务平台,电子商务物流管理的活动范围和生存空间得以有效扩展,能实现全球化范围内的物流服务。

(4) 传统物流是单一环节的管理,现代物流是综合化的管理体系

在传统物流业中,受传统体制影响,运输、仓储、货运代理企业等物流各环节各自为政,相互割裂,互不越界,没有整合。这些环节由互不沟通的不同经济实体分别承担,它们之间似乎不存在利益的共生关系,无统一服务标准。在信息及时、准确的电子商务物流管理体系的支持下,供应链成员企业能够快速地组织产品的生产和销售,实现对物流活动的综合化管理。物流系统是由物流活动的各个环节组成的统一的、有机联系的整体。物流管理的目的是实现总体效益最佳。因此,电子商务物流管理不仅涉及物流系统中不断转移的物质实体,也涉及使物质实体运动的手段与所使用的材料、设施、设备的规划、设计、选择、使用,以及与此有关的经济、技术和劳动等方面的问题,还涉及电子商务物流与物质实体流通的技术、经济、信息和网络关系,使之充分、有效、协调地有机连接运行。电子商务物流有多个环节,通过一个计划、管理、控制的过程对各个环节加以组织,以最少的费用、最高的效率、客户最满意的程度把产品送到用户手里。

(5) 传统物流是人工控制,现代物流是信息管理

传统物流是由多个业务流程组成的,受人为因素影响和时间影响较大。现代物流的业务流程由网络系统连接,实现整个过程实时控制和信息高科技管理,给企业带来全新的管理方法。

6.1.6　物流系统的目标

不同的物流系统,所欲达到的目标是不同的。从不同的角度观察物流系统,得出的系统目标也会存在巨大的差异。从经营角度来说,物流系统一般要达到以下一些效果:

1. 服务性

物流系统是连接生产与再生产、生产与消费等的桥梁、纽带。因此,较强的服务性是物流系统的重要目标。例如,物流系统采取送货、配送等形式,是其服务性的体现;实时响应,无脱销、无毁损等事故,是其物流服务质量的具体表现。

近年来出现的“准时供货方式”、“柔性供货方式”等，也是物流系统不断提高其服务性的表现。

2. 速送性

速送性是指能按客户要求的时间、地点、数量、质量，把货物准时送到。速送性不但是服务性的延伸，也是流通对物流提出的要求。速送性不仅是传统物流系统的目标，更是现代物流系统的重要目标。随着社会大生产的发展，速送性显得尤其重要。在物流领域采取的诸如直达物流、多式联运、高速公路、自动仓库、计算机信息管理等手段，都有助于速送性目标的实现。

3. 规模性

规模性与经济性密切相关，追求物流系统的规模性，从而追求物流系统的规模效益。如何规划物流设施的集中与分散，规划中的货运枢纽站场能否与现有物流设施兼容、协同运作，如何确定货运站场、配送中心、仓库的分布数量与规模大小，怎样对各种物流要素进行合理配置以达到最佳系统状态等，这些都是在实现物流系统的规模性目标时所要考虑的问题。

4. 有效利用空间

在进行物流系统建设时，必须占用大量土地。随着区域经济的发展，城镇建设、道路建设用地紧张的现象非常突出。因此，有效地利用有限的空间，是物流系统的重要目标。审慎地进行物流选址和规划用地效率等，是为了实现这一目标的具体体现。

5. 完善库存控制

库存控制是服务性的延伸，是宏观调控的要求，也影响到物流系统本身的效益。正确确定库存控制方式、库存数量、库存结构、库存分布，努力协调仓库、物流设施、物流中心或运输枢纽的仓储功能与库存控制功能等，都是为了实现这一目标的体现。

6. 运行机制

建立与实施科学有效的运行机制是物流系统的基本目标之一。机制是指系统运行所依据的原理和基本运作方式。采用什么样的运行机制是物流系统规划的重要内容，直接关系到整个物流系统的建设和运作。

7. 区域联运效率

区域联运效率是指物流设施与港口、机场、不同运输方式的集装箱枢纽站场、中转站、零担货运站、铁路、高速公路、干线道路等线路组成的运输网及节点的配合性。

8. 节约目标

节约是物流系统提高相对产出的重要手段，包括各种人、财、物投入的节约以及时间的节约。

6.2　电子商务物流

6.2.1　电子商务物流管理的概念

电子商务作为数字化生存方式,代表未来的贸易方式、消费方式和服务方式。它要求整体生态环境不断完善,打破原有物流行业的传统格局,建设和发展以商品代理和配送为主要特征,物流、商流、信息流有机结合的社会化物流配送中心,建立电子商务物流体系,使各种"流的"畅通无阻。电子商务物流管理就是研究并应用电子商务物流活动规律对物流全过程、各环节、各方面进行的管理。

6.2.2　电子商务物流的功能要素

电子商务时代的来临,给全球物流带来了新的发展,使物流具备了一系列新特点,也使电子商务物流能够充分地发挥作用。总的来说,电子商务物流主要包括以下七个功能要素:

1. 运输

运输是指用设备和工具将物品从一个地点向另一个地点运送的物流活动,其中包括集货、分配、搬运、中转、装入、卸下、分散等一系列操作。运输可以对物品实现较长距离的空间移动。它是物流体系各功能的核心,也是物流的主要功能之一,是"第三利润源"的主要源泉。

2. 存储

存储也称"仓储",是指处于存储状态的物品。存储是为物料的存储而建立的,是对产成品或原材料以及其他相关资源进行储存,在物流系统中起着缓冲、调节和平衡的作用。它是物流活动的另一个中心环节,与运输具有同等重要的地位。通过存储,在时间上增加了物品的功能,产生了商品的时间效用。

3. 装卸

装卸是指在同一地域范围内进行的以改变物体的存放状态和空间位置为主要内容和目的的活动。它是伴随输送和保管而产生的必要的物流活动。在一般物流活动中,搬运与装卸通常是组合在一起的,这种组合构成了一个立体的、动态的作业过程。在全部物流活动中,只有装卸与搬运活动伴随物流活动的始终,是物流活动中出现频率最高的功能。装卸搬运效率的高低会影响物流的整体效率。在物流活动中,装卸搬运费用占有较大比重。所以,装卸搬运的合理化对于物流整体合理化至关重要。

4. 信息

信息是指能够反映事物内涵的知识、资料、信息、情报、图像、数据、文件、语言、声音等。它是事物的内容、形式及其发展变化的反映。物流信息处理贯穿整个物流活动,具有使物流各功能相互联系和协调、提高效率的功能,可提高物流活动的可靠性和及时性。物流信息处理采用计算机网络技术、软硬件技术和通信技术,为实现物流的系统化、合理化、高效率提供了技术支持。

5. 配送

配送是指配送企业采用网络化的计算机技术和现代化的硬件设备、软件系统以及先进的手段,针对社会需求,严格地、守信用地按用户的订货要求,进行一系列分类、编配、整理、分工、配货等理货工作,定时、定点、定量地交给没有范围和限度的各类用户,满足其对商品的需求。在电子商务的实践过程中,严重不发达的物流配送系统大大制约了电子商务的开展,成为电子商务发展的瓶颈。

6. 流通加工

流通加工是指物品在从生产地到使用地的过程中,根据需要施加包装、分割、计量、分拣、组装、刷标志、拴标签等简单作业的总称,是流通过程中所发生的辅助性加工。流通与加工属于不同的范畴。流通改变物质的空间状态与时间状态,加工则是改变物质的形状与性质从而形成一定产品的活动。流通加工发生在流通和生产领域,其主要功能是为流通特别是为销售提供前期增值服务,或是为其后的各个流通或消费环节提供便利条件。

7. 包装

包装是指在流通过程中将物品捆扎或装入适当的容器以保护物品不受损坏。包装可以使物品的形状、性能、品质在流通过程中得到保护。在物流体系中的包装功能是生产过程向流通领域或消费领域的延伸,是一种动态过程。包装的存在,为其他功能乃至整个物流系统的正常运营提供了必要的保证。包装也被称为"生产的终点,社会物流的起点"。

6.2.3 电子商务物流的物流配送模式

电子商务下的物流配送是集信息化、全球化、社会化于一体的一种配送模式。配送模式是企业对配送所采取的基本战略和方法。根据国外的发展经验以及我国的配送理论与实践,目前主要形成了以下几种配送模式:

1. 自营配送模式

自营配送是指企业物流配送的各个环节由企业自身筹建并组织管理,实现对企业内部和外部货物配送的模式。这是目前国内生产、流通以及综合性企业所广泛采用的一种物流模式。这种模式有利于企业供应、生产和销售的一体化作业,系统化程度相对较高。它既可满足企业内部原材料、半成品以及成品的配送需要,又可满足企业对外进行市场拓展的需要。同时,自营配送模式存在一定的缺陷,主要表现为:企业为建立配送体系的投资规模将会大大增加,在企业配送规模较小时，配送的成本和费用也相对较高，容易造成社会资源的浪费。这种配送模式适用于：规模较大的集团公司；物流对企业成功重要度很高，且企业处理物流能力也高，对物流控制力强，产品线单一的企业。

2. 第三方物流配送模式

第三方物流是指由物流服务的供方和需方之外的第三方完成物流服务的物流运作方式。在某种意义上，它是物流专业化的一种形式，随着物流业的发展而发展。也就是说，第三方以签订合同的方式在一定期间内为供方提供满足需方的物流服务，并依靠信息的集成产生增值，从而获取利益。随着物流产业的不断发展以及第三方配送体系的不断完善，第三方配送模式将成为工商企业和电子商务网站进行配送的首选模式和方向。这种配送模式适用于：中小型企业；物流对企业成功的重要度高，企业处理物流的能力相对较低的企业。

3. 共同配送模式

共同配送是指为提高物流效率，对某一地区的用户进行配送时，由许多个配送企业联合在一起进行配送。进行共同配送的目的在于，充实和强化配送的功能。共同配送的优势在于，有利于实现配送资源的有效配置，弥补配送企业功能的不足，促使企业配送能力的提高和规模的扩大，更好地满足客户需求，提高配送效率，降低配送成本。共同配送模式是合理化配送的有效措施之一，是企业保持优势常在的至关重要的课题，是企业的横向联合、集约协调、求同存异和效益共享，是有利于发挥集团型竞争优势的一种现代管理方法。

4. 基于虚拟企业的配送模式

基于虚拟企业的配送是指利用计算机技术、网络技术和通信技术，以外界物流资源为依托进行物流代理业务的企业，通过 Internet 从供应商那里获得配送业务信息后，再通过 Internet 寻找最佳配送代理，并与之签订协议，建立物流配送动态联盟，然后把配送业务委托给代理方，由后者根据协议负责完成配送业务。

基于虚拟企业的配送模式不仅可以利用第三方物流企业完成配送业务，也可以利用自己高效的信息网络与各地区的批发商、连锁店建立委托代理关系，形成物流网络，由后者负责其所在地区的配送业务。基于虚拟企业的电子商务物流配送要求功能上合理分配，使联盟企业实现双赢。由于物流配送动态联盟是核心企业与供应商、第三方物流企业建立的集成化供应链动态联盟，只有在功能互补基础上的利益共同体才能实现有效的资源分配。同时，参与配送联盟的伙伴企业必须是利益共同体，共同承担经营风险，也共同享受利益分配。

基于虚拟企业的配送模式吸收了其他电子商务物流配送模式的先进思想和技术，打破了原有的物流配送体系，更加灵活运用物流企业的组织资源，提高物流配送资源的利用率，避免重复建设，实现低成本、高效率、优质量的配送服务。

随着 Internet 和电子商务的发展，目前建立该模式所需的成熟的企业、银行、认证机构以及各种先进的信息技术和发达的物流配送网络已经存在。

6.2.4 电子商务物流的采购模式

采购是指通过商品交换和物流手段从资源市场获取资源和服务的过程。采购管理是对企业采购活动的计划、组织、指挥、协调和控制活动。采购管理的任务是保证企业的物资供应。企业在生产过程中应注重采购管理的有效性和合理化，通过采购管理达到降低成本、增加效益的目标。采购管理的基点是企业的整体采购，是对企业所有采购活动进行有效管理。

现代企业的竞争不再是单个企业之间的竞争，而是供应链与供应链之间的竞争，这就要求供需双方建立长期的、互利的、信息共享的合作关系。电子商务采购模式可以使参与采购的供需双方进入供应链，从以往的“输赢关系”变为“双赢关系”。采购方可以及时将数量、质量、服务、交货期等信息通过商务网站或 EDI 方式传送给供应方，并根据生产需求及时调整采购计划，使供应方严格按要求提供产品与服务，实现准时化采购和生产，降低整个供应链的总成本。

由于世界经济的一体化，全球化采购成为企业降低成本的一种必然选择，其基本模式就是应用电子商务进行采购。企业要实现本地化采购向全球化采购的转变。

电子商务采购是一种非常有前途的采购模式，有利于信息的沟通，促进采购管理定量化、科学化，为决策提供更多、更准确、更及时的信息，使决策依据更充分。它主要依赖于电子商务技术的发展和物流技术的提高，以及人们思想观念和管理理念的改变。我国目前已经有不少企业以及政府采用了网上采购的方式，对降低采购成本、提高采购效率、杜绝采购腐败起到了十分积极的作用，因此应该大力提倡这一新的采购方式。

6.2.5 电子商务物流的库存管理模式

库存是指企业中存储物品与资源的总和。库存管理可以缩短订货周期的时间。当多数贸易伙伴都用电子形式连接起来时，传统的联系方式可以马上传递，如传真、邮寄等。通过电子商务，可以跟踪单证，确保单证的接收，提高审计能力。有效的库存管理可以降低库存水平，加速库存周转，消除缺货事件的发生。

供应链的库存管理不是简单的需求预测与补给，而是要通过库存管理获得用户服务与利润的优化，其主要内容包括：采用先进的商业建模技术评价库存策略、提前期和运输变化的准确效果；决定经济批量时，考虑供应链企业各方面的影响；在充分了解库存状态的前提下，确定适当的服务水平。通过对客户、生产、运输等资源的平衡利用，企业对供应链中由于不确定性产生的缺货、延迟等风险进行有效的识别、缓解与控制。根据供应链中的库存管理主体和内涵的不同，可将电子商务物流的库存管理模式分为以下四种：

1. 产销一体化的库存管理模式

供应链管理强调企业间的协作与系统优化。要取得供应链运作效果的整体优化，就必须通过企业合作实现供应链上下游企业的物流活动的统一。这意味着物流活动必须在一个地点协调起来。从供应链角度看，这将导致整体供应链的一系列物流活动的协调运作。基于这种思想，产生了产销一体化的库存管理模式。

产销一体化的库存管理模式实际上是一种建立在企业协作与统一决策基础上的产销大联合。企业在作库存控制决策的时候，将不再仅仅依靠其相邻企业传递信息，同时还可以从供应链中的其他企业那里获取信息。这意味着供应链中的任何一个企业都可以快速、准确地掌握最终市场需求情况。信息共享的实现，有效地提高了供应链的透明度，使需求预测的准确性得到提高。同时，通过供应链成员企业间的协调运作，实现了统一决策、统一运作，使供应链的库存管理活动趋于一体化和整体化。

产销一体化的库存管理模式可以从根本上消除“牛鞭效应”所带来的负面影响，因而可以大大降低供应链的库存水平，改善库存控制。

2. 联合库存管理(Joint Managed Inventory，JMI)模式

JMI 模式是一种基于协调中心的库存管理模式，更多地体现了供应链节点企业之间的协作关系，能够有效解决供应链中的“牛鞭效应”，提高供应链同步化程度。在这种模式下，强调供应链节点企业同时参与、共同制定库存计划，从而使供应链管理过程中的每个库存管理者都能从相互的协调性角度考虑问题，保证供应链相邻两节点之间的库存管理实体对需求预测水平的高度一致，从而避免需求变异放大。任何相邻节点需求的确定都是供需双方协调的结果，库存管理不再是各自为政的独立运营过程，而是供需的连接纽带和协调中心。

在联合库存管理模式中，风险分担思想、减少库存浪费思想、供应商战略联盟思想和避免需求放大思想得到最充分的展示。

3. 供应商管理库存(Vendor Managed Inventory，VMI)模式

VMI 模式是一种战略贸易伙伴之间的合作性策略，是一种库存决策代理模式。它以系统的、集成的思想管理库存，使供应链系统能够同步化运行。在这种库存控制策略下，允许上游组织对下游组织的库存策略、订货策略进行计划与管理，在一个共同的框架协议下，以双方都获得最低成本为目标，由供应商管理库存，由供应商代理分销商或批发商行使库存决策的权力，并通过对该框架协议经常性的监督和修正使库存管理得到持续的改进。

VMI 模式的好处是可以更好地提高客户服务水平，增加公司的竞争力，提

供更精确的预测，降低营运成本，计划生产进度，降低库存量与维持库存成本，以及实施有效的配送。

4. 协同式供应链库存管理（Collaborative Planning Forecasting & Replenishment，CPFR）模式

CPFR 模式是一种协同式的供应链库存管理技术，建立在 JMI 和 VMI 的最佳分级实践基础上，同时抛弃了二者缺乏供应链集成等主要缺点，能降低分销商的存货量，增加供应商的销售量。它应用一系列处理过程和技术模型，覆盖整个供应链合作过程，通过共同管理业务过程和共享信息，改善分销商和供应商的伙伴关系，提高预测的准确度，最终达到提高供应链效率、降低库存和提高客户满意度的目的。CPFR 模式的最大优势是能及时准确地预测由各项促销措施或异常变化带来的销售高峰和波动，从而使分销商和供应商都作好充分的准备，赢得主动。CPFR 模式采取了多赢的原则，始终从全局的观点出发，制定统一的管理目标和实施方案，以库存管理为核心，兼顾供应链上其他方面的管理。因此，CPFR 模式更有利于实现伙伴间更广泛深入的合作，帮助制定面向客户的合作框架、基于销售报告的生产计划，进而消除供应链过程的约束等。

6.3 电子商务物流技术

6.3.1 电子商务物流条形码技术

条形码是由一组规则排列的不同宽度的条和空组成的标记。"条"是指对光线反射率较低的部分，"空"是指对光线反射率较高的部分。这些条和空组成的数据表达一定的信息，并能够用特定的设备识读，转换成与计算机兼容的二进制和十进制信息。条形码技术是迄今为止最经济、最实用的一种自动识别技术。它具有以下几个方面的优点：

（1）输入速度快。条形码输入的速度是键盘输入的五倍，并且能实现"即时数据输入"。

（2）可靠性高。键盘输入数据出错率为三百分之一，利用光学字符识别技术出错率为万分之一，而采用条形码技术出错率低于百万分之一。

（3）采集信息量大。利用传统的一维条形码一次可采集几十位字符的信息，二维条形码更可以携带数千个字符的信息，并有一定的自动纠错能力。

（4）灵活实用。条形码标识既可以作为一种识别手段单独使用，也可以和有关识别设备组成一个系统实现自动化识别，还可以和其他控制设备连接起来实现自动化管理。

（5）设备简单、成本低。与其他自动化识别技术相比，推广应用条形码技术

所需的费用比较低。

(6) 自由度大。识别装置与条码标签相对位置的自由度要比 OCR 大得多。条形码通常只在一维方向上表达信息,所表达的信息完全相同且连续。这样,即使标签有部分欠缺,仍可以从正常部分输入正确的信息。

目前,条形码技术已在多个领域得到了广泛的应用,主要有零售业、图书馆、仓储管理、物流跟踪管理、质量跟踪管理与数据自动录入等。

6.3.2 电子数据交换技术

EDI 是“Electronic Data Interchange”的缩写,即电子数据交换,它是一种利用计算机进行商务处理的新方法。EDI 是将贸易、运输、保险、银行和海关等行业的信息用一种国际公认的标准格式,通过计算机通信网络,使各有关部门、公司与企业之间进行数据交换与处理,并完成以贸易为中心的全部业务的过程。

EDI 不是用户之间简单的数据交换,用户需要按照国际通用的消息格式发送信息,接收方也需要按照国际统一规定的语法规则对消息进行处理,并引起其他相关系统的 EDI 综合处理。整个过程都是自动完成的,无须人工干预,减少了差错,提高了效率。

EDI 系统由通信模块、格式转换模式、联系模块、消息生成和处理模块四个基本功能模块组成。

使用 EDI 的主要优点有:

(1) 降低了纸张文件的消费;

(2) 减少了许多重复劳动,提高了工作效率;

(3) 使贸易双方能够以更迅速、更有效的方式进行贸易,大大简化了订货过程或存货过程,保证双方能及时充分地利用各自的人力和物力资源;

(4) 可以改善贸易双方的关系,厂商可以准确地估计日后商品的需求量,货运代理商可以简化大量的出口文书工作,商业用户可以提高存货的效率,提高其竞争能力。

EDI 的使用可以完全代替传统的纸张文件的交换,因此有人称它为“无纸贸易”或“电子贸易”。

6.3.3 射频识别技术

射频识别技术是利用无线电波对记录媒体进行读写。射频识别的距离可达几十厘米至几米,且根据读写的方式,可以输入数千字节的信息,同时还具有极高的保密性。射频识别技术是自动识别领域最热门的技术。根据不同的应用目的和应用环境,射频识别系统的组成会有所不同。从射频识别系统的工作原理看,它一般由信号发射机、信号接收机、编程器和天线组成。

在射频识别系统中,信号发射机为了不同的应用目的,会以不同的形式存在。典型的形式是标签。标签相当于条形码技术中的条形码符号,用来存储需要识别传输的信息。与条形码不同的是,标签必须能够自动或在外力的作用下,将存储的信息主动发射出去。标签一般是带有线圈、天线、存储器与控制系统的低电集成电路。

信号接收机一般叫做"阅读器"。根据支持的标签类型不同与完成的功能不同,阅读器的复杂程度相应地也不同。阅读器的基本功能是提供与标签进行数据传输的途径。另外,阅读器还具有相当复杂的信号状态控制、奇偶错误校验与更正功能。

编程器是向标签写入数据的装置。它可无接触地读取并识别电子标签中所保存的电子数据,从而达到自动识别物体的目的。在射频识别系统中,只有可读可写的标签才需要编程器。编程器一般是离线完成的,即在标签中写入数据,等到开始应用时直接把标签黏附在被标识的项目上。也有一些射频识别系统,写数据是在线完成的。

天线是电子标签与阅读器之间传输数据的发射、接收装置。由于系统功率、天线的形状和相对位置影响数据的发射和接收,因此天线的设计、安装需要由专业人员进行。

射频识别技术适用的领域主要有物料跟踪、运载工具和货架识别等要求非接触数据采集和交换的场合,要求频繁改变数据内容的场合尤为适用。

6.3.4 地理信息系统

地理信息系统(Geographic Information System,GIS)是以地理空间数据库为基础,采用地理模型分析方法,适时提供多种空间的、动态的地理信息,为地理研究和地理决策服务的电子计算机技术系统。一般来说,GIS 可定义为:用于采集、存储、管理、处理、检索、分析和表达地理空间数据的计算机系统,是分析和处理海量地理数据的通用技术。

在我国,地理信息系统又称为"资源与环境信息系统"。GIS 的应用系统主要由五个部分组成,包括硬件、软件、数据、人员和方法。GIS 具有采集、管理、分析和输出多种地理空间信息的能力,以地理研究和地理决策为目的,以地理模型方法为手段,具有区域空间分析、多要素综合分析和动态预测能力,能产生高质量的地理信息。GIS 的功能主要包括输入、处理、数据管理、查询分析和可视化。

GIS 技术在物流行业的应用主要体现在客户地址定位和物流分析方面。物流分析主要包括投递路线编辑顺序、站点选址和机构区域划分等。

6.3.5　全球定位系统

全球定位系统(Global Positioning System,GPS)是美国从 20 世纪 70 年代开始研制,历时二十多年,耗资两百多亿美元,于 1994 年全面建成,具有在海、陆、空进行全方位实时三维导航与定位能力的新一代卫星导航与定位系统。GPS 以全天候、高精度、自动化、高效益等显著特点,赢得了广大测绘工作者的信赖,并成功地应用于大地测量、工程测量、航空摄影测量、运载工具导航和管制、地壳运动监测、工程变形监测、资源勘察、地球动力学等多种学科,从而给测绘领域带来一场深刻的技术革命。GPS 是美国第二代卫星导航系统,它是在子午仪卫星导航系统的基础上发展起来的。和子午仪系统一样,GPS 由空间部分、地面监控部分和用户接收系统三大部分组成。

GPS 的问世标志着电子导航技术发展到了一个更加辉煌的时代。与其他导航系统相比,GPS 的主要特点是:

(1) 全球地面连续覆盖。由于 GPS 卫星数目较多且分布合理,所以在地球上任何地点均可连续同步观测到至少四颗卫星,从而保障了全球、全天候连续实时导航与定位的需要。

(2) 功能多,精度高。GPS 可为各类用户连续地提供高精度的三维位置、三维速度和时间信息。

(3) 实时定位速度快。目前,GPS 接收机的一次定位和测速工作在一秒甚至更少的时间内便可完成。

(4) 抗干扰性能好,保密性强。由于 GPS 采用了伪码扩频技术,GPS 卫星所发送的信号具有良好的抗干扰性和保密性。

目前,GPS 在物流领域主要是用在车辆跟踪与货物路线规划中。

6.4　电子商务环境下的供应链管理

供应链管理(Supply Chain Management,SCM)是用系统的观点,通过对供应链中的物流、信息流和资金流进行设计、规划、控制与优化,寻求建立产、供、销企业以及客户间的战略合作伙伴关系,最大限度地减少内耗,实现供应链整体效率的最优化,并保证供应链成员取得相应的绩效和利益,满足顾客需求,以最终客户为中心的整个管理过程。它是一种基于流程的、纵横的、一体化经营的集成化管理模式。

供应链管理比传统的物流管理更具活力,更能给供应链成员带来实质性好处。不过,要成功地实施供应链管理,各供应链成员之间必须有很好的信息共享。成功的供应链整合需要各节点企业在以下一些方面达成一致:共同认识到最终客户的服务需求水平,共同确定在供应链中存货的位置以及每个存货点的存货量,共同制定把供应链作为一个实体进行管理的政策和程序等。

供应链管理的目标在于,提高用户服务水平和降低总的交易成本,追求效率最高和整个系统费用的有效性,使系统总成本达到最小。物流管理的核心内容是物流成本管理、物流质量管理、库存管理和物流标准化。为了加快供应链中物流、信息流与资金流的流动,供应链必须在应用电子商务的同时采用先进技术,通过技术优化业务流程、降低运行成本,对产品进行接收、跟踪、分拣、存储、提货与包装等。

电子商务的出现进一步促进了供应链管理的发展与完善。电子商务为供应链管理提供了更高级的信息技术支持,使之能在更广阔的舞台上进行更高效的整体化运作。

电子商务环境下的供应链管理主要通过电子商务技术与供应链的整合实现,整合的角度包含企业的整个组织流程,如产品开发设计、采购和资源搜索、营销和客户服务、生产制造和日常安排、物流供应、人力资源等。

企业要想在未来的市场竞争中取得胜利,必须实现电子供应链管理,以满足具体的消费者需求。电子商务恰好可以满足企业组建供应链网络的需求。

供应链管理主要由信息流管理、资金流管理和物流管理三部分组成。电子商务的出现和广泛使用可以在很大程度上改善供应链管理中信息流管理和资金流管理两部分,使信息和资金能迅速、准确地在供应链各节点之间传递。电子商务环境下的供应链管理模式要求突破传统的采购、生产、分销和服务的范畴和障碍,把企业内部以及供应链节点企业之间的各种业务看做一个整体功能过程,通过有效协调供应链中的信息流、物流、资金流,将企业内部的供应链与企业外部的供应链有机地集成起来管理,形成集成化供应链管理体系,以适应新竞争环境下市场对企业生产管理提出的高质量、高柔性和低成本的要求。

常见的电子商务供应链管理模式主要有:

(1) 快速响应

快速响应(Quick Response,QR)是指物流企业面对多品种、小批量的客户,不是储备产品,而是准备各种要素,在客户提出需求时,以最快的速度及时完成配送,提供所需服务或产品。QR 的目的是减少原材料到客户的时间以及整个供应链的库存,最大限度地提高供应链管理的运作效率。

(2) 有效客户反应

有效客户反应(Efficient Customer Response,ECR)是指以满足顾客要求和最大限度降低物流过程费用为原则,能及时作出准确反应,使提供的物品供应或服务流程最大化的一种供应链管理战略。ECR 的优势在于,供应链各方会为了提高消费者满意度这个共同的目标进行合作,分享信息和诀窍。ECR 是一种将以前处于分离状态的供应链联系在一起以满足消费者需要的工具。目前,ECR主要应用在有效的店铺空间安排、有效的商品补充、有效的促销活动以及有效的新商品开发与市场投入等领域。

(3) 电子订货系统

电子订货系统(EOS)是指企业间利用通信网络和终端设备,以在线连接方式进行订货作业和订货信息交换的系统。EOS按应用范围可分为企业内的EOS,零售商与批发商之间的EOS,以及零售商、批发商和生产之间的EOS。EOS系统能及时准确地交换订货信息,但是在使用时要注意订货业务的标准化、商品代码的设计、订货商品目录账册的制作和更新、订货信息输入和输出终端设备的添置以及系统设计等。

(4) 企业资源计划

企业资源计划(ERP)是指建立在信息技术基础上,以系统化的管理思想,为企业决策层和员工提供决策运行手段的管理平台。ERP把客户需求、企业内部的制造活动以及供应商的制造资源整合在一起,形成一个完整的供应链。其核心管理思想主要体现在以下三个方面:第一,体现对整个供应链资源进行管理的思想;第二,体现精益生产、敏捷制造和同步工程的思想;第三,体现事先计划与事前控制的思想。ERP是信息时代的现代企业向国际化发展的更高层次的管理模式,它能更好地支持企业各方面的集成,并将给企业带来更广泛、更长远的经济效益与社会效益。

6.5 物联网发展

物联网是一个基于因特网、传统电信网等信息承载体,让所有能够被独立寻址的普通物理对象实现互联互通的网络。它具有普通对象设备化、自治终端互联化和普适服务智能化三个重要特征。物联网是新一代信息技术的重要组成部分。它的英文名称是"the Internet of Things",顾名思义,"物联网就是物物相连的互联网"。这有两层意思:第一,物联网的核心和基础仍然是互联网,是在互联网基础上延伸和扩展的网络;第二,其用户端延伸和扩展到了任何物品与物品之间,进行信息交换和通信。因此,物联网的定义是:通过射频识别(RFID)、红外感应器、全球定位系统、激光扫描器等信息传感设备,按约定的协议,把任何物品与互联网相连接,进行信息交换和通信,以实现对物品的智能化识别、定位、跟踪、监控和管理的一种网络。

6.5.1 物联网概述

关于"物联网"这个词,国内外公认的是MIT Auto-ID中心的凯文·艾什顿

(Kevin Ashton)教授1999年在研究RFID时最早提出来的。在2005年国际电信联盟(ITU)发布的报告中,物联网的定义和范围发生了变化,覆盖范围有了较大的拓展,不再局限于基于RFID技术的物联网。

在我国,物联网这个概念早在1999年就提出来了,当时叫"传感网"。中科院当年就启动了对传感网的研究,并建立了一些实用的传感网。与其他国家相比,我国技术研发水平处于世界前列,具有同发优势和重大的影响力。在世界传感网领域,中国、德国、美国、韩国等国成为国际标准制定的主导国。自2009年8月温家宝总理提出"感知中国"以来,物联网被正式列为国家五大新兴战略性产业之一,写入"政府工作报告"。物联网在我国受到了全社会极大的关注,其受关注程度是在美国、欧盟以及其他各国无法比拟的。

6.5.2 物联网技术

如上所述,物联网技术的核心和基础仍然是"互联网技术",是在互联网技术基础上延伸和扩展的一种网络技术;其用户端延伸和扩展到了任何物品和物品之间,进行信息交换和通讯。

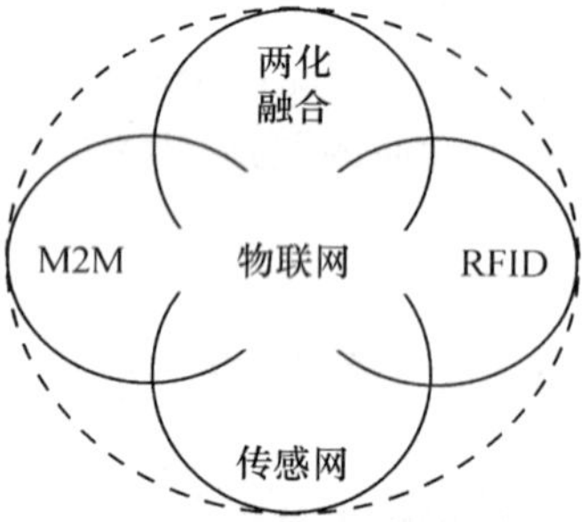

图6-1 物联网四大支撑技术

物联网融合了物理基础设施和信息基础设施两个世界,涉及的行业很多,相关的技术更多。物联网的技术一般分为两大类,即核心技术和协同性技术。核心技术包括M2M接口和通信协议、微控制器、无线通信技术、RFID技术、节能技术、传感器技术、传动装置技术、定位技术和软件技术。协同性技术包括地理标签技术、生物统计技术、机器视觉技术、机器人技术、扩大的现实世界技术、镜像世界技术、生命记录和个人黑盒技术、可触知的用户接口技术和清洁技术。可见,这样广泛的技术领域为技术和业务创新提供了十分广阔的舞台和空间,很有可能在某些领域取得突破,直接或间接带动产业链的发展。

物联网的体系架构可以分为三层:最底层是感知层,主要包括各类传感器/敏感器件以及物与物(M2M)通信终端、传感网网关、二维码、射频识别标签等;中间层是网络层或联网层,各种物联网应用借助无线、有线手段接入网络,在网络互联支持下提供信息的传递、共享和服务的支撑;最上层是应用层,属于业务支撑及运营管理层,主要涉及感知信息的传递、控制、存储、关联、分析,支持分布式扁平化的信息处理框架,如网格、分布式计算和云计算等。

物联网体现了大融合理念,突破了将物理基础设施和信息基础设施分开的传统思维,具有超前的先进理念和深远的战略意义,在实践上也期望其能够解决交通、电力、教育和医疗等行业中的一些难题。以交通为例,全球每2 s就有一个人因交通事故受伤,每50 s就有一个人死于车祸。我国每年因交通事故死亡的人数达八万左右,交通事故死亡率达到27.3%,远高于美国的1.3%。全球因交通拥塞造成的直接经济损失达5180亿美元,仅美国就占870亿美元。这些问题的解决或缓解只有依靠现实物理基础设施和虚拟信息基础设施的结合才有可能实现,而物联网提供了这种希望。

从通信的角度看,现有通信主要是人与人之间的通信(H2H)。目前,全球已经有六十多亿通信用户,即六十多亿通信连接,与全球总人口数已经相差不远,发展空间有限。物联网涉及的通信对象不仅是人,更多的是"物"。仅就目前涉及的物联网行业应用而言,就至少有交通、教育、医疗、物流、能源、环保、制造、安全等;就涉及的个人电子设备而言,至少可能有电子书阅读器、音乐播放器、DVD播放器、游戏机、数码相机、家用电器等。如果将这些所谓的"物"都纳入物联网通信应用范畴,其潜在的可能涉及的通信连接数可达数百亿,远高于现有人与人之间的通信连接数。这就为通信领域的扩展和企业转型提供了巨大的想象空间。

需要注意,尽管这类M2M的潜在通信连接数巨大,但目前实际连接数还很小。2010年,全球M2M通信连接数仅为8140万(但是增速较快,可达46%),我国M2M通信连接数还不到1000万(但是增速高达100%),与人们所期望的数百亿连接数还相差很远。

考虑到物联网的潜在巨大通信连接数目和极具吸引力的大融合理念,有人将物联网称为"万维网和移动互联网之后的互联网变革的第三阶段",还有人将其称为"大型机、PC机、互联网之后的计算模式变革的第四阶段"。简言之,我们处于一个新时代的黎明,以物联网为代表的新型产业革命为我们开启了巨大的想象空间,各国政府和产业界都对其未来发展寄予很大的希望。但是,需要指出的是,这种战略上的巨大市场潜力要真正转化为现实的有分量的市场收入,还需要经过几十年长期不懈的努力和脚踏实地的工作才有可能实现,绝不能有不切实际、急功近利的幻想和冲动。

6.5.3　物联网发展

从长远看,物联网业务的多样性决定了网络要求的多样性,随着业务的大规模发展和收入的持续增长，网络需要作进一步的优化和适配，乃至可能需要考虑为高价值物联网应用建立独立的、薄薄的业务承载层。第一，现有网络需要向泛在周边扩展，以便为物联网终端提供随时随地接入的通信能力；第二，物联网需要有海量终端标识，对于起码在数百亿量级的 M2M 连接，用于公网时不少情况下需要 IPv6 地址的支持，至少需要网关的支持；第三，物联网需要有业务感知能力，因而网管范围需要扩展到物联网节点；第四，对于某些实时性或有低延时的业务，需要 QoS 机制保障网络性能，因而对网络性能要求并不低；第五，物联网需要有海量存储与计算能力，因而可以利用云计算大幅度提升数据的存储、计算、处理乃至辅助决策能力；第六，物联网涉及网络安全、信息安全和隐私性，也需要有妥善合理的处理方案。

物联网的发展离不开互联网的发展。通信网络的大力发展为物联网奠定了坚实的物质基础，更宽、更快、更优的下一代宽带网络将为物联网发展提供更有力的支撑，也将为物联网应用带来更多的可能。物联网发展的速度取决于国家宏观政策的取向和政策支持的力度，技术的进展，产业链的形成、协同和壮大，否则将是一个十分漫长的、自生自灭的随机过程。对此，我国已经开始出台物联网专项基金支持，不少地方政府也纷纷积极介入，以“智慧城市”为抓手，试图以物联网为切入点，推动产业转型，带动地方经济的发展。这种热情若能以科学和理性的方式得以持续并落到实处，对于物联网的发展将是一个有效的推动。

尽管物联网拥有广泛的潜在应用前景，但作为一个新兴市场应用，也面临着来自各方面的挑战，主要有四个方面：

(1) 技术挑战

首先，目前缺乏在统一框架内融合虚拟网络世界和现实物理世界的理论、技术架构和标准体系。其次，不掌握核心芯片和传感器技术，导致传感器成本居高不下，80% 以上靠进口芯片，安全性和隐私权令人担忧。再次，目前的所谓“物联网”其实还未发挥物联网特有的智能分析和处理的作用，主要还是 M2M 和 RFID 等底层业务，这方面还有较长的路要走。最后，即便是现有物联网业务，整体技术也比较落后，如落后的 RFID 单信道体制在不少应用领域需要升级换代。

(2) 标准挑战

目前，物联网根本没有统一的标准体系和顶层技术架构设计。物联网标准涉及大量国际标准化组织，很难协调。另外，物联网专业性、专有性太强，公众性和公用性较弱，标准化程度低，互通性差，必要性弱。

(3) 市场挑战

首先，物联网整体上处于萌芽阶段，产业链复杂而分散，主要是薄利小众市场，集中度低、不稳定、不成规模，造成成本居高不下。其次，行业信息化程度低，门槛和壁垒高，高端难介入，低端收入微薄。最后，物联网商业模式复杂，运营商擅长一对一服务关系，即一个用户、一个终端、一个账单，而物联网的本质是多点连接，且涉及终端范围广，数量巨大。

（4）社会挑战

物联网能否有大发展完全取决于它未来能否带动经济发展和社会进步、改善个人安全和生活质量，而不要给社会、经济、政治、军事、文化和个人隐私带来负面影响乃至危害。这方面也同样需要政府、社会和个人的共识。

本章小结

本章首先介绍了电子商务物流的概念、产生与发展及分类，物流的作用，以及电子商务物流对传统物流的打击；接着介绍了电子商务物流管理的概念、功能要素、配送模式、采购模式、库存模式以及使用的技术，主要包括条码技术、射频识别技术、地理信息系统与全球定位系统；然后介绍了供应链管理与在电子商务环境下的供应链管理及管理模式；最后介绍了物联网的概念、技术支撑和发展情况。通过本章的学习，可以掌握物流的概念与物流系统的目标，了解电子商务物流管理的特点、功能要素、配送模式、采购模式、库存与管理模式，了解电子商务物流中所涉及的主要信息技术，同时掌握电子商务环境下的供应链管理模式。

思考题

1. 什么是物流？它的功能是什么？
2. 简述传统物流与现代物流的区别。
3. 简述物流的分类。
4. 什么是物流系统？其分类情况如何？
5. 什么是电子数据交换？
6. 什么是电子商务物流？它有什么特点？
7. 配送有几种模式？配送中心是怎样作业的？
8. 简述电子商务与物流之间的相互作用。
9. 什么是供应链管理？新型的供应链管理有什么特点？
10. 简述供应链管理的主要内容。
11. 什么是物联网？试述物联网发展中面临的主要挑战。

参考文献

1. 顾穗珊、毕新华编著：《电子商务与现代物流管理》，机械工业出版社2007年版。

2. 陈修齐主编：《电子商务物流管理》，电子工业出版社2006年版。

3. 陈畴镛、于俭、曹为国、王晓耘编著：《电子商务供应链管理》，东北财经大学出版社 2002 年版。

4. 张宽海编著:《电子商务概论》,电子工业出版社 2009 年版。

5. 齐爱民、徐亮:《电子商务法原理与实务》,武汉大学出版社 2009 年版。

6. 洪国彬、范月娇、谭龙江编著:《电子商务安全与管理》,清华大学出版社 2008 年版。

7. 陈建斌主编:《电子商务与现代物流》,中国经济出版社 2008 年版。

8. 屈冠银主编:《电子商务物流管理》,机械工业出版社 2007 年版。

9. 张铎、周建勤主编:《电子商务物流管理》,高等教育出版社 2006 年版。

10. 刘萍主编:《电子商务物流》,电子工业出版社 2005 年版。

11. 赵林度主编:《电子商务物流管理》,科学出版社 2006 年版。

12. 葛晓敏主编:《电子商务物流管理》,中国水利水电出版社 2007 年版。

第七章　网络营销

引例

SNS社交网络营销——与大品牌互动，建立品牌专区

校内网营销的特色是与品牌商合作的互动营销广告，最典型的例子就是与苹果公司（以下简称“苹果”）合作的苹果学院。

目前，苹果学院群组用户已超过30万，用户可以通过与苹果的产品或者实体零售店结为好友获得积分，有了积分就可以购买苹果的虚拟物品、参与抽奖，甚至获得苹果的真实产品。

千橡集团副总裁、校内网负责人许朝军认为，国内各大SNS网站都提倡实名制，而且很多用户为了方便查找、联系朋友，注册时所填写的资料都是真实的，这些真实信息对企业是有价值的——企业可以精准地找到自己的目标客户。校内网能与苹果合作，原因也在于此。校内网的主力人群是在校大学生和刚步入职场的年轻人，他们之中很多都是追求时尚的品牌达人，这些人显然是苹果产品的目标客户。

通过这个群组，苹果可以向这些用户宣传品牌价值，还能及时传递苹果产品和苹果实体店的最新信息，比如折扣优惠、最新产品等。

阿迪达斯是热衷于获得这种服务的另一巨头。在校内网上，阿迪达斯不仅有自己的群组，而且还专门定制了一款名为“篮球巨星”的游戏应用。这款小游戏与“争车位”一样，玩家通过完成任务和篮球技术PK得到积分和虚拟现金，然后换购各种道具——阿迪达斯的各类球鞋、球衣、护腕等，有了好的道具就能提升角色的能力。

与其他SNS游戏一样，“篮球巨星”也鼓励用户与好友组队进行游戏。玩家越多，阿迪达斯篮球品牌产品也就卖得越多，其品牌形象和产品信息也就得到了越多的展示。现在，每天活跃在“篮球巨星”上的用户已接近20万。

资料来源：《SNS网站盈利十八般武艺闯江湖》，载《南都周刊》2009年5月25日。

7.1 网络营销环境

7.1.1 网络营销的定义

网络营销(On-line Marketing 或 Cyber-Marketing)全称是“网络直复营销”,属于直复营销的一种形式,是企业营销实践与现代信息通信技术、计算机网络技术相结合的产物。它是企业以电子信息技术为基础,以计算机网络为媒介和手段进行的各种营销活动(包括网络调研、网络新产品开发、网络促销、网络分销、网络服务等)的总称。

7.1.2 网络营销的产生原因

网络营销的产生是科技发展、消费者价值观变革的商业竞争等综合因素所促成的。具体而言,网络营销的产生是有其技术基础、观念基础和现实基础的。

1. 网络营销产生的技术基础

现代电子技术和通信技术的应用和发展是网络营销产生的技术基础。人类现在正走进计算机发展的第四个阶段:网络时代(Network Age)。第一个阶段是主机(Mainframe)时期,第二个阶段是微型计算机(Minicomputer)时期,第三个阶段是个人计算机(Personal Computer)时期。

1969 年 11 月 21 日,六名科学家在加利福尼亚大学洛杉矶分校的计算机实验室里,将一台计算机与千里之外的斯坦福研究所的另一台计算机连通。这不只是连通了两台计算机,而是宣告了网络时代的到来,“Internet”一词也由此变得时髦起来。

国际互联网(Internet)是一种集通信技术、信息技术、计算机技术为一体的网络系统。简单地说,Internet 就是众多计算机及其网络通过电话线、光缆、通信卫星等连接而成的一个计算机网。它将入网的不同类型的网络和不同机型的计算机连接起来,构成一个整体,从而实现了网上资源和网上信息的共享。Internet 是目前计算机之间进行信息交换和资源共享的最佳方式。

早期的 Internet 主要用于军事。WWW 技术的应用推动了 Internet 的商业化进程,20 世纪 90 年代以来更呈现指数性发展的趋势,每年都有几百万个新的站点加入。现在连入 Internet 的国家和地区已超过 170 个,与之相连的站点也由最初的几千个增加到上亿个。据有关资料显示,到 2008 年底,我国网民人数已经达到了 2.98 亿。

2. 网络营销产生的观念基础

消费者价值观的变革是网络营销产生的观念基础。满足消费者需求,无论在何时何地,都是一个企业的经营核心。随着 Internet 的用途由学术研究向商业应用的逐步转变,世界各地的企业纷纷上网为消费者提供各种类型的信息服务,并把抢占这一科技制高点视为获取未来竞争优势的重要途径。当前,企业正面临前所未有的激烈竞争,市场正由卖方市场向买方市场演变,消费者将面对更为纷繁复杂的商品和品牌选择。这一变化使当代消费者心理与以往相比呈现一种新的特点和趋势。网络营销的产生适应了消费者新的价值观,主要表现在以下几方面:

(1) 个性消费的回归。消费者以个人心理愿望为基础挑选和购买商品或服务,心理上的认同感是作出购买决策的先决条件,以商品供应千姿百态为基础的单独享有成为社会时尚。

(2) 消费主动性的增强。由于商品生产的日益细化和专业化,消费者购买的风险感随选择的增多而上升。消费者会主动通过各种途径获取与商品有关的信息,并进行分析比较,以减少购买失误的可能。

(3) 对购物方便性的追求。由于现代人工作负担较重,消费者希望购物方便,时间和精力支出尽量节省。特别是对某些品牌的消费品已经形成固定偏好的消费者,这一需要尤为重要。

(4) 对购物乐趣的追求。现代人的生活丰富多彩,购物活动不仅是消费需要,也是心理需要。很多消费者以购物为生活内容,从中获得享受。

(5) 价格仍然是影响购买的重要因素。虽然现代市场营销倾向于以各种策略削减消费者对价格的敏感度,避免恶性价格竞争,但是价格始终对消费者产生重要的影响。只要价格削减的幅度超过消费者的心理预期,就难免会影响消费者既定的购物原则。

以上这些消费者观念的改变,是使人们普遍接受网络营销的重要基础。

3. 网络营销产生的现实基础

网络营销产生的现实基础是激烈的市场竞争。随着市场竞争的日益激烈化,为了在竞争中占据优势,各个企业不断地推出各种营销手段吸引顾客。但是,市场竞争已不再是仅仅依靠浅层次的营销手段就能取胜,而需要经营者寻求变革,以尽可能降低成本,缩短运作周期,增加企业赢利。

开展网络营销,可以节约大量昂贵的店面租金,减少库存商品资金占用,方便采集客户信息,使经营规模不受场地限制。这些都可以使企业经营成本和费用降低,运作周期缩短,从根本上增强企业的竞争优势,增加赢利。

4. 网络营销能提高消费者的购物效率

现代化的生活节奏已使消费者户外购物的时间越来越有限。网络营销为人们描绘了一个诱人的场景,使购物的过程不再是一种沉重的负担,甚至有时还是一种休闲、一种娱乐。让我们看一看网络营销是怎样简化消费者的购买过程的:

(1) 售前。向消费者提供丰富生动的产品信息及相关资料,如质量认证、专家品评等。网络的界面清晰、友善,便于操作执行。消费者通过比较后,就可作出购买决定。

(2) 售中。消费者坐在家中即可逛虚拟商店,用电子货币结算,省去了许多麻烦。在网上,一切都变得那么简单。

(3) 售后。在使用产品的过程中,如果消费者发现问题,可以随时与厂家联系,获得及时的技术支持和服务。

总之,网络营销能简化消费者的购物环节,节省消费者的时间和精力,满足消费者对购物方便性的需求。

5. 网络营销能满足偏价型消费者的需求

网络营销能为企业节省巨额的促销和流通费用,从而使企业的产品成本和价格降低成为可能。消费者可在全球范围内寻找最优惠的价格,甚至可绕过中间商直接订货,从而获得低价。

消费者迫切需要新的、快速方便的购物方式和服务。这种价值观的变革,呼唤着网络营销的产生。网络营销在一定程度上可以满足消费者的这种需求。通过网络购物,消费者便可实现"闭门家中坐,货从网上来"。

6. 网络营销能够提高营销效率

只要轻轻一点鼠标,任何一个商人都可以与一个拥有无数潜在用户的市场联系在一起。网络营销所绘制的正是这样一幅蓝图。网络营销具有任何一种传统营销方式所不可比拟的优势,商家面对的是全球的市场、全球的用户,它使传统营销在地域和空间上得到了极大的顺延和拓展,真正是"坐地日行八万里",大大地提高了营销的效率。

另外,互联网是集声音、图像、文字于一体的互动的多媒体介质,网络营销基于互联网,可以整合各种单一的传统营销模式,对公司和产品进行全方位、立体式的宣传,起到事半功倍的效果。

总之,网络营销的产生有其深厚的环境与现实基础,是多种因素综合作用的结果。

7.1.3 网络营销与传统营销的区别

网络营销与传统营销的区别表现在以下四个方面:

(1) 由市场导向向顾客导向转变;

(2) 由同质化、大规模向个性化、一对一方式转变;

(3) 从异动单向的市场营销转变为同步互动的市场营销;

(4) 营销管理从分散、独立的过程发展为统一的协同工作过程。

7.1.4 网络营销的特点

网络营销具有许多传统营销所不具备的独特的、鲜明的特点，具体表现在：

1. 鲜明的理论性

网络营销是在众多新的营销理念的积淀、新的实践和探索的基础上发展起来的。网络营销理念吸纳了众多新的营销理念的精髓，又不同于任何一种营销理念。计算机科学、网络技术、通信技术、密码技术、信息安全技术、应用数学、信息学等多学科的综合技术，给网络营销以厚实的技术铺垫；半个多世纪以来多种营销理念的积极探索，给网络营销以丰富的学术内涵；近十年来电子商务和网络营销的多种开拓和实践，给网络营销以冷静的思索与理性升华的机遇和可能。

因此，网络营销具有鲜明的理论特色。无论是 20 世纪 60 年代麦卡锡提出的 4P 理论，还是 90 年代劳朗提出的"忘掉产品，忘掉定价，忘掉渠道，忘掉促销"的 4C 理论，都无法和今天的网络营销理念进行比较。

其根本原因在于，以往的所有这些营销理念：

(1) 都没有本质地反映网络经济的内涵和特点；

(2) 都没能准确地把握网络对传统经营理念的碰撞和冲击；

(3) 都没有充分地揭示网络营销带给企业的深刻变革和无限生机；

(4) 都没能有效地整合各种资源，形成一种开拓市场的进击能力；

(5) 都没有真正地做到把客户当做财富，当做企业的一种战略资源；

(6) 都没有顺利地实现买家和卖家的最短路径连接和最快速度成交；

(7) 都没能从根本上提升企业的核心竞争能力。

因此，网络营销是以往一切营销理念所无法比拟的。网络经济是对传统经济的一种扬弃，网络营销理念同样是对传统营销理念的一种扬弃。

2. 市场的全球性

网络的连通性，决定了网络营销的跨国性；网络的开放性，决定了网络营销市场的全球性。在此以前，任何一种营销理念和营销方式都是在一定的范围内寻找目标客户。网络营销则是在一种无国界的、开放的、全球的范围内寻找目标客户。市场的广域性、文化的差异性、交易的安全性、价格的变动性、需求的民族性、信息价值跨区域的不同增值性以及网上顾客的可选择性不仅给网络经济理论和网络营销理论研究提供了广阔的发展空间和无尽的研究课题，而且这种市场的全球性带来的是更大范围成交的可能性、更广域的价格和质量的可比性。可比性越强，市场竞争越激烈。

3. 资源的整合性

在网络营销的过程中，将对多种资源进行整合，对多种营销手段和营销方法进行整合，对有形资产和无形资产的交叉运作和交叉延伸进行整合。这种整合的复杂性、多样性、包容性、变动性和增值性具有丰富的理论内涵,需要我们下工夫、花力气进行深入的研究。

特别是营销商务软件,在这种多维整合中发挥了重要作用,扮演着重要角色。无形资产在营销实践中的整合能力和在多种资源、多种手段整合后所产生的增值效应,也是对传统市场营销理念的重大突破和重要发展。

4. 明显的经济性

网络营销具有快捷性,因此将极大地降低经营成本,提高企业利润。形成和促成网络营销经济性的有诸多原因,如资源的广域性、地域价格的差异性、交易双方的最短连接性、市场开拓费用的锐减性、无形资产在网络中的延伸增值性,以及所有这一切对网络营销经济性的关系和影响,都将极大地降低交易成本,给企业带来经济利益。网络营销的经济性以及由此带来的明显效果必将清晰地、鲜明地显现出来。

5. 市场的冲击性

网络的进击能力是独有的。网络营销的这种冲击性以及由此带来的市场穿透能力明显地挑战了 4P 和 4C 理论。网络营销在进击时是主动的、清醒的、自觉的。无论是在信息搜索中的进击,还是在发布后的进击,都是在创造一种竞争优势,争取一批现实客户,获取一些显在商机,扩大既有优势的范围。

这种网络营销的冲击性有力地冲击了"忘记效益观"。

> 在网络营销中,
>
> 搜索价格正是为了比较价格,以制定科学、合理、有竞争力的价格;
>
> 获取新产品信息,正是为了加快新产品的开发和研制,以提升企业的创新能力;
>
> 搜索是在寻找渠道,发布也是为了扩展渠道,进行网络广告宣传同样是为了扩宽和营造渠道;
>
> 进行客户关系管理是为了维系和疏通营销渠道,渠道已经成为了现代企业的一种战略资源。
>
> 以上所有这一切,都是在促销战略的指导下进行的。忘记了价格行吗?忘记了产品行吗?忘记了渠道行吗?忘记了促销战略行吗?不行!

这种"忘记效益观"在网络经济时代显然已经不适用了。由"忘记效益观"到"进击效益观"的转变,恰恰是网络营销在营销效益观上的一大进步、一大发展。

6. 极强的实践性

所有这一切都说明:网络营销是一门实践性很强的学问,它的理论根基深深扎在实践的沃土中。网络营销的每一步发展,都呼唤着网络经济理论研究的深入。但是,这种呼唤只有在网络营销的实践中攀登和开拓的人才可以听到,才可以感受到、体验到。闭门造车,是拿不出像样的网络营销理论成果的。此外,网络营销的实践性还突出地表现为对以往营销理念的审视性和对新论断广泛的检验性。

7.1.5 企业开展网络营销的内部条件

网络营销是现代信息技术在企业商务活动中的应用,是企业电子化经营的基础。开展网络营销需要一定的支持条件,包括企业外部的基本环境和内部的基本条件。

广义地讲,网络营销的外部环境包括网络营销基础平台以及相关的法律环境、政治环境、一定数量的上网企业和上网人口、必要的互联网信息资源等。

尽管很多企业还没有开始网络化经营,但是却不能忽视互联网对这些企业的影响。企业在什么情况下有必要开展网上营销?需要具备什么样的基本条件才可以开展网络营销?

从理论上讲,无论采取哪种方式,只要企业具备了接入互联网的基本条件,就具备了开展网络营销的基本条件,可以开展初步的网络营销活动,如在网上发布一些供求信息、通过电子邮件等方式与客户交流等。不过,一个企业要开展真正意义上的网络营销,往往还要经过一系列的分析和比较,根据企业的需要和内部条件,制订网络营销计划。一般来说,需要对以下四个方面进行调研:

(1) 产品特性:是否需要在网上开展营销活动,在很大程度上取决于行业的特点和产品的特性。网络营销是为了顺应营销手段的发展,而不是为了赶时髦。如果一个行业的特点决定了利用传统方法更加有效,那么可以暂时不必考虑网络营销。如果网络营销不能在短期内带来切实的收益,那么还是应该量力而行,根据本企业的特点慎重决定。

(2) 行业竞争状况:互联网的发展,为行业竞争状况分析提供了方便。同行业的企业由于生产类似的产品或服务,往往被收录在搜索引擎或分类目录的相同类别。要了解竞争者或其他同行是否上网,只需到一些相关网站查询一下,并对竞争者的网站进行一番分析,对行业的竞争状况就会有大致的了解。如果竞争者尤其是实力比较接近的竞争者已经开始了网络营销,甚至已经取得了明显收益,那么企业就需要认真考虑自己的网络营销战略了。

(3) 财务状况:用于网络营销的支出不是消费,而是一项投资,而且是长期投资。网络营销不一定能取得立竿见影的成效。决策人员应该根据企业的财务状况制订适合自身条件的网络营销战略,如企业内部网的建立、Web 网站建设方式、网络营销组织结构、推广力度等。

(4) 人力资源:网络营销与传统营销相比,有其自身的特殊性,如互联网本身的互动性、信息发布的及时性以及网络营销的基本手段——网站建设和推广等。这就要求网络营销人员既有营销方面的知识,又有一定的互联网技术基础,而这种复合型人才目前比较短缺。企业是否拥有高水平的网络营销人才,对网络营销的效果有直接影响。

7.2 网络营销的消费者行为和目标市场分析

7.2.1 网络营销的对象分析

1. 网民结构特征

(1) 性别结构

《中国统计年鉴(2008)》显示:2007 年底,我国居民的男女性别比为 51.5:48.5。与 2007 年相比,我国网民性别结构进一步优化,趋近于总人口中的性别结构。虽然网民总体的性别结构较为接近,但是城乡之间的网民性别结构差别仍然较大。城镇网民中,性别结构几无差异;而农村网民中,男性仍然高出女性约 15%。

(2) 年龄结构

与 2007 年相比,10—19 岁网民所占比重增大,成为 2008 年我国互联网最大的用户群体。该群体规模的增长主要有两个原因促成:第一,教育部自 2000 年开始建设"校校通"工程,计划用 5—10 年时间使全国 90% 独立建制的中小学校能够上网,使师生共享网上教育资源,目前该工程已经接近尾声;第二,互联网的娱乐特性加大了其在青少年人群中的渗透率,网络游戏、网络视频、网络音乐等服务均对互联网在该年龄段人群的普及起到推动作用。

2008 年 40 岁及以上网民所占比重略高于 2007 年。近年来,网民中高龄群体比例不断上升,增长率已经超过了网民总体的增长速度,显现了我国网民结构在年龄上不断优化的趋势。

(3) 学历结构

与 2007 年相比,网民中大专及以上学历人口进一步下降,高中、初中学历所占比重继续提升。互联网日益向低学历人口普及。

在非学生网民中,初中及以下网民的比例明显低于网民总体,而高中及以上比例都高于网民总体。在该群体中,互联网向低学历人群的渗透速度明显低于学生群体。

(4) 职业结构

网民的最大构成群体是学生。学生群体的大量存在,一方面极大地活跃了我国的互联网应用,另一方面也降低了我国互联网的商业价值。

除了学生之外，党政机关和事业单位工作者、企业公司管理者、职员、专业技术人员等文职人员占有较大比重，而占我国人口最大比重的农民、产业服务业工人在网民中所占比重还比较低。与2007年相比，网民中无业人群从11.9%下降到5.5%。

(5) 收入结构

与2007年相比，网民中无收入群体所占比重从4.4%下降到1.5%，降幅明显，这与职业中无业人群的比重下降形成对应。其他收入段变化较小。

(6) 城乡结构

农村网民规模达到8460万人，网民中乡村人口所占比重不断提升，互联网正在不断向农村地区渗透。

2. 网络消费者的购买动机

动机是指推动人进行活动的内部原动力(内在驱动力)，即激励人行动的原因。网络消费者的购买动机是指在网络购买活动中，能使网络消费者产生购买行为的某些内在的驱动力。了解消费者动机，可以有根据地说明和预测消费者的行为。

网络消费者的购买动机可作如下分类：

(1) 需求动机

① 传统需求层次

② 现代新需求

兴趣、聚集、交流。

(2) 心理动机

① 理智动机

网络购物者大多是中青年，具有较高的分析判断能力。他们在购买之前，需要反复比较商品特点、性能和使用方法。

理智动机具有客观性、周密性和控制性的特点。

② 感情动机

感情动机是由于人的情绪和感情所引起的购买动机，分为低级形态和高级形态。

③ 惠顾动机

惠顾动机是基于理智、经验和感情，对特定的网站、图标广告、商品产生特殊的信任与偏好，重复地、习惯性地前往访问并购买的一种动机。

这些忠实的浏览者不仅自己经常光顾这一站点，而且对众多网民也有较大的宣传作用和影响功能，甚至在企业的商品出现过失的时候也能予以谅解。

3. 网络消费需求的特征

(1) 个性消费

(2) 需求差异

(3) 主动性强

(4) 方便、有乐趣

(5) 价格

(6) 层次性

(7) 需求交叉

(8) 超前、可诱导

(9) 女性主导

需要特别指出的是,网络消费具有层次性。网络消费本身是一种高级消费形式,但是就其自身消费内容来说,可以分为由低级到高级的不同层次。

开始阶段:侧重精神产品(书籍、计算机软件、音像制品)。

成熟阶段:转向日用品消费(服装、生活用品)。

7.2.2 影响网络消费者购买的主要因素

1. 产品的特性

首先,由于网上市场不同于传统市场,网络消费者有着区别于传统消费者的消费需求特征,并不是所有的产品都适合在网上销售和开展网上营销活动。根据网络消费者的特征,网上销售的产品一般要考虑产品的新颖性,即产品是新产品或者是时尚类产品,比较能吸引人的注意。追求商品的时尚和新颖性是许多消费者特别是青年消费者重要的购买动机。

其次,一些产品要求消费者参与程度比较高,消费者一般需要现场体验,而且需要很多人提供参考意见。这些产品不太适合在网上销售。对于消费者需要现场体验的产品,可以利用网络营销推广功能,辅助传统营销活动进行,或者将网络营销与传统营销进行整合。通过网络宣传和展示产品,消费者在充分了解产品的性能后,可以到相关商场进行选购。

2. 产品的价格

价格虽不是决定消费者购买的唯一因素,但却是消费者购买商品时肯定要考虑的因素,而且是一个非常重要的因素。对一般商品来讲,价格与需求量之间经常表现为反比关系,同样的商品,价格越低,销售量越大。网络购物之所以具有生命力,重要的原因之一是网上销售的商品价格普遍低廉。

此外,消费者对于互联网有一个免费的价格心理预期,那就是即使网上商品是要花钱的,也应该比传统渠道的价格要低。一方面,互联网的起步和发展都依托了免费策略,这一策略深入人心,而且得到了成功的商业运作。另一方面,作为新兴市场，互联网可以减少传统营销中的中间费用和一些额外的信息费用，从而大大削减产品的成本和销售费用。这也是互联网商业应用的巨大增长潜力所在。

3．购物的便捷性

便捷性是消费者选择购物的首要考虑因素之一。一般而言，消费者选择网络购物时考虑的便捷性，一是时间上的便捷性，可以不受时间的限制并节省时间；二是空间上的便捷性，可以足不出户，在很大范围内选择商品。

4．安全可靠性

在网上消费，消费者一般需要先付款后送货。这时，过去"一手交钱，一手交货"的现场购买方式发生了变化，时空上发生了分离，消费者有失去控制的离心感。为减低网络购物的这种失落感，在各个环节必须加强安全措施和控制措施，保护消费者购物过程的信息传输安全和个人隐私保护，树立消费者对网站的信心。

7.2.3 网络消费者的购买过程

网络消费者的购买过程，也就是网络消费者购买行为形成和实现的过程。网络消费者的购买过程可以粗略地分为五个阶段：

1．诱发需求

网络购买过程的起点是诱发需求。消费者的需求是在内外因素的刺激下产生的。只有在消费者对市场中出现的某种商品或某种服务发生兴趣后，才可能产生购买欲望。这是消费者作出消费决定过程中所不可缺少的基本前提。

对于网络营销来说，诱发需求的动因只能局限于视觉和听觉。文字的表述、图片的设计、声音的配置是网络营销诱发消费者购买的直接动因。就此而言，网络营销对消费者的吸引具有相当的难度。这要求从事网络营销的企业或中介商注意了解与自己产品有关的实际需求和潜在需求，了解这些需求在不同时间的不同程度，了解这些需求是由哪些刺激因素诱发的，进而巧妙地设计促销手段以吸引更多的消费者浏览网页，诱发他们的需求。

2．收集信息

在购买过程中，收集信息的渠道主要有两个，即内部渠道和外部渠道。内部渠道是指消费者个人所储存、保留的市场信息，包括购买商品的实际经验、对市场的观察以及个人购买活动的记忆等。外部渠道是指消费者可以从外界收集信息的通道，包括个人渠道、商业渠道和公共渠道等。

个人渠道主要提供来自消费者的亲戚、朋友和同事的购买信息和体会。这种信息和体会在某种情况下对购买者的购买决策起着决定性的作用。网络营销决不可忽视这一渠道的作用。

商业渠道,如展览推销、上门推销、中介推销、各类广告宣传等,主要是通过厂商有意识的活动把商品信息传播给消费者。网络营销的信息传递主要依靠网络广告和检索系统中的产品介绍,包括在信息服务商网页上所做的广告、中介商检索系统上的条目以及自己主页上的广告和产品介绍。

一般说来,在传统的购买过程中,消费者对于信息的收集大都处于被动进行的状况。与传统购买时的信息收集不同,网络购买的信息收集带有较大的主动性。在网络购买过程中,商品信息的收集主要是通过因特网进行的。一方面,上网消费者可以根据已经了解的信息,通过因特网跟踪查询。另一方面,上网消费者又不断地在网上浏览,寻找新的购买机会。由于消费层次的不同,上网消费者大都具有敏锐的购买意识,始终引领着消费潮流。

3. 比较选择

消费者需求的满足是有条件的,这个条件就是实际支付能力。没有实际支付能力的购买欲望只是空中楼阁,不可能导致实际的购买。为了使消费需求与购买能力相匹配,比较选择是购买过程中必不可少的环节。消费者对各条渠道汇集而来的资料进行比较、分析、研究,了解各种商品的特点和性能,从中选择最为满意的一种。一般说来,消费者的综合评价主要考虑产品的功能、可靠性、样式、价格和售后服务等。消费者可通过看发布渠道、看主页更换的频率、看广告用语以及尝试性购买等途径进行信息筛选。

网络购物不直接接触实物。消费者对网上商品的比较选择依赖于厂商对商品的描述,包括文字的描述和图片的描述。网络营销商对自己的产品描述不充分,就不能吸引众多的顾客;而如果对产品描述得过分夸张,甚至带有虚假的成分,则可能永久地失去顾客。

4. 购买决策

网络消费者在完成了对商品的比较选择之后,便进入到购买决策阶段。与传统的购买方式相比,网络购买者的购买决策有许多独特的特点:第一,网络购买者的理智动机所占比重较大,而感情动机所占比重较小;第二,网络购买受外界影响较小,大部分的购买决策是自己作出的或是与家人商量后作出的;第三,网络购物的决策行为较之传统的购买决策要快得多。

网络消费者在决定购买某种商品时,一般必须具备三个条件:第一,对厂商有信任感;第二,对支付有安全感;第三,对产品有好感。所以,树立企业形象,改进货款支付办法和商品邮寄办法,全面提高产品质量,是每一个参与网络营销的厂商必须重点抓好的三项工作。这三项工作抓好了,才能促使消费者毫不犹豫地作出购买决策。

5. 购后评价

消费者购买商品后,往往通过使用对自己的购买选择进行检验和反省,重新考虑这种购买是否正确、效用是否理想以及服务是否周到等问题。这种购后评价往往决定了消费者今后的购买动向。

为了提高竞争力,最大限度地占领市场,企业必须虚心倾听顾客反馈的意见和建议。因特网为网络营销者收集消费者购后评价提供了得天独厚的优势。方便、快捷、便宜的电子邮件紧紧连接着厂商和消费者。厂商可以在订单的后面附上一张意见表。消费者购买商品的同时,就可以填写自己对厂商、产品以及整个销售过程的评价。厂商从网络上收集到这些评价之后,通过计算机的分析、归纳,可以迅速找出工作中的缺陷和不足,及时了解到消费者的意见和建议,随时改进自己的产品性能和售后服务。

7.2.4　网络营销的目标市场

1. 网络营销的对象定位

(1) 男性消费者市场

上网人群以男性为多数,企业的产品要想在网络上打开市场,就要吸引男性公民。尤其是耐用消费品,如汽车、摩托车、房屋等。

(2) 中青年消费者市场

中青年消费者在上网人群中占绝对优势,他们喜欢唱片、游戏软件、体育用品等。

(3) 具有较高文化水准的职业层市场

上网者一方面要有快速阅读的能力并可熟练操作计算机,另一方面要有一定的英文水平。

(4) 中等收入阶层市场

上网用户大都具有中等收入水平,否则难以维系上网费用。面对这一市场,要推出中高档的产品或服务。

(5) 不愿面对售货员的顾客市场

比如,购买涉及有关隐私的产品等。

2. 网络营销商品的分类

(1) 实体商品

营销方式:在线浏览、购物选择、送货上门。

销售品种:民用品、工业品、农业品。

(2) 软体商品

其一:营销方式:资讯提供。

销售品种:资料库检索、电子新闻、电子图书、电子报刊、研究报告、论文。

其二:营销方式:软件销售。

销售品种:电子游戏、套装软件。

(3) 服务商品

其一:营销方式:情报服务。

销售品种:法律查询、医药咨询、股票行情分析、银行金融咨询服务。

其二:营销方式:互动式服务。

销售品种:网络交友、电脑游戏、远程医疗、法律救助。

其三:营销方式:网络预约服务。

销售品种:飞机票、火车票、电影票、音乐会门票、球赛入场券预定,以及饭店预约、旅游预约、预约医院。

7.3 网络营销的模式

7.3.1 企业与企业之间的网络营销模式

企业与企业之间的网络营销模式主要有:企业网站博客频道模式、第三方BSP公共平台模式、建立在第三方博客企业博客平台的博客营销模式、个人独立博客网站模式、博客营销外包模式、博客广告模式等。

7.3.2 企业对消费者的网络营销模式

搜索对于网络营销的价值是在电子商务的发展过程中逐渐被发现的。

在国际上,雅虎、思科、IBM、惠普、微软、亚马逊等IT企业最先应用站内搜索引擎改进营销模式,颇为成功。于是,多年来形同鸡肋的搜索技术迅速走向前台,成为IT企业竞争力的核心。鉴于Google崛起后咄咄逼人的态势,雅虎、MSN等国外门户网站先后介入搜索领域,争夺丢失已久的搜索领地。

作为一种利用网络对产品的售前、售中、售后各环节进行跟踪服务的直接市场营销模式,网络营销包括电子邮件营销、文字链广告、搜索引擎结果文字链、网络图片广告、搜索引擎结果登录、搜索引擎竞价排名等多种形式。由于不像电子商务那样存在法律、安全、技术、认证、支付和配送等问题,一时间,借助主流门户、搜索引擎提供商所提供的搜索、电子邮件等网络技术,网络营销的风头甚至盖过了B2C、B2B、C2C等中规中矩的电子商务模式。

目前,搜索引擎的赢利模式主要为IE地址栏搜索、网站登录、固定排名、竞价排名等,凡此都可以作为企业网络营销的有效工具。同时,搜索引擎产品不具有排他性,一个企业可以选择多个搜索引擎进行地址栏搜索、固定排名或者竞价排名等。

竞价排名的情况稍有不同。这种企业付钱换取搜索引擎中排行的方式只是按实际点击次数付费,没有点击则不需要付费,因此对搜索企业而言投入少而回报高。但是，其流弊是一旦把握不住分寸，会导致自然排名与竞价排名比例失衡，影响搜索引擎的公信力。包括Google、雅虎在内的企业都对此极为谨慎。例如，Google的竞价排名中就对竞价者收取极高的排名费，以求尽量淡化商业气息，保持有限度的干净。

目前，国内网络营销市场尚处于初级阶段，用户在选择产品或服务时仍较为被动。国内绝大多数网络营销服务商如新浪、3721、21CN等均采取了代理商渠道销售的策略，而不是像Google那样采用客户自助式直销模式，这无疑是较为明智的。

7.3.3 电子商铺模式

传统实体商铺受到场地面积、租金、环境、地理位置等影响，这些都可能对其销售和宣传造成一定的劣势。一般的实体商铺都会将其门面地址选择在闹市区或者某一商业区，甚至是某一特定环境的小区周围，而这些都要考虑到周边小区业主的收入、业余爱好等。所以，该类传统商铺通常会选择某一目标人群较集中的环境开设，以促进其传统渠道销售的建立与分布管理。可见，传统实体商铺由于其选择的地理位置以及用户覆盖群体较精准，所以不需要采用太多的推广宣传手段，便能达到一定比例用户的聚集，从而为其带来相对稳定的客户群体。综上，传统实体商铺的优缺点主要为：

表7-1 传统实体商铺分析

优点：	① 无须额外宣传推广成本 ② 目标用户群体较精准集中
缺点：	① 租金高 ② 场地面积限制 ③ 地理位置选择面窄

B2C电子商务商城则不受任何的场地面积、租金费用等影响，拥有无限大的商品数据库和展示空间，可同时做到成千上百类商品的展示宣传，并接受用户的网上订购。作为互联网新兴行业，电子商务凭借其所具有的低成本、低限制优势已具备了完全替代传统实体商铺销售的各项条件，并将逐步成为用户的主流购买渠道。B2C网络商城由于建立初期没有任何知名度和品牌效应，用户知晓甚少，还是需要通过大量的广告投放、宣传促销得到用户的了解与关注。同时，它所投入的大部分广告由于用户细分不明确、目标用户精准度低，造成花费的大量市场宣传推广费用所获得的转换回报率只有2%至3%。虽然B2C电子商务商城在场地、租金、空间环境对比中较传统实体商铺具有较大的成本节省优势，但是它节省下来的该部分成本已源源不断地投入到网站的自身宣传推广中，所以其投入与产出相比并未带来可观的现金利润。

从过去的当当、卓越到今天的京东商城、新蛋，无不是通过大量的广告投放维持其正常的订单量和销售业绩，所投入的成本与产出相比远未达到赢利目标。

这就是为何当前还没有一家 B2C 电子商务网站能自豪地宣布其已完全处于赢利状态的原因。综上,互联网 B2C 电子商务商城的优缺点主要为:

表 7-2 互联网 B2C 电子商务商城

优点:	无任何场地面积、租金、地理位置限制
缺点:	① 宣传推广成本较高 ② 目标用户精准度低

总之,互联网电子商务作为新的商务模式,其发展前景值得期待。互联网作为新媒体领军人,其传播性、互动性、时效性都具有广泛的优势特点。但是,电子商务作为新兴行业销售模式,要取代现有的传统商铺模式还远未到理想阶段,市场需要培育,用户也需要一个认知与培育的过程,行业成熟还需要经历一代又一代人的创新与突破。传统实体商铺模式与互联网电子商务模式相结合,可弥补各自的缺点,放大共同的优势,将会产生巨大的同质化效应,必定会为传统的销售带来革命性的影响。

7.4 网络营销策略

7.4.1 网络营销策略的特点

网络营销策略呈现出以下一些特点:

1. 跨时空

互联网可以超越时间约束和空间限制进行信息交换,使得脱离时空限制达成交易成为可能。企业可以有更多的时间和更大的空间进行营销,可以每周 7 天、每天 24 小时随时随地提供全球性营销服务。

2. 多媒体

互联网被设计成可以传输多种媒体的信息,如文字、声音、图像等,使得为达成交易进行的信息交换能以多种形式存在和交换,可以充分发挥营销人员的创造性和能动性。

3. 交互式

互联网可以通过展示商品图像、商品信息资料库提供有关的查询,实现供需互动与双向沟通,还可以进行产品测试与消费者满意调查等活动。互联网为产品联合设计、商品信息发布以及各项技术服务提供了最佳工具。

4. 个性化

互联网上的促销是一对一的、低成本的、人性化的、理性的、消费者主导的、非强迫性的、循序渐进式的,可以避免推销员强势推销的干扰,并通过信息提供与交互式交谈与消费者建立长期良好的关系。

5. 成长性

互联网使用者数量快速增长并遍及全球,他们多年轻、属中产阶级、具高教育水准、购买力强且具有很强市场影响力。因此,这是一个极具开发潜力的市场渠道。

6. 整合性

互联网上的营销可由商品信息至收款、售后服务“一气呵成”,因此也是一种全程的营销渠道。同时,企业可以借助互联网对不同的传播营销活动进行统一设计规划和协调实施,以统一的传播资讯向消费者传达信息,避免不同传播中不一致性产生的消极影响。

7. 超前性

互联网是一种功能强大的营销工具,它同时兼具渠道、促销、电子交易、互动服务以及市场信息分析与提供等多种功能。互联网所具备的一对一营销能力,正是符合定制营销与直复营销的未来趋势。

8. 高效性

计算机可储存大量的信息,代消费者查询,可传送的信息数量与精确度远超过其他媒体,并能因应市场需求,及时更新产品或调整价格,因此能及时有效地了解并满足顾客的需求。

9. 经济性

通过互联网进行信息交换,代替以前的实物交换,一方面可以减少印刷与邮递成本,实现无店面销售,免交租金,节约水电与人工成本,另一方面可以减少由于迂回多次交换带来的损耗。

10. 技术性

网络营销是建立在以高技术作为支撑的互联网的基础上的。因此,企业实施网络营销必须有一定的技术投入和技术支持,改变传统的组织形态,提升信息管理部门的功能,引进懂营销与计算机技术的复合型人才,这样未来才能具备参与市场竞争的优势。

7.4.2　网上促销策略

在对网上营销活动的整体策划中,网上促销是极为重要的一项内容。销售促进(Sales Promotion,SP)即促销是指企业利用多种方式和手段支持市场营销的各种活动。网上促销(Cyber Sales Promotion)是指利用 Internet 等电子手段组织促销活动,以辅助和促进消费者对商品或服务的购买和使用。根据网上营销活动的特征和产品服务的不同,结合传统的营销方法,网上促销策略可分为消费者促销、中间商促销和零售商促销等。以下主要是针对消费者的网上促销策略:

1. 网上折价促销

折价也称"打折"、"折扣",是目前网上最常用的一种促销方式。因为目前网民在网上购物的热情远低于商场、超市等传统购物场所,所以网上商品的价格一般都要比传统方式销售时要低,以吸引人们购买。由于网上销售商品不能给人以全面、直观的印象,也不可试用、触摸等原因,再加上配送成本和付款方式的复杂性,造成网上购物和订货的积极性下降。幅度比较大的折扣则可以促使消费者进行网上购物的尝试并作出购买决定。

目前,大部分网上销售商品都有不同程度的价格折扣,如8848、当当书店等。

折价券是直接价格打折的一种变化形式。有些商品因在网上直接销售有一定的困难,便结合传统营销方式,可从网上下载、打印折价券或直接填写优惠表单,到指定地点购买商品时可享受一定优惠。

2. 网上变相折价促销

变相折价促销是指在不提高或稍微增加价格的前提下,提高产品或服务的品质数量,较大幅度地增加产品或服务的附加值,让消费者感到物有所值。由于网上直接价格折扣容易造成消费者对商品品质的怀疑,利用增加商品附加值的促销方法会更容易获得消费者的信任。

3. 网上赠品促销

赠品促销目前在网上的应用不算太多。通常,在新产品推出试用、产品更新、对抗竞争品牌、开辟新市场的情况下,利用赠品促销可以达到比较好的促销效果。

赠品促销的优点有:

(1) 可以提升品牌和网站的知名度;

(2) 鼓励人们经常访问网站以获得更多的优惠信息;

(3) 能根据消费者索取增品的热情程度总结分析营销效果和产品本身的反应情况等。

赠品促销应注意赠品的选择:

(1) 不要选择次品、劣质品作为赠品,这样做只会起到适得其反的效果。

(2) 明确促销目的,选择适当的、能够吸引消费者的产品或服务。

(3) 注意时间和时机,如冬季不能赠送只在夏季才能用的物品,另外在危机公关等情况下也可考虑不计成本的赠品活动以挽回危机。

(4) 注意预算和市场需求,赠品要在能接受的预算内,不可过度赠送赠品而造成营销困境。

4. 网上抽奖促销

抽奖促销是网上应用较广泛的促销形式之一,是大部分网站乐于采用的促销方式。抽奖促销是以一个人或数人获得超出参加活动成本的奖品为手段进行商品或服务的促销。网上抽奖活动主要附着于调查、产品销售、扩大用户群、庆典、推广某项活动等。消费者或访问者通过填写问卷、注册、购买产品或参加网上活动等方式获得抽奖机会。

网上抽奖促销活动应注意以下几点：

(1) 奖品要有诱惑力。可考虑以大额超值的产品吸引人们参加。

(2) 活动参加方式要简化。由于目前上网费偏高、网络速度不够快以及浏览者兴趣不同等原因，网上抽奖活动要策划得有趣味性和容易参加，太过复杂和难度太大的活动较难吸引匆匆的访客。

(3) 要保证抽奖结果的公正公平性。由于网络的虚拟性和参加者的广泛地域性，对抽奖结果的真实性要有一定的保证，应该及时请公证人员进行全程公证，并及时通过 E-mail、公告等形式向参加者通告活动进度和结果。

5. 网上积分促销

积分促销在网络上的应用比传统营销方式要简单和易操作。网上积分活动很容易通过编程和数据库等实现，并且结果可信度很高，操作起来相对较为简便。积分促销一般设置价值较高的奖品，消费者可以通过多次购买或多次参加某项活动增加积分以获得奖品。因此，积分促销可以增加上网者访问网站和参加某项活动的次数，增加其对网站的忠诚度，提高活动的知名度等。

现在不少电子商务网站"发行"的"虚拟货币"应该是积分促销的另一种体现，如 8848 的"e 元"、酷必得的"酷币"等。网站通过举办活动使会员"挣钱"，同时可以用仅能在本网站使用的"虚拟货币"购买本网站的商品，实际上是给会员购买者以相应的优惠。

6. 网上联合促销

由不同商家联合进行的促销活动称为"联合促销"。联合促销的产品或服务可以起到一定的优势互补、互相提升自身价值等效应。如果应用得当，联合促销可以起到相当好的促销效果。网络公司可以和传统商家联合，提供在网络上无法实现的服务，如销售汽车和润滑油等。

以上六种是网上促销活动比较常见、比较重要的方式，其他如节假日的促销、事件促销等都可以从中选择，进行综合应用。但是，要想使促销活动达到良好的效果，还必须事先进行市场分析、竞争对手分析以及网络上活动实施的可行性分析，与整体营销计划相结合，有创意地组织实施促销活动，使促销活动新奇、富有销售力和影响力。

7.4.3 网络定价策略

1. 网络定价基础

(1) 定价方法

企业在确定了定价目标、掌握了各有关影响因素的资料后，就开始具体的定价工作。这是一项十分复杂且难以掌握的工作。在现代经济生活中,任何企业都不能只凭直觉随意定价,而必须借助科学的、行之有效的定价方法。

影响定价最基本的三个因素是产品成本、市场需求和竞争。因此,定价方法也可以分为三类:

① 成本导向定价法

成本导向定价法是以产品的总成本为中心定价。这一类定价方法有很多具体形式,如成本加成定价法、目标利润定价法等。

② 需求导向定价法

需求导向定价法是依据买方对产品价值的感受和需求的强度定价,而不是依据卖方的成本定价。这一类定价方法主要是感受价值定价法。所谓"感受价值"或"认知价值",是指买方在观念上所认同的价值,而不是产品的实际价值。

③ 竞争导向定价法

竞争导向定价法主要是依据竞争者的价格定价。这一类定价方法要视产品和需求情况而定,其特点是:只要竞争者价格不变,即使成本或需求发生变动,价格也不动,反之亦然。

(2) 定价技巧

在激烈的市场竞争中,定价策略是企业争夺市场的重要武器,是企业营销组合策略的重要组成部分。企业必须善于根据市场环境、产品特点和生命周期、消费心理和需求特点等因素,正确选择定价策略,争取顺利实现营销目标。常用的低价策略有以下几种:新产品定价策略、产品组合定价策略、折扣和折让定价策略、地区定价策略、心理定价策略、差别定价策略等。

2. 网络营销的价格特征与影响定价的因素

(1) 网络营销的价格特征

网络营销中的价格具有以下几个明显的特征:透明化、全球化、低价性、顾客主导性等。

(2) 影响网络营销定价的因素

价格是一个变量,它受到许多因素的影响和制约,包括企业的内部因素和外部因素。企业应该充分地认识这些因素并以此选择定价方法和策略。

3. 网络营销的定价策略

网络营销的定价策略分为低价策略、个性化定价策略、顾客参与定价策略、销售捆绑定价策略、定制定价策略、拍卖竞价策略等。

7.4.4 E-mail 营销策略

E-mail 营销是指在用户事先许可的前提下,把文本、HTML 或多媒体信息发送到目标用户的电子邮箱,以达到营销目的。企业如果掌握了有效的 E-mail 营销技巧，就能够：

(1) 低成本、高效率地开展网络营销工作；

(2) 及时向目标用户传达企业最新信息；

(3) 增强与用户之间的互动性，提升企业价值和用户忠诚度；

(4) 获取更多用户信息，为日后深度剖析用户行为与数据挖掘作好准备。

1. 营销步骤

(1) 获取邮件地址

企业只有获取顾客的邮件地址，才能开展 E-mail 营销。有两种方式可以帮助企业获取顾客的邮件地址：一种是通过各种网上或网下的活动收集，另一种是向其他企业购买。

目前，企业通过网站上的 RSS、XML 等订阅功能就可以收集到目标群体的 E-mail 信息。许可 E-mail 营销一般不会被邮件服务商视做垃圾邮件，因此在这里不推荐企业向其他机构购买 E-mail 信息。

(2) 制定发送方案

确定目标顾客群以后，营销人员要与专业人员一起确定目标市场，找出潜在的用户，并根据用户的预期和需要确定邮件发送的频率。

我国成为世界第二大垃圾邮件国的根本原因在于毫无目的地进行邮件群发。因此，企业在制定 E-mail 发送策略时，首先就要确定此次 E-mail 营销的目的，然后对目标群体进一步细分，根据他们所处生命周期的位置选择性地发送。

(3) 发送 E-mail，收集反馈信息，及时回复

执行完 E-mail 发送任务之后，对 E-mail 营销指标的监测也是一个非常重要的工作。营销目标主要包括开启率、退信率、回复率、点击率、转换率等。当然，对数据进行收集和分析也十分关键，它对下一次的 E-mail 营销工作具有导航作用。

发送 E-mail 时，可以选定群发邮件，也可以针对某些顾客进行单独发送。另外，要认真收集整理顾客的反馈信息，对于顾客提出的问题要及时作出回复。

(4) 主动提供 E-mail 服务

企业提供给顾客的 E-mail 服务应该包括两个方面：一是主动向顾客提供公司的最新信息；二是获得顾客需求的反馈，将其整合到设计、生产、销售的系统中去。

E-mail 类型应该根据每次 E-mail 营销目的的不同而有所不同。总之，E-mail 营销为企业开展网络营销工作提供了重要的参考依据。

2. 技巧与策略

(1) 用户体验性和互动性是 E-mail 营销的关键；

(2) 一对多的群发策略必然导致失败，客户细分是走向一对一营销循环的

关键一步；

(3) 许可 E-mail 营销是一个长期的、持续的过程,切不可急功近利；

(4) 开展 E-mail 营销时,选择一个高质量的邮件营销服务商必不可少。

7.5 网上市场调研

7.5.1 网上市场调研的优势

在线调查法是获取第一手资料最常用的调研方法。具体做法有:在企业网站或其他合作调查网站上设置调查表,访问者在线填写并提交到网站服务器;向被调查者寄出调查表;向被调查者寄出包含链接的相关信息,并把链接指向放在企业网站上的问卷等。在线调查法广泛应用于各种内容的调查活动中,实际上是传统市场调研中问卷调查方法在互联网上的延伸。例如,中国互联网络信息中心(CNNIC)每年进行两次网上问卷调查,其主要目的是发布具有权威性的中国互联网络发展状况统计报告。

要使被调查者认识到在进行的调查项目是合理合法的,是值得他们花些时间和精力认真填写的。问题指导语(填表说明)是向被调查者解释怎样以及如何正确地填写问卷的语句。问卷的主体包括问题和备选答案,是问卷的核心部分。问题的类型可以分为开放型和封闭型。网络市场调查中,在线问卷特别是 E-mail 问卷多采用封闭型问卷,即在提出问题的同时,给出备选的答案。结束语中可以表示出对被调查者的感谢,或是赠送一些奖品、优惠券等。

7.5.2 网上市场调研的对象

网络市场调研的对象主要有两类:

1. 企业产品的消费者

消费者在网上购物必然要访问企业的站点,利用企业首页所提供的分类、目录或搜索引擎工具,浏览商品的说明、功能、价格、付款方式、送货与退货条件、售后服务等方面的信息。企业市场营销调研人员可通过网络跟踪消费者,了解他们对企业产品的意见和建议。

按照现代市场理论,对一切既定的商品来说,营销市场包含三个要素:有某种需要的人、为满足这种需要的购买能力和购买意愿。形成营销市场的这些要素相互制约,缺一不可。只有这三个要素结合起来,才能构成现实的市场,才能决定市场的规模和容量。企业只有满足了消费者的购买欲望和需求,才能赢得市场并获得相应的利益。因此,人口统计分析是市场调研的一个重要内容。市场调研人员对访问企业站点的人数进行统计,进而分析顾客的分布范围和潜在消费市场的区域,以此制定相应的网络营销战略和决策。

目标对象识别法(Target Audience Identification)是目前互联网上出现的一种人口统计技术。这种技术能在被应用的站点上跟踪调查访问者,从而有助于网络调研人员及时准确地把握访问者的人口统计情况。

如果企业希望开拓国际市场,则需要了解国外人口的有关统计信息,可以访问互联网上的两个站点:www.hotbot.com 和 Altavista.digital.com。

在搜索信息时,只需键入"census"、"demographics"、"population"等表示人口的英文单词和想查询的有关国家或地区的英文名称即可。

2. 企业的竞争者

美国哈佛大学的著名战略学家、研究企业竞争战略理论的专家迈克尔·波特提出了行业竞争的结构模型。他指出:"在任何产业里,无论是国内还是国外,无论是生产一种产品还是提供一种服务,竞争规则都寓于以下五种力量之中,即新竞争者的加入、替代产品的出现、现有企业之间的竞争、购买方的讨价还价能力以及供应方的讨价还价能力。"

现有企业之间的竞争、新竞争者的加入与替代品的出现形成了主要的行业竞争力,它们之间相互影响、相互制约。通过对行业竞争力的分析,可以了解本企业在行业中所处的地位、所具有的竞争优势与不足,以便制定企业战胜各种竞争力量的对策。

(1) 现有企业之间的竞争。同行业的各企业之间是相互依存的,但是当它们感到竞争压力或捕捉到改善企业现有地位的机会时,就会用价格战、广告战以及产品保证或加强为顾客服务等竞争手段使竞争激化。某些企业的突出活动将刺激同行业竞争者采取相应的竞争策略。同行业内企业间的竞争激化,既可以使整个行业技术发展、产业升级,也可以使行业境况变得糟糕。特别是价格竞争,可能造成整个行业赢利的恶化,因为竞争力量一旦势均力敌,所有企业都将减少收入。

(2) 新竞争者的加入。新加入者可以是新创办的企业,也可以是由于实行多角化经营而新进入本行业的企业。新加入者往往带来新的生产能力和充裕的资源,与现有企业竞争市场份额和利润,从而对现有企业的生存和发展形成巨大的威胁。这种威胁一般称为"进入威胁"。进入威胁的大小取决于行业的进入障碍和现有企业的反击强度。

(3) 替代品的出现。替代品也称"代用品",是指那些与本行业的产品具有相同或相似功能的其他产品。替代品的出现会给行业内的企业带来冲击。替代品往往在某些方面具有超过原有产品的竞争优势,如价格低、功能新、性能好、质量好等。因此,替代品有实力与原有产品争夺市场,分割利润,使原有企业处于极为不利的地位。企业应随时警惕替代品的出现,并制定相应的防范措施。不过，当某些替代品的出现代表着时代潮流、具有很强的市场吸引力的时候，企业与其采取完全排斥的态度，不如采取引进、采纳新技术的态度更为有利，从而促进企业自身的技术进步和产业升级。

行业的上述竞争结构对于行业的竞争态势和企业的市场营销策略有强烈的影响。因此，市场调研人员应随时掌握有关的信息和资料。互联网为调研工作提供了极为方便的工具。调研人员可以进入互联网上竞争者的站点，查询面向公众的所有信息，如竞争企业的历史、企业结构、产品系列、有关年度评价报告、营销措施等。调研人员可以通过对竞争者有关动态信息的分析，准确地把握行业竞争趋势，做到知己知彼，使企业能及时调整营销策略。

在确定了调研对象后，市场调研人员即可通过电子邮件向互联网上的个人主页、新闻组或邮件清单发出相关查询。

互联网上的个人主页信息对企业来说是非常重要的，应引起营销调研人员的高度重视。因为利用搜索引擎访问个人主页，企业产品的购买者和潜在消费者都可以成为调研的具体对象。被访问的人只要愿意并且是善意的，就会以电子邮件的形式通过互联网作出相应的回复。

新闻组是互联网上针对人们感兴趣的主题而设立的公告板块。新闻组涉及的内容极为广泛，包括教育、体育、文艺、科技等。目前，互联网上有至少一万五千多个新闻组，给人们提供了深入讨论感兴趣的各方面问题的机会，包括对各产业、各企业的讨论等。营销调研人员可以使用 Dejanews（www. dejanews. com）这个搜索引擎，搜索每个新闻组，从而找到感兴趣的内容。假如你对某一行业感兴趣，则可以要求 Dejanews 找到行业内几乎所有大公司、大企业的有关资料。

在新闻组板块中，营销调研人员可以观察到发送信息的个人 E-mail 地址、已发信息的新闻组名称和发送信息的标题，并一直浏览下去，以阅读和收集新闻组中信息的具体内容和个人所发表的意见。同时，营销调研人员可以针对本企业、本行业的情况提出一些问题，发送到新闻板块中让社会公众讨论。需要注意的是，提出的问题不要纯商业化，应尽可能符合公众的兴趣和口味，以吸引更多的人参加讨论。

互联网上的信息服务不仅能使企业市场调研人员掌握大量调研对象的信息，而且通过公告板块便于访问者提出询问，从而获得更翔实的信息。与传统的市场调研相比，网上信息服务为企业的市场营销调研开拓了更广阔的空间。另外，利用互联网进行市场营销调研的最大优势是及时快速。在互联网上，调研人员可以不定时地查看本企业的电子邮件，并向各个私人或公众站点发出询问请求，以便及时准确地了解来自各方面的信息，把握市场变化动态和消费变化趋势，制定相应的市场营销策略。

互联网上有众多的关于不同地区和不同行业的综合信息服务站点。企业市场营销调研人员在确定了具体的调研范围、调研对象之后，应选择相应的站点进行信息查询。同时，对查到的有关信息，调研人员可以请求发送到专门的个人电子邮件信箱中，以作进一步的阅读分析。这些综合信息服务站点将来还可以通过互联网直接把所需要的信息加到个人主页上或者发送到传真机上。

在网络环境下，世界上各个国家和地区发行的报纸、杂志、政府出版物、新闻公报、人口和环境分析报告，以及工商企业的供求信息与产品广告等都可以上网。因此，对企业来说，互联网是一个没有地界的、数量巨大的信息数据库。市场营销调研人员可以利用互联网获得大量有价值的环境、商业原始数据和信息，并且可以将其下载下来作认真的分析和研究。

7.5.3 网上市场调研的手段

1. 专题讨论法

专题讨论法可以通过新闻组、电子公告牌或邮件列表讨论组进行。其步骤如下：确定目标市场；识别目标市场中要加以调查的讨论组；确定可以讨论或准备讨论的具体话题；登录相应的讨论组，通过过滤系统发现有用的信息，或创建新的话题，让大家讨论，从而获得有用的信息。此外，也可以在企业网站开设消费者俱乐部（如海尔网站的海尔俱乐部），定期创建新的话题，让消费者讨论。

传统调研方法中的专题讨论法常常由于调查人员的主观感受、调查人员的提问方式对被调查者的影响、被调查者的心情等诸多原因，导致调查结果出现偏差。网上专题讨论法则由于网络言论的自由、平等而比较容易获得有用的信息。

2. 网上市场间接调研

网上市场间接调研指的是网上二手资料的收集。许多单位和机构都已在互联网上建立了自己的网站，各种各样的信息都可通过访问其网站获得。再加上众多综合型 ISP（互联网内容提供商）、专业型 ISP 以及成千上万个搜索引擎网站的出现，使得网上二手资料的收集非常方便。

3. 搜索引擎搜索

搜索引擎是能及时发现所需要的调研对象相关内容的电子指针。它能提供有关的市场信息、企业新闻、产品广告、调查报告以及各种报刊发表的调查资料等，这些资料和信息可以借助于一系列的关键词和基本参数识别。调研人员可以利用搜索引擎进入有关的主题搜索，把获得的信息保存到硬盘上、插入文件中或直接打印出来以便今后利用。为了能快速准确地搜索到需要的信息，在使用搜索引擎时要注意：首先，确定搜索的意图，选择好合适的关键词；其次，决定采用哪种搜索功能，选定搜索引擎。目前互联网上可选择的搜索引擎很多，例如 AltaVista（http://www.altavista.com）、Excite（http://www.excite.com）、悠游（http://www.goyoyo.com.cn）、百度（http://www.baidu.com）、google（http://

www.google.cn)等。

4. 网站跟踪法

企业网站通过实施网站推广工作和网站的运营,将会有为数可观的网站数据,这些数据对于网上目标客户调研、客户分析以及客户关系整理均有重要意义。常用的方法有:一种是在本企业的站点投放调查问卷。由于站点的浏览者大多是老顾客,所以可以获得比较详细准确的资料,从而保证调查问卷的有效性。同时,这也是一条维系顾客关系、增强企业与顾客沟通的途径。但是,仅仅在本企业的站点进行调查,样本数量少,获得的资料不够全面,一般只适用于调查用户对网站的看法,不适合大面积的调查。另一种是在站点投放调查表。门户站点浏览量大,可以保证网络设置足够大的样本,有利于完成调查目标,同时还可以间接起到广告的作用。但是,门户网站的浏览者比较复杂,有些不是企业的调查对象,有时会造成无效问卷,影响调查的准确性。还有一种是通过 E-mail 调查。E-mail 是一种优秀的调查工具,既可以避免在自己的站点上投放造成调查对象的遗漏,又不会像在门户站点投放那样造成无效问卷。

5. 抽样方案

网上调查方式的出现,简化了调查运作的环节,但是调查的基本理论(如抽样理论)仍适用。借助互联网,完个大样本量的调查是件很简单的事。但是,仅有足够大的样本不能保证数据的真实性和代表性。毕竟,绝大多数调查是抽样调查,而抽样调查的目的在于通过对一定样本量的分析推断整体的情况。因此,为保证调查有意义,调查时必须主动选择符合条件的受访者参加调查。

在网上常用的抽样调查方法有:

(1) E-mail 地址抽样

在拥有总体的 E-mail 地址的情况下,可以在 E-mail 地址中进行随机抽样。如果有每个 E-mail 地址的相关背景信息,还可以按一定配额条件进行随机抽样。这种方法的效果与传统方法中按地址或电话号码随机抽样的效果一样。

(2) 固定样本抽样

把已经同意参加各类调查的受访者放入固定样本库。每个受访者都提供了背景信息和 E-mail 地址,并同受调查邀请。根据项目的要求,可以按一定的甄别条件对性别、年龄、所在地区和收入等的要求,在相应的受访者中抽样。如果固定样本资料库的招募是采用随机的方式,则抽样就具备完全的随机性;如果是非随机的,则抽样就与传统方法中的联络员招募一样,不具有完全的随机性。

(3) 弹出窗口式抽样

采用软件技术,可以对网站的访问者进行计数,按预先设定好的间隔(如每隔 100 个访问者)弹出一个窗口,请访问者参加访问。这种方法类似于传统的街头拦截,由于是自动控制,所以随机性更好。

(4) 预先电话抽样

预先采用打电话的方法进行随机抽样,直接或通过 E-mail 邀请受访者到指定的网站上参加调查。通过密码控制,进行调查的网站只对受邀请的受访者开放。这样,既体现了完全的随机性,又充分利用了网上调查的优势。

(5) 完全公开式抽样

完全在网站上公开调查问卷,进行广泛的链接,受访者主动参加。这种方法控制性很差,而且无法对所调查的内容进行保密。

7.5.4 网上市场调研的步骤

网上市场调研与传统的市场调研一样,应遵循一定的方法与步骤,以保证调研的质量。网上市场调研一般包括以下几个步骤:

1. 明确问题与确定调研目标

明确问题与确定调研目标对使用网上搜索的手段来说尤为重要。因特网是一个永无休止的信息流。当你开始搜索时,可能无法精确地找到你所需要的重要数据。不过,你肯定会沿路发现其他一些有价值、抑或价值不大却很有趣的信息。其结果是,你为之付出了时间和上网费的代价。因此,在开始网上搜索时,头脑里要有一个清晰的目标并留心去寻找。

2. 制定调查计划

网上市场调研的第二个步骤是制定出最为有效的信息搜索计划。具体来说,要确定资料来源、调查方法、调查手段、抽样方案和联系方法。

(1) 资料来源

确定收集的是二手资料还是一手资料(原始资料)。

(2) 调查方法

① 专题讨论法:采用新闻组、邮件列表讨论组和网上论坛(也称“BBS”、“电子公告牌”)的形式进行。

② 问卷调查法:可以采用 E-mail 分送(主动出击)和在网站上刊登(被动等待)等形式进行。

③ 实验法:选择多个可比的主体组,分别赋予不同的实验方案,控制外部变量,并检查所观察到的差异是否具有统计上的显著性。这种方法与传统的市场调查所采用的原理是一致的,只是手段和内容有差别。

(3) 调查手段

① 在线问卷:其特点是制作简单、分发迅速、回收方便。但是,要注意问卷的设计水平。

② 交互式电脑辅助电话访谈。

7.5.5 在WWW上创建和维系品牌

Internet的交互、快捷、全球性、媒体特性等优势，为提高企业知名度、树立企业品牌形象、更好地为用户服务等提供了有利的条件。网络的这些特性对于每一个企业都是公平的。因此，企业应该根据自身的产品与服务特点，利用网络创建自己的网络品牌。

信息经济是注意力经济。在势均力敌的商业环境中，企业之间的竞争筹码大同小异，产品的差异化可以在极短的时间内消除，配销方式与渠道也很容易遭到竞争者的效仿；产品的成本由于进货渠道的畅通与透明，使竞争者之间也不会有太大的差异；在销售环节，零售商在定价策略上获得的优势也越来越不明显。因此，能够产生差异化利益的营销手段只有在流通与传播领域了。传播的目的之一就在于吸引受众的注意力，并以此增强企业提供的产品与服务的品牌效应。

在传统的营销环境中，企业通过大量的广告投入控制大众媒体，以吸引大众的注意力，从而达到营销与广告的目的。在网络商业环境中，受众对信息的选择、接收、处理等活动则具有积极主动的特性，他们有较强的控制信息的获取与分发的能力。同时，Internet的公平原则使竞争的企业在用户面前一览无遗。比如，用户要在Internet的搜索引擎中查询"洗衣粉"，或许P&G公司的"碧浪"、"汰渍"与国产的"浪奇"会同时呈现在用户的计算机屏幕上。因此，在网上市场环境中，消费者的购买依据已不是产品设计、价格、配销等营销变数的组合，而是商品与品牌的价值、商誉、服务等因素。在网络商业模式的品牌策略中，营销就是传播，沟通与传播将成为网络营销的主力。

1. 网络品牌的特性

(1) 网络品牌是传统品牌的延伸

在基于一对多的传统营销模式中，企业只是借助媒体提供信息、传播信息，消费者只能凭借单向式的宣传和消费尝试建立对企业和品牌的认识。在网络营销中，大众传播变成了个人传播，大众营销演变为一对一营销。Internet的交互性、超文本链接和多媒体形式，使网上传播更具操作性和可信性，更易建立品牌形象，加强与客户沟通，增强品牌的知名度、美誉度和忠诚度。

(2) 网站使品牌的内涵得到扩充

网络品牌的内涵已经延伸到售后服务、产品分销以及与产品相关的信息和服务等方面。例如，加拿大亨氏公司通过站点向用户提供丰富的婴幼儿营养学知识、营养配餐、父母须知等信息，开展传播与营销活动。通过这样的沟通方式，使用户在学习为人父母、照顾婴幼儿等常识的同时，建立起对亨氏品牌的忠诚度。这样，人们对亨氏品牌的理解就不局限于婴幼儿的营养产品，而且包含了丰富的营养学知识的内涵。

(3) 良好的公共关系是创建网络品牌的关键

网上的公共关系涉及的对象包括网站的访问者、企业的合作伙伴、行业协会等。例如,"中汽虹网"是由中国汽车工业总公司联合一汽、东风汽车、上海汽车总公司等组建的中国汽车工业电子商务网,它所提供的商务、信息目录、媒体宣传、信息增值(动态价格指数、市场分析报告)和专家咨询等服务,不仅能实现汽车及配件在网上的调集和销售,而且还建立了以汽配和整车企业为核心的网上汽车虚拟社会团体。

(4) 网站的交互能力是维系品牌忠诚度的基础

与客户进行及时有效的沟通是提高品牌生命力、维系品牌忠诚度的重要环节。网站的交互特性为营销中的交流和沟通提供了方便有效的手段。一方面,客户可以通过在线方式直接将意见、建议反馈给经营者;另一方面,经营者可以通过及时答复客户的意见赢得客户的好感和信任,增强客户对品牌的忠诚度。网络品牌具有更广泛的包容性,一个企业甚至可与其他企业共同建设新的网络品牌,形成一个新的网络品牌联盟。

2. 网络品牌的建设

(1) 借鉴传统品牌营销方式,向传统媒体投放广告

越来越多的企业开始利用电视、杂志、报纸、户外标牌广告等传统广告形式树立品牌形象,以使那些暂时还不是网民的消费者在上网前就接受其宣传的品牌,同时也增强网民在离线状态下对品牌的认知程度。例如,Lycos 为其搜索引擎进行品牌宣传。为了达到最佳的宣传效果,"Get Lycos or Get Lost"的广告语曾在几个不同电视频道的黄金时间播出,并且持续了 12 周。除了 Lycos,其他如 AOL、Amazon 也在非网络媒体投入了大量的资金以塑造品牌形象。

(2) 借助专业的品牌管理策划人员

创建网络品牌的基础是建设企业的网站,但是它的开发与运作却不应完全由技术人员实施。品牌的创建、维护、管理需要专业的商业知识。1998 年,世界最大的电子邮件出版发行商 Mercury Mail 更名为"InfoBeat"。为树立 InfoBeat 个人信息分发领导者的形象,公司专门聘请了 P&G 一位有 22 年产品包装经验的资深策划人员进行策划。

(3) 借助原有的品牌优势

由消费者行为分析可知,虽然网上市场可以让消费者更方便、更便宜地购买到相同品质与数量的商品,但是消费者仍愿意花更高的价格购买日常生活中熟悉的品牌商品,而这些商品品牌往往是传统业者通过经年累月的广告投入和店铺印象树立起来的。因此,为了在网络中取得竞争优势,企业在进入网络这一新的经济环境后,除需制订一些特殊的品牌策略,让用户认识到网上市场的优越性外,还必须与原有品牌的传统业者合作,发挥原有品牌的优势,让用户通过网上

市场获得与原有品牌相同的产品和服务。

(4) 以自己的经营特色创建品牌

Amazon是电子商务的一面旗帜,其成功有多方面的因素,而其核心策略是以服务和广告迅速创出品牌,并产生品牌效应,进而占领市场。凭着这种品牌效应,Amazon扩大售书之外的营业范围,销售礼品、CD和录像带,并在CD的销售方面超过对手,成为网上最大的CD销售商。Amazon的成功经验提示人们:要注重培养品牌。在网站建设初期,规模宁可小些,但是要有自己的经营特色,以形成品牌和品牌效应。

随着网络商业环境的形成,网络品牌将不再遥远。国内的知名企业纷纷建设站点,以进一步创建和巩固自己的品牌资产,为用户提供更好、更方便的服务。

7.6 网络广告

7.6.1 网络广告的概念与形式

网络广告是指在因特网站点上发布的以数字代码为载体的经营性广告。广告界甚至认为,网络广告将超越户外广告,成为传统四大媒体(电视、广播、报纸、杂志)之后的第五大媒体。与传统的媒体广告相比,网络广告有着得天独厚的先天优势。

最初的网络广告就是网页本身。当越来越多的商业网站出现后,怎么让消费者知道自己的网站就成了一个问题。广告主急需一种可以吸引浏览者到自己网站上来的方法,而网络媒体也需要依靠它赢利。第一种网络广告形式就是网幅广告,它和传统的印刷广告有点类似。但是,有限的空间限制了网幅广告的表现,它的点击率不断下降。目前,平均的网幅广告点击率已经不到1%。面对这种情况,网络广告界发展出了多种更能吸引浏览者的网络广告形式。以下是当今网络广告界常用的一些网络广告形式:

1. 网幅广告

网幅广告是以GIF、JPG等格式建立的图像文件,定位在网页中,大多用来表现广告内容,同时还可使用Java等语言使其产生交互性,用Shockwave等插件工具增强其表现力。

如前所述,网幅广告是最早的网络广告形式。IAB在1997年的大规模网络广告综合调查中广泛向广告主、广告代理商和用户征求关于网幅广告尺寸的意见。目前,绝大多数站点应用的网幅广告尺寸如下,它们一般反映了客户和用户的双方需求和技术特征:

尺寸(pixels)	类型
468 * 60	全尺寸 banner
392 * 72	全尺寸带导航条 banner
234 * 60	半尺寸 banner
125 * 125	方形按钮
120 * 90	按钮#1
120 * 60	按钮#2
88 * 31	小按钮
120 * 240	垂直 banner

我们可以把网幅广告分为三类：

(1) 静态

静态网幅广告就是在网页上显示一幅固定的图片。这是早年网络广告常用的一种方式。它的优点是制作简单，并且被所有的网站接受。它的缺点也显而易见。在众多采用新技术制作的网幅广告面前，它就显得有些呆板和枯燥。事实也证明，静态网幅广告的点击率比动态和交互式网幅广告低。

(2) 动态

动态网幅广告拥有会运动的元素，或移动，或闪烁。它通常采用 GIF89 的格式，原理就是把一连串图像连贯起来形成动画。大多数动态网幅广告由 2 到 20 帧画面组成，通过不同的画面，可以传递给浏览者更多的信息，也可以通过动画的应用加深浏览者的印象。动态网幅广告的点击率普遍要比静态网幅广告高。这种广告在制作上相对来说并不复杂，尺寸也比较小，通常在 15k 以下。正因为动态网幅广告拥有如此多的优点，所以它是目前最主要的网络广告形式。

(3) 交互式

当动态网幅广告不能满足要求时，一种更能吸引浏览者的交互式广告产生了。交互式广告的形式多种多样，比如游戏、插播式、回答问题、下拉菜单、填写表格等。这类广告需要更加直接的交互，比单纯的点击包含更多的内容。交互式广告分为 Html 和 Rich Media 两种。

2. 文本链接广告

文本链接广告是一种对浏览者干扰最少却最有效果的网络广告形式。整个网络广告界都在寻找新的宽带广告形式，而有时候需要最小带宽、最简单的广告形式的效果却最好。

3. 电子邮件广告

调查表明，电子邮件是网民最经常使用的因特网工具。只有不到 30% 的网民每天上网浏览信息，却有超过 70% 的网民每天使用电子邮件。企业管理人员尤其如此。

电子邮件广告具有针对性强、费用低廉的特点，且广告内容不受限制。特别是它可以针对具体某一个人发送特定的广告，为其他网上广告方式所不及。

电子邮件广告一般采用文本格式或 Html 格式。通常采用的是文本格式，即把一段广告性的文字放置在新闻邮件或经许可的 E-mail 中间，也可以设置一个 URL，链接到广告主公司主页或者提供产品或服务的特定页面。Html 格式的电子邮件广告可以插入图片，和网页上的网幅广告没有什么区别。但是，许多电子邮件的系统是不兼容的，Html 格式的电子邮件广告并不是每个人都能完整地看到的。因此，把邮件广告做得越简单越好。文本格式的电子邮件广告的兼容性最好。

在提到电子邮件广告的时候，人们往往容易联想到垃圾邮件(spam)。垃圾邮件就是相同的信息在互联网中被复制了无数遍，并且一直试图强加给那些不乐意接受它们的人群。大部分垃圾邮件是商业广告，关乎一些可疑的产品、“迅速发财”的“诀窍”或准合法性质的服务。发送垃圾邮件会引起收件者的不满，是一种极其危险的市场策略。电子邮件广告在直复营销方面的应用最为广泛。

4. 赞助式广告

赞助式广告的形式多种多样，在传统的网幅广告之外，给予广告主更多的选择。对赞助式广告的定义，至今仍未有明确界定。DoubleClick Asia 台湾区行销总监伍臻祥提出，凡是所有非旗帜形式的网络广告都可算做是赞助式广告。这种概念下的赞助式广告可分为广告置放点的媒体企划创意以及广告内容与频道信息的结合形式。

浏览者对于他每天浏览的网站往往比较信任，所以在这些网站的信息中夹杂广告主的信息比单纯的广告更有作用。广告不一定能吸引广大受众的注意，位于网页最上方的大块版位也不见得是最好的选择。广告内容若能与广告置放点四周的网页资讯紧密结合，效果可能比选择网页上下方的版位更好。此外，广告尺寸大小也并非决定广告效果的标准。尺寸小(例如 120 * 30、88 * 31 等)、下载速度快的广告形态也会受到商业服务或金融业客户的青睐。工具栏形态的广告有如网页中的分隔线，巧妙地安排在网页内容里。虽然空间有限，只适于作简单的图像和文字的表达，但是这对预算有限的广告主而言也不失为一种选择。

5. 与内容结合式广告

广告与内容的结合可以说是赞助式广告的一种。从表面上看，它更像网页上的内容，而并非广告。在传统的印刷媒体上，这类广告都会有明显的标示指出这是广告，而在网页上通常没有清楚的界限。

这种广告以网页内容的形式出现，所以它的点击率往往会比普通的广告高。但是，广告主在做这种广告的时候需要非常小心，如果让浏览者有受骗上当的感觉，就会对品牌造成负面的影响。与内容结合式广告最引人争议之处在于商业利益与媒体内容混淆不清。国外常见的浏览整合的广告方式将广告主的网站链接或者图像整合在网站首页的功能表中，虽然降低了受众对广告的抗拒，却可能引发他们对网站产生排斥与不信任。值得注意的是，广告主可能为了广告的诉求而提供偏颇的讯息，受众通常也难以分辨其中的真假，这对网络媒体的资讯内容也可能造成影响。

6. 插播式广告

插播式广告的英文名称为“interstitial”，不同的机构对此的定义可能有一定的差别。在中国互联网络信息中心（www.cnnic.cn）关于网站流量术语的解释中，将“interstitial”定义为“空隙页面”，具体是这样描述的：“空隙页面是一个在访问者和网站间内容正常递送之中插入的页面。空隙页面被递送给访问者，但实际上并没有被访问者明确请求过。”好耶广告网（www.allyes.com）在“网络广告术语库”中对“interstitial”的解释为“弹出式广告”：在访客请求登录网页时强制插入一个广告页面或弹出广告窗口。全球网路经济资讯网（http://www.it-base.com.tw）将“interstitial”定义为“插入式广告”：在等待网页下载的空当期间，以另开一个浏览视窗的形式出现的网络广告。在台湾的一些专业文章中，也常用“插播式广告”这一概念，有时也将“interstitial/pop-up”统称为“插播式广告”。虽然一些网站或机构对弹出式广告和插播式广告的理解有一定的差别，但是基本上可以将两者理解为同一类型。或者说，弹出式广告是插播式广告的一个类别。它们有点类似于电视广告，都是打断正常节目的播放，强迫人观看。

插播式广告有各种尺寸，有全屏的，也有小窗口的；同时，互动的程度也不同，从静态的到全部动态的都有。浏览者可以通过关闭窗口不看广告（电视广告是无法做到的），但是它的出现没有任何征兆。

广告主很喜欢这种广告形式，因为它肯定会被浏览者看到。只要网络带宽足够，广告主完全可以使用全屏动画的插播式广告。这样，屏幕上就没有什么能与广告主的信息“竞争”了。

插播式广告的缺点是可能引起浏览者的反感。为避免这种情况的发生，许多网站都使用了弹出窗口式广告，而且只有1/8屏幕的大小，这样可以不影响正常的浏览。

下面是使用插播式广告的几条规则，它们可以帮助广告主避免引起浏览者的反感：

第一，选择已经使用插播式广告的网站。把插播式广告投放在以前使用过插播式广告的站点，可以得到最好的回报，因为浏览者已对此形成习惯。

第二，使用小于全屏的插播式广告。小尺寸的插播式广告比全屏的插播式广告更容易被浏览者接受，它们通常只有1/4屏幕那么大。

第三，当浏览者的屏幕处于空闲状态时插播。比如，在浏览者下载软件的过程中插播广告，可以避免引起他们的反感。因为这不仅不会打断浏览者的浏览，反而能给他们在无聊的等待过程中带来一点消遣。

7. Rich Media Banner

Rich Media Banner 又称“Extensive Creative Banner”，一般是指使用浏览器插件或其他脚本语言、Java 语言等编写的具有复杂视觉效果和交互功能的 Banner。这些效果的使用是否有效一方面取决于站点的服务器端设置，另一方面取决于访问者的浏览器是否能顺利查看。

一般来说，Rich Media Banner 要占据比一般 GIF Banner 更多的空间和网络传输字节，但是由于它能表现更多、更精彩的广告内容，所以往往被一些广告主采用。国际性的大型站点也越来越多地接受这种形式的 Banner。

在 Java Banner 的制作方面，目前比较流行的是 IBM HotMedia 软件，它支持交互式的多轨动画、全景、旋转、缩放和滚动图像，图像间个别的定时和变换效果（例如溶解、擦除、滑动和缩放），内建声画同步的流式视频，能够放大、缩小以及旋转的 3D 图像等，功能极其强大。

另外，可以使用 Macromedia Shockwave/Flash 插件编写的 Banner 能用较少的文件字节表现动态的矢量图形和渐变效果，这一技术正在被越来越广泛地应用。其缺点是浏览器需要安装插件。

JavaScript 编写的 Banner 主要提供交互性功能，可以把标准的 Windows 控件插入到 Banner 中。我们经常看到的含有下拉式列表框的动态 Banner、浮动图标等都属于这个范畴。

V-Banner 是将 3 至 5 秒的视频剪辑内容集成到传统的广告 Banner 中，以增强广告的视觉冲击力。几乎所有的浏览器用户都可以顺利查看而无须担心是否已经安装了必要的插件。

Rich Media Banner 涵盖了相当广的网络广告类型，除了上述几类外，还有使用 InterUV、Enliven、ActiveAds、Onflow、VRML 等技术的广告，只是这些技术在国内还没有实际应用。

8. 其他广告形式

除了以上列出的网络广告、主要形式外，还有其他许多新的广告形式，它们是网络广告主要形式的有效补充，现在正得到越来越多人的关注。

(1) 屏保

屏保能在计算机空闲时以全屏的方式播放动画，并且能配上声音。可以说，屏保是 PC 上最好的广告载体。许多知名品牌都制作了自己的屏保程序，放在网上供用户下载，并且用户也会使用 E-mail 传递屏保程序。好的屏保可以得到相当广的流传，制作公司可以用很小的投入换来极佳的宣传效果。

（2）书签和工具栏广告

浏览器的收藏夹和工具栏现在也成了广告的载体。某些软件会在用户安装的同时，在用户的浏览器工具栏上生成广告的按钮。

（3）鼠标指针

在网页上的每一样东西都有可能成为广告的载体，甚至鼠标指针也能成为品牌宣传的工具。Comet Systems（www.cometsystems.com）公司开了鼠标指针广告的先河，通过使用其软件，用户可以指定任何图片成为鼠标指针。用户所浏览的网页也可指定特定的图片成为鼠标指针的形状。比如，一家网上花店可以把鼠标指针设定成一朵花。当用户点击所要订购的花卉时，鼠标指针又变成“打X折”的字样。当然，要使用这种可变化的鼠标，用户一定要下载并安装 Comet Systems 软件。虽然这是一个极其简单的过程，但是也会成为用户使用它的一个障碍。除非今后的 Internet Explorer 或 Netscape 内置这种功能，否则用户的数量将会非常有限。

（4）在线软件

相信使用过 QQ 的用户一定会发现在聊天的终端窗口会出现一个广告条，而且它会自动轮换播放。QQ 是我国网民除了 Internet Explorer 之外最常用的网络软件。这样一个拥有大量用户的软件，理所当然地成为一个极好的广告媒体，而且它是基于互联网的应用软件。因此，QQ 广告几乎具有普通网络广告所具备的一切优点。

除了 QQ，一切与网络相关的软件都能成为广告的载体，比如下载工具 Flashget、网络蚂蚁等。它们在未进行注册时，都有一条 Banner 在软件界面的顶端显示。软件与广告的结合甚至被视为将来软件发行的一个重要渠道。软件作者通过加入广告网络获得收入，而用户通过看广告省下了购买软件的费用。

随着在线软件广告的发展，人们越来越意识到它的优越性。一般来说，人们对软件的忠诚度要比对 Web 的忠诚度要高。从某种意义上说，在线软件广告有着比 Web 广告更好的前景。

（5）免费 ISP

ISP（互联网接入供应商）也开始加入网络广告的行列，为用户提供完全免费的互联网接入服务，唯一的要求就是要用户看广告。在用户提出使用申请的同时，免费 ISP 会收集用户的详细信息，以便将来广告能进行精确的定向。用户完成注册后，就会得到免费的账号和相应的软件。用户上网时，无论是页面浏览还是收发邮件，都会有一个广告窗口悬停在页面上方。这种免费 ISP 经营方式在国内还没有开展，而在国外则是相当普遍的。

（6）回报广告受众

顾名思义，这种广告方式就是以现金或奖品回报浏览广告的用户，一般分为付费广告网站和直复营销网站两类。

7.6.2 网络广告的优势与特点

随着报纸广告、杂志广告、电视广告、电台广告竞争日趋激烈，网络广告也开始加入这一行列。与其他广告形式相比，网络广告独具优势，它不仅目标准确度惊人，而且互动效果明显。因特网正以独特的冲击力改变着广告业界的整体面貌和操作形态。

1. 网络广告的优势

网络广告的优势是明显的，具体表现在：

（1）网络广告的传播冲破了时间和空间的限制，它通过国际互联网络把广告信息24小时不间断地传播到世界各地。只要具备上网条件，任何人在任何地点都可以阅读。这是传统媒体无法做到的。

（2）网络广告的受众是最年轻、最具活力、受教育程度最高、购买力最强的群体，它可以帮客户直接“命中”最有可能的潜在用户。利用软件技术，客户还可以指定某一类专门人群作为广告播放对象，而不必为与此广告无关的人付钱。

（3）网络广告的载体基本上是多媒体、超文本格式文件，它使受众可以对其感兴趣的产品了解更为详细的信息，能亲身体验产品、服务与品牌。网络广告以图、文、声、像的形式传送多感官的信息，让顾客如身临其境般感受商品或服务，并能在网上预订、交易与结算，将极大地增强广告的实效。

（4）利用传统媒体做广告，很难准确地知道有多少人接收到广告信息；而在Internet上可通过权威公正的访客流量统计系统精确地统计出每个广告被多少用户看到，以及这些用户查阅的时间分布和地域分布，从而有助于客户正确评估广告效果，审定广告投放策略。

（5）交互性是互联网媒体最大的优势，它不同于传统媒体的信息单向传播，而是信息互动传播，用户可以获取他们认为有用的信息，厂商也可以随时得到宝贵的用户反馈信息。互联网比其他任何媒介赋予消费者更多的直接与广告主进行互动活动，进而建立未来关系的能力。网络广告可以做到一对一的发布与一对一的信息回馈。对网络广告感兴趣的网民不再被动地接受广告，而是可以及时地作出反应。这种优势使网络广告可以与电子商务紧密结合，马上实现一个交易的过程。

（6）开放式的网络体系结构使不同软硬件环境、不同网络协议的网络可以互联，真正达到资源共享、数据通信和分布处理的目标，从而使网络广告可以准确、快速、高效地传达给每一个潜在客户。

（7）网络追求高速度、高可靠性和高安全性，采用多媒体技术，提供文件、声音、图像等综合性服务，不仅可以做到图文并茂，而且可以同时进行人机对话。

例如,当你想购买一部汽车或一套住房时,你不仅可以从显示屏上看到汽车或住房的外观和内部结构的图片和文字,同时还可以通过扬声器对你所不明白的地方进行访问,足不出户就能完成购物。

(8) 在传统媒体上做广告,发版后很难更改,即使可改动,往往也要付出很大的经济代价。在网上做广告则能按照需要及时变更广告内容。

(9) 社论式广告成为广告主的有力工具,他们常把社论式广告与万维网刊物融为一体。广告主可以把自己的名称编进广告文章中,借此建立信用,扩大接触面。如果运用得当,这些社论式广告可以进行各方面的宣传,从产品使用的小窍门到土特产的食谱等。

(10) 利用先进的信息技术,广告客户可以通过网络即时获得数据和报告。这对及时调整广告策略的意义非常重大。但是,这在传统媒体上是不可能实现的。比如,你同时在几家报刊上做广告,每家的效果怎么样,不可能及时得到反馈,而只能凭事后的感觉或调查推断。

2. 网络广告与传统媒体广告的不同

如今,通过在线交易买卖的商品主要包括电脑产品、旅行安排以及与娱乐有关的产品。应该说,传统媒体广告与网络广告各有千秋,互呈特色。

(1) 广告对象

电视、广播、报纸、杂志等传统媒体的某一时段节目或某一栏目可能是针对特定消费者的,但是就整个媒体而言,其对象几乎是全民性的,包括了各个年龄、各个文化水平、各个收入标准、各个生活层次的消费者。

由于对消费者物质设备、文化水平以及经济收入的要求,网络天然性地对广大消费者作了第一层次的市场细分,从全体消费者中分离出了"网民"这一具有某些共同特质的消费者群。网络用户大多是经济发达地区具有较高文化水准和职业层次的中高等收入阶层中的中青年,他们是整个市场里耐用消费品、不动产、旅游产品、精神消费品等的主要顾客群。

例如,"广州视窗"的广告人员第一次与翠湖山庄的开发商洽谈广告业务时并不成功。因为该公司认为,网络是面向全球的媒体,而翠湖山庄的潜在客户在广州地区。但是,广告人员一点也不灰心,多次登门,反复解释,并拿出"广州视窗"的访问用户的统计资料,证明有相当一部分用户属于"20—30 岁的广州地区的白领人士",最后终于说服翠湖山庄在"广州视窗"投放了一个月的 Banner 广告。看到有 206 人上网登记,意欲认购,翠湖山庄这才充分认识到网络广告的独特魅力。

(2) 广告发布

传统广告发布主要是通过广告代理制实现的,即由广告主委托广告公司实施广告计划,广告媒介通过广告公司承揽广告业务。广告公司同时作为广告客户的代理人和广告媒体的代理人,提供双向的服务。在网络上发布广告对广告主来说有更大的自主权,既可以自行发布,又可以通过广告代理商发布。通过以下实例的分析可知,目前网络广告发布的方式主要有三:

例一:1999 年 2 月,宝洁公司为新产品 Pertplus 建立了专门的网站 www.pertplus.com,在网上进行推广。在短短两个月中,有 335000 人访问此站,有 83000 人索取试用装,有 59000 人愿意接收相关邮件,有 54000 人愿意参加调查,广告印象率为 4.5 亿人,平均访问率 0.84%。该实例表明,广告主不借助广告代理商,而是自己制作,自己建立网站,自行发布广告信息。

例二:目前,越来越多的广告公司作为中介机构参与到网络广告业务中来。广东省广告公司成立了大网媒介有限公司,专门代理客户有关网络广告业务。美国最大的网络广告公司 Doubli Click 成立于 1996 年,仅 1998 年 12 月就为 570 个站点的 6400 个页面传送了 53 亿的广告次数。该实例表明,传统的广告代理商顺应潮流,招聘专门人才,成立网络广告服务部门(或直接投资成立新兴网络广告公司),或与网络服务商合作,广告专业人才与网络技术人员优势互补,共同代理此类业务。

例三:2000 年 3 月 22 日,百事和雅虎共同宣布了一项在线和离线联合促销计划。根据协议,百事将在 15 亿个饮料瓶上印雅虎标志,并在全美 5 万家商店公开销售。同时,雅虎将新开一专门网站 pepsistuff.com 以促销百事产品。所有百事饮料瓶盖上都带有代码,使消费者可以通过网络兑奖并享受优惠。该实例表明,广告主直接寻求网络服务商作为合作伙伴。网络服务商为广告主办理广告业务,执行广告计划,甚至参与离线市场促销活动,颇类似于传统媒体有自己的广告部门。

(3) 媒体收费

电视、广播、报纸、杂志等传统媒体广告的计费方式是建立在收视、收听率、发行量或阅读率的基础之上,以 CPM 即 Cost Per One Thousand Impressions(千人印象成本)为单位计算的。广告费用 = CPM * 媒体接触人数(收视率或发行量)/1000。受传统媒体计费方式的影响,大部分网络媒体服务商沿用了这种模式,以广告图形在用户终端计算机上被显示 1000 次为基准计费。

网络企业则倾向于计费标准的多元化、多层次,有时按发布时长定价,有时按点击率定价,有时按简单回应定价,有时按实际回应定价。

(4) 效果评定

测定和评估广告效果可从以下几方面展开:

① 注意率。包括广告的接触者数量、接触者范围以及在一定时期内接触广告的次数即接触频率,实际是对广告交流效果的评定。

② 到达率。包括三个层次:知名度、理解率、确信率。即通过广告活动,消

费者对企业的名称、品牌等知道了多少,有多少消费者理解了广告所传达的各种信息,又有多少消费者信服了这些广告信息而采取一定的行为并有心理态度的转变。

③ 行动率。包括三个方面:一是消费者对企业的正向心态,即对企业的赞许态度的增加与否;二是市场销售额的变化;三是从市场占有率的变化等确定广告在促成购买行动上的作用。

传统媒体广告效果的测评一般是通过邀请部分消费者和专家座谈评价,或调查视听率、发行量,或统计销售业绩和分析销售效果。在实施过程中,由于时间性不强(往往需要几个月的时间),主观性影响(调查者和被调查者主观感受的差异和相互影响),技术失误造成的误差,人力、物力所限导致样本较小等原因,广告效果评定结果往往和真实情况相差很远。

网络广告效果测评由于有技术上的优势,有效克服了传统媒体的以上不足,表现在:

① 更及时。网络的交互性使得消费者可以在浏览广告时直接在线提意见、反馈信息。广告主可以立即了解到广告信息的传播效果和消费者的看法。

② 更客观。网络广告效果测评不需要人员参与访问,避免了调查者个人主观意向对被调查者产生影响,因而得到的反馈结果更符合消费者本身的感受,信息更可靠、更客观。

③ 更广泛。网络广告效果测评成本低,耗费人力、物力少,能够在网上大面积展开,参与调查的样本数量大,测评结果的正确性与准确性大大提高。

7.6.3 网络广告收费模式

目前存在的网络广告收费模式主要有以下几种:

1. 千人印象成本(Cost Per Thousand Impressions,CPM)收费模式

在传统媒体广告中,通常是以每千人成本作为确定该媒体广告价格的基础。Internet 上的网站可以精确地统计其页面的访问次数,因此网络广告按访问人次收费是一种科学的方法。网络广告沿用了传统媒体广告的做法,一般采用以广告网页被 1000 次浏览为基准计价单位的收费模式,即 CPM。例如,一个旗帜广告的单价是 \$1/CPM,意味着每一千人次看到这个广告就收 1 美元。依此类推,若有一万人次浏览了该广告,就是 10 美元。如果一个广告主购买了 30 个 CPM,其所投放在广告商网页上的广告就可以被浏览 3 万人次。

CPM 模式只按实际的访问人次收费,这样可以保证广告主所付出的费用与浏览人次直接挂钩,鼓励网站尽量提高自己网页的浏览人数,可以避免客户只愿在网站的首页做广告的弊病。按照 CPM 的计价方式,在首页做广告和在其他页面做广告的收益和支出比是一样的。正因如此,采用 CPM 收费模式似乎已经成

为目前网络广告的一种惯例,而且不同网站的价格大相径庭。在著名网站中,如雅虎的价格可高达 75 美元/CPM,而一些鲜为人知的网站只要 1 美元/CPM。美国著名的 Excite 导航网站的旗帜广告报价为:一般价格,以 \$30/CPM 为计算的参考标准,每 75 万人次价格为 \$6000;针对某个地区或区域的价格, \$30/CPM;按内容或主题定价, \$40/CPM;按关键词定价, \$60/CPM。国内的网络广告服务商如 Chinabyte、Sohu 等也都采用 CPM 收费模式。

2. 每千次点击成本(Cost Per Thousand Clickd-Throughs,CPC)收费模式

这是以网页上的广告被点击并链接到相关网站或详细内容页面 1000 次为基准的网络广告收费模式。例如,广告主购买了 10 个 CPC,意味着其投放的广告可被点击 10000 次。虽然费用比 CPM 高得多,但是广告主往往更倾向于选择 CPC 这种付费方式,因为它真实反映了受众确实看到了广告,并且进入了广告主的网站或页面。CPC 也是目前国际上流行的广告收费模式。

3. 平均点击次数收费模式

这种模式按一段时间内一个网页上某个链接点被点击的次数收费。网页上的每一个广告、链接点都能被点击,所以网页上的点击次数是多个广告或其他链接造成的。因此,按一段时间内网页上的点击次数计算广告的价格、统计网站的点击流量是不准确的,这是一种粗略的算法。广告主在使用这个标准时,应与相同条件下的 CPM 方式作一个比较,看哪一种定价标准更合算。

4. 每行动成本收费模式

这是广告主为防范广告费用风险而采用的一种模式。即广告主在广告带来产品的销售后按销售数量付给广告网站较一般广告价格更高的费用。

5. 其他收费模式

一些网络广告服务商还采用按月固定收费的模式。例如,国内许多网站推出以租用硬盘空间方式收费模式。

综上可见,单从成本上看,在 Internet 上做广告的费用大大高于其他传统的广告媒体。Forrester 公司的调查材料显示:室外路牌及流动广告、电视、杂志、报纸和 Internet 的千人广告费用大致为 2 美元、5.42 美元、43.55 美元、60.31 美元和 75 美元。尽管电视的千人广告费用很低,但是从电视台购买广告时段的费用并非一般的企业所能花费得起的。同时,看到电视广告的人虽多,但对其真正感兴趣的仍然只是那些特定的用户群。相比之下,在 Internet 上虽然不能达到电视所拥有的那么多观众,但是广告的定向(Advertising Targeting)却能更集中地让特定的用户看到,因此效率远高于电视广告。所以,尽管千人广告费用较高,但是总体费用却比传统广告低得多。

目前,网络广告收费模式仍不完善,如何评估网络广告的效果就是一个困难的问题。长期以来,点击率一直是评价网络广告效果的主要指标之一。但是,同

样的广告,与过去相比,获得更低的点击率,现在却被认为效果比原来所评估的更好,仅凭这些数字无法让广告主信服。因此,为了向广告用户展示全新形象,无论是表现形式还是收费模式,网络广告的变革都是必然的。具体而言,可从以下几方面着手:(1) 向传统广告靠拢;(2) 按时间段细分;(3) 采取价格弹性与最优定价策略;(4) 引入"连播广告"模式。

7.6.4 网络广告策划

1. 网络广告策划的概念和阶段划分

网络广告策划是根据互联网以及网络人群的特征,从全局角度所展开的一种运筹和规划。即在有限的广告信息体上,对整个网络广告活动加以协调安排,在广告设计、广告投入、广告时间、广告空间安排等各个具体环节做到充分考虑并精益求精。

网络广告策划在本质上仍然属于广告策划的一种,因此在实施过程中与传统广告有很多相同的做法。网络广告策划具体可以分成筹备阶段、设计制作阶段、测试评估阶段和实施阶段。

2. 网络广告策划的作用

(1) 整合媒体,多维服务

传统媒体是二维的,而网络广告则是多维的,是最具整合优势的广告类型。

(2) 科学测量,有的放矢

网络广告最突出的特点之一是可测量性和智能化。

(3) 物美价廉,优化配置

网络广告成本较低,其 CPM 大约是报纸的 1/5、电视的 1/8。

3. 网络广告策划的原则

网络广告策划的原则可概括为:指导性、整体性、差异性、灵活性、效益性、合作性、数量化、可行性、保密性。

7.7 网络营销与传统营销的整合

在买方市场条件下,市场竞争日益激烈。企业要想依靠传统的营销手段在市场中取得竞争优势变得越来越难。在网络出现以前,企业的传统宣传手段存在很大的局限性:一方面,信息来源渠道狭窄;另一方面,传统媒体宣传不一定适合所有的企业。与传统方式相比,企业利用网络的便利条件开展营销工作有着无可比拟的优越性:受众群体庞大,针对性强,便于实现一对一的营销;便利快捷,可大大节约成本。互联网在今后的商业活动中将发挥越来越重要的作用,随之而兴起的网络营销将从生产、营销、服务等各个方面改变传统的商业模式。但是，并非如有些人所想象的那样，网络营销最终将取代传统营销方式，传统营销仍有其自身的优点和不可替代性。于是，如何处理好网络营销与传统营销的整合，能否比竞争对手更有效地唤起顾客对产品的注意和需要，成为新时期的企业开展网络营销能否成功的关键。

7.7.1 网络营销与传统营销整合的必要性

1. 网络营销对传统营销的冲击

(1) 对营销组织的冲击

网络营销带动了企业内部局域网的蓬勃发展，使得企业的内外部沟通均需要依赖网络作为主要的渠道和信息源。企业内部网的兴起改变了企业内部的作业方式以及员工学习成长的方式，个人工作的独立性和专业性将得到进一步的提升。网络营销带来的影响包括：业务人员与直销人员减少，经营组织扁平化，经营部门和分店数量减少，渠道缩短，虚拟经销商和虚拟门市盛行等。这些影响与变化都将促使企业对组织机构进行再造。

(2) 对营销组合的冲击

网络营销的兴起对产品、价格、渠道、促销等各方面都有较大的影响。产品要求更加个性化，价格更低，渠道将会实现互动和超时空，促销手段更加丰富多彩。

传统的市场营销策略是4P组合，即产品(Product)、价格(Price)、渠道(Place)和促进(Promotion)。这种理论的出发点是企业的利润，而没有将顾客的需求放到与企业的利润同等重要的地位上来。网络的互动性使得顾客能够真正参与整个营销过程，而且其参与的主动性和选择的主动性都得到加强。这就决定了网络营销首先要把顾客整合到整个营销过程中来，从他们的需求出发，开始整个营销过程，追求4C，即消费者(Consumer)、成本(Cost)、便利(Convenience)和沟通(Communication)。因此，网络营销的模式是从消费的需求出发，营销决策(4P)是在满足4C的要求的前提下的企业利润最大化。在这种新营销模式之下，企业和客户之间的关系变得非常紧密，甚至牢不可破。这就形成了一对一的营销关系，它始终体现了以客户为出发点以及企业和客户不断交互的特点。

2. 传统营销的不可替代性以及与网络营销的互补

(1) 传统营销的不可替代性

网络营销对传统营销产生了巨大的冲击，但是这并不表明网络营销将会完全取代传统营销。在产生冲击的同时，网络营销和传统营销有一个整合的过程，二者将互相融合。

① 传统营销是网络营销的基础，网络营销是传统营销在网络世界的发展和延伸

当网络经济时代到来之后，传统营销理论的一些组成部分确实不再适应网络经济时代的发展，如市场调研、管理、渠道构建等。但是，这些策略并非不能再用。至少目前或将来很长的一段时间内，网络的出现只不过是为企业的营销增加了一种手段而已。虽然网络营销的程序、手段和灵活性都有了很大的变化，但是营销实质不会改变，尚无法脱离传统营销的理论基础。

② 传统营销具有不可替代性

从消费者角度来说，不可能在任何时候都从网上购物，逛商店、逛超市等给人带来的另外一种心理效应是网络满足不了的。

③ 网络给人带来种种便利，有时却也给人带来不少烦恼

网络依然存在着安全的脆弱性。由于网络的虚拟性，网上支付、网上信用等困惑都造成了人们不会完全改变传统的营销方式。

(2) 网络营销与传统营销的互补

① 市场覆盖面的互补

由于经济技术发展的差异和消费需求个性化的要求，互联网作为新兴的虚拟市场，能够弥补传统营销中受时间和空间的局限的缺点。

② 购买方式的互补

互联网作为一种有效的沟通方式和交易渠道，有着自己的特点和优势，可以方便企业与用户之间的直接双向沟通。但是，消费者有着自己的个人偏好、习惯和不同的生活方式。网络营销与传统营销的结合可以从不同方面迎合消费者的喜好。

③ 渠道的互补

传统营销的物流渠道可以作为网络营销的物流节点和物流渠道，网络营销最终还是会以交易的方式完成，物流必须以真实世界的渠道实现。在这方面，二者可以互补。

(3) 整合的必要性

综上所述，网络营销与传统营销是不能分开的。虽然网络营销对传统营销产生了巨大的冲击，但是网络营销必须以传统营销为基础，传统营销又必须以网络营销为新的手段进行有效的整合，这样才能适应不断发展的社会需要，有效满足消费者日益个性化的需求。

7.7.2 网络营销与传统营销的整合

1. 意识观念的整合

在意识观念上，企业不能把网络营销与传统营销完全割裂开来，二者是互补

的，也是相融的，都是以满足顾客的需求为目标，实质没有变。

从理论基础来说，网络营销是传统营销在网络时代的延伸，4P仍然可以作为其理论基础，只不过网络营销一定程度上更加追求4C，而4P和4C本来又是不可分的，属于递进的关系。只有在意识观念上达到同一，才能真正实现网络营销与传统营销的整合。

2. 网络营销中营销组合概念的整合

网络营销中营销组合概念因产品性质不同而不同。对于知识产品而言，企业直接在网上完成其营销过程。在这种情况下，市场营销组合发生了很大的变化（与传统媒体的市场营销相比）。

第一，传统营销组合的4P中的三个—— 产品、渠道和促销，由于摆脱了对传统物质载体的依赖，已经完全电子化和非物质化了。因此，就知识产品而言，网络营销中的产品、渠道和促销本身纯粹就是电子化的信息。它们之间的分界线已变得相当模糊，以至于不可分割。若不与作为渠道和促销的电子化信息发生交互作用，就无法访问或得到产品。

第二，价格不再以生产成本为基础，而是以顾客意识到的产品价值计算。

第三，顾客对产品的选择和对价值的估计很大程度上受网上促销的影响，因而网上促销的作用颇受重视。

第四，网上顾客普遍具有高知识、高素质、高收入等特点，因此网上促销的知识、信息含量比传统促销大大提高。

对于有形产品和某些服务，虽然不能以电子化方式传递，但是企业在营销时可利用Internet完成信息流和商流。在这种情况下，传统的营销组合没有发生变化，价格由生产成本和顾客的感受价值共同决定（其中包括对竞争对手的比较）。促销和渠道中的信息流和商流由可控制的网上信息代替，渠道中的物流则可实现速度、流程和成本最优化。因为网上简便而迅速的信息流和商流使中间商在数量上最大限度地减少，甚至成为多余的。综合以上两种典型的情况，在网络营销中，市场营销组合本质上是无形的，是知识和信息的特定组合，是人力资源和信息技术综合的结果。在网络市场中，企业通过网络市场营销组合，向消费者提供良好的产品和企业形象，获得满意的回报，产生良好的企业影响。

3. 企业组织的整合

网络营销带动了企业理念的发展，继而也带动了企业内部网络的发展，形成了企业内外部沟通与经营管理均离不开网络作为主要渠道和信息源的局面。销售部门人员的减少，销售组织层级的减少和扁平化，经销代理与门市分店数量的减少，渠道的缩短，虚拟经销商、虚拟部门等内外组织的盛行，都促使企业对组织进行再造工程。

在企业组织再造过程中，在销售部门和管理部门将衍生出一个负责网络营销以及与公司其他部门协调的网络营销管理部门。该部门区别于传统的营销管理,主要负责解答网上疑问,解决新产品开发以及顾客服务问题等事宜。同时,企业内部网的兴起将改变企业内部运作方式以及员工的素质。在网络营销时代到来之际,与之相适应的企业组织形态显得十分重要。总之,网络营销的产生和发展使营销本身及其环境发生了根本性的变革。以 Internet 为核心支撑的网络营销正在发展成为现代市场营销的主流。长期从事传统营销的各类企业必须处理好网络营销与传统营销的整合。只有这样,企业才能真正掌握网络营销的真谛,利用网络营销为企业赢得竞争优势,扩大市场,取得利润。

4. 企业网站的建设与企业形象

企业网站对企业的网络营销来说起着关键的作用。对于开展网络营销的企业来说,企业网站是其对外信息交流的门户和交易的平台,也代表着企业的形象。要使企业网络营销与传统营销有效地整合,企业在虚拟世界中的形象应该与现实中的形象达到一致,既要能够充分反映企业的实力,规模又不能过分夸张。

所以,开展网络营销的企业必须建立一个能够宣传企业和企业产品、作为企业电子商务平台、充分满足企业信息交流的网站,并有专门的部门维护网站的运行和对网站进行管理。相应地,为了使网络营销能够顺利开展,企业的其他部门特别是产品生产开发部门、物流和售后服务部门要大力支持网络营销,要有专门的人员负责处理与网络营销有关的事务。

综上所述,新兴的网络营销以其自身的特征和优越性对传统营销产生巨大的影响和冲击,而传统营销也有其自身的优点和不可替代性。在新的经济时代,二者缺一不可。在新的环境下,企业在进行营销活动时,首先应该以满足消费者的需求和欲望为共同目的,对网络营销与传统营销从内部组织到外部销售组合策略上都进行有效的整合,实现 4C,共同满足人们日益增长和变化的需求。

随着网络技术和新经济的发展,网络营销将逐步为更多的人所接受,网络营销与传统相互影响和相互促进,最后将实现融洽的内在统一。在将来,我们会没有必要再谈论网络营销,因为营销的基础本身就包括着网络。

本章小结

网络营销是企业营销实践与现代信息通信技术、计算机网络技术相结合的产物,是指企业以电子信息技术为基础、以计算机网络为媒介和手段而进行的各种营销活动(包括网络调研、网络新产品开发、网络促销、网络分销、网络服务等)的总称。

网络营销的产生是科技发展、消费者价值观变革的商业竞争等综合因素所促成的,有其技术基础、观念基础和现实基础。

网络营销的主要特点是具有鲜明的理论性、市场的全球性、资源的整合性、明显的经济性、市场的冲击性以及极强的实践性。

企业在决定是否开展网络营销前,需要对产品特性、行业竞争状况、财务状况和人力资源四个方面进行调研。

进行网络营销的商家应对购物人群进行充分的研究分类,有针对性地进行销售,做到有的放矢。

影响网络消费者购买的主要因素有:产品的特性、产品的价格、购物的便捷性和安全可靠性。网络消费者的购买过程可分为诱发需求、收集信息、比较选择、购买决策、购后评价五大步骤。

网络营销的模式主要分为企业与企业之间的网络营销模式、企业对消费者的网络营销模式和电子商铺模式。电子商务取代现有的传统商铺模式还远未到其理想阶段,市场需要培育,用户同样也需要一个认知与培育的过程。

网络营销策略具有跨时空、多媒体、交互式、个性化、成长性、整合性、超前性、高效性、经济性、技术性十大特点。

在进行网络营销时,对网上营销活动的整体策划中,网上促销是极为重要的一项内容。针对消费者的网上促销策略可分为:网上折价促销、网上变相折价促销、网上赠品促销、网上抽奖促销、网上积分促销、网上联合促销等。

影响定价最基本的三个因素是产品成本、市场需求和竞争。因此,定价方法也可以分为三类:成本导向定价法、需求导向定价法和竞争导向定价法。在网络营销中,定价策略至关重要,

网络营销的定价策略分为低价策略、个性化定价策略、顾客参与定价策略、销售捆绑定价策略、定制定价策略、拍卖竞价策略等。

所谓网络广告,是指在因特网站点上发布的以数字代码为载体的经营性广告。广告界甚至认为,网络广告将超越户外广告,成为传统四大媒体(电视、广播、报纸、杂志)之后的第五大媒体。

网络广告策划是根据互联网和网络人群的特征,从全局角度展开的一种运筹和规划。它在有限的广告信息体上,对整个网络广告活动加以协调安排。

思考题

1. 在开展网络营销前,应对企业进行怎样的内部条件分析?
2. 网络营销的基本模式有哪些?
3. 简述网络营销与传统营销的区别。

参考文献

1. 劳帼龄主编:《电子商务》,电子工业出版社 2008 年版。
2. 杨路明、薛君、胡艳英主编:《电子商务概论》,科学出版社 2006 年版。

3. 严国辉、陈柏良编著:《电子商务》,北京理工大学出版社 2008 年版。

4. 鲁耀斌、邓朝华、陈致豫:《移动商务的应用模式与采纳研究》,科学出版社 2008 年版。

5. 张润彤主编:《电子商务概论》,电子工业出版社 2003 年版。

6. 李琪主编:《电子商务概论》,高等教育出版社 2009 年版。

7. 冯英健:《网络营销基础与实践》,清华大学出版社 2007 年版。

第八章　电子商务环境

引例

戴尔电脑和美凯龙电子公司的法律困扰

1999年,在网站上销售个人电脑的戴尔公司(Dell)和美凯龙电子公司(Micron)同意解决美国联邦贸易委员会(FTC)对它们误导顾客的广告的指控。这两家公司在网站上登出计算机租赁广告,广告仅说明了计算机的每月分期付款额,没有详细讲清租赁的全部细节,违反了1976年的《消费者租赁法案》(Consumer Leasing Act)。该法案是联邦储备委员会制定并定期修改的一项联邦立法,也称为“M法规”,原是要求银行和其他出租人全面阐明租赁条款,以便消费者在租赁汽车、船只、家具或其他商品时有足够的信息进行决策。

戴尔公司和美凯龙公司的页面上都有FTC所要求的信息。但是,FTC的调查员发现重要的信息(如支付金额、签署租赁合同时应支付的费用等)是用小号字体登在长篇页面的底部。想要确定租赁总成本的顾客在用鼠标拖过大段密密麻麻的文字后才能得到足够的信息。

在调解中,两家公司都同意在租赁广告上向消费者提供清楚、易读和易理解的内容,还同意保存记录并接受联邦政府的监督,以确保能遵守各自的承诺。

戴尔公司和美凯龙公司都是计算机制造商,它们没有注意到自己必须成为银行业通用的M法规的专家。在网络上开展业务的公司会受到商业环境的制约,包括法律环境和道德环境,而这不是公司所熟悉的环境。在戴尔公司和美凯龙公司的案例中,它们不熟悉银行业的法律和道德。银行业与计算机行业有不同的文化,银行的经理就不太可能犯上述错误。当公司在网络上开拓市场时,就会遇到不熟悉的法律和不同的道德结构,尤其是在别的国家开展业务时更是如此。

资料来源:Gary P. Schneider, Electronic Commerce(Seventh Edition), Thomson Learning Inc., 2007.

8.1 政治环境

8.1.1 政府对电子商务环境的促进

Internet 是一个跨国界的网络,建立在其上的电子商务活动必然也具有同样的特点。如果各个国家按照自己的交易方式运作电子贸易,必然一事无成。所以,必须建立一个全球性的标准和规则,以保证电子商务的顺利实施。同时,政府对电子商务活动不应过多地干涉,而应遵循电子商务的国际准则,尽量放权于企业。政府在其中所起的作用应是扶持和服务,而不是控制和干预。当然,当交易中出现侵犯知识产权等现象时,政府应有及时、准确的行动。在我国,目前的电子商务应用普及面临的社会环境是:政企不分,信用制度不完整,流通秩序比较混乱,地方利益和部门利益纵横交错而滋生出形形色色的保护主义。面对如此境况,政府如何管理才能化消极因素为积极因素,推进电子商务应用普及,值得好好思忖。

8.1.2 电子政务与电子商务

电子政务是借助电子信息技术进行的政务活动。由于电子政务是电子信息技术与政务活动的交集,所以它的内涵和外延在很大程度上取决于人们对于电子信息技术与政务活动所下的定义。

政务有广义和狭义之分。其中,广义的政务泛指各类行政管理活动,而狭义的政务则专指政府部门的管理和服务活动。目前,人们在探讨电子政务建设的时候,更多地是指政府部门的信息化建设。但是,实际上,党委、人大、政协、军队系统和企事业单位等同样有一定的行政管理活动,而且这些活动同样可以借助电子信息技术进行。所以,电子信息技术在公共管理中的应用实际上要远远超出政府系统的范围。

为了避免与狭义的电子政务概念产生冲突,我们应当把这些新的交集分别命名为“电子党务”、“电子政协”、“电子人大”等。利用先进的信息技术提高办公效率,并不是政府部门的专利。我们在密切关注政府系统信息化建设的时候,还应当关注信息技术在其他管理领域更为广泛的应用。为了方便分析,我们将采用狭义的政务概念,即政务专门指政府部门的管理和服务活动。

所谓电子商务(Electronic Commerce),是利用计算机技术、网络技术和远程通信技术,实现整个商务(买卖)过程中的电子化、数字化和网络化。人们不再是面对面地、看着实实在在的货物、靠纸介质单据(包括现金)进行交易(买卖),而是通过网上琳琅满目的商品信息、完善的物流配送系统和方便安全的资金结算系统进行交易(买卖)。

8.2 语言与文化环境

8.2.1 语言环境

大多数公司已经认识到,在其他文化下有效地开展业务的唯一办法就是适应那种文化,即“全球化思考,本地化运作”。网上公司所采取的接触其他国家(也是其他文化)潜在顾客的第一步就是提供当地语言版本的页面,这意味着要把页面翻译成当地语言或当地方言。研究人员已经发现,即便顾客很懂英语,还是更愿意从那些采用母语的网站上购买产品和服务。

对美国公司来说,除英语外,顾客用的最多的语言是西班牙语、德语、日语、法语和汉语。紧跟其后的语言是意大利语、朝鲜语、葡萄牙语、俄语和瑞典语。有些语言甚至要求对不同的方言有不同的翻译版本。例如,西班牙人说的西班牙语和墨西哥人说的西班牙语就有差别,而墨西哥人说的西班牙语又和拉丁美洲其他地方的人说的西班牙语不同。阿根廷还有人说的是西班牙语的第四种方言。

这些方言的差异很多是口头的变音,对网站的设计者来说并不重要(当然,除非该网站包括音频和视频元素)。不过,词的含义和拼写也会有很大差异。美国英语和英国英语就有这样的情况。美国英语中的“gray”在英国英语中就变成了“grey”;“bonnet”在美国英语中是“帽子”的意思,在英国英语中则指“汽车的引擎盖”。汉语也有两种主要的写法,即简体汉语和繁体汉语。

大多数要翻译页面的网站会翻译所有的页面。但是,有些网站有几千个页面,把所有页面都翻译过来的成本就太高了。到底翻译还是不翻译某个特定的页面,应该由公司里对该页面内容负责的部门决定。主页上应该有对它所支持的所有语言的链接。此外,有关营销、产品信息和建立品牌的页面应该优先翻译。某些本地内容的网页就应该只有本地语言。例如,法兰克福某家公司的工厂每周更新的本地新闻和招聘信息只需有德语版就行了。

当浏览器(客户机)建立连接后,它发给服务器的请求信息会包括请求报文,包括浏览器软件的信息,其中有设定的默认语言。网络服务器能检测到浏览器所设定的默认语言,并自动地把浏览器重新引导到这种语言的页面上。

另一种方法是在网站的主页上显示连接到多语言版本的链接。网站的访问者可以点击适当的链接,选择其中一种语言。采用这种方法的网站必须确保这些链接对那些只能读懂自己语言的访问者是明确的。也就是说,这些链接应该用相应的文字显示名称。

为电子商务网站提供翻译服务的人和软件开发商通常并不用“翻译”而愿

意用“本地化”这个词描述他们的工作。这意味着，除了要考虑所翻译语种在当地语言中的变化外，还要考虑当地环境的多个方面，例如商业和文化特点等。既然文化能影响某句话所表达的意思，有时甚至完全改变了它的意思，那么文化就非常重要了。

8.2.2　文化环境

虚拟葡萄园（Virtual Vineyards）公司在网上销售葡萄酒和特殊食品，它面对日本顾客高得不寻常的缺货投诉有点不知所措。该公司常按一箱（12 瓶）或半箱的规格销售葡萄酒。为了降低成本，它按照一箱、半箱和两瓶一组存放货物。调查后发现，许多日本顾客只订购一瓶葡萄酒，而这瓶酒是装在放两瓶酒的容器里运出的。日本顾客认为葡萄酒这种高质量产品的包装是非常重要的，他们无法想象谁会用放两瓶酒的容器寄一瓶葡萄酒，于是发电子邮件询问另一瓶酒在哪里，根本不考虑自己只订购了一瓶酒。

有些由语言和文化的微妙差异造成的错误成了训练国际商务人员的经典例子。通用汽车公司不理解为什么雪佛兰的 Nova 车型在拉丁美洲卖不出去，后来发现“no va”在西班牙语中是“开不动”的意思。百事可乐“come alive”的广告活动在中国彻底失败了，因为它被翻译成“百事把你的祖先从坟墓中叫出来了”。另一家卖罐装婴儿食品的公司在包装罐上印着一个很漂亮的婴儿照片。这种罐装食品在其他市场上都卖得很好，但是在非洲部分地区却卖不动，因为这个地方的人认为食品包装上的照片就是食品成分。

草率的设计会因文化背景的差异带来问题。例如，在印度不能在卡通或其他滑稽设计中使用牛的图案，衣着暴露的人的图片会触怒穆斯林国家的顾客等。甚至颜色或页面的设计元素也会惹出麻烦。日本的访问者不能容忍分成四块的页面或有大片白色的页面，因为数字“4”和白色在日本文化中都是死亡的象征。

软库公司（Softbank）是向因特网公司投资的日本公司，它想出了一种向日本人推广电子商务的办法。日本人对美国式的电子商务有抵触，他们更喜欢用现金付款或转账，不喜欢用信用卡，对在网上做生意很担心。1999 年，软库公司与 7-11 连锁便利店、日本雅虎和 Tohan 公司（日本一家很大的图书分销商）创建了一家合资企业 eS-Books，在网上销售图书和 CD。这家公司让顾客在网上订购物品，然后在当地的 7-11 连锁便利店提货并用现金付款。软库公司采用的是与美国公司完全相反的战略，它引入了能满足日本顾客需要的中间环节，以期把电子商务引入日本。

世界上某些地区的文化环境对于电子商务的起步极为不利。例如，1999 年《人权观察》（Human Rights Watch）发表的一份报告指出，中东和北非的许多国家不愿意让其公民自由接入因特网。这份报告提到，这些地区的许多国家常常阻止人们自由表达思想，并采取特殊的步骤防止在国家控制之外的信息交换。沙特阿拉伯、也门和阿联酋都采用代理服务器对网上内容进行过滤。约旦通过征税使接入因特网的费用超出了大多数约旦人的收入，1998 年还通过了一项法律禁止任何媒体出版与伊斯兰价值观有冲突的内容。

阿尔及利亚、摩洛哥和巴勒斯坦政权不限制上网或网上的内容。在大多数北非和中东国家，官方公开指责因特网传播了色情内容和反伊斯兰内容，并说这些内容对其社会中妇女的传统角色投上了阴影。在这些国家中，因特网与传统、文化和法律冲突很大，电子商务近期内不太可能得到大的发展。

有些国家虽然不完全禁止电子商务，但是在文化上有严格的限制，并写进了规范公司运营的法律条文。法国要求产品或服务的广告必须用法语，这就要求想在网上促销产品并把产品销售到法国的美国公司为其页面提供法语版本。许多美国的电子商务网站在网站上列出接受订单的国家清单，以避免在清单上没有的国家的法律责任。

加拿大魁北克省的官方语言是法语。魁北克省的法律要求街道标识、广告牌、商品目录和魁北克本地公司的广告都必须用法语。1999 年，魁北克省政府处罚了摄影师迈克尔・卡罗梅瑞斯，要求他要么关闭他的英文网站，要么在网站上加上法语页面。因为住在魁北克省的迈克尔・卡罗梅瑞斯一直在网上促销其照片，他的广告主要针对美国市场。

8.3 信用环境

8.3.1 电子商务面临的信用问题

美国的电子商务诚信体系是很先进的，除了有完善的信用法律以外，它还有专门的信用中介机构，以保证电子商务企业和个人消费者的信用。比如，美国最大的全球性征信机构邓白氏集团公司的主要业务就是对企业进行信用评级。对个人的信用评级则是由全联和益百利等机构负责的。

另外，美国的信用卡制度也为电子商务的开展创造了良好的信用保障环境。由于每个人都有相应的信用卡，其中记录了持卡人的社会保障号，而电子商务交易通过信用卡结算，所有的交易都会被信用局记录，所以几乎没有人敢利用信用卡在网上进行诈骗。

与美国等发达国家相比，我国的信用体系主要存在的问题如下：

1. 信用体系建设起步晚

美国的信用评级已经发展到非常完善的阶段，而我国 2002 年才启动上海咨询有限公司运营的个人信用联合征信服务系统，在北京建立“信用北京”工程等信用项目。2003 年,部分行业才开始建立本行业的信用评级体系。各个电子商务网站自身的诚信体系建设也不过是近两三年的事情。所以,这些信用体系建设虽然已经有起步,但是远未完善。

2. 信用体系覆盖面窄

从电子商务企业数量看,是国内的一些知名的电子商务企业率先建设了第三方担保、评级制度,加入了网络诚信联盟。但是,还有很多的中小企业没有在这些方面有所突破。美国的信用评级则是覆盖了所有的企业。

从电子商务企业的类型看,更多的是 C2C 型、B2B 型企业建立了信用体系。这类网站相对容易从交易双方中脱离出来,作为第三方进行监督和保障。B2C 型企业更多地被牵涉到交易中去,不可能充当交易者和监督者的双重身份。

从个人消费者看,电子商务企业的评级制度只是针对在其自己的网站上参与交易的顾客,基本上是各自为政,因此缺乏普遍的约束力。美国的个人信用评级和信用卡则是针对所有个人的,适用于任何网站。

3. 第三方机构缺乏权威性

我国电子商务企业的第三方机构主要是由网站本身和一些银行、企业构成,或者干脆由第三方企业充当。比如,淘宝网的支付宝平台虽然拥有很高的信誉度,但是其实质仍然是阿里巴巴旗下的公司,诚信风险从理论上讲依然是存在的。在第三方担保制度里,充当第三方机构的必须由有着绝对权威的银行或政府部门组成,而有着利益关系的企业自身应该退出。

企业内部协调体系和企业诚信联盟缺乏强制力。企业内部协调机制不具备法律效力。协调中获胜的关键在于保留诸如聊天记录这样的电子证据。目前,我国的法律对这类证据并不认可,所以一旦调解不成,在法律上也很难界定。

尽管诚信联盟受到多数企业和广大个人消费者的信赖和认可,并且具有一定的权威性,但是其职能大多是对电子商务纠纷进行协调处理,缺乏行政效力和法律效力,这样可能使一些问题难以解决。

8.3.2 电子商务信用体系

在电子商务全球化的发展过程中,电子商务交易的信用危机也悄然来袭,虚假交易、假冒行为、合同诈骗、网上拍卖哄抬标的、侵犯消费者合法权益等各种违法违规行为屡屡发生,这在很大程度上制约了我国电子商务乃至全球电子商务的健康发展。

电子商务是信息技术推动下的新型贸易形式,它可能派生出专门为企业的电子商务服务的信用机构,为参加交易的双方提供相应的服务以降低交易的风险,而完成交易将涉及交易双方、电子商务网站、第三方配送公司、银行及其他机构,每个参与者都需要承担一定的信用责任。交易资料的传递、验证都离不开商务网站或商务认证中心,应保证任何交易都处于受监察状态。商务认证中心应对拟在网上进行交易的企业的资格进行评定和认证。只有通过资格认证、有能力提供高质量产品和服务的企业才能获得数字证书,即获得对网络资源访问的权限,并可在网上开展交易活动。只有这样,才能为我国的电子商务提供一个安全规范的环境,提高人们对电子商务的信心与认同度。

在经济活动中,失信行为一般指的是尚未达到诈骗等刑事程度的不守信行为。失信惩罚机制必须具备:完整的法律法规,以对不同程度的不讲信用的责任人进行适当的惩处;汇集失信事件的记录,尽快记录在责任人的信用档案中并予以广泛传播。同时,要确保失信者受到应有的行政或司法处罚,并使他们在经济上受到损失,提高失信成本。另外,要加快信用立法,包括银行信用、非银行信用的立法,商业信用与消费者信用行为的立法,以及商业授信的立法等。

由信用关系的当事人分别进行与信用管理相关的授信人资信的收集、鉴别、分析、评级以及商账追收等活动往往交易成本太高,而由社会化的机构为信用当事人服务则可以大大降低成本。这类信用服务机构所提供的服务包括资信调查、信用评级、信用保险以及商账追收等,服务对象包括个人、企业,也包括政府机构。

电子商务作为一种商业活动,信用同样是其存在和发展的基础。电子商务和信用服务都是发展很快的新兴领域,市场前景广阔。从二者的关系看,一方面,电子商务需要信用体系,而信用体系也很可能最先在电子商务领域取得广泛的应用并体现其价值。因为电子商务对信用体系的需求最强,没有信用体系支持的电子商务风险极高。另一方面,在电子商务的基础上又很容易建立信用体系。电子商务的信息流、资金流、物流与电子签章四者相互呼应,形成一个整体。在这个整体之上,只要稍加整合分析,进行技术处理,就可以建立信用体系,并且该信用体系对电子商务是可控的。于是,整合电子商务与信用体系,建立电子商务的信用体系,就成为一种需求、一种目标、一项任务。

1. 信用模式

长期以来,对于如何规范电子商务活动,人们确立了几种基本模式,即技术手段、行政管理、法律制裁与信用保障。在电子商务和网络发展的初期,人们更多地偏重于从技术上进行规范。如加密、认证等安全措施,都是以技术为核心的。但是,很快人们就认识到过于依赖技术手段解决电子商务中的问题存在着弊端,便开始更多地考虑行政管理和法律制裁。信用保障与技术手段、行政管理、法律制裁相比,又具有十分鲜明的特点。从一定意义上说,信用保障主要是创造一种可信赖的商业环境。尤其是与法律制裁相比较,它既是一种“软环境”,具有法律制裁所难以具备的防患于未然的功效,又不会面临技术手段难以解决的交易安全性与便捷性的矛盾。电子商务的生命就在于其快速和便捷性。如果过多地利用技术手段和行政干预手段对网上交易进行管理，虽然可以在一定程度上增加安全性，但是却恰恰限制了网络交易方便快捷的特点，使其优势丧失殆尽。所以，总体而言，在规范电子商务活动的四种主要措施中，信用体系可以说是一种最为灵活且最有可能与电子商务本身实现良性互动的规范模式，它可以无处不在，却同时能做到大象无形。如前所述，由于电子商务与信用体系在本质上的一致性，它们可以很容易地做到无缝连接，而这种无缝连接所带来的效率和便捷正是电子商务所必需的。但是，在行政管理和法律制裁中，要实现它们与电子商务的无缝连接还是十分困难的。

电子商务作为虚拟经济、非接触经济，如果没有完善的信用体系作保证，其生存和发展都将十分困难，个人和企业的交易风险都将提高。比如，买家付款后不能及时得到商品、卖家卖出商品后不能保证收到货款、商品质量、网上重复拍卖等问题，都难以避免。

目前，我国电子商务主要采取四种较为典型的信用模式，即中介人模式、担保人模式、网站经营模式和委托授权模式。中介人模式是将电子商务网站作为交易中介人，达成交易协议后，购货的一方将货款、销售的一方将货物分别交给网站设在各地的办事机构，网站的办事机构核对无误后再将货款和货物交给对方。这种信用模式试图通过网站的管理机构控制交易的全过程，虽然能在一定程度上减少商业欺诈等商业信用风险，但是却需要网站有充足的投资去设立众多的办事机构。此外，这种方式还存在交易速度慢和交易成本高的问题。担保人模式以网站或网站的经营企业为交易各方提供担保为特征，试图通过这种担保解决信用风险问题。这种信用模式有一个核实谈判的过程，相当于无形中增加了交易成本。因此，在实践中，担保人模式一般只适用于具有特定组织性的行业。网站经营模式是通过建立网上商店的方式进行交易活动，在取得商品的交易权后，让购买方将货款支付到网站指定的账户上，网站收到货款后才给购买者发送货物。这种信用模式是单边的，以网站的信誉为基础，主要适用于从事零售业的网站。委托授权模式是网站通过建立交易规则，要求参与交易的当事人按预设条件在协议银行中建立交易公共账户，网络计算机按预设的程序对交易资金进行管理，以确保交易在安全的状况下进行。这种信用模式中，电子商务网站并不直接进入交易的过程，交易双方的信用保证是以银行的公平监督为基础的。

我国电子商务目前所采用的这四种信用模式是从事电子商务的企业为解决商业信用问题所进行的积极探索。但是，它们各自存在的缺陷也是显而易见的。特别是这些信用模式所依据的规则基本上都是企业性规范，缺乏必要的稳定性和权威性。要克服这些问题，政府部门必须加强对发展电子商务的宏观规划，包括银行、工商、公安、税务等部门的协同作战，才能使交易双方在以政府信用作为背景的基础上建立起对电子商务的信心。

2. 信用体系是法律的辅助环节

电子商务的法律问题虽然种类繁多、形式多样,但是在解决办法上,基本可以分为三大类型:其一,已有成熟的解决方案,只要尽快进行立法或修订法律,就基本可以解决问题,典型的如电子签章的法律效力问题。其二,目前对于该问题还没有成形的解决方案,需要更多地从理论层面进行探寻,较为典型的有网络的管辖权问题、数字产品电子商务的税收问题。其三,也是最为普遍的一类,就是即便是出台或修订了相关的法律规定,其中的法律问题也难以马上解决,需要相应的法律辅助机制的配合,或一个完善的法制环境的作用。这方面的例子有电子商务的信息安全问题、电子商务知识产权的保护问题、电子商务的安全保障问题、电子商务的法律救济问题等。也就是说,在这一类法律问题中,尽管相应的法律规定十分明确,但是还有大量的违法行为存在。我国刑法对于信息安全的明确规定并没有杜绝危害信息安全的行为,而著作权法也难以使那些"拿来主义者"却步。造成这种"令行禁不止"的原因很复杂,既与互联网本身的非中心性、虚拟性、跨地域性和高度自治性相关联,也产生于网上违法行为的隐蔽性、低成本和便捷性。解决这种难题的办法只有一个,那就是要在立法与修订法律之外建立起一整套的法律辅助机制,形成完善的法制环境,从各方面杜绝和制裁违法行为。信用体系的建立就是该法律辅助机制中非常重要的一环。

一方面,电子商务本身是信用体系存在和发展最好的土壤,在电子商务的基础上很容易建立起信用体系。另一方面,电子商务的信用体系又可以最大限度地使消费者成为参与者。在很多已经形成的电子商务模式中,通过 BBS 等方式,对于同一类消费,很多消费者可以很快地建立联盟,展开评价和交流,而这些评价本身就是信用体系的重要组成部分。

互联网与传统传播方式的主要不同就在于其互动性。互联网的信息是双向交互流动的,在这种沟通方式之上建立的信用机制也必然具有很强的时效性和动态性。

电子商务不断采用最新的电子通信技术,能够保证自身一直具有强大的信息沟通和利用功能,而且这样的能力会为相应的信用体系奠定良好的基础并创造持续、稳定发展的氛围。

8.3.3 电子商务信用体系建设

从 20 世纪 90 年代末期至今,我国电子商务诚信体系建设已经有了较大的进步,主要形成了以下一些层面的信用体系:

1. 电子商务企业构建的第三方担保制度

电子商务信用一般有网络身份证、信用评级、网络信用担保、第三方担保几种形式。其中,第三方担保是我国电子商务企业采用最多的一种形式。一些著名的电子商务网站纷纷建立了第三方担保制度，如易趣网的“安付通”、淘宝网的“支付宝”、e拍网的“一拍通”等等。如表8-1所示：

表8-1　著名网站第三方担保

支付工具	安付通、贝宝	支付宝	一拍通
网站	易趣网	淘宝网、阿里巴巴中国站	e拍网
第三方构成	易趣联、中国工商银行、中国建设银行、招商银行、银联电子支付服务有限公司	淘宝网、中国工商银行、招商银行、中国建设银行、中国农业银行、广东发展银行、兴业银行等	Sinopost公司

总的来讲，它们的原理是基本一样的：由网站本身和商业银行或企业组成独立的第三方，参加交易的买卖双方通过第三方完成交易。具体流程如图8-1所示：

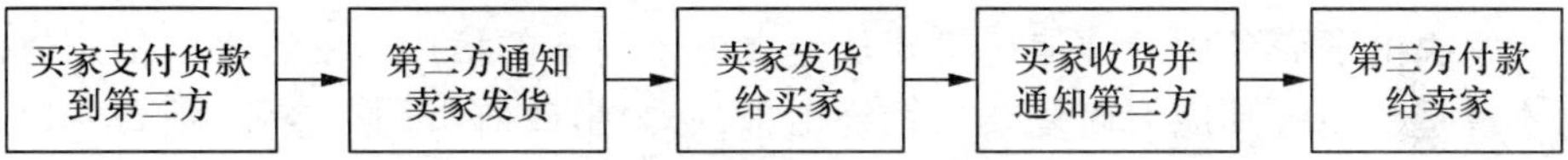

图8-1　通过第三方完成交易

同时，对于严格按流程操作后由于其他各种原因造成经济损失的，各电子商务企业也推出了相应的赔偿制度，如易趣网的“安付通保障基金”、淘宝网的“全额赔付制度”等，以配合其信用制度。

2. 电子商务企业的信用评级制度

其实，无论是易趣网、淘宝网、e拍网还是其他电子商务网站，它们的信用评级体系都是大体一致的。基本上如表8-2所示：

表8-2　信用评级制度

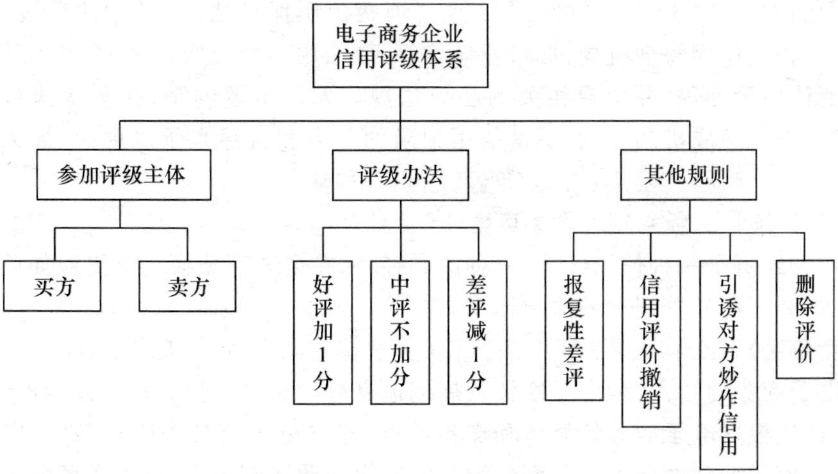

同时,各个网站还推出了论坛,使大家参与讨论、交流经验,以杜绝诈骗。

3. 电子商务企业内部的调解机制和企业诚信联盟的建立

各大电子商务交易网站都有类似于仲裁机构的协调机制,企业内部也设置了法律部门,交易双方发生纠纷后首先进行协调,协调不成再诉诸法律。

企业诚信联盟是由中国电子商务协会创立的,其宗旨在于通过建立权威、公正的第三方资信评估平台,加强我国电子商务信用体系的建设。其发起单位有易趣、e拍、盛大、新浪、卓越、上海浦东发展银行、《电子商务世界》等21家电子商务企业、杂志和银行。其主要职责是:借助行业协会的权威性,建立并实施电子商务信用监督、失信惩戒制度;制订电子商务行业诚信评价标准体系,建立对企业电子商务评级制度;制订电子商务行业规范,监督电子商务诚信经营。

8.3.4 电子商务信用体系的建立

解决电子商务中的诚信危机要从建立电子商务的信用体系入手。信用体系的建设是一项极其庞大而复杂的系统工程,必须由政府、行业、企业、消费者以及传媒各方通力合作,以道德为支撑,以法律为保障,采用科学的组织管理体系和先进的技术手段实现。

1. 建立完善的社会信用体系

电子商务作为一种新型的商务活动模式,它的每一次交易活动都要涉及多方参与者,包括参与交易的双方、电子商务网站、第三方物流公司、银行、税务、工商、公安以及其他机构,每个参与者都要承担一定的信用责任。参与各方需要在一个完善的诚信环境下进行交易。但是,建设这种环境不是电子商务活动的某一参与者具有诚信意识就能解决的问题。这种诚信环境和机制需要社会各方共同、长期努力才能营造出来。因此,我国应借鉴发达国家现行的相关立法,尽快出台《信用信息公开法》、《隐私权法》、《消费信用保护法》等信用法律规范;同时,建立相关信用管理机构,如行业诚信管理、信用中介机构管理、企业信用管理和消费信用管理等,并出台相关的法律法规。尤为重要的是,在法律执行过程中,建立失信惩戒机制,对有不良信用记录的法人和自然人予以惩罚,加大失信成本。

2. 加强电子商务的法律法规建设

市场经济是一种信用经济、一种法制经济,在电子商务模式下更应如此。因此,我国要不断完善现行的法律体系,在《专利法》、《商标法》、《版权法》、《反不正当竞争法》、《公司法》、《票据法》等相关法律法规的制定或修改过程中,充分考虑电子商务的特点,为电子商务发展创造良好的法制环境并留有发展的空间。另外,还应根据电子商务的环境和交易特点,建立电子交易法律和制度、电子支付制度、信用卡制度等。电子商务涉及的法律问题还有很多,如电子商务下的税收问题、司法管辖权问题、知识产权保护问题、消费者权益保护问题等也应尽快解决。

3. 加强电子商务行业自律

应大力发挥社会中介组织和行业自律的作用，逐步健全电子商务的社会信用体系。在信用体系建设中，要大力发展以行业协会为主体、会员单位为基础的自律维权行业信用体系，以企业风险管理为基础的自我内控信用体系；以信用中介为主体、市场运行为基础的社会商务信用体系。要加强电子商务行业自律，促进诚信经营，遵守行业公约，恪守职业道德，形成有效的诚信风险防控机制。

中国电子商务协会作为我国电子商务的行业组织，应制定各会员必须共同遵守的商业规则，切实保护消费者的权益。

4. 加强电子商务技术的开发和应用

建立完善的电子商务信用体系，必须依靠高科技手段，不断加强网上安全认证技术的开发和应用，如数据挖掘技术的开发、信息安全技术的开发、信用信息系统数据平台的建设、数据仓库的整合与数据采集（建立基于统一格式和智能化的数据仓库系统）等。另外，还应制订政府信用相关数据和信息的采集、交换和存储标准、电子签名、CA 认证等服务体系，加快各级、各部门政务信息电子化、网络化建设，建立完善电子政务技术平台，为信用信息资源的整合和共享创造条件。

特别需要强调的是，要大力扶持社会化、专业化的第三方信用中介机构。发达的第三方服务体系可以为中小企业电子商务系统的实际应用提供稳定和强有力的支持，使风险降到最低程度。交易双方首先向第三方获取认证，当双方在网上进行交易时，第三方信用服务企业（如 CA 中心）就会对交易双方进行资质验证，对交易双方的交易资料的传递进行加密，对交易过程进行监察，从而确保客户的交易是在安全、诚信的环境下进行的。

5. 提高全社会的信用意识

提高全社会的信用意识是根本问题，没有信用意识，没有信用文化，信用就不会深入人心，也就不会形成健康的市场机制和社会信用氛围。因此，应在电子商务的参与者中呼唤诚信，树立诚信观念和规则意识。

信用体系的建设任重而道远，特别是电子商务信用体系的建立还有理论、技术、政策等多方面问题有待解决，需要在实践中不断探索。相信随着全社会信用意识的加强、信用体系的不断完善，必将推动我国电子商务的快速发展。

8.4 税收环境

8.4.1 电子商务代理的税收问题

1. 关税和海关代征进口环节增值税和消费税问题

对于有形货物的离线电子商务，由于有形通关过程的存在，现行增值税税收政策依然适用。对于数字化的信息流产品，如软盘、CD、VCD、书刊等，消费者通过下载在线取得。由于不存在一个有形的通关过程，由海关征收关税以及代征进口环节增值税和消费税的征收基础不复存在，对这部分电子商务的关税以及进口环节增值税和消费税的征收变得非常困难。目前，在美国的倡导下，包括欧盟在内的许多国家暂时同意免征电子商务中信息流产品的关税和流转税。这种免税政策极大地冲击了国内相关行业如软件业的经营。另外，通过邮寄等非独立代理的方式进行的交易急剧上升，且交易额较小，又很分散，海关对这部分跨境交易很难监控。

2. 营业税问题

规模日益增大的远距离提供劳务的特点是劳务的提供地和劳务的消费地相分离，如远程医疗、网络拍卖、网络咨询等。如果继续按照劳务提供地标准判定劳务所得的来源地，则营业税的税基将受到侵蚀。对于服务业远远落后于发达国家的发展中国家来说，情况更为不利。

3. 跨国经营所得问题

企业通过网络市场完成异国产品销售，而不必进行物理扩张，以销售代理为特征的常设机构逐渐消失。即使是有形商品，也可以通过非独立代理人（如邮寄）完成销售，从而规避跨国经营所得税。由此可见，继续恪守传统的常设机构标准判定经营所得的来源地，将导致大量的跨国经营所得被排除在本国的征税范围之外。如果企业在避税地设立公司，则企业将不会在任何其他国家以常设机构的形式出现，大量的经营所得将通过电子商务方式被完全规避掉。

4. 信息流产品交易收入的性质问题

传统的信息类产品必须依托特定的、有形的物理媒介如磁盘、光碟等才能得以交易和传递。借助互联网，这类产品的物理媒介变为无形的、流动式的，下载成为货物转移的手段。由此产生的问题是：这种无形交易的收入的性质是属于销售收入而继续征收增值税，还是属于非应税的劳务收入而征收5%的营业税，或者属于特许权转让费而征收20%的特许权使用税（因信息类产品常常带有版权）？

5. 网络平台交易费的性质问题

参与电子商务运作的网络公司中，有一类公司是专门为网络贸易提供综合或专业性交易平台的，这类公司典型的融资方法有三种：一是向各交易会员按年收取固定的会员费；二是按具体的交易量收取一定比例的交易费；三是平台公司自营网络交易的销售收入。其中，对会员费按5%征收营业税和对销售收入征收增值税是明确的，但是对于按交易比例收取的交易费如何征税却存在疑问。有人认为，交易费应该缴纳营业税。还有人认为，网络公司参与开发票，属于交易的中间环节，因此对它向买方收取的交易费应该作为价外费用一并征收增值税。

6. 税收管辖权的划分问题

电子商务与传统交易方式的最大区别就是场所和交易双方的虚拟化，引起信息流、资金流和物流的分离，并因此引起不同地区之间税收管辖权的交叉重叠。举例来说，深圳一家企业的采购人员在杭州出差时，通过当地终端向北京的一家网络公司购买一批电脑终端设备。北京公司接到订单后，要求深圳公司将货款支付给广州分公司并由广州分公司开具发票，收到货款后指示设在长沙的配送中心发货。整个过程中，信息流、资金流和物流完全脱离。从资金流转的角度出发，广州分公司应该作为此次交易的纳税人向广州市税务机关申报缴纳增值税；从货物流转的角度出发，应该由长沙配送中心向长沙市税务机关申报纳税；从信息流转的角度出发，应该由北京公司向北京市税务机关申报缴纳增值税。因此，对于"三流"分离的电子商务很难再用传统的概念界定纳税主体、纳税环节、纳税时间以及具体的税收管辖机关，并有可能导致双重征税或漏征。另外，根据增值税的抵扣政策的规定，只有货物、资金和发票三者一致的进项发票才能抵扣，否则不予抵扣。这一规定对从事B2B的电子商务企业的运营造成极大的障碍，因为企业有被指责为虚开代开的嫌疑，客户则会因为进项税额可能得不到抵扣而放弃网上采购。

7. 对电子商务开征新税问题

部分专家提出，由于电子商务引起交易的虚拟化，且不过境的跨国交易日益增多，而全球统一的管理软件以及相互协调的管理规则很难达成，为了达到简易征收、提高征管效率的目的，建议对电子商务开征以通信信息量为客体的比特税(Bit Tax)。联合国也建议开征比特税，以补贴贫穷国家发展电讯事业。至于我国是否有开征比特税的必要，尚待研究。

8. 对电子商务免税问题

需要说明的是，免税一般是指免征流转税，由于所得税的征收受交易形式的影响不大，所以不在免税之列。免征电子商务的流转税对以流转税为主体税种的国家来说是个沉重的话题，对于发展中国家来说更难作出抉择，因为发展中国家多数是电子商务的输入国。在传统的经济格局中，国家和国家之间的贸易一般都能达到一个相对的平衡状态。如果对电子商务免税，这种平衡状态将被打破,发展中国家很可能因此变成税负的净输入国,从而在因电子商务引起的国际收入分配中处于十分被动的地位。对电子商务免税还会在不同形式的交易之间形成税负不均的局面,从而偏离税收中性原则。然而,免税对于电子商务的发展确实有着极大的推动作用。尤其是发展中国家,想要在知识经济的道路上追赶美国等发达国家,并以此为契机,逐步摆脱整体经济落后的局面,免税似乎是个不能不加以利用的杠杆。因此,免税对于发展中国家来说确实是一个两难的选择,必须慎重权衡其利弊得失。

9. 发票的开具方法问题

如果发票的开具仍是离线的,与在线的网络交易相脱节,在线交易就会因为发票的开具和传递而不能做到完整在线操作,等于在交易信息流、资金流和物流之外平添了一个独立的"发票流",必然要降低电子商务的运行效率。

8.4.2 电子商务税收政策

1. 我国税收政策遵循的原则

为促进我国税收健康有序地发展,税收政策应遵循中立性原则、公平性原则和维护国家税收权益原则。中立性原则是指保持传统贸易和电子商务税负的一致性。也就是说,传统贸易和电子商务在本质上是一样的,不存在优劣之分。在电子商务市场体系没有完善之前,可以给予适当的税收优惠,以避免因电子商务税收政策的出台及其不完善所带来的负面影响。公平性原则是指纳税人无论采用传统贸易方式还是电子商务方式都应享有同等的税负,这样人们才愿意选择进行更多电子商务活动,电子商务也才能够稳定地发展。同时,应营造公平的税收环境,这是我国建立社会主义市场经济的客观要求。维护国家税收权益原则是指最大限度地保障本国的税收权益。具体而言,就是要坚持税收中性原则,为国内外企业营造公平竞争的环境,维护发展中国家的税收利益,防止巨额税款的流失,使发达国家和发展中国家能够在国际税收的对抗和协调中找到利益的均衡点,最终形成新的国际税收格局,达到共同发展的目标。

2. 我国电子商务税收总体框架

(1) 以现行税收法律制度为基点,全面启动以互联网为基础的电子税收征管信息系统。目前,我国还没有关于电子商务的税收政策。我国的税务部门以现行税务法律制度为基点,对电子商务条件下的税收征管手段的现代化进行了积极探索,取得了较好的成果,如"三金工程"等,但是也还存在许多问题。电子商务税收信息系统应以互联网为基础,建设对非网络交易征税的电子征税管理系统和对网络交易的电子征税管理系统,严密监视网络贸易,跟踪贸易数据流向,依据贸易规则和法律进行税收征管和税收稽查。同时,利用互联网的普及性,纳税人可以随时随地进行申报和纳税。

（2）完善立法。第一，完善现行税法。我国现行税收法律体系对于电子商务征税的规定还是空白，因此应补充有关对电子商务适用的税收条款，做好与现行税收征管法的衔接，使税收征管有法可依、有章可循。例如，研究是否确定电子商务的网址和服务器同为常设机构所在地或经营活动所在地等问题。第二，完善金融和商贸立法等相关法律。针对电子商务的隐匿性导致计税依据难以确定的问题，完善相关法律。例如，明确数字化发票作为记账核算和纳税申报凭证的法律效力，认定恶意修改为违法行为。

总之，电子商务作为一种新的交易模式已经在世界范围内迅猛发展，在我国建立电子商务涉税法律规定和法制框架已是势在必行。制定规范的、科学的税收法律对于电子商务的健康发展、保证税收、促进经济发展必将产生巨大的推动作用，从而使电子商务的发展走上有中国特色的法制化轨道。

8.5　法律环境

8.5.1　电子商务立法的必要性

电子商务是网络经济的主要模式，它代表着未来贸易方式的发展方向，其兴起使现行法律制度面临新的挑战。因此，电子商务问题及其立法对策是各国政府和国际组织十分关注的热点问题。已经“身临其境”的我国现行法规也急需严阵以待、及时救济，防患于未然。

8.5.2　电子商务立法现状

我国自1996年成立中国国际电子商务中心、1997年建立中国电子数据交换技术委员会以来，电子商务蓬勃发展，潜力巨大。电子商务的发展对国民经济的全面拉动举足轻重。

然而，事实上，我国电子商务的运作至今尚未进入正常轨道，法律更未进入可操作阶段，与国际立法实践相比还有一段很长的距离。到目前为止，我国电子商务立法仅有《合同法》第11条关于书面形式包括“数据电文”以及第33条关于当事人采用数据电文签订合同可以“要求签订确认书”的规定。前者承认了电子合同的合法性，后者涉及合同的生效要件，可以说是对电子合同效力的一种探索。另外，《合同法》第16、26、34条规定了电子合同要约的生效时间、承诺的生效时间以及合同成立地点。但是，仅有以上规定，电子合同仍然无法操作，不能进入实施阶段。除《合同法》原则上承认电子合同的法律地位外，国务院以及有关部委也制定了一些行政法规。例如，1994年国务院发布《中华人民共和国计算机信息系统安全保护条例》，1996年国务院发布《中华人民共和国计算机信息网络国际联网管理暂行规定》,1997 年公安部发布《计算机信息网络国际联网安全保护管理办法》,1998 年国务院发布《中华人民共和国计算机信息网络国际联网管理暂行规定实施办法》,2000 年国务院发布《中华人民共和国电信条例》、《互联网服务管理办法》等。然而,这些规定一方面缺乏基本法律的权威性,另一方面局限于网络的安全、管理等电子商务基础设施的法律建设,并非对电子商务所涉及的主要问题的直接立法。为解决我国没有对电子证据、电子签名以及电子认证等立法的问题,一些经济发达地区先后颁布了一些规定。例如,广东省制定了《广东省对外贸易实施电子数据交换(EDI)暂行规定》,北京、上海也在加紧制定电子商务法规等。这些地方的立法虽然较美国各州的电子商务立法在完整性、趋时性方面相对落后,但是对当地电子商务的发展的促进作用不可低估,特别是与国家对电子合同法律地位的原则性规定一起,发挥了"投石问路"的作用。不过,长此以往,以上地方立法也难逃美国电子商务立法的命运,即导致地区差异,与电子商务的无差异性发生冲突。随着互联网与电子商务的发展,确实需要有一个完备和科学的法律体系,以保障网络与电子商务企业投资者和经营者的利益,保障网络与电子商务作为一种新兴产业的存在和发展。

8.5.3 电子商务立法准备

1. 我国电子商务法律体系的立法原则

电子商务立法调整的是新型的市场交易方式,因此需要有与以往法律不同的新的立法指导原则。这些原则覆盖整部法律,目的是使法律具有一定的伸缩性和前瞻性,尽量避免和减少成文法挂万漏一、僵化死板等弊端。

(1) 功能等效原则

功能等效原则是 1996 年联合国《电子商业示范法》提出的,它的出现开辟了电子商务立法的新思路,对我国的立法也有很好的借鉴作用。功能等效原则是在分析有关传统纸质文件的法律要求的目的和作用的基础上,使电子商务技术能够满足这些目的和作用。例如,纸质文件的作用包括以下几个方面:让文件可以被所有人识读;让文件可以被复制;让文件在一段时间内不会被改变;通过签名方式对数据真实性进行认证;让文件以一种官方和法院可以接受的方式出现等。就上述纸质文件能起的各种作用而言,电子记录如果满足了一系列技术和法律的要求,就能够在数据的生成、存储和通信方面提供与纸质文件同等水平的安全保障,甚至在数据来源和内容的认证方面具有更高的可靠性和速度。

(2) 法律与专业技术相结合的原则

电子商务交易的不断发展对电子商务法律体系的构建提出了挑战。电子商务立法要体现技术的发展,同时又要为技术发展提供足够的空间。在市场经济尚不完善、行政力量干预市场的现象时有发生的国家,用法律指定某一技术作为电子商务行为有效性依据的做法是不可取的。但是,电子商务发展必须有安全性保障。这就要求法律对电子商务行为所采用的技术至少应达到的功能和最低效果作出详尽的规定,即规定只有使用具有若干技术性能、能够达到一定效果的技术的行为才是有效的。这样,可实现法律与技术的有机结合,避免对特定技术的指定带来的弊害,又维持了电子商务行为较高程度的确定性和安全性。

(3) 交易载体无歧视性原则

交易载体无歧视性原则是指法律对于无论是采用何种媒介、形式和通信手段进行的市场交易都采取一视同仁的态度。基于传统交易形式的法律规范一般是将书面形式作为默认的交易载体。然而,电子形式的交易恰恰是无纸交易,不属于传统形式,因而无法享有法律给予纸质媒体的地位和待遇。电子商务立法就是要改变这一状况,不论采用何种载体进行交易,都应得到法律的认可。

2. 电子商务合同涉及的主要法律问题

网络技术的发展使商品交易的模式也在发生着变化。在网络化时代,更多的交易是通过网络电子的方式确立和完成的。在此过程中,往往会遇到各种各样的法律问题。例如,我国上海A钢材贸易公司与马来西亚吉隆坡B公司一直有业务往来。2007年6月1日上午9点(北京时间),A公司通过电子邮件向B公司发盘,出售1000吨邯郸产SPHC 1.5 * 1800 * C热轧钢材,每吨价格556美元。该邮件还声称,本发盘的有效期为一个星期。6月1日上午(吉隆坡时间),B公司发现了A公司的发盘,后指示在纽约出差的业务员汤姆向A公司发出接收通知。汤姆于6月7日晚上8点(纽约时间),用自己的手提电脑给A公司的电子邮箱发出了准备履行合同的通知。A公司发现B公司发来的邮件时是6月9日上午11点(北京时间),电脑显示的接收时间是6月8日上午8点22分(北京时间)。这时,A公司得知了国际市场上热轧钢材的价格已经开始上涨,于是向B公司发出通知,将该批钢材的价格提高到每吨586美元。B公司回邮拒绝接受,并要求A公司按合同履约。A公司坚持涨价,B公司遂向上海法院起诉,要求A公司赔偿其损失。A公司则辩称其与B公司之间的合同并未成立。那么,该合同到底是否成立?纵观整个案件,其实涉及了电子商务合同中的要约和承诺的效力问题(即电子合同是否成立)。

(1) 要约的效力问题

要约是指希望和他人订立合同的意思表示。该意思表示应当符合下列规定:① 内容具体确定;② 表明经要约相对人承诺,即要约人受该意思表示约束 。既然要约是向别人表示订立合同的意思,那么就会涉及要约何时开始对发出人(要约人)产生约束力,即通常所说的"要约的效力"问题。

对于要约的效力问题,国际上有两种观点:一种是到达主义,即要约到达受要约人时才能产生法律效力;另一种是发信主义,即要约人发出要约以后,只要要约处于要约人的控制范围以外即产生效力。但是,该案中双方是用电子邮件的方式进行要约的传达的。那么,该如何认定电子形式要约的效力?

如果采用到达主义,则电子形式要约的到达时间可认定如下:如果收件人为接收数据电文指定了某一信息系统,则以数据电文进入该指定信息系统的时间为收到时间;如果数据电文发给了收件人的一个信息系统,但是不是指定的信息系统,则以收件人检索到该数据电文的时间为收到时间;如果收件人并未指定某一信息系统,则以数据进入收件人的任何系统的首次时间为收到时间。如果按此规定,则B公司的收到时间应为要约生效的时间。

如果采用发信主义,则电子形式要约的到达时间可认定如下:除非当事人另有约定,一项数据电文的发出时间以它进入发端人或代表发端人发送数据电文的人控制范围之外的某一信息系统的时间为准。目前,国际上大多数国家采用此方法确认数据电文的约束力。如果按此规定,则A公司发出要约的时间应为要约生效的时间。

我国《合同法》第16条第1款规定:“要约到达受要约人时生效。”即采用数据电文形式订立的合同,收件人指定特定系统接受数据电文的,该数据电文进入该特定系统的时间视为到达时间;未指定特定系统的,该数据电文进入收件人的任何系统的首次时间视为到达时间。按照我国的法律,该案要约到达B公司的收到时间为要约的生效时间,在B公司收到时对A公司产生约束力。

(2)承诺的效力问题

承诺的效力在于使合同成立。合同成立是指要约人和要约相对人通过要约和承诺形式就合同的主要条款达成了合意,使合同关系确立的行为。即双方当事人意思表示一致而建立了合同关系,表明了合同订立过程的完结 。一旦承诺生效,合同便宣告成立 。如果采用电子方式传输承诺,同样会涉及承诺的效力是要采用到达主义还是发信主义的问题。如果按照我国《合同法》第16条的规定,该案中A公司电脑显示的接收时间是6月8日上午8点22分(北京时间),应该是合同成立的时间。

关于要约和承诺的效力,我国采用的是到达主义,国外更多采用的是发信主义。这样,就产生了一个矛盾,即在确认电子数据的效力时应该采用什么样的标准。

在传统情况下,因为信息的传递有一定的时间差,采用到达主义有利于当事人及时修改自己的决定,因而要约和承诺是可以撤回的。电子商务采用电子方式进行信息的传输,十分快捷。一项电子文件发出后,在极短的时间内就可以到达对方的系统,产生法律效力。如果采用到达主义,势必会使发信人认为发出的信息是可以撤回的,而其实发出的要约或者承诺已经生效了,结果产生了不必要的纠纷。

由于电子传输的快捷性和不可预期性,一项要约(或承诺)通过电子方式发出后,要约人(或承诺人)就失去了对它的掌控能力,因而必须对它负责。如果采用发信主义,作为要约人(或承诺人)就应该积极为履行要约(或承诺)作准备,而不能悔约。因此,要约人(或承诺人)发要约(或承诺)应该慎重。这样,才会更加有利于电子商务的发展。因此,在电子商务纠纷案件中确定要约(或承诺)的效力时,应该采用发信主义。这一方面有利于与国际接轨,解决了与国际上大多数国家同类法律相冲突的问题;另一方面也有利于合约的履行,促进了电子商务的发展。

3. 电子商务的管辖权

另外,上述案件中还涉及电子商务的管辖权问题(即 B 公司应选择向何地法院起诉)。管辖权是指人民法院对某一具体案件进行审理的权限,即对该案件有权行使审判的权力。管辖权的确定会直接影响到案件的法律适用和审理结果。目前,在我国,关于诉讼的管辖总体上采用"原告就被告的原则"。然而,对于电子商务案件的管辖权问题,我国尚无针对性的法律条文。一般情况下,我国采用民事案件的管辖原则,而这些原则是否真正适合电子商务案件还有待斟酌。关于民事案件管辖权的确立,主要有以下几种依据:

(1) 属人原则,就是以当事人的居所地确定法院的管辖权。这里的"居所地"可理解为住所地或者营业地。根据我国管辖权的总体原则,发生法律纠纷时提起诉讼应由被告居所地的法院管辖。但是,电子商务合同大多是通过虚拟的网络传递的,对其所谓的"住所地"该如何认定?是按虚拟空间的 IP 地址认定,还是按现实中企业的所在地确定?对此,目前法律没有认定。现实的住所地在网络中很难知晓,因而电子商务合同与实际地址关系不大。所以,采用 IP 地址所在地(注册地地址)确定法院管辖比较妥当。

(2) 物之所在地原则,就是以合同标的物的所在地确定法院的管辖权。在国际私法领域,物之所在地原则是确定管辖权的最普遍原则。在国内法中,它也是确定管辖权的重要依据。在电子商务交易中,虽然有些是非实物的交易,但是更多的是实物交易。这样,在实物交易发生纠纷时,就可以根据物之所在地原则确定有管辖权的法院。

(3) 行为地法院管辖原则,就是以合同签订履行的地点确定法院的管辖权。采用行为地法院管辖原则,既有利于法院对案件的审理,也便于当事人进行诉讼。电子商务的实物交易更多是在实际中发生的,有明确的地点。因此,当事人在发生纠纷时可进行这种选择。合同的行为地又可以分为:合同缔结地(即合同生效的地点)、承诺的生效地点(即合同成立的地点)、履行地(即履行义务和接受履行的地方)、侵权行为地(即电子商务的侵权行为发生的地)。所以,电子商务的纠纷案件可以在以上地点任选一家法院进行审理。

(4) 当事人协商原则，就是由合同当事人共同协商选择法院管辖。它主要是根据民法上的意思自治原则确定的。意思自治是指当事人在遵循法律规定的前提下，可以根据自身的需要选择法院。对电子商务纠纷案件的审理，也可以遵照这一原则确定管辖权。

(5) 最密切联系地原则，就是由与案件联系比较紧密地方的法院行使管辖权。这是在当事人没有事前选择法院管辖，对管辖又不是很清晰的情况下所作的一种选择。与案件联系密切的有合同缔结地、合同履行地、标的物所在地等。

电子商务交易的涉及范围非常广泛，不仅涉及国内和国外，而且涉及虚拟和现实的空间，而我国法律对于电子商务纠纷管辖权又没有明确的规定，这就要求在将来进行电子商务立法时对此加以明确，从而避免在法律适用上模糊不清。在当今权利本位主义的大环境下，立法时应扩大权利人自主选择的机会。因此，在确定电子商务纠纷管辖权时，应该在遵循专属管辖的基础上，根据意思自治原则的精神，以当事人协商原则为主，以其他原则为辅。

4. 电子证据

网络聊天技术的发展，为网上交易谈判提供了可能。那么，通过这种方式进行商品交易时，往往又会遇到什么样的问题？比如，钢材销售员 A 通过 QQ 的方式向钢材贸易商 B 确定了采购计划，然后找好了买家。后来，等 A 去 B 那里提货时，却被告知钢材涨价了。如果按现在的价格提货，这笔生意肯定要赔钱。如果不做，又要承担违约责任。那么，A 是否可以要求 B 赔偿？如果 A 要求 B 赔偿，他又该拿出什么样的证据？这就涉及电子证据问题。

网络聊天的记录(电子记录)能否作为证据而为法律所认可？这种证据的证明效力有多大？目前，我国的法律尚未对电子记录这类电子证据作法律上的认可。一旦发生这样的纠纷，对一些非专业的人士来说，就很难找出证据证明对方的违法事实。关于电子证据的效力问题，联合国《电子商务示范法》明确规定：在任何法律诉讼中，证据规则的适用在任何方面均不得以下列理由否定一项数据电文作为证据的可接受性：(1) 仅仅以它是一项数据电文为由；(2) 如果它是举证人按合理预期所能得到的最佳证据，以它并不是原样为由。可见，该法在较大程度上承认了数据电文的证据力，基本上是按照直接证据对待。在我国大多数民事诉讼法教材中，都将计算机记录和存储的数据证据归入视听资料类证据。法律上将视听资料归类定位为间接证据的范畴，即不能单独或者直接证明案件事实的证据。除了要法院审查核实外，还要与其他的证据相互印证，才能组成一个证据链被认可。这样，就显得它的效力是非常低下的。但是，一般情况下，电子商务的交易是很难有其他有力的证据做佐证的。如果按照间接证据对待电子商务交易中的电文记录，势必造成越来越多的此类纠纷无法解决。这对电子商务的健康发展极为不利。

因此，我们必须从立法的角度解决电子证据的法律效力问题。应该考虑将电子证据作为一项独立的证据种类规定。如果一项数据电文的生成、储存或者传递该数据的办法是可靠的，且信息保存完整的办法是可靠的，就应当作为直接证据对待，以确认它的证明力。电子证据既不同于书证，也不同于视听资料，我们有必要将其作为独立的直接证据种类纳入《电子商务法》中，以法律的形式强化电子证据的法律效力，为电子商务的发展铺平法律的道路。

8.5.4 电子商务法律体系的构筑

1. 电子商务参与各方的法律关系

电子商务是在一个虚拟的空间上进行交易。在电子商务的交易过程中，买卖双方之间，买卖双方与银行之间，买卖双方、银行与认证机构之间，都将彼此发生业务联系，从而产生相应的法律关系。

买卖双方之间的法律关系实质上表现为双方当事人的权利和义务。买卖双方的权利和义务是对等的。卖方的义务就是买方的权利，反之亦然。在电子商务条件下，卖方应当承担三项义务：按照合同的规定提交标的物及单据，对标的物的权利承担担保义务，对标的物的质量承担担保义务。买方同样应当承担三项义务：按照规定方式支付价款，按照合同规定的时间、地点和方式接受标的物，对标的物进行验收。

在电子商务中，银行也变为虚拟银行。电子商务交易客户与虚拟银行的关系变得十分密切。大多数交易要通过虚拟银行的电子资金划拨完成。虚拟银行同时扮演发送银行和接收银行的角色。在电子资金划拨中，常常出现因过失或欺诈而致使资金划拨失误或迟延的现象。如系过失所致，则自然适用过错归责原则。如系欺诈所致，且虚拟银行的安全程序在电子商务上是合理可靠的，则名义发送人需对支付命令承担责任。

认证机构(CA)扮演着一个监督管理买卖双方签约、履约的角色。买卖双方有义务接受认证机构的监督管理。在整个电子商务交易包括电子支付过程中，认证机构都有着不可替代的地位和作用。在电子商务交易的撮合过程中，认证机构是提供身份验证的第三方机构，它不仅要对进行电子商务交易的买卖双方负责，还要对整个电子商务交易的秩序负责。

2. 电子商务交易合同的法律问题

合同，亦称“契约”。我国《合同法》第 2 条规定：“本法所称合同是平等主体的公民、法人、其他组织之间设立、变更、终止债权债务关系的协议。”合同反映了双方或多方意思表示一致的法律行为。现阶段，合同已经成为保障市场经济正常运行的重要手段。

传统的合同形式主要有两种，即口头形式和书面形式。口头形式的合同是指当事人采用口头或电话等直接表达的方式达成的协议。书面形式的合同是指当事人采用非直接表达方式即文字方式达成的协议。在电子商务中,合同的意义和作用没有发生改变,但是其形式却发生了极大的变化,具体表现为:

(1) 订立合同的双方或多方大多是互不见面的。所有的买方和卖方都是在虚拟市场上运作的,其信用依靠密码的辨认或认证机构的认证。

(2) 传统合同的口头形式在贸易上常常表现为店堂交易,并将商家所开具的发票作为合同的依据。在电子商务中,标的额较小、关系简单的交易没有具体的合同形式,表现为直接通过网络订购、付款,例如利用网络直接购买软件等。但是,这种形式没有发票。电子发票目前还只是理论上的设想。

(3) 表示合同生效的传统签字盖章方式被数字签名代替。

(4) 传统合同的生效地点一般为合同成立的地点。采用数据电文形式订立的合同,收件人的主营业地为合同成立的地点;没有主营业地的,其经常居住地为合同成立的地点。

电子商务合同形式的变化给世界各国带来了一系列法律新问题。电子商务作为一种新的贸易形式,与现存的合同法发生矛盾是非常容易理解的事情。但是,对于法律法规来说,就有一个怎样修改并发展现有合同法以适应新的贸易形式的问题。

3. 电子支付中的法律问题

电子支付中的信息安全与一般情况下所说的信息安全有一定的区别。它除了具有一般信息的含义外,还具有金融业和商业信息的特征。更重要的是,它的进一步发展必然涉及国民经济建设中资金的调拨,涉及国家经济命脉的重要内容。所以,必须高度重视电子支付中的信息安全问题。

在电子支付中存在着若干种支付方式,每一种方式都有其自身的特点,且有时两种支付方式之间不能做到互相兼容。这样,当电子交易中的当事人采用不同的支付方式且这些支付方式又互不兼容时,双方就不可能通过电子支付的手段完成款项支付,从而也就不能实现网上交易。因此,从推动电子商务发展的角度出发,有必要努力将各种不同的支付方式统一起来,融会贯通,取长补短,形成一种较为完美的支付方式。

欧洲委员会(European Commission, EC)1997年发表了一份题为《欧洲电子商务设想》的文件,旨在为欧洲制定一项有关电子商务的统一政策作最初的努力。文件指出,标准化是一项重大而严峻的课题。比如,在储值卡领域就有二十多种互不兼容的标准。文件还反复强调,应从全球角度提出解决兼容性和互操作性问题的方案。为解决这一问题,欧洲委员会宣布了有关电子商务标准的具体研究项目,并在比利时布鲁塞尔主持召开了全球信息社会标准化会议。由此可见,关于支付方式及其标准的统一问题,已经列入了欧盟的议事日程之中。

我国目前在有关电子支付的法律的制定方面刚刚起步，大量的法律新问题需要研究：

(1) 电子支付的定义和特征。电子支付是通过网络实施的一种支付行为，与传统的支付方式类似，它也要引起涉及资金转移方面的法律关系的发生、变更和消灭。美国提出的电子支付的法律定义是否适合我国的情况？需要作哪些修改？此外，对其行为特征也应加以研究。

(2) 电子支付权利。电子支付的当事人包括付款人、收款人和银行，有时还包括中介机构。各当事人在支付活动中的地位问题必须明确，进而确定各当事人的权利的取得和消灭。涉及这方面的问题相当复杂。

(3) 涉及电子支付的伪造、变造、更改与涂销问题。在电子支付活动中，由于网络黑客的猖獗，支付数据的伪造、变造、更改与涂销问题越来越突出，对社会的影响越来越大。我国 1997 年《刑法》第 196 条是专门针对信用卡犯罪的，包括使用伪造的信用卡、使用作废的信用卡、冒用他人的信用卡、恶意透支等。智能卡与信用卡类似，犯罪的界定尚可参照信用卡的有关条款。但是，电子现金、电子钱包、电子支票的问题却完全是一类新问题，法律责任的认定和追究需要全新的法律条文。

(4) 刑事侦察技术的发展问题。由于计算机技术的飞速发展，新的电子支付方式层出不穷。每一种方式都有自己的技术特点，都会产生新的法律纠纷。这些纠纷出现以后，调查、认定是一个非常复杂的刑事侦察技术问题。在信息化时代，传统的实物证据逐渐被虚拟证据代替。目前法学教育中的物证技术课程仍然停留在刑事照相、文书检验、痕迹取证等传统的侦察技术上，已经远远不能适应新的技术发展的要求。

4. 电子商务交易安全的法律保障

电子商务交易安全的法律保障问题涉及两个基本方面：第一，电子商务交易首先是一种商品交易，其安全问题应当通过民商法加以保护；第二，电子商务交易是通过计算机及其网络实现的，其安全与否依赖于计算机及其网络自身的安全程度。我国目前还没有出台专门针对电子商务交易的法律法规，我们应当充分利用已经公布的有关交易安全和计算机安全的法律法规，保护电子商务交易的正常进行，并在不断的探索中逐步建立适合我国国情的电子商务的法律制度。

我国现行的涉及交易安全的法律法规主要有四类：

(1) 综合性法律。主要是《民法通则》和《刑法》中有关保护交易安全的条文。

(2) 规范交易主体的有关法律。如《公司法》、《国有企业法》、《集体企业法》、《合伙企业法》、《私营企业法》、《外资企业法》等。

(3) 规范交易行为的有关法律。如《经济合同法》、《产品质量法》、《财产保险法》、《价格法》、《消费者权益保护法》、《广告法》、《反不正当竞争法》等。

（4）监督交易行为的有关法律。如《会计法》、《审计法》、《票据法》、《银行法》等。

在我国尚无专门的电子商务法律的现状下，充分利用已有的行政法规保护电子商务的正常进行是非常重要的。国务院颁布的《中华人民共和国信息联网国际联网管理暂行规定》（以下简称《规定》）和公安部颁发的《计算机信息网络国际联网安全保护管理办法》（以下简称《办法》）就是两个对电子商务具有重大影响的行政法规。

我国境内任何单位和个人的计算机信息网络国际联网的安全保护均适用《规定》和《办法》，其中包括在华申请加入我国境内的国际互联网的外国人、在我国境内依法设立的"三资"企业以及外国代表机构等单位的网络安全保护管理。香港特别行政区内计算机信息网络国际联网的安全保护管理，由香港特别行政区政府另行规定。与台湾、香港、澳门地区的计算机网络联网参照《规定》和《办法》执行。

《规定》和《办法》的调整对象是我国境内从事计算机信息网络国际联网业务的单位和个人，主要包括：国际出入口信道提供单位和互联单位的主管部门或主管单位，国际出入口信道提供单位、互联单位、接入单位，适用计算机信息网络国际联网的个人、法人和其他组织。计算机信息网络国际联网业务主要包括：提供国际出入口信道、接入服务、信息房屋、适用计算机信息网络提供的各类功能，以及与计算机信息网络国际联网有关的其他业务。

《规定》和《办法》还规定了必要的处罚措施，如警告、罚款、停止联网、取消联网资格等。应通过严格管理，提高全社会对计算机信息网络国际联网的安全保护管理工作重要性的认识，自觉依法守法，服从管理，使对计算机信息网络国际联网的安全保护得到充分保证。

5. 电子商务中的知识产权保护

电子商务的核心问题是数据信息，知识产权法律制度作为以保护信息为内容的知识产权的法律手段，应当成为电子商务法律问题研究中的重要课题。尽管信息保护的技术手段如加密技术等能够对知识产权的保护提供帮助，但是足够和有效的知识产权法律制度对于知识产权人提供确定的权利范围、预防侵犯知识产权行为仍然是非常必要的。

网络上涉及的知识产权问题常常包括网络技术给版权、专利权和商标权等制度带来的新问题。与网络技术关系最密切的是版权保护问题。信息技术不但给版权制度保护客体带来了新的内容，而且对原有的版权权利内涵提出了新的挑战，同时也就给版权侵权的认定带来了新的问题。总之，网络中传输的数字信息包括了各种文字、影像、声音、图形和软件等智力成果，这些智力成果的版权归属和保护问题也就随之而来了。传统的关于版权的国内立法和国际公约能否适应网络发展的需求仍有疑问。为了适应网络这一生命力强大的新事物的发展要求,世界各国纷纷修改自己的版权法,相关的国际组织也致力于这方面的研究。尤其是世界知识产权组织(WIPO)通过的两个条约——《世界知识产权组织版权条约》和《世界知识产权组织表演与录音条约》,对网络版权的保护和利用作出了相应的规定,为各国立法提供了参考和依据。

在专利领域,网络技术也提出了新的问题。例如,计算机软件能否成为专利制度保护的客体?因特网的广泛性和开放性对专利的新颖性特点提出了挑战。发明人在通过电子邮件与同事通信中,披露了自己的有关发明,这是否构成"公开",是否影响该发明获得专利时应有的新颖性?此外,还有在专利的电子申请方式中涉及的法律问题等。这些都是在网络环境中需要讨论和解决的问题。

在商标领域,也存在网络技术带来的新问题。例如,域名作为一种在 lnternet 上的地址名称,在区分不同的站点用户上起着非常重要的作用。同时,域名的存在和登记规则也在实践中带来了一些问题,需要法律作出规定并予以解决。域名首先是作为一种技术性手段建立起来的,它在本质上并不是一种知识产权,因而本来并不能像商标那样作为知识产权受到保护。但是,随着域名商业价值的不断增强,人们不断认识到域名的滥用会在很大程度上侵犯、干扰和削弱商标或其他名称的价值。法律已经开始将某些知识产权的权利内容赋予域名,保护权利人利益,防止由于域名的错误使用而侵犯、干扰或削弱商标或其他名称的价值。

与电子商务有关的知识产权法律问题很多,由于因特网的开放性和广泛性,在其上的知识产权法律冲突就呈现出复杂性,有些问题在现有的法律制度中还很难找到解决的方法。鉴于这种状况会妨碍电子商务的进一步发展,许多国家和国际组织正在为此作出更大的努力。

6. 隐私权保护问题

网上隐私权保护是近期理论界讨论的焦点问题之一,其原因有:

(1) 电子商务的发展对从业者提出了更高的要求;

(2) 消费者普遍对当前的隐私权保护状况表示不满;

(3) 国际合作中越来越重视对个人数据的保护;

(4) 立法实践需要研究其他国家的网上隐私权保护状况。

当前,世界上许多国家正在着手制定本国的网上隐私权保护法。因为要保护网上隐私,除了技术手段外,更重要的是要加强立法约束。在这种背景下,我国要制定网上隐私权保护法,可以参考其他国家的立法实践,总结其合理内涵,同时要结合本国实际。

网上隐私权是指公民在网上享有的私人生活安宁与私人信息依法受到保

护,不被他人非法侵犯、知悉、搜集、复制、利用和公开的一种人格权;也指禁止在网上泄露某些与个人相关的敏感信息,包括事实、图像(例如照片、录像带)以及毁谤的意见等。

目前,隐私权保护遇到的三大问题是:个人数据过度收集、个人数据二次开发利用和个人数据交易。网上隐私权的保护也应该制定相应的规则,并使其规范化,从而在个人隐私权得到有效保障的前提下推动电子商务的发展。

我国制定隐私权保护法应做到:(1) 信息的自由流动与对个人数据的保护并重;(2) 遵循个人数据使用的最小化与适当成本原则;(3) 法律规范与业界自重相结合。

8.5.5 国内已颁布的相关法律法规

我国已颁布的相关法律法规有:

《关于网上交易的指导意见(暂行)》

《互联网交换中心网间结算办法》

《关于加强互联网域名注册服务管理的通知》

《关于信息服务类用户申诉调查处理的实施细则》

《关于调整电子缴税付款凭证的通知》

《中华人民共和国海关加工贸易企业联网监管办法》

《全国知识产权局系统政府门户网站管理办法》

《关于加强电子口岸建设的通知》

《信息网络传播权保护条例》

《中国互联网信息中心域名争议解决办法》

《互联网电子邮件服务管理办法》

《电子银行业务管理办法》

《电子银行安全评估指引》

《关于实行电子缴税后使用电子缴款书有关问题的通知》

《互联网站管理工作细则》

《中国现代化支付系统运行管理办法(试行)》

《电子支付指引(第一号)》

《中国互联网网络版权自律公约》

《中国互联网协会互联网公共电子邮件服务规范(试行)》

《国务院办公厅关于做好中央政府门户网站内容保障工作的意见》

《公众举报互联网违法和不良信息奖励办法》

《关于加快电子商务发展的若干意见》

《关于制定电子汇划收费标准的通知》

《电子认证服务密码管理办法》

《互联网著作权行政保护办法》

《电子认证服务管理办法》

《中国互联网域名管理办法》

《中华人民共和国电子签名法》

《最高人民法院关于审理涉及计算机网络著作权纠纷案件适用法律若干问题的解释》

《关于统一使用加工贸易电子联网审批管理系统的通知》

《中国人民银行关于落实〈网上银行业务管理暂行办法〉有关规定的通知》

《互联网文化管理暂行规定》

《关于加快政务上网和加强政府网站公共服务的通知》

《中国互联网络信息中心域名争议解决办法程序规则》

《中国互联网络信息中心域名注册实施细则》

《中国互联网络域名管理办法》

《中国互联网络信息中心域名争议解决办法(中文版、英文版)》

《关于过渡期内域名注册管理的通告》

《域名管理办法修订专题》

《电子商务监督管理暂行办法》

《互联网出版管理暂行规定》

《关于处理恶意占用域名资源行为的批复》

《互联网上网服务营业场所管理办法》

《关于维护互联网安全的决定》

《互联网站从事登载新闻业务暂行规定》

《关于互联网中文域名管理的通告》

《互联网电子公告服务管理规定》

《互联网信息服务管理办法》

《中华人民共和国电信条例》

《计算机信息系统国际联网保密管理规定》

《申办计算机信息网络国际联网业务主要程序》

《关于计算机信息网络国际联网业务实行经营许可证制度有关问题的通知》

《计算机信息网络国际联网安全保护管理办法》

《中华人民共和国计算机信息网络国际联网管理暂行规定实施办法》

《中国互联网络域名注册实施细则》
《中国互联网络域名注册暂行管理办法》
《中华人民共和国计算机信息网络国际联网管理暂行规定》
《中国公用计算机互联网国际联网管理办法》
《关于加强计算机信息系统国际联网备案管理的通告》
《计算机信息网络国际联网安全保护管理办法》
《中华人民共和国计算机信息系统安全保护条例》

8.6 人才环境

8.6.1 电子商务的人才需求

电子商务企业有两类,一类是大型专业电子商务企业,一类是传统企业的电子商务部门。前者通常的人才需求是高、中、低都有,从决策层的总经理、总监等,到中间层的部门经理,再到底层的技术人员和编辑人员等。其用人特点是分工细,每个人专注于电子商务整个流程的一部分。比如,编辑人员就负责内容,技术人员就负责开发,美工就负责界面,产品经理就负责某个产品的流水线统筹。对于这样的大型电子商务企业来说,需要的是专才,而不是通才。对于后者而言,通常分工没有那么明确,一个人要干几项工作。比如,很多企业的网站制作、维护、推广、客服等甚至都由一个人负责。其用人特点是要求知识面广,懂得方方面面,但是对于专项技术却不要求非常精通。

传统企业对电子商务人才的要求是:

(1) 能够独立建立电子商务运营平台;

(2) 能够独立推广电子商务平台;

(3) 能够独立完成网上接洽、确定订单和后续服务。

一般而言,电子商务人才需要有技术能力,也需要有一定程度的互联网营销能力。

8.6.2 电子商务人才的培养

随着网络全球化的发展,电子商务在我国经济发展中的应用越来越多。国内有专家曾预测,我国未来10年中将需要200万电子商务人才。但是,电子商务是一个新兴学科,从概念、理论到应用等各个方面都还处于探索和研究阶段,这就给电子商务人才培养带来了传统领域人才培养所没有的一些特殊的问题和困难。

1. 电子商务人才需求

电子商务是指利用电子信息网络等电子化手段进行的商贸活动,是实现整个贸易活动的电子化、网络化。其内涵是:在技术和经济高度发达的现代社会里,由掌握信息技术与商务理论和实务活动规则的人,利用信息网络环境系统地使用各类电子工具,高效率、低成本地从事以商品交易为中心的各种经济事务活动的总称。

电子商务人才大致可以分为以下几种类型:

(1) 技术型电子商务人才

这是基础性电子商务人才,其特点是:精通电子商务技术,掌握电子商务技术的最新进展,同时具备足够的现代商务知识,善于理解商务需求,懂得"如何做"电子商务,能够以最有效的技术手段予以实施和满足。

(2) 商务型电子商务人才

这是电子商务人才的主体,其特点是:精通现代商务活动,充分了解和理解商务需求,同时具备足够的电子商务技术知识,懂得电子商务"能做什么",善于提出满足商务需求的电子商务应用方式。

(3) 战略型电子商务人才

这是高层次电子商务人才,其特点是:通晓电子商务全局,具有前瞻性思维,懂得"为什么要做"电子商务,熟知至少一个行业或一种模式的电子商务理论与应用,能够从战略上分析和把握其发展特点和趋势。

2. 电子商务人才的培养

电子商务是信息技术、基础设施、商业流程、产品和服务等构成的复合体,这决定了电子商务人才应是一种多层次、综合型、实践型的人才。所以,电子商务的人才培养工作也应分不同层次、按不同形式有选择地进行,必须树立多元意识,着眼于现实需要,培养满足不同需求层次的电子商务人才。电子商务人才的培养可分为以下几步进行:

(1) 对人才培养进行统筹管理。要逐步加大政府对电子商务人才培养的支持力度,实行人才教育培养联席会议制度。具体而言,联席会议由人事、教育、计委、经贸委、科技、信息产业等部门组成,负责规划、指导、管理、监督电子商务人才教育培养工作,统筹制定年度培养计划和中长期规划,培养既有中国特色又与世界同步的电子商务人才。

(2) 课程设置要有统一标准。电子商务不能简单地归并于计算机应用专业,也不能直接隶属于传统的市场营销或是经济贸易,而是一个全新的交叉性的学科。应建立专家联合审定制度,聘请国内外电子商务专家,对课程设置进行研究,制定统一的标准,促进电子商务教育规范化,提高人才培养的适用性。

(3) 人才培养的具体实施。首先,充分发挥中高等院校在人才培养中的龙头作用,逐步完善教学和实验设施的建设,创造适宜的硬件环境,使学生能够借助计算机网络和相关软件进行实务训练,掌握电子商务的基本原理和操作技术,学会电子商务信息的收集和处理、网络营销环境、电子付款、网络交易和安全管理等方面的知识,提高参与社会竞争的能力。其次,积极与相关企业合作,建立电子商务教育实习基地,使学生能够从事电子商务的实践活动,熟悉国际国内贸易、进出口业务、外贸函电等方面的知识,掌握企业商务流程,在实践中提高自己的水平与能力。另外,还应加强对其他电子商务人才培养机构的管理与监督,促进电子商务教育的有序进行和教学质量的提高。

(4) 对人员培训分类进行。将国内需要学习电子商务的人员进行分类培训:IT 领域的技术人员主要充实商贸与经济管理方面的知识,侧重于网络营销、供应链管理、企业重组、流程重建等方面的知识的集中培训;一般企业决策者和各级领导需要迅速了解电子商务涉及的其他领域的最新技术,侧重于 Internet、安全电子交易、数据库等方面的知识的集中培训;在校的学生不但需要系统全面地学习电子商务涉及的知识,还应重视交叉学科知识的学习;普通老百姓对互联网、电子商务的基础知识,网上支付、网上认证、网络安全,电子商务所涉及的法律法规,以及电子邮件和电子货币的使用,都需要学习了解,可利用远程教育普及提高。

总之,电子商务人才培养应当从社会需求出发,总结过去的经验和教训,严格按照客观规律建立电子商务人才培养的模式和体系。这样,才能培养出社会所需的合格人才,以满足我国电子商务经济发展的需要。

8.6.3 企业的人才视角

1. 电子商务人才的实务性特征

电子商务是从网络和商务实践中发展起来的,而且还在不断的应用和发展之中。现有的电子商务理论还很难对日新月异的电子商务活动进行卓有成效的指导。电子商务人才培养要突出实务性特征,使电子商务人才能够迅速理解、适应和进入电子商务实务环境,能够熟练操作和运作电子商务活动,具有在实务中学习和进步的能力。

2. 电子商务人才的复合型特征

电子商务人才是一种复合型人才,无论其侧重于哪一方面,都应该拥有足够的技术和商务两方面的知识,懂得电子商务技术手段,能将商务需求转化为电子商务应用;要熟知一些电子商务环境下的商务运作方式和模式,如供应链管理、虚拟企业、客户关系管理方式,以及网上商店、网上采购、网上银行、网上交易市场等电子商务模式。

电子商务人才的复合型知识应该是一个有机的整体,具有一定的前瞻性,并在电子商务这种现代商务模式的基础上整合起来。电子商务人才掌握的决不只是用于应用或修补的工具,而是一种新的现代商务活动方式。因此,他们应当理解电子商务环境下的商务组织、管理和业务方式及其特点，理解电子商务决不只是商务手段和方式的更替，而是整个商务运作体系的变革，应该具有完整的电子商务观。

3. 电子商务人才的多元化特征

电子商务的变革几乎涉及人类经济生活的所有方面、所有层次，而每一个方面、每一个层次都有自身的特殊性。这就要求电子商务人才具有不同的知识和能力结构，或者说需要不同类型的电子商务人才。因此，不能将电子商务人才简单地归为一个方面或一个层次，而必须充分认识到电子商务人才在方面和层次上的多元化特征。例如，会有侧重技术的电子商务人才，会有侧重商务的电子商务人才，会有分别侧重支付、物流和信息流的电子商务人才，会有专门从事网络营销的电子商务人才，会有专门从事电子商务管理的人才，会有专门从事电子商务战略分析的人才，会有专门从事证券电子商务的人才，会有专门从事网上银行的人才，等等。

本章小结

本章主要介绍了电子商务所处的六大环境，分别是政治、语言文化、信用、税收、法律和人才环境，并分析了这六种环境的现状、对电子商务的影响以及改善对策。

任何一个国家电子商务的发展都离不开政府的作用，政府管理的方法、措施将在很大程度上影响一国电子商务的发展。这就是电子商务的政治环境。

由政府主导的电子政务可以作为国民经济与社会信息化的强大引擎，促进电子商务的发展，带动社会与经济发展的信息化。

参与电子商务的企业是在一个全球性的环境下运作的，由此产生了电子商务的语言文化环境。让熟悉目标市场文化的公司翻译页面，有助于避免开展国际业务可能出现的问题。有些国家会要求所有在境内开展业务的公司提供当地语言页面。

诚信问题是制约电子商务发展的重大因素，建立健康文明的道德环境是电子商务繁荣发展的关键。

开展电子商务的公司要与其他公司遵守同样的法律和税制，但是网络本身的性质使这些公司比传统公司更早地面临大量的法律和税制。虽然有些法律问题很简单，但是由于电子商务出现的时间不长，而且与之相关的法律尚不确定，还会有很多法律问题难于解释和遵循。

电子商务法律体系的构筑应从交易合同、电子支付、交易安全、知识产权、隐私权五方面着手。

电子商务需要的人才可分为三个层次：领导管理层是高层次电子商务人才，

应用操作层是商务型电子商务人才,技术支持层是技术型电子商务人才。电子商务的人才培养工作也应分不同层次、按不同形式有选择地进行:对人才培养进行统筹管理;课程设置要有统一标准;人才培养的具体实施;对人员培训分类进行。

思考题

1. 简述电子政务对电子商务的促进作用。

2. 什么是健全的电子商务信用体系?我国的电子商务信用体系还有那些不足?

3. 简述我国电子商务立法现状及其与国外立法的异同。

4. 简述电子商务人才的培养策略。

参考文献

1. 李军荣:《电子商务信用体系的现状和立法》,载《中外企业文化》2001年第2期。

2. 李峰、姚峰:《解决电子商务信用瓶颈的方法》,载《经济论坛》2004年第12期。

3. 奚宪铭、鞠成东、刘科文编著:《电子商务安全与法律》,经济科学出版社2009年版。

4. 劳帼龄主编:《电子商务》,电子工业出版社2008年版。

5. 李洪心编著:《电子商务概论》,北京大学出版社2008年版。

第九章　电子商务系统规划

引例

Cisco 在线连接——网络创新商业模式的成功典范

在互联网出现后的5年里，它的用户比电话发明后30年的用户还多，每6个月加入互联网的人数等于英国的总人口数，而几乎所有网上的信息都在一家公司的设备上传输。成立于1985年的思科(Cisco)公司生产了全球80%以上的网络主干设备路由器。从1995年到现在，思科公司的股票价格上涨了800%，公司市值达到1000亿美元，这是比微软还快的增长速度。思科公司总裁兼执行官钱伯斯坚信：互联网将改变我们的工作、学习和生活方式。

思科公司的成功是网络创新商业模式的成功。对于思科公司来说，它所面对的是一个2000亿美元的网络设备市场。目前，思科公司的经营范围几乎覆盖了网络建设的每个部分：组成互联网和数据传送的路由器、交换机等网络设备市场现在几乎都由思科公司控制。由于网络信息每4个月就增加一倍，所以需要更新、更快的网络传输设备支撑。这意味着思科公司的市场还在不断膨胀，从而使其成为最受欢迎、增长最快的公司。

有人形容网络发展的迅速是"人间方一日，网上已千年"。作为设备供应商，必须开发新技术，不断创新。然而，谁也无法一一发明所有的技术。钱伯斯认为，获得发明的最佳途径是花钱去买。他认为，最理想的做法是买下正在研制新产品的公司——它能在未来的6至12个月内推出一个杰出的新产品，然后通过思科公司现有的分销渠道，迅速推向市场。1996年，思科公司就是通过这种方法，成为网络交换机市场的佼佼者。

全方位地使用互联网，使得思科公司提高了运作效率，降低了成本。作为专门提供网络技术的公司，思科公司本身对网络的应用也很全面，对遍布全球的两万多名职员全部通过网络进行管理，公司的生产、财务、客户服务等多项业务职能都可以通过网络系统完成。

思科公司通过一个"Cisco在线连接"的电子商务站点管理企业的信息。现在，思科公司78%以上的销售额是通过网络完成的。公司在网上接到订单后，在网上通知各个合作厂家分别生产、组装，然后直接送到客户手中。这种网上供应链每年为思科公司节约成本5.5亿美元，人均年产值高达68万美元。

培育市场,“养鸡下蛋”,是思科公司的另一个发展战略。思科公司专门设立了由优秀的业务顾问、信息技术专家组成的商业解决方案组,结合自身的技术优势和网络化经营的经验,免费帮助客户设计网络建设和应用方案。几年来,成千上万的公司、学校、政府部门在建设网络之初采纳了思科公司的设计方案,从而成为购买思科公司设备的客户。

思科公司自己掏钱推广网络知识,看起来不会有立竿见影的效益。但是,了解网络、应用网络的人多了,思科公司的市场自然会水涨船高。现在,思科公司已经是纳斯达克股票市场上的第三大上市公司,在美国《商业周刊》前1000家公司中排在第40位。然而,思科公司的发展模式并不是网络经济的全部,网络作为一种载体,还会创造其他更多的经济模式。

“Cisco在线连接”可以在网上销售复杂的网络设备,目前每天的销售收入达到惊人的2800万美元,全年在线销售额超过50亿美元。事实上,这个网站已经把思科公司内部各部门与供货商、合作制造商、装配商以及贸易渠道伙伴连为一个整体。访问这个网站的还包括现有客户和潜在客户。

现在,思科公司每天在网上处理其大部分的销售业务,其中将近50%的在线订单由客户通过网络直接送给合同制造商。合同制造商则通过公司内部网直接监控来自客户的订单,并在一两天内将装配好的硬件发给客户。因此,思科公司无须建立新的制造厂就能扩大生产能力,并将产品周期缩短至1周至3周,将新产品上市的时间缩短了2/3,仅需6个月左右。“Cisco在线连接”还用于为客户提供技术支持和服务,80%的技术支持是通过互联网完成的。这种交互方式及时快捷,使客户的满意度提高了25%。

同时,通过网络提供技术支持,使思科公司比竞争对手节省了更多的开支。由于在技术方面可以减少使用上千名工程师,这些人力资源可以投入研发新产品,从而可以获得极大的竞争优势。公司网络还促进了内部资源共享,改善了处理日常事务的流程和效率。网站可供员工访问的信息超过170万页,内部员工每天使用量超过数千次。由此可见,由于电子商务网络信息的庞大、网络需求的普及,使得电子商务系统的规划更加重要。

资料来源:思科中国,www.cisco.com。

9.1 电子商务系统概述

电子商务系统建设是企业应用电子商务的第一步,是一个包括商务、技术、支付、物流等许多角色与要素的系统工程。在开始建设电子商务系统之前,必须充分研究涉及电子商务系统的所有因素,全面分析,统筹规划,形成尽可能完善的电子商务系统设计方案,在此基础上有条不紊地进行电子商务系统建设。

9.1.1　电子商务系统的构成

电子商务是利用现有的计算机硬件设备、软件和网络基础设施,通过一定的协议连接起来的在电子网络环境下进行各种各样商务活动的一种新型的商业运营模式。

从软件开发公司的角度看,电子商务系统是指在 Internet 和其他网络的基础上,为了商业目的,由一个企业或多个企业组建的计算机系统。从企业的经营应用角度看,电子商务系统是指在 Internet 和他网络以及计算机系统等支持下,为了商业目的,由一个企业或多个企业组建的商务系统。该系统由多个子系统组成,包括企业前端的客户关系管理(CRM)系统、企业交易流程中的供应链管理(SCM)系统、企业后台的资源计划(ERP)系统、企业的门户电子商务交易(EC)系统等。电子商务系统可满足企业生产、销售、服务等生产和管理的需要,支持企业的对外业务协作,从运作、管理和决策等层次全面提高企业的信息化水平,为企业提供商业智能。

电子商务系统本身有广义和狭义之分。广义的电子商务系统得到网络银行、认证机构和社会环境(政府和其他金融机构)等的支持,以开展在 Internet 上的商务活动为目的,是具备进行信息收集、传送、储存、加工和使用等综合功能的系统。狭义的电子商务系统不包括网络银行、认证机构和社会环境等元素。

对于一个完善的电子商务系统应该包括哪些部分,目前还没有权威的论述。但从总体上看,电子商务系统是一个三层框架结构,底层是网络平台,是信息传送的载体和用户接入的手段,它包括各种各样的物理传送平台和传送方式;中间是电子商务基础平台,包括 CA 认证、支付网关和客户服务中心三个部分,其核心是 CA 认证;第三层就是各种各样的电子商务应用系统,电子商务基础平台是各种各样电子商务应用系统的基础。

电子商务系统的规划设计是指确定系统规划的内容,界定系统的外部边界,说明系统的组成及其功能和相互关系,描述系统的处理流程,给出未来的结构。它主要包括电子商务系统物理配置方案设计、功能模块设计和数据处理的总体结构设计。

1. 电子商务系统物理配置方案设计

第一,系统硬件结构设计。电子商务系统的计算机和网络硬件平台的选择在很大程度上决定了整个系统的性能指标。所以,在选择的时候要注意整个硬件平台不仅要可靠性高、安全性好、有一定的可扩展性,还要能够满足企业未来的电子商务应用的需求。第二,系统软件结构设计。电子商务系统软件结构的设计工作,实际上是对确定的硬件结构中的每台计算机制定相应的计算机系统软件,包括操作系统、数据库管理系统、应用服务器系统、开发工具软件等。

2. 电子商务系统功能模块设计

电子商务系统的功能分解过程就是一个从抽象到具体、由复杂到简单的过程。从管理职能的角度,可以把电子商务系统看做是由不同职能的一系列子系统构成的,这些子系统可以再分解成更小的子系统和模块,整个电子商务系统就是由这些功能模块构成的。每个子系统都有为完成各种信息处理工作的专用或公用的计算机程序。在每个职能子系统内部都包含用于事务处理、作业控制、管理控制和战略计划的具体应用。

3. 电子商务系统数据处理的总体结构设计

电子商务系统的数据处理可以分为集中式数据处理、分布式数据处理和协作式数据处理三种方式。集中式数据处理方式中,数据全部储存在中央系统,由数据库管理系统进行管理,所有的处理都由该中央系统完成,终端是客户机,只用来输入和输出数据,本身不作任何处理。但是,由于个人计算机的性能得到了极大的提高,使数据处理能力分布到网络上的所有计算机成为可能,也使分布式数据处理方式得到广泛应用。在协作式数据处理方式中,系统内的计算机能够联合处理数据,处理既可集中实施,也可分区实施。协作式计算允许各个计算机合作处理一项共同的任务,采用这种方法完成数据处理的速度要快于仅在一台客户计算机上运行;协作式计算允许计算机在整个网络内共享处理能力,可以利用其他计算机上的处理功能完成任务。除了具有在多个计算机系统上处理任务的能力外,该类型的网络在共享资源方面类似于分布式计算。企业要根据自身的电子商务应用需求选择相应的数据处理方式。

9.1.2 电子商务系统规划的原则

电子商务是企业数据的信息化。对于大型企业电子商务系统而言,尤其要重视系统规划设计。如果不重视电子商务系统的统筹规划,或者不按照事先的统筹规划进行电子商务系统建设,建成后的电子商务系统很可能出现协同困难,难以实现系统的预期功能和建设目标,从长远看还会造成资源浪费,使得将来必须为之付出更大的系统改进与整合成本。

1. 电子商务系统规划建设步骤

电子商务系统是商务和技术结合的产物。所以,在电子商务应用的全过程中,都必须充分兼顾商务和技术两方面的因素,以科学、合理的程序展开系统设计、建设和应用工作。如果按阶段划分,要实现电子商务应用,电子商务系统建设大致需要经过以下几个阶段:

(1) 定位需求分析阶段

这是实现电子商务应用计划的第一步。这一阶段的工作主要是进行充分的商务分析，主要包括需求分析（包括企业自身需求、市场需求和客户需求等）和市场分析（包括市场环境、客户分析、供求分析和竞争分析等）两个方面。

在电子商务条件下，市场范围扩大，创新速度加快，竞争的压力越来越大，竞争的频率越来越高。因此，必须对拟建的电子商务系统在未来可能面临的竞争尽可能作出分析，最大限度地避免竞争失利。此外，还要对企业自身状况进行分析，包括对企业组织、管理、业务流程、资源、未来发展等的分析。要结合电子商务的特点，从供应链的角度重新审视企业组织、管理与业务流程，寻找与电子商务的最佳结合部。

（2）规划设计阶段

在完成上述分析的基础上，在掌握电子商务最新技术进展的情况下，充分结合商务和技术两方面的因素，提出电子商务系统的总体规划、系统角色和总体格局，即确定电子商务系统的商务模式，以及与商务模式密切相关的网上品牌、网上商品、服务支持和营销策略四个要素。

电子商务系统设计工作可以由此展开，即从子系统、前台、后台、技术支持、系统流程、人员设置等各个方面全面构建电子商务系统。这个阶段的工作完成得好坏，将直接关系到后续电子商务系统建设与将来电子商务系统运行和应用的成功与否。

（3）建设变革阶段

这一阶段的工作分为两条线：一条线是按照电子商务系统设计，全面调整、变革传统的组织、管理和业务流程，以适应电子商务运作方式的要求；另一条线是按照电子商务系统设计，全面进行计算机软硬件配置、网络平台建设和电子商务系统集成，完成电子商务系统技术支持体系的建设，从技术上保障电子商务系统的正常运作。

（4）流程整合运行阶段

建设变革阶段结束后，就可以将经过变革的组织、管理和业务流程与已经建好的电子商务技术平台整合起来，进行电子商务系统的试运行。在经过必要的调整、改进以后，实现电子商务应用的工作就可以进入流程整合运行阶段，开始实现电子商务应用。

企业电子商务系统建设不是一劳永逸的事情，必须在系统应用的过程中，根据企业商务和网络技术等各个方面的变化，不断创新、改进、完善，确保和提高企业电子商务系统的竞争能力。

2. 电子商务系统规划的实施原则

（1）以商务为本

电子商务，归根结底是计算机网络技术在商务中的应用，“商务”才是重点，“电子”只是手段。在进行电子商务系统设计时，应该以商务为主、以技术为辅，将技术作为满足商务需求、实现商务目标的手段。就企业而言，要立足企业的业务需求，着眼于企业的未来发展，紧密配合企业发展战略，最终要落实到企业效益的增长上。

(2) 以市场需求为先

随着互联网的普及，消费者需求日新月异，电子商务企业不能被各种各样的电子商务模式、应用软件、解决方案和网络平台牵着鼻子走，而必须研究对电子商务的需求，让需求告诉企业应该怎样应用电子商务。可以说，市场需求是进入电子商务领域的最好的"专家"。

(3) 突出系统性

企业电子商务系统的建设，是一项包括商务和技术的许多环节、许多要素在内的系统工程，与企业本身的各个部分、各个环节也有着密不可分的关联。在电子商务系统的规划设计过程中，必须充分考虑可能与拟建企业电子商务系统相关联的所有方面，制订尽可能周全、完善的企业电子商务系统规划设计方案。必要的时候，应该设立专门机构，统一负责企业电子商务系统的建设工作，以及建成以后的系统运作管理。

(4) 完善资源整合

任何一个企业都是由各种各样的资源组合而成的。资源包括资金、人才、品牌、技术和产品等一切能够为企业带来或创造价值的有形和无形的资产。企业经营的本质就是通过不断进行资源配置、组合、调整与交易，实现企业资源总价值的不断提升。电子商务以其快速、广域、丰富、互动和廉价的巨大优势，正在成为对企业资源进行重新组合的有力手段。要通过电子商务系统重组企业资源，实现企业组织、管理和业务模式的创新发展，以增强企业竞争力和未来发展潜力。

(5) 流程设计和再造

电子商务不是对传统商务流程的简单电子化、网络化，电子商务流程也不是传统商务流程的简单复制。电子商务条件下的信息交流工具和商务运作方式为设计和实现更加先进、更加合理、更加有效的商务流程创造了条件。

(6) 培养复合型电子商务人才

电子商务系统设计不仅仅是技术人员的事，而是商务人员和技术人员共同的事，需要这两面人才的通力合作。事实上，在系统设计的某些阶段，商务人员的作用甚至比技术人员的作用还要大，比如商务分析。最好有兼具商务和技术两方面知识才能的复合型电子商务人才，如果没有，则应当加紧物色或者培养。不但在电子商务系统设计的过程中需要这种复合型电子商务人才，电子商务系统建设和运行同样需要他们。

9.1.3　电子商务系统与企业战略

在电子商务时代,必须制定相应的企业战略,这样企业才能适应电子商务带来的经营变化。事实上,电子商务正在逐步取代传统的商务活动,成为新的商贸活动手段。互联网的兴起和电子商务的发展打破了时空的界限,使传统的贸易方式和经济活动发生了根本改变,从而为中小型企业与大企业在同一条起跑线上竞争创造了有利条件。从我国企业的现状看,它们虽然已经认识到网络化管理能够提高企业的管理和运作效率,但是还远远不够。不少企业的经营者缺乏利用网络经营的意识,还没有认识到电子商务对于企业信息化时代生存和发展的必要性和紧迫性。CNNIC(中国互联网络信息中心)的第十四次互联网络发展状况统计报告显示:目前在我国1500万左右的企业中,只有62.66万家企业拥有自己的网站,除东部和南部少数地区普及率较高外,其他地区普及率还不到5%。众所周知,互联网可以成为一个商务平台。如果企业运用得好,其宣传广告效应将大大地超过普通媒体。企业可以通过互联网在全球销售产品和服务,而不必花费昂贵的推销费用。此外,企业还可以通过互联网结成盟友,争取到各自不能单独完成的订单,从而拓展出更广阔的市场空间,带来更多的机遇。没有充分利用网络无限资源的企业只能白白丢掉许多宝贵的商机。

1. 电子商务系统的选择

"要么电子商务,要么无商可务",在国内网络环境日益成熟的情况下,企业的电子商务距离我们越来越近。随着时代的发展,应运而生的专业电子商务网站也越来越多。对于我国多达几千万家的企业用户来说,由于资金、人力的限制,其市场推广实力普遍欠缺。可以说,企业最适合通过电子商务网站借力发挥。目前,我国拥有电子商务网站两万多家。这么多的网站,难免良莠不齐,对于迫切需要开展电子商务的企业来说,应该如何选择电子商务系统?

(1) 看模式。要正确地选择电子商务网站的发展经营模式。网站正确的发展经营模式使企业自身能够在网上营销和推广中少走弯路,最大化地节省不必要的开支,创造最大化的利润。一个好的电子商务网站在市场定位中会切身考虑商家和消费者的利益,使商家能够充分发挥自有优势,在产品的营销和推广中根据市场的需求及时作出变化,使消费者满意网站提供的一切服务。

(2) 看技术。主要是搜索引擎技术,因为购物网站意味着海量的商品信息,直接面临的就是商品搜索。先进的搜索引擎技术能使消费者更方便、迅速、准确地找到所需产品,在极大地减少搜索时间的同时,带来更愉悦的购物体验。网上购物的理想境界是足不出户,随心购物,应有尽有。试想,蜗牛般的搜索速度只能让心急的消费者半途而废,并永久地放弃这个网站。

(3) 看价格。俗话说"好钢要用在刀刃上",建立网络商店需要给网站缴纳一定的费用和佣金,这些费用和佣金虽然和自己建立网站的费用比较起来相差甚远,但是既然花钱了,就一定要有所值。因此,一定要选择既物有所值又令人放心的电子商务网站。

(4) 看服务。客户服务是网上购物不可忽视的关键环节。相关调查显示,42%的人认为商家信用、产品质量和售后服务是目前网上交易的最大问题。因此,企业选择电子商务网站时,对网上支付、物流配送、售后服务等环节也要一一严格把关。

总而言之,企业需要选择好一个电子商务网站,从而加快企业迈进电子商务时代的进程,为企业提供更好的、更周全的服务;同时,也使消费者能够在网上尽情购物,真正体验购物乐趣。

2. 企业电子商务发展存在的问题

目前,企业在电子商务过程中存在的问题主要是:

(1) 竞争意识不强

绝大多数企业还把竞争焦点定位于实体市场,没有充分认识到知识经济时代抢占网络信息市场的必要性和紧迫性。即使是已经进行电子商务的企业,也并未真正认识电子商务的作用。尤其是传统企业的改造,更加应该借助发挥网络销售的优势。

(2) 上网企业数量少

全国几千万家企业中,上网企业所占比例不足1.5%,并且集中分布在北京、广州、上海等几个大城市。由于上网企业少,网站浏览客户就少,网络给企业创造的效益就少,从而形成恶性循环。

(3) 产品种类少

目前,我国企业网络营销的产品种类很少,不能形成较大的规模效应。尤其是一些行业网站,有必要完善产品种类。

(4) 营销方式单一

大部分上网企业的网络营销仅仅停留在网络广告和促销上,而且也只是将厂名、品名、地址、电话挂在网上,很少有企业拥有自己独立的域名网址,开展其他网络管销活动的更是寥寥无几。网络对企业的巨大优势与潜力远远没有被挖掘。

(5) 社会化配送滞后

社会化配送跟不上,货物递送成本高,网络营销产品不能占有价格上的优势,又没有风险保障,使得企业不敢在网络营销上进行较大的尝试。

(6) 网上支付安全机制和配送法规不健全

在网上交易,安全是第一位的。因此,必须建立健全网络交易双方的安全机制,保证企业和消费者的权益,规范电子商务交易的行为。

3．企业电子商务的发展战略

针对企业电子商务发展的现状和问题，现从以下几个方面对企业的电子商务制定发展战略：

（1）拟定企业实施电子商务的总体规划

拟定电子商务的总体规划是实施电子商务的第一步，其中包括电子商务商业模式的选择、目标与计划的制定等。进入电子商务之前，企业首先要弄清楚电子商务要通过何种机制达到何种目的，即设计商业模式。简单地说，商业模式就是：卖什么？卖给谁？怎么卖？怎么结算？北京零点调查公司及其他部门的调查结果显示：网民们上网的主要目的中，排在前列的是阅读新闻、发送电子邮件、聊天等，上网购物者并不很多；上网用户中，男性、年轻人、高学历人士、中等收入以上者居多。这些情况可以使企业根据自己的具体情况决定采用何种形式、卖何种产品等。这里包括管理模型、目标、计划和总体思想等。

（2）进行目标市场定位

目标市场是企业要服务的顾客群。只有确定了服务对象和服务的区域范围，企业才能决定要生产、销售何种产品，以何种手段进行促销，以及网页设计要突出哪些特点等。与单向营销的传统模式不同，网络销售是双向的营销方式。所以，定位目标市场必须了解自己的产品是否适应上网用户的各种情况。根据上网用户中男性、年轻人、高学历人士、中等收入以上者居多的情况，目标市场的定位可以有以下多个界定：男性消费者市场、中青年消费者市场、具有较高文化水准的职业层市场、中等收入阶层市场、不愿意面对售货员的顾客市场等。

（3）加强网站的推广

一个企业的网站好比一座城市，网站的用户好比城市中的人口，城市的环境和服务水平等因素决定了城市人口的多少，网站人口的多少取决于同站的建设和服务。因此，设计推广网站是进行电子商务的前提条件。

推广网站的方法很多，大体可以分为两类：一是利用传统媒体，例如报纸、电视、各种公司宣传品、名片、广告衫等宣传网址：二是利用互联网的资源推广网站，将网上广告精练压缩，送到网上经常被网民访问的地方，如一些交流网点、讨论组和电子信箱等。

（4）选择最佳的配送和支付结算方式

社会化配送和支付结算方式是电子商务发展的两个关键环节，企业自身是无法从根本上解决的，只能采取变通的方式。货到付款是大部分电子商务企业现阶段采取的主要支付方式，这种方式通常可以解决消费者网上购物的安全问题。

（5）建立高效的信息收集系统

信息网络时代，谁最先获得信息，谁就获得市场和财富。企业要成功地实行电子商务,必须建立一个高效的信息收集系统。通过网站的设计,必须建立一个完善的数据库,收集信息,分析信息,了解市场的需求动向、企业自身的经营情况以及企业的产品在网上受欢迎的程度等,从而优化自身的资源配置,最大程度地降低成本,提高经营效益。

(6) 建立稳定的顾客群

现代顾客需要的是个性化服务,网络服务系统为顾客提供了全新的工具:全天候、即时、互动、了解信息、释疑解难等。这些特性迎合了现代顾客"个性化消费"的需求。所以,越来越多的企业把电子商务整合到营销计划中,使顾客服务成为电子商务必不可少的环节之一。电子商务的发展前景深远,人类将进入更加完善的信息网络时代,虚拟空间、虚拟社会已在建立,随着新一代的成长,网络消费观念将会成为一种必然。随着新技术的飞速发展,企业应该不断制定新的战略、策略,以适应需求的变化。

9.1.4 电子商务系统的成本效益评估

企业在实施电子商务系统的时候,总会发生一定的成本,如寻找商机所发生的成本、处理收集信息所发生的成本以及为电子商务配备人员所发生的成本等。显然,企业应该详细分析:实施电子商务的时候应该发生哪些成本?不应该发生哪些成本?哪些是变化的成本?

1. 企业为实施电子商务系统应该发生的成本

企业为实施电子商务应该发生的成本是指企业为建成、应用和运行电子商务系统必须支出的成本。如果没有这些成本支出,企业就无法实施电子商务或无法得到电子商务的好处。这些成本应该包括:

(1) 电子商务的接入成本

这种成本是企业为建立电子商务系统所发生的成本,是对企业实施电子商务具有基础意义的成本。这种成本一旦发生,就是一种"沉没成本",不管后来方案如何变化,它都是固定不变的。

(2) 购置、维护硬件和软件所发生的成本

企业实施电子商务必须具备一定的硬件如电子计算机、服务器、交换机和网络等作为载体,也必须具备相关的电子商务软件,才能完成其功能。硬件一般通过向电脑公司购买即可。软件可以购买已经成熟的商品软件,也可以委托其他单位或自己组织人员进行开发。电子商务系统运行以后,必须对硬件和软件加以日常维护,才能保证其正常运行。

现在,电脑技术的更新换代越来越快,企业配置的硬件设备很快就会过时,被新的、更多功能的、更快速度的、更强兼容性的硬件代替。与此同时,电脑软件的功能也越来越方便、越来越强大,遵循的标准越来越高。企业在信息系统路径

依赖的作用下，为了赶上时代的潮流，抓住稍纵即逝的商机，必须适时对电子商务系统进行更新换代。

(3) 系统人力资本的投入

实施电子商务系统以后，还必须配备相关的人员，建立相关的机构，具体负责系统的日常运行。这些人员在招聘的时候需要花费选择成本，进入到企业后还要对其加以教育培训，需要支付其工资。

(4) 交易成本

企业通过电子商务系统与其他企业发生商务活动也需要发生成本，主要由三部分构成：① 为保证合同的有效性而在合同签订前发生的成本，如对对方的调研费用；② 签订合同过程中所发生的成本，如双方讨价还价、起草合同、协商合同条款和最后签订合同过程中所花费的成本；③ 合同签订以后为监督、实施合同而发生的成本。

(5) 电子商务系统的维护成本

现在，越来越多的企业建立了电子商务系统，企业间信息的共享程度也越来越高。但是，企业为了保证自己的竞争优势，都有自己的专有技术和信息。专有技术和信息区别于非专有技术和信息的最大特点是具有排他性。公开的网络环境为商业间谍和黑客等不法之徒窃取企业的机密提供了方便。因此，企业在建立自己的电子商务系统之后，必须建立专门的制度，利用专门的设备和软件，防范系统中信息的被盗和泄密。系统的保密程度越高，花费的成本相应地也就越高。

2. 企业实施电子商务应避免发生的成本

企业在建立和运行电子商务系统的过程中所发生的成本属于直接发生的。还有一些成本并不是明显发生的，属于间接成本，企业必须防止和避免这些间接成本的发生。

(1) 系统的技术依赖的负面成本

企业建立好电子商务系统后一般不会轻易改变，如果技术更新换代，也只是沿着同类技术的路径走下去。系统的技术依赖对企业的正面作用是有利于企业积累经验，使企业在竞争中取胜。但是，系统的依赖也具有负面效应，就是不可避免地对新的、更有效的、类型不同于原有系统的技术的抵制。这既不利于新的、更有效的技术的引进，实际上也是对新效率的一种自动放弃。这是一种机会损失，构成企业的一种间接成本。因为如果企业的竞争对手采用这种技术，就会具有更大的竞争优势。

(2) 操作技术不配套而发生的成本

我国企业的信息化进程与信息技术水平良莠不齐，差距很大。甚至在同一个企业中，也存在不同档次的操作系统与管理方法混用的问题。一些企业拥有相当先进的设备,但是没有采用与之配套的管理方法,使大量的工作仍然停留在手工方式上。这是我国企业与国外先进企业差距的一个典型标志。

企业在这种不配套的情况下,必然导致双重付出:一是因为处理方法原始、落后,先进的系统被"掩埋"在陈旧的操作方式中,原先的投资成为"沉没成本";二是由于不同的处理方法造成的管理困难,以及由这种困难产生的额外的协调成本。

(3) 弥补信息流动性陷阱的成本

信息流动性陷阱是信息供给与信息需求不对称在企业中的一种特殊反映。随着现代信息网络技术的发展,更多的信息流动渠道开通,信息的供给大大增加了,由于缺乏有效的信息需求,出现了信息泛滥。这时,如果企业没有相应的信息处理方法,就产生了信息流动性陷阱:一方面,企业面对的是大量泛滥的、不适用或无法采用的信息;另一方面,企业对市场和技术信息有比较强烈的需求意识,但是由于信息消费能力不足,影响需求意识转化为切实的需求行动。

3. 企业实施电子商务系统的成本变化趋势

随着新技术的不断出现,互联网发展的步伐越来越快,消费者需求日新月异,从而使企业实施电子商务的成本有以下变化趋势:

(1) 现代企业的电子商务成本的绝对量有增大的趋势

电子商务成本的绝对量有增大的趋势是指在总量上电子商务成本的增长比企业的其他成本的增长快得多。这是因为,随着实施电子商务企业的增多,产生了规模效益,电子商务给企业带来的效益越来越大,其成本收益率高于企业平均成本收益率。即电子商务成本总量的增大不会影响企业收益,反而有助于企业效益的提高。

(2) 电子商务的硬件投入成本相对减少,软件投入成本有增大的趋势

由于技术的进步,硬件的性能有不断提高的趋势,而其价格却在不断地下降。硬件投入成本相对减少的含义是:相对过去而言,硬件的投入绝对值增加了;而相对软件投入成本而言,不如软件投入成本增加迅速。

软件投入成本主要是指相关电子商务软件以及信息服务、信息交流、人员信息处理能力的培训等方面的成本。客户在与企业进行业务往来的时候,所接触的是软件,而硬件则隐藏在背后。所以,软件是决定一个企业的电子商务系统是否有效的关键,它在电子商务系统中的地位越来越高。成本有增大的趋势是指不仅软件投入成本的绝对量增大,而且相对硬件来说也有增大的趋势。

(3) 纠正成本、保护成本和升级成本有增大的趋势

在电子商务系统中,纠正成本的支出可以防止信息泛滥、信息虚假,以保证信息可靠、真实。企业将外部的信息引入企业经营中,难免会发生变形甚至错误,这时就需要付出纠正成本。现在,互联网上过量和虚假的信息越来越多,就需要企业加大纠正成本的支出。

现代企业间的竞争越来越激烈，企业的竞争对手总是千方百计地搜集甚至是盗窃企业的机密信息。为防止企业的机密信息被盗和泄密，企业必须强化电子商务系统的安全程度，相应地必须增大安全成本的支出。

(4) 为使电子商务系统的处理能力更强、速度更快、兼容性更好，企业必须支出升级成本

现代信息技术发展越来越快，使得企业电子商务系统更新换代的步伐也越来越快，升级成本的支出相应地也加大了。

总之，企业的电子商务成本有继续增大的趋势，它直接影响了企业的成本构成，并决定了企业的效益。因此，必须对电子商务系统的每一项成本支出进行认真分析，尽量减少支出，这样才能更好地提高企业的效益。

9.1.5　电子商务系统开发常用组件

1. 新闻发布系统

新闻分类管理——新闻分类添加、新闻分类修改、新闻分类删除。

新闻维护——新闻添加、新闻修改、新闻删除。

新闻列表显示——最新新闻标题列表显示、分类新闻标题列表显示、热门新闻标题列表显示、专题新闻标题列表显示。

新闻检索——新闻标题检索。

2. 留言板系统

添加留言、留言列表显示。

留言管理——留言回复、留言修改、留言删除。

3. 论坛系统(标准版)

论坛文章发表、论坛文章标题列表、论坛文章跟帖、论坛文章显示及跟帖显示。

论坛维护——论坛文章删除、论坛文章跟帖删除、网站用户系统一体化功能。

4. 论坛系统(专业版)

论坛两级分类管理——论坛主分类添加、论坛主分类修改、论坛主分类删除、论坛子分类添加、论坛子分类修改、论坛子分类删除。

论坛用户系统——用户注册、用户信息修改、论坛文章发表、论坛文章标题列表、论坛文章跟帖、论坛文章显示及跟帖显示。

论坛功能权限控制——浏览权限配置、发帖权限配置、主版版主配置、IP 信息配置、过滤字符设定、论坛文章检索。

常用功能——论坛公告、论坛信息、会员列表、最新主题、最热主题。

论坛维护——论坛文章删除、论坛文章跟帖删除、用户删除。

5. 网上调查系统

调查题目及项目设置——调查题目及项目添加、调查题目及项目修改、调查题目及项目删除、调查界面自动生成、调查结果显示(条形比例图)。

客户反馈系统——客户反馈提交、客户反馈及管理员回复显示列表、管理员查询反馈表。

反馈表回复——邮件回复或界面回复。

6. 产品发布及查询系统

产品分类管理——产品分类添加、产品分类修改、产品分类删除。

产品管理——产品信息添加、产品信息修改、产品信息删除。

产品目录显示——最新产品目录显示、热门产品目录显示、随机产品信息展示。

产品分类检索、产品详细信息显示、产品评论。

7. 网上远程订单系统

用户在线申请订单、用户订单跟踪与查询。

管理员就订单联系及确认——邮件确认或界面确认。

订单状态管理——添加状态、修改状态、删除状态。

8. 网上商店系统

商品分类检索、商品销售统计分析、购物车功能、收银台功能。

商品分类管理——商品分类添加、商品分类修改、商品分类删除。

商品目录管理——商品目录添加、商品目录修改、商品目录删除。

商品信息管理——商品信息添加、商品信息修改、商品信息删除。

用户在线购物——用户申请订单、订单状态查询。

在线支付——需与银行电子支付系统接口。

商品展示模块——最新商品展示、热销商品展示、推荐商品展示、特惠商品展示。

9. 在线技术支持系统

技术咨询问题分类管理——分类添加、分类修改、分类删除。

技术咨询知识库分类管理——分类添加、分类修改、分类删除。

问题智能查询、咨询表单提交、典型问题加入知识库。

问题回复——邮件回复或界面回复等。

10. 通用办公系统

根据具体工作流程定制服务,包括:组织机构、工作流程系统、公文管理系统、信息上报、电子刊物、电子公告牌、电子论坛、部门管理、权限设置、领导查询模块、个人办公室(记事簿、通讯录、日程安排、邮件管理)、企业资源管理(会议室、车辆等)。

11. 行业 B2B 商务网站建设

企业会员管理——企业会员添加、企业会员修改、企业会员删除。

供求信息管理——供求信息添加、供求信息修改、供求信息删除。

产品信息管理——产品信息添加、产品信息修改、产品信息删除。

企业新闻管理——产品新闻添加、产品新闻修改、产品新闻删除。

信息认证及相关权限管理——企业检索、供求信息检索、产品信息检索。

产品信息服务——产品信息评价、产品信息反馈、信息显示——热门信息、推荐信息、信息订阅。

最后完成贸易撮合、在线定购。

12. 广告发布系统

广告组管理——分组添加、分组修改、分组删除。

广告分类管理——标准图片、Flash 广告、第三方 JS 广告。

广告尺寸管理——468 * 60、120 * 60、88 * 31 等。

广告管理——广告添加、广告修改、广告删除。

广告发布管理——广告投放比例、广告发布基数、广告截止日期。

9.2 电子商务系统规划内容与方法

面对网络时代引起的传统商业模式的改变，一些大的行业早就做到了未雨绸缪，已经率先进入了电子商务时代，而有的企业则感到茫然无助。对于企业来说，能否迅速地登上互联网这辆快车，决定着企业能否适应一个新的时代。面对挑战和机遇，电子商务企业务必提高自己的竞争能力，以在全球化的经济大潮中求得更广阔的生存与发展空间。

9.2.1 电子商务系统规划的内容

一般的电子商务系统的建设，应该服从于企业的电子商务计划，在建造过程中要考虑到企业商务模式的变更、业务流程的更新，还要考虑到新的技术和服务方式。这就要求企业在建设电子商务系统之初，必须结合实施电子商务的整体战略，从较高层次上审视未来系统所要达到的目的，确定系统的体系结构，以便为后续的设计开发工作提供一个清晰的思路；否则，建造的系统只能是将企业既有的业务简单地搬到 Internet 上的一个信息系统而已。

1. 电子商务系统规划的概念

系统规划的目的是为完成未来的某个目标设计相关的实施步骤，其主要内容是给出为达到这一目标的行动计划，要求指明行动过程中的人员组织、时间安排等。

电子商务系统的规划是指:以完成企业核心业务转向电子商务为目标,给定未来企业的电子商务战略,设计支持未来这种转变的电子商务系统的体系结构,说明系统各个组成部分的结构及其组成,选择构造这一系统的技术方案,给出系统建设的实施步骤及时间安排,说明系统建设的人员组织,评估系统建设的开销和收益。

2. 电子商务系统规划的特点

电子商务系统规划是从战略层面或者决策层面作出的,因此在规划中对未来电子商务系统的描述是概要性的、逻辑性的,并不阐述系统实现的细节和技术手段。

电子商务系统规划并不强调未来系统"怎么做",但是一定要明确给出系统未来的目标与定位,即"做什么"。因此,电子商务系统规划依据企业实施电子商务的目标完成,服务于企业电子商务的整体战略。

3. 电子商务系统规划的内容

电子商务系统所要处理的企业核心商务逻辑与传统的商务逻辑相比,发生了重大的变化。也就是说,系统规划的前提条件——企业的商务模式是变化的。同时,电子商务所强调的企业间的协作从企业的内部信息流逐渐扩展到企业与其外部环境(合作伙伴、客户、商务中介等)之间的信息交换,进而谋求企业之间的商务自动化。事实上,传统信息系统的规划设计所面对的是数据对象和企业内部处理过程,它强调的是企业信息流的改善。电子商务是资金流、信息流和实物流的总和,因而单纯从信息流的角度出发规划电子商务系统是不恰当的,可能走向电子商务的反面——商务的电子化,而不是电子化的商务。

电子商务系统规划的过程,是一个集企业商务模式变革和系统开发于一体的过程。电子商务系统规划和企业商务模式转变是不可分割的。电子商务系统规划是需要以企业流程再造为前提的,如果脱离企业商务模式的变革而单纯考虑系统的规划,那么未来的电子商务系统所支持的仅仅是企业现有商务活动的网上翻版,不能从根本上支持企业价值链的增值过程。如果从 BPR 的角度看待企业的电子商务系统规划,那么这种规划首先应当是对企业商务运作的合理性进行根本的再思考和彻底的再设计,从电子商务的本质出发,重新考察企业的商务活动,将电子商务系统作为企业价值链的增值器,使企业与合作伙伴、企业与客户形成一个新的、互动的整体。

所以,电子商务系统规划的内容不仅仅是对支持企业的电子商务的信息系统进行规划,它包括企业电子商务战略和电子商务系统规划两个基本层次。

(1) 电子商务战略规划

电子商务战略规划的目的是明确企业将核心业务从传统方式转移到电子商务模式时所需要采取的策略,确定企业的商务模型(就是确定企业在电子商务时代如何做生意)。

(2) 电子商务系统规划

电子商务系统规划是一种战术层的规划,它侧重以商业模型为基础,规划支持企业未来商务活动的技术手段,确定未来信息系统的体系结构。

电子商务系统战略规划确定了企业未来的核心业务路线,给出了电子商务系统开发可依据的一个基本框架。由于这种规划过程侧重于技术的实现,所以其参与人员以熟悉网络和计算机技术的各类工程技术人员为主。

9.2.2　电子商务系统规划可行性分析

为了在21世纪激烈的市场竞争环境下生存并发展,企业必须适应电子商务的模式。但是,考虑到目前企业所处的环境以及其自身的一些弱点,企业不能立刻抛弃传统商务模式,而应该在继续保持传统商务模式的基础上,应用电子商务模式改造传统商务模式。电子商务模式吸收了传统商务模式的精华,并且利用先进的信息技术手段对其加以改进,从而降低成本,提高服务水平,实现企业自身与合作伙伴、客户、供应商等利益相关者的多赢。基于已经建立的环境基础,实施电子商务系统规划是可行的。

1. 政府为企业实施电子商务提供了政策支持

2000年1月22日,信息产业部审议并通过了《中国电子商务发展战略纲要》,这是我国企业从事电子商务活动的指导性文件。同时,国家三部委通过一系列推进中小企业信息化发展的举措,引导中小企业发展电子商务。

2. 网络基础设施的大量投入为电子商务发展提供了硬件支持

多年来,国家在信息化基础设施方面投入了大量人力、物力和财力,已基本建成了覆盖全国的大容量、高速率光缆传输网络。

3. 大量的电子商务提供商提供了电子商务应用平台的保障

电子商务提供商专门为企业提供虚拟主机空间租用,负责电子商务平台制作与维护。这样,就免去了企业自己购买专用设备和分流专业人员维护的高额费用,大大地降低了企业的电子商务的运营成本。

4. 信息化教育为电子商务提供了人才保障

电子商务的实现的关键之一是信息化人才。目前,我国正采取多种手段和不同的形式,积极地开展信息化人才的培训工作。教育部门正大力普及网络知识,在许多大中专院校经济、贸易等专业院系开设电子商务专业,为电子商务培养了大量的高素质复合人才。

5. 上网网民规模对电子商务发展提供了支持

中国互联网协会的数据显示,截至2008年6月,我国网民数量达到了2.53亿,比2007年同期增加了9100万人,增长56.2%,网站数量达到191.9万个,互联网国际出口带宽达 493.7Gbps。我国已经成为世界上互联网用户数量最多的国家,并且仍将继续保持快速发展势头。我国互联网市场潜力巨大,充满机遇,前景广阔。

在我国网民结构中,学生用户仍是第一群体,占到网民总数的近两成,其次为 IT 行业用户。数据显示,网民整体教育程度较高,本科、大专比例超过六成;收支状况也普遍良好,支出占到收入总额的 64.6%;26 岁至 30 岁年龄段成为网络消费主力军;消费地区集中在网民收入较高的北京、上海和浙江等地。

据悉,2007 年全年淘宝网交易总额比 2006 年同期交易额增长 156.3%,高达 433 亿元。这一数字高于华润万家(379 亿元)、大商集团(361 亿元)、家乐福(248 亿元)、物美(231 亿元),仅次于百联集团(771 亿元),成为全国第二大综合卖场。淘宝网方面认为,上述数字意味着淘宝网用 5 年时间走完了沃尔玛 29 年的发展历程。

另据内部统计显示,淘宝网用户数 2007 年达到 5300 万人,与 2006 年的 3000 万相比,增幅达到 76.7%。淘宝网在线商品达到 1.16 亿件,日独立用户数突破 900 万。淘宝网 2007 年人均消费达到 817 元,与 2006 年的人均消费 563 元相比,增幅达 45.1%。

9.2.3 电子商务系统常用规划方法

电子商务系统强调战略与电子商务技术的相互作用关系,而非单纯的企业信息化支撑企业战略这样一种单向的作用关系。在电子商务理念的指导下,电子商务系统规划的方法也需要有所调整与优化。

通常,在电子商务的理念下,企业的电子商务系统规划方法往往包括以下几个环节:

1. 企业战略审计

企业战略审计是对企业的战略进行重新评估和审计,要充分考虑互联网技术在企业内外部环境建设中的作用,尤其是企业战略模式的创新问题,将企业的战略从“前信息化时代的战略”转化为“信息时代的战略”。这个环节的作用类似于传统企业在业务、管理信息化过程中所做的“业务流程再造”。

2. 企业信息化战略

信息化是企业电子商务的基础,根据信息时代的战略,必须充分考虑企业自身的电子商务资源与能力,由此制定相应的电子商务的职能战略。

按照波特的竞争战略理论,企业需要形成的核心竞争力包括低成本战略和产品歧异化战略。企业信息化可以在这两个方面都有所贡献:首先,会在帮助企业提高效率、降低成本方面体现出来;其次,在服务领域,信息化所生产的模式则会直接创造出歧异、新颖的服务,从而获得竞争优势。比如联邦快递的递送查询服务，便是建立在信息化的基础之上的。

信息化对竞争优势的作用，在企业内部主要体现在成本控制方面，流程重组和准确的数据分析基本上都是以降低成本为目标的；在客户服务方面，则有许多新的技术可以帮助企业实现新的项目，体现对客户的关怀。这方面的贡献随着知识经济的到来，会有越来越明显的作用，即客户对信息技术的认识不断提高，自然会选择那些能够应用新技术的企业。

3. 信息系统规划

在进行企业战略审计和信息化战略制定后，可借鉴成熟的信息系统规划方法，对企业信息系统进行规划。信息系统规划的方法很多，这里介绍一种比较常用的方法：关键成功因素法。

通过战略的审计与识别，我们获取了信息时代的企业战略，再识别达成该战略的关键成功因素，即找出达到这样的战略目标需要哪些关键因素。然后，再确定关键成功因素的性能指标。从这些关键成功要素，我们可以逐渐分解出企业战略对信息系统的需求。举例如下：

这是一家制造企业，该企业已经具备了愿景、使命、价值观以及总体战略。为了达成这些目标，企业进行了具体的战略部署，并明确了这些部署的关键绩效指标。为了促进这些关键绩效指标的改善，企业确定了如下的电子商务建设内容：

建立知识管理系统，管理研发档案，促进研发知识的共享，同时还要实现网上教学、实时沟通等功能；

建立电子商务平台，通过网络实现物料采购、生产外协等合作，保证公司采购质高价廉的原材料，同时提高与供应商、政府部门之间配合的效率；

建立客户关系管理系统，通过 Web 网站、E-mail 系统、呼叫中心、自动传真回复系统等，向客户提供 365 天 ×24 小时的不间断服务。

4. 信息化相关资源规划

信息化相关资源规划是由信息系统规划的结果得出的，即根据信息系统规划的结果，逐一分解到信息系统对各项资源的需求，例如信息化组织、信息化人员、硬件、网络、信息安全、资金等。这项规划类似于企业的其他职能规划的方法。

“多、快、好、省”是企业提出的项目建设原则，对于客户来讲，这也是他们所追求的方向。企业如果能够做到，自然能够获得竞争优势。现代企业更是在强调新颖、快捷、低价的环境中求生存、求发展的。这既是企业的战略目标，也是企业参与竞争的直接体现。

在信息化战略中需要把握的重要方向便是创造企业竞争优势，信息化规划、项目选型、项目实施等都需要为实现这一目标而作出具体的部署，脱离战略目标则可能使企业的投资得不到理想的回报。

5. *信息化实施规划*

信息化实施规划是要综合考虑信息系统的重要性需求以及企业信息化的资源与能力约束,确定信息系统的实施顺序,并以此配置相关的信息化资源。

在信息化实施规划环节,我们推荐一种"价值分析法"。在价值分析法中,我们按照两个维度评估所有与企业相关的电子商务系统:一个维度是电子商务系统的价值,另一个维度是电子商务系统的现有能力。在充分考虑企业战略的前提下,让企业的高层领导和各部门业务骨干对电子商务系统的价值进行评分,根据评分确定这些电子商务系统的重要性。然后,再对现有的电子商务系统的能力进行评估。如果没有某个系统,那么该系统的能力分就为零。那些重要性非常高而系统能力又比较低的系统是目前建设的重点,如预算系统、财务系统、决策分析系统、CRM 系统等。人力资源管理系统的重要性比较低,目前系统的能力也比较弱。可见,重要性与系统能力是互相匹配的。企业可以保持现状,而如果未来企业的人力资源管理变得越来越重要,那么也可以考虑加大投资的力度。

价值评分法既考虑了信息系统对于企业战略的价值,同时又考虑到企业电子商务现有的能力,在实施规划中的应用也比较广泛。

9.3 电子商务战略制定

作为一种新兴的商业模式,电子商务具有极大的潜力,它可以推动企业挣脱原有企业战略的束缚,彻底改变企业的运作流程,增强顾客与供应商的联系,开拓新的市场。同时,电子商务还能充分利用信息技术,培育和发展良好的竞争环境,提升参与企业的综合竞争力,构建基于供应链、信息交流和技术创新的战略联盟。电子商务极大地改变了人们的生活方式,同时也在迅速地改变着人们的商业活动形式。

9.3.1 电子商务自身的优势

在互联网时代,电子商务之所以迅速发展,有其必然原因。在传统企业普及电子化和网络化的同时,我们必须认识到:商务活动已经在技术上实现了一次质的飞跃。

1. *覆盖面广*

因特网遍及世界上每一个角落,处在全球任何一个位置上的企业都可以通过普通电话线与其贸易伙伴传递商业信息和文件。这种由因特网创造的商务模式打破了时间和空间的限制,可以使企业快速、方便地实现商品交换,无形的、交互式的网络交易体系大有取代传统市场之势。利用互联网,美国著名的网上书店 Amazon 很轻松地将其市场拓展到世界任何一个地方。然而,全球第一大零售商沃尔玛要想拓展全球市场,就必须花费巨额资金用于选择店址、装修店面、建立网络以及培训员工等准备工作,然后才可能正式营业,而且风险巨大。但是,这对于网上商店来说都是不需要做的事情,需要做的只是将产品信息搬上网站,然后顾客在网上进行选择和订购就行了。

2. 费用低廉

互联网的使用费用比传统的各种信息交流方式低得多,这一点对中小企业来说尤为重要。在过去的市场竞争中,很多大企业往往靠自身过硬的技术优势和庞大的销售网络,在同行中具有很强的竞争力,令中小企业难以企及。电子商务时代的到来,使中小企业与大企业在因特网上拥有同样的竞争机会。中小企业只要通过因特网就可在全球范围内物色贸易伙伴,寻找贸易机会,寻求更大的发展空间。

3. 使用灵活

基于互联网的电子商务可以不受特殊数据交换协议的限制,直接在计算机上完成与纸质单证格式一致的表格、文件书写,省去了翻译环节,任何人都可以看懂或直接使用。

4. 功能全面

电子商务可以完成包括网上宣传、网上交易、网上支付、网上服务、网上管理等在内的几乎所有的商业功能,完全可以代替传统的贸易方式。

5. 可以突破时间限制

利用互联网进行电子商务,可以突破时间限制,实行 7×24(每周 7 天,每天 24 小时)营销模式,同时不需要增加额外的营销费用。

6. 吸引新顾客

作为新的营销渠道,互联网对企业传统的营销渠道是一个重要补充,它可以吸引那些在传统营销渠道中无法吸引的顾客到网上订购。由于网上订购比较方便快捷,而且不受时间和地理位置的限制,对那些在传统营销渠道中受到限制,但是又很喜欢公司产品的顾客无疑可以增加吸引力。例如,从 DELL 公司站点购买计算机的 80% 的消费者和一半以上的小公司在以前从来没有购买过 DELL 公司的产品。根据调查,其中 1/4 的人认为,如果没有互联网站点,他们就不会有这样的消费行为。同时,这些在网上购物的消费者的平均消费额要高于一般的 DELL 客户的消费额。

7. 开拓新产品市场

电子商务企业可以与顾客进行交互式沟通,顾客可以根据自身需要对企业提出新的要求和服务需求,企业可以及时根据自身情况针对消费者需求开发新产品或提供新服务。例如,Amazon 根据顾客的需求,很快将网上商店的商品从书籍扩展到音像制品和玩具等新产品。

8. 个性化细分市场

电子商务企业可以为顾客提供定制营销,最大限度地细分市场,满足市场中每一个顾客的个性化需求。例如,DELL 公司为最大限度地满足顾客的特殊需要,允许顾客根据自己的偏好自行选择电脑配件,组装自己满意的电脑。顾客只需要根据网站上的提示选择电脑配置,确定后订单自动生成。顾客只需要付款,等待送货上门即可。这充分满足了消费者的个性化需求。

9.3.2 电子商务的战略定位

随着计算机技术、通信技术和信息技术的迅猛发展,Internet 技术的全球普及,电子商务正酝酿着一场新的商业革命。作为电子商务主力军的企业,在这场革命中必将面临多方面的重大变革和创新。我国企业必须要有前瞻性的思考,为迎接和投入这场革命作好全方位的准备。

1. 电子商务的战略分析

(1) 巩固公司现有竞争优势

市场经济要求公司的发展必须坚持市场导向,公司制定的策略、计划都应是为满足市场需求服务的。这就要求公司对市场现在和未来的需求有较多信息和数据作为决策依据和基础,避免公司的营销决策过多依赖于决策者的主观意愿,使公司丧失发展机会,处于竞争劣势。电子商务公司应对现在顾客的要求和潜在需求有较深了解,对公司的潜在顾客的需求也有一定了解,制定的营销策略和营销计划具有一定的针对性和科学性,以便于实施和控制,顺利完成营销目标。

例如,DELL 公司通过网上直销与顾客进行交互,在为顾客提供产品和服务的同时,还建立了自己顾客和竞争对手顾客的数据库,其中包含顾客的购买能力、购买要求和购买习性等信息。根据这些信息,DELL 公司将顾客分成四大类:摇摆型的大客户、转移型的大客户、交易型的中等客户以及忠诚型的小客户。DELL 公司通过对数据库的分析,针对不同类型的顾客制定销售策略。对于第一类型(占公司收入的 50%),加强与顾客直接沟通,利用互联网络提供特定服务,并有针对性地定期邮寄有关资料以争取失去的顾客,同时赢得回头客。对于第二类型(占公司收入的 20%),即可以争取的、正转向竞争者的顾客,与他们加强沟通,并加强销售部门力量,以建立对公司和品牌的忠诚度。第三类型的占公司收入的 20%,他们与公司接触较少且易变,可对他们采取传统的邮寄和电话营销的方式,以增强对公司的关系和联系。第四类型的占公司收入的 10%,只需采取偶尔邮寄的方式加强忠诚度。在数据库的帮助分析下,公司的营销策略具有很强的针对性,在营销费用减少的同时,还提高了销售收入。

（2）加强与顾客的沟通

著名的80:20公式指出，公司80%的利润来自于20%的老顾客，公司与新顾客的交易费用是与老顾客的交易费用的五倍，培养顾客的忠诚度是公司营销中的最大挑战。电子商务是以顾客为中心的，公司网络数据库中存储了大量现在消费者和潜在消费者的相关数据资料。公司可以根据顾客需求，提供特定的产品和服务。这种方式具有很强的针对性和时效性，可极大满足顾客需求。同时，借助网络数据库可以对目前销售的产品的满意度和购买情况作分析调查，及时发现问题、解决问题，确保顾客满意，建立顾客的忠诚度。公司在改善与顾客关系的同时，通过合理配置销售资源，降低销售费用，以增加公司收入。例如，对高价值的顾客可以配置高成本销售渠道，对低价值的顾客则用低成本渠道销售。网络数据库营销是关系营销的坚实基础。关系营销就是建立顾客忠诚和品牌忠诚，确保一对一营销，满足顾客特定的需求和高质量的服务要求。顾客的理性和知识性促使其希望能亲身参与产品的设计和生产，从而最大限度地满足自己的需求。互联网和大型数据库可以使公司以低廉成本为顾客提供个性化服务。例如，美国的通用汽车公司允许顾客在Internet上利用智能化的数据库和先进的CAD辅助设计软件，自行设计出自己需要的汽车，而且可以在短短几天内将顾客设计的汽车送到顾客的家。

（3）为竞争者设置障碍

虽然信息技术的使用成本日渐下降，但是设计和建设一个有效和完善的电子商务系统是一个长期的系统性工程，需要投入大量人力、物力和财力。因此，一旦某个公司已经建立了有效的电子商务系统，竞争者就很难进入其目标市场。这是因为，竞争者要用相当大的成本建立一个类似的数据库。从某种意义上说，电子商务系统成为公司难以模仿的核心竞争能力和可以获取收益的无形资产。这也正是技术力量非常雄厚的Compaq公司没能建立起类似DELL公司那样的网上直销系统的缘故。同时，建立完善的电子商务系统还需要公司从组织、管理和生产上予以配合。

（4）提高新产品开发和服务能力

公司开展电子商务，可以从与顾客的交互过程中了解顾客需求，甚至由顾客直接提出需求，因此很容易确定顾客要求的特征、功能、应用、特点和收益。在许多工业品市场中，最成功的新产品开发往往是由那些与公司相联系的潜在顾客提出的。因此，通过网络数据库营销更容易直接与顾客进行交互式沟通，更容易产生新产品概念，克服了传统市场调研中的滞后性、被动性和片面性，以及很难有效识别市场需求且成本高等缺陷。对于现有产品，通过电子商务，容易获取顾客对产品的评价和意见，有利于决定对产品的改进和换代。目前，有很多大公司开始实行电子商务，数据库产品的开发研制和服务市场规模也越来越大。例如，在服务方面,美国联邦捷运(即联邦快递)公司通过互联网让用户查询了解其邮寄物品的运送情况,让用户不出门就可以获取公司提供的服务,公司也因此省去了许多接待咨询的费用,可谓一举两得。

(5) 稳定与供应商的关系

供应商是向公司及其竞争者提供产品和服务的公司或个人。公司在选择供应商时,一方面要考虑生产的需要,另一方面要考虑时间上的需要,即计划供应量要能符合市场需求,将满足要求的供应品在恰当时机送到指定地点进行生产,最大限度地节约成本和控制质量。公司如果实行电子商务,就可以对市场销售进行预测,确定合理的计划供应量,确保满足公司的目标市场需求。另外,公司可以了解竞争者的供应量,制定合理的采购计划,在供应紧缺时能预先订购,确保竞争优势。例如,美国的大型零售商沃尔玛公司通过其电子商务系统,根据零售店的销售情况,制定其商品补充和采购计划,然后通过网络将采购计划立即送给供应商,供应商必须适时送货到指定零售店。供应商既不能送货过早,因为公司实行零库存管理,没有仓库进行库存;也不能过晚,否则会影响零售店的正常销售。在零售业竞争日益白热化的情况下,沃尔玛公司凭借其与供应商稳定协调的关系,使库存成本降到最低;供应商也因沃尔玛公司效益的稳定增长获益匪浅,因此都愿意与其建立稳定的紧密合作关系。

2. 企业电子商务战略转变

企业电子商务实施还将推动企业战略的转变,主要表现为由传统的 Win-Lost(一方打败另一方,或者两败俱伤)的对抗型企业竞争战略,转变为追求 Win-Win(双赢)的协作型企业竞争战略。自从 20 世纪 80 年代波特系统阐述和分析了竞争战略以来,竞争战略思想已经深入人心。在市场经济中,市场的基本游戏规则是保证公平竞争、优胜劣汰,竞争是市场经济的最基本特征。在工业经济时代,企业竞争主要是资本竞争、资源竞争,谁拥有更多资本、更多资源,谁就可以在市场竞争中立于不败之地。资源是稀缺的,不可能满足所有人的需求,因此工业经济时代的竞争是战争型竞争。工业经济时代的市场游戏规则经常是弱肉强食,中小企业只能在市场缝隙中寻求生存和发展。

网络技术的发展及其在商业中的应用,特别是互联网成为一种“十倍速”力量,改变了市场运作形态与竞争规则。互联网作为一种自由的、开放的、平等的和近似免费的信息传输和双向沟通渠道,突破了信息沟通的时空障碍和技术障碍,使得全球任何一个地方的任何一个企业或者个人都可以平等、自由地利用 Internet 与世界上其他任何一个地方的企业或者个人进行沟通。其竞争规则表现为协作型竞争。完全不同于传统工业经济时代的战争型竞争,它寻求的是双赢发展模式,强调通过协作和知识共享寻求更大的发展机遇,目标是拓展新的市场商机并共同承担风险。传统的战争型竞争模式强调的是“黑白竞争”和资源控制，目标是抢夺市场份额和控制市场。

无论规模大小，通过电子商务，企业可以将传统的业务伙伴如供应商、顾客通过企业间电子商务整合为共同发展的价值链，加强与供应商和顾客之间的协同关系，使由供应商、企业和顾客组成的产业价值链的价值达到最大化，同时增强整个价值链的竞争优势。例如，美国的沃尔玛公司为满足顾客的需求，将全美的三千多家超市进行联网，然后采用统一的采购和配送网络，并将该网络与其供应商联网，供应商可以根据超市的销售状况及时补充货架。这使得沃尔玛公司和它的供应商的库存都可以降到最低限度，同时又最大限度地以优惠价格满足顾客需要。可见，在网络时代，企业与供应商和顾客的合作主要是通过网络实现信息共享，通过优化价值链实现顾客需求的畅通传递，同时最大限度地满足顾客需求，保证供应商、企业和顾客三方以最小费用获取最大收益，实现三方价值的最大化。

协作型竞争并不是说消除竞争，相反，它要求企业加强自身的竞争力。协作型竞争是通过协作实现竞争双方的双赢发展，在共同扩大市场规模的基础上，获取企业自己的市场份额，最大限度地降低市场风险。一个企业要与其他企业协作发展，必须有自己独到的核心竞争能力，否则可能被排斥在合作阵营之外，因为企业之间进行协作寻求的是双赢发展和互惠互利。因此，协作型竞争对参与协作的企业要求更高，只有那些拥有独特的核心竞争能力的企业才可能进入协作竞争阵营。在协作型竞争时代，企业必须尽快培养和建立自己的核心竞争能力，创新能力和人才是关键，规模和产值大小不再是衡量企业强弱的标准。

3. 电子商务战略的实施与控制

电子商务作为信息技术的产物，具有很强的竞争优势。但是，并不是每个公司都能进行电子商务，必须考虑到公司的业务需求和技术支持。业务方面如公司的目标、规模，顾客的数量和购买频率，产品的类型、周期以及竞争地位等；技术方面如公司是否支持技术投资，决策时的技术发展状况和应用情况等。互联网作为大众型的信息技术，它的发展非常迅猛；而电子商务技术作为专业性技术，则依赖于公司的技术力量。

电子商务战略的制定要经历三个阶段。首先，确定目标优势。即确定电子商务是否可以促使市场增长，是否可以通过改进实施策略的效率增加市场收入，同时分析是否能通过改进目前的营销策略和措施降低营销成本。其次，分析和计算电子商务的成本和收益。需要注意的是，计算收益时要考虑战略性需要和未来收益。最后，综合评价电子商务战略。这一阶段主要考虑的问题有三个方面：(1) 成本效益问题，成本应小于预期收益；(2) 能带来多大新的市场机会；(3) 考虑公司的组织、文化和管理能否适应采取电子商务战略后的改变。

公司在确立采取电子商务战略后，要组织战略的规划和执行。电子商务不是一种简单的新营销方法，它通过采取新技术改造和改进目前的营销渠道和方法，涉及公司的组织、文化和管理等各个方面。如果不进行有效规划并予以执行，该战略可能只是一种附加的营销方法，它不能体现出战略的竞争优势，相反只会增加公司的营销成本和管理复杂性。策略规划分为以下几个阶段：(1) 目标规划。在确定使用该战略的同时，识别与之相联系的营销渠道和组织，提出改进目标和方法。(2) 技术规划。电子商务要有强大的技术投入和支持，因此资金投入、系统购买安装以及人员培训都应统筹安排。(3) 组织规划。实行数据库营销后，公司的组织需进行调整以配合该策略实施，如增加技术支持部门、数据采集处理部门，同时调整原有的推销部门等。(4) 管理规划。组织变化后，必然要求管理的变化，公司的管理必须适应电子商务的需要。例如，销售人员在销售产品的同时，还应记录顾客购买情况，应严格控制个人推销以减少费用等。

电子商务战略在规划执行后还应注意控制，以适应公司业务变化和技术发展变化。电子商务战略的实施是一个系统工程，应加强对规划执行情况的评估。首先，评估是否已充分发挥该战略的竞争优势，是否有改进余地；其次，识别执行规划时的问题并加以改进；最后，对技术进行评估并予以采用。

目前，计算机技术发展迅速，成本不断降低，功能显著增强。如果不跟上技术发展的步伐，很容易丧失电子商务的时效性和竞争优势。采取新技术可能改变原有的组织和管理规划，因此对技术的控制也是网络数据库营销中的一个显著特点。

电子商务是有别于传统的市场营销的新的营销手段，它在控制成本费用、开拓市场以及与顾客保持关系等方面有很大的竞争优势。但是，电子商务的实施不是简单的某一个技术方面的问题、某一个网站的建设问题，它还涉及从企业整个营销战略、营销部门管理和规划以及营销策略制定和实施方面进行调整。

4. 波特竞争理论

电子商务作为一种竞争手段，具有很多竞争优势。那么，这些竞争优势是如何给企业带来战略优势并影响竞争战略的选择的？这就必须分析电子商务对组织的业务提供的策略机会和威胁。哈佛大学商学院教授波特就提出，企业竞争中面对五种力量或者说外部威胁和机会：新竞争者的加入、替代产品的出现、现有企业之间的竞争、购买方的讨价还价能力以及供应方的讨价还价能力。企业必须加强自身能力以应对新的进入者、供应商、现有竞争者、消费者、替代产品或服务带来的问题，并改变企业与其他竞争者之间的竞争力量对比。

企业可以采取以下几个竞争战略以提高竞争力：

(1) 成本领先战略。提供低成本的产品或服务，降低与购买者和供应者之间的交易成本。

(2) 差异战略。提供与竞争者不同的产品和服务，定位于有差异的市场，保持竞争力。

(3) 创新战略。开发新产品和服务，拓展新市场，建立新的商业联盟和分销网络等。

(4) 目标聚集战略。采用上述某一种战略优势占领某一细分市场。

其中，差异战略和创新战略属于同一类型，创新战略也属于差异战略。

9.3.3 商业计划书及其撰写

优秀的商业计划书不仅是企业的融资文件，也是战略计划书。商业计划书是一份全方位的项目计划，其主要意图是递交给投资商，以便于投资商对企业或项目作出评判，从而使企业获得融资。

1. 商业计划书

商业计划书有相对固定的格式，它几乎包括所有投资商感兴趣的内容，包括企业成长经历、产品服务、市场、营销、管理团队、股权结构、组织人事、财务、运营、融资方案等。只有内容翔实、数据丰富、体系完整、装订精致的商业计划书才能吸引投资商，让其看懂项目商业运作计划，才能使融资需求成为现实。商业计划书的质量对项目融资至关重要。

融资项目要获得投资商的青睐，良好的融资策划和财务包装是必不可少的，其中最重要的是做好符合国际惯例的高质量的商业计划书。目前，我国企业在国际上融资成功率不高，不是因为项目本身不好，也不是因为项目投资回报不高，而是因为项目方商业计划书编写的草率与较弱的策划能力让投资商感到失望。

商业计划书的起草是一个复杂的系统工程，不但要对行业、市场进行充分的研究，而且还要有很好的文字功底。对于一个发展中的企业来说，专业的商业计划书既是寻找投资的必备材料，也是企业对自身的现状与未来发展战略全面思索和重新定位的过程。

商业计划书撰写的咨询业务必须符合国际投资商的思维与要求，根据企业提供的相关资料，协助企业进行市场调研和分析、商业模式设计、战略规划、财务预测、融资方案设计等。更重要的是，商业计划书应充分挖掘项目资源，加速技术、人才与资本的有机融合，不仅帮助企业成功地进行融资，而且也可以作为一份战略计划书对企业的管理决策发挥重大作用。

“拥有商业计划书的企业平均比没有商业计划书的企业融资成功率高出100%。”这是 Arthur Andersen 公司在 2002 年所作的一个调查结论。根据该调查，在国外，仅仅 30% 的被调查企业有书面商业计划书。在我国，2006 年所作的一个同样性质的调查的结论比国外更悲观，仅仅 8% 的被调查企业有书面商业计划书。

2. 商业计划书的撰写

对初创的风险企业来说,商业计划书的作用尤为重要。一个酝酿中的项目往往很模糊,通过制订商业计划书,把正反面理由都书写下来,然后再逐条推敲。这样,风险企业家就能对这一项目有更清晰的认识。可以说,商业计划书首先是把计划中要创立的企业推销给风险企业家。

商业计划书还能帮助把计划中的风险企业推销给风险投资家。公司商业计划书的主要目的之一就是筹集资金。因此,商业计划书必须说明:

第一,创办企业的目的?为什么要冒风险,花精力、时间、资源、资金创办风险企业?

第二,创办企业所需的资金是多少?为什么要这么多资金?为什么投资人值得为此注入资金?

对已建的风险企业来说,商业计划书可以为企业的发展确定比较具体的方向和重点,从而使员工了解企业的经营目标,并激励他们为共同的目标而努力。更重要的是,商业计划书可以使企业的出资者以及供应商、销售商等了解企业的经营状况和经营目标,说服出资者(原有的或新来的)为企业的进一步发展提供资金。

正是基于上述理由,商业计划书将是风险企业家所写的商业文件中最主要的一个。那么,应如何制订商业计划书?

(1) 写好商业计划书的关键

那些既不能给投资者以充分的信息也不能使投资者激动起来的商业计划书,其最终结果只能是被扔进垃圾箱里。为了确保商业计划书能“击中目标”,撰写商业计划书应做到以下几点:

① 关注产品

在商业计划书中,应提供所有与企业的产品或服务有关的细节,包括企业所实施的所有调查。具体包括:产品正处于什么样的发展阶段?它的独特性怎样?企业分销产品的方法是什么?谁会使用企业的产品,为什么?产品的生产成本是多少,售价是多少?企业发展新的现代化产品的计划是什么?把出资者拉到企业的产品或服务中来,这样出资者就会和风险企业家一样对产品有兴趣。在商业计划书中,应尽量用简单的词语描述每件事。商品及其属性的定义对企业家来说是非常明确的,但是其他人却不一定清楚它们的含义。制订商业计划书的目的不仅是要出资者相信企业的产品会在世界上产生革命性的影响,同时也要使他们相信企业有证明它的论据。商业计划书对产品的阐述要让出资者感到:“噢,这种产品是多么美妙、多么令人鼓舞啊!”

② 敢于竞争

在商业计划书中,风险企业家应细致分析竞争对手的情况。竞争对手都是谁？竞争对手的产品与本企业的产品相比，有哪些相同点和不同点？竞争对手所采用的营销策略是什么？商业计划书要明确每个竞争者的销售额、毛利润、收入以及市场份额，然后再讨论本企业相对于每个竞争者所具有的竞争优势。同时，商业计划书要向投资者展示，顾客偏爱本企业的原因是：本企业的产品质量好，送货迅速，定位适中，价格合适等。商业计划书要使它的读者相信：本企业不仅是行业中的有力竞争者，而且将来还会是确定行业标准的领先者。在商业计划书中，企业家还应阐明竞争者给本企业带来的风险以及本企业所采取的对策。

③ 了解市场

商业计划书要给投资者提供企业对目标市场的深入分析和理解，要细致分析经济、地理、职业以及心理等因素对消费者选择购买本企业产品这一行为的影响，以及各个因素所起的作用。商业计划书中还应包括一个主要的营销计划，其中应列出本企业打算开展广告、促销以及公共关系活动的地区，明确每一项活动的预算和收益。商业计划书中还应简述企业的销售战略：企业是使用外面的销售代表还是内部职员？企业是使用转卖商、分销商还是特许商？企业将提供何种类型的销售培训？此外，商业计划书还应特别关注销售中的细节问题。

④ 表明行动的方针

企业的行动计划应该是无懈可击的。商业计划书中应该明确下列问题：企业如何把产品推向市场？如何设计生产线？如何组装产品？企业生产需要哪些原料？企业拥有哪些生产资源，还需要什么生产资源？生产和设备的成本是多少？企业是买设备还是租设备？此外，还要解释与产品组装、储存以及发送有关的固定成本和变动成本的情况。

⑤ 展示管理团队

把一个思想转化为一个成功的风险企业，关键是要有一支强有力的管理队伍。这支队伍的成员必须有较高的专业技术知识、管理才能和多年工作经验，要给投资者这样一种感觉："看，这支队伍里都有谁！如果这个公司是一支国家足球队，肯定会一路杀入世界杯决赛！"管理者的职能是计划、组织、控制和指导公司实现目标的行动。在商业计划书中，应首先描述整个管理队伍及其职责，然后再分别介绍每位管理人员的特殊才能、特点和造诣，细致描述每个管理者将对公司所作的贡献。此外，商业计划书中还应明确管理目标和组织机构图。

⑥ 出色的计划摘要

商业计划书中的计划摘要也十分重要，它必须能让读者有兴趣并渴望得到更多的信息，并将给读者留下长久的印象。计划摘要是风险企业家所写的最后一部分内容，却是出资者首先要看的内容，它从计划中摘录出与筹集资金最相关的细节，包括对公司内部的基本情况、公司的能力以及局限性、公司的竞争对手、公司的营销和财务战略、公司的管理队伍等情况简明而生动的概括。如果公司是一本书,计划摘要就是这本书的封面,做得好就可以把投资者吸引住。它会给风险投资家留下这样的印象:“这个公司将会成为行业中的巨人,我已等不及要去读计划书的其余部分了。”

(2) 商业计划书的内容

① 计划摘要

计划摘要列在商业计划书的最前面,它浓缩了商业计划书的精华。计划摘要涵盖了计划的要点,以求一目了然,以便读者能在最短的时间内评审计划并作出判断。

计划摘要一般包括以下内容:公司介绍、主要产品、业务范围、市场概貌、营销策略、销售计划、生产管理计划、管理者及其组织、财务计划、资金需求状况等。

在介绍企业时,首先,要说明创办新企业的思路、新思想的形成过程以及企业的目标和发展战略。其次,要交代企业现状、过去的背景和企业的经营范围。在这一部分,要对企业以往的情况作客观的评述,不回避失误。中肯的分析往往更能赢得信任,从而使人容易认同企业的商业计划书。最后,还要介绍风险企业家自己的背景、经历、经验和特长等。企业家的素质对企业的成绩往往起关键性的作用。在这里,企业家应尽量突出自己的优点并表现出自己强烈的进取精神,以给投资者留下一个好印象。

在计划摘要中,企业还必须回答下列问题:企业所处的行业,企业经营的性质和范围;企业主要产品的内容;企业的市场在哪里,谁是企业的顾客,他们有哪些需求;企业的合伙人、投资人是谁;企业的竞争对手是谁,竞争对手对企业的发展有何影响等。

计划摘要应尽量简明、生动,特别要详细说明企业的不同之处以及企业获取成功的市场因素。如果企业家了解他所做的事情,摘要仅需两页纸就足够了。如果企业家不了解自己正在做什么,摘要就可能要写20页纸以上。

② 产品(服务)介绍

在进行投资项目评估时,投资人最关心的问题之一,就是风险企业的产品、技术或服务能否以及在多大程度上解决现实生活中的问题,或者说,风险企业的产品(服务)能否帮助顾客节约开支和增加收入。因此,产品介绍是商业计划书中必不可少的一项内容。通常,产品介绍应包括以下内容:产品的概念和性能、主要产品介绍、产品的市场竞争力、产品的研究和开发过程、发展新产品的计划和成本分析、产品的市场前景预测、产品的品牌和专利等。

在产品(服务)介绍部分,企业家要对产品(服务)作出详细的说明,既要准确,也要通俗易懂,使不是专业人员的投资者也能明白。通常,产品(服务)介绍都要附上产品原型、照片或其他介绍。产品介绍一般要回答以下问题:

A. 顾客希望企业的产品能解决什么问题?顾客能从企业的产品中获得什

么好处?

B. 企业的产品与竞争对手的产品相比有哪些优缺点?顾客为什么会选择本企业的产品?

C. 企业为自己的产品采取了何种保护措施?企业拥有哪些专利、许可证,或与已申请专利的厂家达成了哪些协议?

D. 为什么企业的产品定价可以使企业产生足够的利润?为什么用户会大批量地购买企业的产品?

E. 企业采用何种方式改进产品的质量、性能?企业对发展新产品有哪些计划?

产品(服务)介绍的内容比较具体,因而写起来相对容易。虽然夸赞自己的产品是推销所必需的,但是应该注意:企业所作的每一项承诺都是"一笔债",都要努力去兑现。要牢记:企业家和投资家所建立的是一种长期合作的伙伴关系。如果企业不能兑现承诺,不能偿还债务,企业的信誉必然受到极大的损害。

③ 人员和组织结构

有了产品之后,创业者接着要做的就是组成一支有战斗力的管理队伍。企业管理的好坏,直接决定了企业经营风险的大小。高素质的管理人员和良好的组织结构是管理好企业的重要保证。因此,风险投资家会特别注重对管理队伍的评估。

企业的管理人员应该是互补型的,而且要具有团队精神。一个企业必须具有负责产品设计与开发、市场营销、生产作业管理、理财等方面的专门人才。在商业计划书中,必须对主要管理人员加以说明,介绍他们所具有的能力、他们在本企业中的职务和责任以及他们过去的详细经历和背景等。此外,还应对公司结构作一简要介绍,包括:公司的组织机构图;各部门的功能与责任;各部门的负责人和主要成员;公司的报酬体系;公司的股东名单,包括认股权、比例和特权;公司的董事会成员;各位董事的背景资料等。

④ 市场预测

当企业准备开发一种新产品或向新的市场扩展时,首先就要进行市场预测。如果预测的结果并不乐观,或者预测的可信度让人怀疑,那么投资者就要承担更大的风险。这对多数风险投资家来说都是不可接受的。

首先,市场预测要对需求进行预测:市场是否存在对这种产品的需求?需求程度是否可以给企业带来所期望的利益?新的市场规模有多大?需求发展的未来趋向及其状态如何?影响需求的有哪些因素?其次,市场预测还要对市场竞争的情况与企业所面对的竞争格局进行分析:市场中主要的竞争者有哪些?是否存在有利于本企业产品的市场空当?本企业预计的市场占有率是多少?本企业进入市场会引起竞争者怎样的反应,这些反应对企业会有什么影响?

总之,在商业计划书中,市场预测应包括以下内容:市场现状综述、竞争厂商概览、目标顾客和目标市场、本企业产品的市场地位、市场区域和特征等。

风险企业对市场的预测应建立在严密、科学的市场调查基础上。风险企业所面对的市场本来就有变幻不定、难以捉摸的特点。因此,风险企业应尽量扩大收集信息的范围,重视对环境的预测,采用科学的预测手段和方法。风险企业家应牢记的是:市场预测不是凭空想象出来的,对市场错误的认识是企业经营失败的最主要原因之一。

⑤ 营销策略

营销是企业经营中最富挑战性的环节。影响营销策略的主要因素有:消费者的特点、产品的特性、企业自身的状况、市场环境方面的因素等。最终影响营销策略的是营销成本和营销效益。

在商业计划书中,营销策略应包括以下内容:市场机构和营销渠道的选择、营销队伍和管理、促销计划和广告策略、价格决策等。

对创业企业来说,产品和企业的知名度低,很难进入其他企业已经稳定的销售渠道。因此,创业企业不得不暂时采取高成本、低效益的营销战略,如上门推销,大打商品广告,向批发商和零售商让利,以及交给任何愿意经销的企业销售等。对发展中的企业来说,一方面可以利用原来的销售渠道,另一方面也可以开发新的销售渠道以适应企业的发展需要。

⑥ 生产制造计划

商业计划书中的生产制造计划应包括以下内容:产品制造和技术设备现状、新产品投产计划、技术提升和设备更新的要求、质量控制和质量改进计划等。

在寻求资金的过程中,为了增大企业在投资前的评估价值,风险企业家应尽量使生产制造计划更加详细、可靠。通常,生产制造计划应回答以下问题:企业生产制造所需的厂房、设备情况如何;怎样保证新产品在进入规模生产时的稳定性和可靠性;设备的引进和安装情况如何,谁是供应商;生产线的设计与产品组装是怎样的;供货者的前置期和资源的需求量;生产周期标准的制订,以及生产作业计划的编制;物料需求计划及其保证措施;质量控制的方法是怎样的;相关的其他问题。

⑦ 财务规划

财务规划需要花费较多的精力作具体分析,其中包括现金流量表、资产负债表以及损益表的制备。流动资金是企业的生命线,因此企业在初创或扩张时,需要对流动资金有预先周详的计划和进行过程中的严格控制。资产负债表反映的是在某一时刻的企业状况。投资者可以用资产负债表中的数据得到的比率指标衡量企业的经营状况以及可能的投资回报率。损益表反映的是企业的赢利状况,它是企业在运作一段时间后的经营结果。

财务规划一般要包括以下内容：商业计划书的条件假设、预计的资产负债表、预计的损益表、现金收支分析、资金的来源和使用等。

可以这样说，一份商业计划书概括地提出了在筹资过程中风险企业家需要做的事情，而财务规划则是对商业计划书的支持和说明。因此，一份好的财务规划对评估风险企业所需的资金数量以及提高风险企业取得资金的可能性是十分关键的。如果财务规划准备得不好，会给投资者以企业管理人员缺乏经验的印象，降低风险企业的评估价值，同时也会增加企业的经营风险。那么，应如何制订好财务规划？这首先取决于风险企业的远景规划，是为一个新市场创造一个新产品，还是进入一个财务信息较多的已有市场。

着眼于一项新技术或创新产品的创业企业不可能参考现有市场的数据、价格和营销方式，它要自己预测所进入市场的成长速度和可能获得的纯利，并将其设想、管理队伍和财务模型推销给投资者。准备进入一个已有市场的风险企业则可以很容易地说明整个市场的规模和改进方式，它可以在获得目标市场的信息的基础上，对企业头一年的销售规模进行规划。

企业的财务规划应保证与商业计划书的假设相一致。事实上，财务规划与企业的生产计划、人力资源计划、营销计划等都是密不可分的。要完成财务规划，必须明确下列问题：产品在每一个期间的发出量有多大？什么时候开始生产线扩张？每件产品的生产费用是多少？每件产品的定价是多少？使用什么分销渠道？所预期的成本和利润是多少？需要雇佣那几种类型的人？雇佣何时开始？工资预算是多少？

3. 商业计划书参考格式

(1) 摘要(引导并说服投资者完整阅读商业计划书)。

(2) 机会(清楚解释这一点)，管理小组资格(包括过去的成功经历)，市场(市场规模和股份预期值)，竞争优势。

(3) 公司(你是谁)，公司历史，公司规模，高级管理人员(总经理、财务主管、技术总管以及营销总管)的业务水平、经历、业绩和持股情况，公司的地址和设施。

(4) 产品/服务(生产什么以及为什么你的产品比同类产品好)。

(5) 产品/服务说明：公司目前所有产品清单及其使用领域，产品处于何种阶段，产品的创新处，产品在国内外的领先程度(提供相关证明材料)。

(6) 竞争比较：国内外主要竞争对手的产品开发和销售情况，与其相比你的优势或劣势是什么。

(7) 管理小组(告诉他们为什么完善的管理能够使商业计划得以顺利进行)。

(8) 组织结构：公司重要股东情况，董事会成员的简历，公司员工激励制度；

奖惩分配,员工持股情况简介,人事计划(所需人员及工资)。

(9) 市场(使投资者相信你的产品/服务拥有市场,并且知道你在市场上的力量)。

(10) 市场组成部分,目标市场,市场走势和发展,竞争(别人的优势和劣势是什么,你是怎样比较的),竞争优势(为什么你的产品/服务比你的竞争对手强)。

(11) 市场销售和促销(详细阐述你将如何销售你的产品/服务)。

(12) 销售渠道,促销/广告,定价,客户服务。

(13) 风险和外界因素(你的风险是什么)。

(14) 影响收益的因素:政治,经济萧条,价格上扬,经济走势。

(15) 战略(你的目标是什么,你将如何实现你的目标)。

(16) 短期目标和长期目标,竞争优势。

(17) 财政方案(具体的财政预算数据)。

(18) 所需资金(金额、用途、资金使用率),产品价格及生产成本,3—5 年的收益损失方案,资金周转,资产负债表,创业投资退出方式安排。

(19) 总结(概括全文):他们为什么要投资你的公司,是什么使得这一商机变得格外特别,为什么你会成功等。

本章小结

通过本章的学习,应当知道电子商务系统的概念与构成、电子商务系统规划的原则,明确电子商务系统与企业战略、电子商务系统的成本效益评估,熟悉电子商务系统开发的常用组件,掌握电子商务系统规划的内容与方法、电子商务系统规划的可行性分析、电子商务系统常用的规划方法,了解电子商务战略制定、电子商务自身的优势、电子商务的战略分析,学会编写商业计划书和商业企划案。

思考题

1. 阐述电子商务系统的构成。
2. 电子商务系统规划的原则是什么?
3. 说明电子商务系统规划的内容。
4. 制定电子商务战略要注意哪些问题?
5. 可行性分析报告具体包括哪些内容?
6. 以你自己感兴趣的行业为例,编写一份商业计划书。

参考文献

1. 赵祖荫主编:《电子商务网站建设教程》,清华大学出版社 2008 年版。

2. 陈联刚主编:《电子商务网站建设与管理》,北京理工大学出版社 2009 年版。

3. 闵敏等编著:《电子商务概论》,机械工业出版社 2003 年版。

4. 张李义、李枫林编著:《电子商务概论》,武汉大学出版社 2004 年版。

5. 李翔主编:《电子商务》,机械工业出版社 2004 年版。

6. 王忠诚主编:《电子商务概论》,机械工业出版社 2004 年版。

7. 姚国章编著:《电子商务与企业管理》,北京大学出版社 2005 年版。

8. 宋林林主编:《电子商务网站建设》,大连理工大学出版社 2003 年版。

9. 董慧等编著:《电子商务网页设计与网站建设》,武汉大学出版社 2004 年版。

第十章　电子商务网站规划与管理

引例

百度有啊(www.youa.com)的信用评价

百度有啊(www.youa.com)是百度旗下的电子商务交易平台。它由全球最大的中文搜索引擎公司百度创办,致力于为数亿中国网民提供一个“汇人气,聚财富”的高效网络商品交易平台。

秉承百度一贯的产品设计理念,自设计伊始,百度有啊就以“用户需求至上”为准绳,通过对海量的网络交易的分析、调研,在倾听和挖掘各种交易需求后,对交易流程进行特别的优化和处理,不仅使卖家入驻、管理和销售更加简易快捷,同时也使买家浏览、比较、购买更加通畅。

图 10-1　百度有啊网站

依托百度,基于其独有的搜索技术和强大的社区资源,百度有啊突破性地实现了网络交易和网络社区的无缝结合,以打造完美满足用户期望的体验式服务为宗旨。电子商务网站数量庞大,如何评价其信用就成为关键。

1．什么是信用评价和信用度？

在百度有啊上的每一笔交易成功后，买卖双方都会对对方交易的情况作一个如实评价。这个评价就是信用评价，它是公平、公正的。通过查看交易评价，客户可以增加对卖家的了解。

信用度是记录用户在百度有啊上的所有交易情况的综合，是衡量一个卖家信用的重要依据。通常，卖家信用度越高，则表示其过去达成的交易数目越多，并且“满意”评价居多。

2．什么是满意度打分？

卖家满意度是衡量卖家整体服务等级的一个重要指标。通常，满意度越高，表明在近期的销售过程中卖家在商品质量、服务态度等方面更能让所有买家满意。

卖家满意度平均80度以上为推荐级别，买家在卖家店铺中可以放心挑选商品，并得到卖家的满意服务。

卖家满意度平均90度以上直至100度，表明此卖家得到了更多买家的青睐和高度评价，有满意的商品千万不能错过。

卖家满意度会展现在卖家信用页面和其他会展示卖家信用的相关重要页面。卖家满意度等级显示为该卖家最近6个月获得的所有买家打分的平均值(百分制)。

买家在对卖家作出评价时，其给出的满意度数值与信用评价等级相关，对应关系为：“满意”评价对应的满意度数值为100度、90度、80度，满意程度依次降低；“一般”评价对应的满意度数值为60度、40度；“不满意”评价对应的满意度数值为20度。

3．什么是分项评分？

分项评分是交易评价的有力补充。买家在交易结束后，除了可以给予卖家满意/不满意的评价等级之外，还可以从商品与描述相符的程度、卖家的服务态度、商品的送达速度三个方面对卖家的本次交易进行满意度打分。

每项满意度打分从1星到5星，分别代表待提高、不错、满意、很满意、非常满意。如果买家没有进行满意度打分，则该项分值也不会记入最后的商品评价总体满意度。

4．信用评价如何计分？

交易成功后，双方互评，可以作出三个级别的信用评价：“满意”评价、“一般”评价和“不满意”评价。

买家作出评价的同时，还可以对卖家进行本次交易整体满意度的打分(百分制)。

买卖信用度彻底分离，可以有效减少恶意炒卖信用账号的行为，净化信用环境。

5. 信用等级如何划分?

信用等级是根据客户当前信用度换算得到的。买家和卖家的信用等级划分是有区别的。换算方法如下:

卖家信用共分为15个级别,买家信用共分为11个级别。

6. 订单生成后,什么情况下不能评价?

如果买卖双方没有完成真实交易或无法判断用户是否完成了真实的交易,则关闭用户的评价入口。卖家手动关闭的交易和全额退款的交易将不开放评价入口;15天内(虚拟物品7天内)没有付款,系统自动关闭交易,也不开放评价入口。

7. 交易成功后多长时间可以进行评价?

百付宝真实付款交易结束后,立即开放评价入口,30天后关闭评价入口。

若一方给予"满意"评价,另一方未作任何评价,交易结束后的30天内,如使用百付宝交易且交易成功,则系统自动给予评价方"满意"评价。若一方给予"一般"或"不满意"评价,另一方未作任何评价,交易结束后的30天内,评价方给出的"一般"或"不满意"评价生效,系统不会给予评价方任何评价。

卖家手动关闭的交易和全额退款的交易将不开放评价入口;15天内(虚拟物品7天内)没有付款,系统自动关闭交易,也不开放评价入口。

8. 一定要给对方评价吗?

给对方一个合理的评价,不但可以使这笔交易圆满结束,而且可以为其他用户买卖商品提供参考。如果双方逾期没有作出评价,默认双方未评价,不计分;如果一方逾期未评价,在对方已经作出"满意"评价的情况下,默认给予对方"满意"评价,按信用度计算原则加分。

9. 店铺内容的管理与维护的主要功能

店铺内容的管理与维护主要具有以下功能:主题风格,根据用户喜好选择一套主题模板,上传个性化的店标和店铺招牌;店铺分类,将用户店铺设置到平台对应的分类下,同时补充适当的店铺简介,让更多买家找到它;店铺公告,编辑店铺公告,把店铺信息及时传达给浏览店铺的买家;推荐商品,向买家推荐用户的优质商品;商品分类,把店铺内的商品分门别类,方便有不同需求的买家查看;友情店铺,把用户推荐的店铺加为友情店铺,为买家提供更多优质服务;宣传页面,把店铺中的活动制作成宣传页面,吸引更多买家浏览。以上店铺内容都需要及时更新与维护。

10.1　电子商务网站规划

21世纪,电子商务要求的是整个生产经营方式价值链的改变,利用信息技术实现商业模式的创新和变革。完整的电子商务交易包含商品信息查询、询价、洽谈、签订电子合同、电子支付和快速配送等一系列过程,每个环节都影响着电子商务的发展和效用,存在较高风险。因此,企业必须在进行外部环境、客户需求、竞争对手、市场定位等分析的基础上,以自身的实力为基础,从战略高度规划电子商务的实施与运作。当前,开展电子商务的企业日益增多,网上贸易的竞争程度将比传统贸易还要激烈,如果没有一个清晰的战略管理思想,没有全面而深入的实施计划,草率地建立网站,是不可能为企业带来实际的效益的。

10.1.1　网站规划的内容

一个专业的企业网站应建立在合理的网站规划的基础之上。网站规划既有战略性的内容,也包含战术性的内容,应站在网络营销战略的高度考虑。网站规划是网站建设的基础和指导纲领,决定了一个网站的发展方向,同时对网站推广也具有指导意义。网络营销计划侧重于网站发布之后的推广,网站规划侧重于网站建设阶段的问题,而网站建设的目的是满足开展网络营销的需要。因此,应该用全局的观点看待网站规划,在网站规划阶段就将计划采用的营销手段融合进来,而不是等待网站建成之后才考虑怎么进行营销。网站规划的内容对网络营销计划同样具有重要意义,具有与网络营销计划同等重要的价值,二者不可相互替代。网站规划的主要意义就在于树立网络营销的全局观念,将每一个环节都与网络营销目标结合起来,增强针对性,避免盲目性。

企业网站建设的成功与否与建站前的网站规划有着极为密切的关系。在建立网站前,应明确建设网站的目的与网站的功能,确定网站规模、投入费用,进行必要的市场分析等。只有详细地规划,才能避免在网站建设中出现很多问题,保证网站建设能顺利进行。

综上,网站规划对网站建设起到计划和指导的作用,对网站的内容和维护起到定位作用。

网站规划书应该尽可能涵盖网站规划的各个方面,包含的内容如下:

1. 建设网站前的市场分析

(1) 相关行业的市场分析:市场的特点,在互联网上开展公司业务的可行性。

(2) 市场主要竞争对手分析:竞争对手上网情况及其网站规划和功能作用。

(3) 公司自身条件分析:公司概况和市场优势,利用网站可以提升的竞争力，建设网站的能力（费用、技术、人力等）。

2. 建设网站的目的与功能定位

（1）明确建立网站的目的，是为了宣传产品，进行电子商务，还是建立行业性网站；是企业的需要，还是市场开拓的延伸？

（2）整合公司资源，根据公司的需要和计划，确定网站的功能，包括产品宣传型、网上营销型、客户服务型、电子商务型等。

（3）根据网站功能，确定网站应达到的目的和起到的作用。

（4）企业内部网的建设情况与网站的可扩展性。

3. 网站技术解决方案

根据网站的功能，确定网站技术解决方案：

（1）确定采用自建服务器还是租用虚拟主机。

（2）选择操作系统，用 Unix、Linux 还是 Window 2000/NT，分析投入成本、功能、开发、稳定性和安全性等。

（3）确定采用系统性的解决方案，如 IBM、HP 等公司提供的企业上网方案和电子商务解决方案，还是企业自己开发。

（4）采用网站安全性措施，包括支付安全措施以及防黑客、防病毒方案等。

（5）相关程序开发，如网页程序 ASP、JSP、CGI 和数据库程序等。

4. 网站内容规划

（1）根据网站的目的和功能规划网站内容，一般应包括：公司简介、产品介绍、服务内容、价格信息、联系方式、网上订单等。

（2）根据网站的目的和企业特点，确定关键字，进行搜索引擎优化方面的规划。

（3）电子商务类网站要提供会员注册、详细的商品服务信息、信息搜索查询、订单确认、付款、个人信息保密措施、相关帮助等。

（4）如果网站栏目比较多，则考虑由网站编程人员专门负责相关内容。注意：网站内容是网站吸引浏览者最重要的因素，无内容或不实用的信息不会吸引匆匆浏览的访客。可事先对人们希望阅读的信息进行调查，并在网站发布后调查人们对网站内容的满意度，以及时调整网站内容。

5. 网站建设中的网页设计

（1）网页美术设计一般要与企业整体形象一致，符合 CI 规范；同时，要注意网页色彩、图片的应用以及版面规划，保持网页的整体一致性。

（2）在新技术的采用上，要考虑主要目标访问群体的分布地域、年龄阶层、网络速度、阅读习惯等。

（3）制定网页改版计划，如每隔半年到一年时间，进行一次较大规模改版和信息更新等。

6. 网站建设中的网站维护

(1) 服务器及相关软硬件的维护，对可能出现的问题进行评估，制定响应时间。

(2) 数据库的维护。

(3) 网站信息内容的更新、调整、维护等。

(4) 制定与网站维护相关的规定，将网站维护制度化、规范化。

7. 网站建设中的网站测试

网站发布前，要进行细致、周密的测试，以保证正常浏览和使用。主要测试内容有：

(1) 服务器稳定性、安全性；

(2) 程序及数据库测试；

(3) 网页兼容性测试，如浏览器、显示器等；

(4) 根据需要进行的其他测试。

8. 网站建设中的网站发布与推广

网站推广活动一般发生在网站正式发布之后，当然也不排除一些网站在筹备期间就开始炒作的可能。网站推广是网络营销的主要内容。可以说，大部分的网络营销活动都是为了网站推广的需要，例如发布新闻、公关、搜索引擎登记、交换链接、网络广告等。

因此，在网站规划阶段就应该对将来的推广活动有明确的认识和计划，而不是等网站建成之后才考虑采取什么样的推广手段。由此可见，网站规划并不仅仅是为了网站建设的需要，而是整个网络营销活动的需要。

9. 网站建设中的网站建设日程表

网站建设日程表应规定各项网站规划任务的开始和完成时间，制定完成目标，落实到目标负责人等。

10. 网站建设中的费用明细

网站建设需要列出各项事宜所需费用清单。除了上述各种技术解决方案、内容、功能、推广、测试等应该在网站规划书中详细说明之外，网站建设和推广的财务预算也是重要内容。网站建设和推广在很大程度上受到财务预算的制约，所有的规划都只能在财务许可的范围之内。财务预算应按照网站的开发周期进行，包含网站所有的费用明细清单。

以上为网站规划书中应该体现的主要内容，根据不同的需求和建站目的，内容也会增加或减少。在建设网站之初，一定要进行细致的规划，才能达到预期的建站目的。

10.1.2 网站规划的目标分析

电子商务网站不仅要展示与推广企业或机构的产品和服务,达到与客户和合作伙伴实时的、互动的信息交流与沟通,实现信息流、资金流和物流协调有序的、快速的流动,而且要体现企业或机构的管理理念、企业文化、品牌形象等。对于一般的中小企业或机构而言,技术的实现完全可以外包给专业的公司,而电子商务战略规划、商业模式的策划、电子商务网站架构设计、电子商务网站运行中信息资源的管理却是公司外部人员无法决定和替代的。网站做得再漂亮,如果没有丰富的信息内容和完善的商业模式支撑,是不可能带来实际的效益和利润的。因此,网站建设前期从战略和战术层面进行的策划与准备、建设后的具体运营以及如何做出特色等才是网站经营的效益和利润所在。

开展电子商务必须先考虑以下几个问题:企业为什么要开展电子商务?能在网上开展哪些业务?企业的商业模式如何才能带来竞争优势和实际利润?电子商务网站如何建设才能满足企业开展网上业务的需求?需要什么样的人力和技术投资才能获得长远发展?

1. 电子商务网站的定位

企业开展电子商务的目的是首要问题,即电子商务网站建设的目标,也就是应该给要建设的网站一个什么定位。

以下是企业建设电子商务网站常用的几种定位:

(1) 宣传推广

宣传推广是要通过 Internet 达到宣传企业形象、提高知名度、展示企业产品和服务、挖掘更多的商业机会、发布企业的最新动态和经营状况、扩大销售渠道等广告宣传目的。在我国,由于缺乏很好的电子商务环境,在企业内部信息化基础、安全支付、物流配送等方面都很薄弱,很多企业将宣传和推广企业、产品和服务作为建立网站的出发点。

(2) 交流沟通

Internet 能帮助企业加强和客户的沟通,并建立起一种更密切的实时互动交流的关系,也可以使企业与供应商、经销商、中介机构、运输商等合作伙伴建立更为便捷的交流渠道。很多企业网站都自建了留言本、论坛等功能,便于相互间的交流沟通,获取相关的反馈信息,还能提供相关标准文件、合同等资料的下载功能。

(3) 在线客户服务

很多企业网站现在都集成了如在线 QQ、洽谈通 TQ 等网站即时通信工具,能实时提供在线客户服务。像 TQ 这样的软件,除能实时洽谈外,还能统计、分析、挖掘客户的相关访问信息,并提供了在线短信功能,实现了随时随地的无阻碍沟通，极大地丰富了企业在线信息咨询、技术支持服务的手段。这样的工具很多都是免费的。

(4) 网上交易

通过网站这个平台，进行网上交易，提供产品和服务的展示，可以接受客户的在线订单；条件允许的，还可以实现在线支付、结算和选择配送方式。如果网站提供的是无形的产品或服务，如咨询、下载、在线升级等，就可以实现完全的电子商务，从选择、定购、支付到配送都能在网络上进行。

(5) 企业门户

网站作为企业门户，采用标准的浏览器，通过为企业的决策者、客户、供应商、雇员和合作伙伴提供一个统一的访问入口，根据访问者的不同角色，进入权限对应的界面，进行信息的浏览和业务操作。

网站作为企业信息门户的作用主要体现在以下几个方面：

① 内部信息系统集成。将 Web 技术与企业内部的业务运作系统集成，实现通过标准的浏览器访问内部信息系统的信息并进行相关操作，为企业员工提供一个简单、标准的个人界面。将网上交易和企业内部的管理信息系统实现信息共享和业务协同，可以促进企业内部业务流程的信息化水平。

② 对外业务的开展。通过与外部相关信息系统的集成，企业信息门户可以使企业与客户、合作伙伴以及供应商甚至政府之间的业务往来更加便利。例如，面向政府机构，建立报关、EDI、申请审批、缴税等与政府信息系统的接口。

作为企业信息门户的网站为企业及其客户、合作伙伴和供应商提供统一的应用界面，使他们可以方便快捷地访问企业的各种信息资源，加快决策速度，提高决策水平。企业信息门户的贡献不只是帮助一个企业了解手中的大量信息，更重要的是使其能够应付那些由于分散的信息资源和处理过程维护能力下降而产生的问题。企业信息门户能够通过超越现在的分散的应用环境实现这个目标，把原来不同的相互关系连接在一起，形成广泛的、相互关联的企业应用环境，从而缩短企业响应时间。

2. 网站规划的商务分析

企业不可能将所有的业务都搬到网上。特别是传统企业，在上网之初往往选择典型的业务进行实践，然后通过与内部信息资源的整合逐步实现电子商务的战略。显然，企业应以自身商务需求、产品特色以及行业特点作为选择的出发点。

(1) 自身商务需求分析

分析企业面临的不断变化的外部环境和内部业务流程、商业模式，根据企业的发展战略决定企业开展电子商务的策略。从企业最迫切的商务需求入手，看哪个环节、哪个方面是企业最薄弱、最需要通过网络平台改善和加强的。例如，企业的客户服务成本一直高居不下,需要投入大量的人力、物力,日常的通信费用、纸张打印和复印费用等都增加了企业运行成本。根据企业的实际商务需求,就可以将网站的功能定位于客户服务、及时沟通、降低成本、提高客户满意度等。

(2) 商品特色、行业特点及所在行业地位分析

根据企业所销售商品的特色进行分析,如果是低档的、通用性较强或标准化程度较高的商品,就十分适合在网上销售,而且还可以根据商品特色设计网站的订购流程。从行业来讲,金融保险、信息咨询、计算机设备、数码产品、旅游服务、音像出版等行业都十分适合在网上开展业务。目前,我国由于资金流和物流还达不到通畅的程度,因此电子商务最适合的行业是服务业,特别是以信息为主体的服务业。因为服务业不需要任何实物形式的交割,整个贸易过程完全可以通过 Internet 完成,容易实现真正意义上的完全电子商务。对于在行业中是主导者或具有明显的竞争优势的企业,由于其品牌知名度,消费者非常认可,可以考虑建立自己的网站进行销售。一些在所处行业中还不是很知名的企业可能更依赖于传统的经销商、代理商销售网络,如果在网站上直接进行销售,势必会引发渠道冲突,影响到与经销商、代理商的关系,给企业造成损失。因此,这一类型的企业建立网站的定位应该是侧重宣传和客户服务,注重网络推广。

(3) 目标客户调查与分析

调查与分析目标客户,了解网站可能服务的对象及其需求,规划与设计符合目标客户群的商务网站,为他们提供所需的产品或服务,满足他们的兴趣与爱好,吸引他们对网站的注意力,就会留住客户并增强网站的指向性,使企业的网站不仅仅停留在公司的形象宣传、信息发布与简单的信息浏览的层面上,而是真正成为满足客户需求的网站,电子商务成功的可能性就高。对个体客户,要关注其区域分布、年龄构成、受教育程度、购物习惯与购买倾向,并关注客户对网上交易的态度,以及对有关付款方式、送货方式的选择习惯等。对公司客户,要关注其所处行业、区域分布、商业需求、接受新技术程度等情况。应充分利用我国 Internet 信息中心的统计报告与自身收集的客户资料,分析研究客户情况;同时,也可以选择业务外包,找第三方的专业咨询、调研公司进行此项工作。

(4) 竞争对手调查分析

在进行电子商务网站规划时,竞争对手的调查分析是不可缺少的重要内容。尤其是如果竞争对手已经在网上开展了业务,就必须分析现有和潜在的竞争对手的优势和劣势,研究竞争对手网站的运行情况和运行效果,然后根据研究结果确定自己网站的发展战略和设计方案。可以利用搜索引擎、行业协会网站等寻找与自己提供相同或类似产品和服务的公司,或力图满足相同客户群体需求的公司,研究竞争对手网站的定位及其开展的业务。具体可分析竞争对手网站的商业模式、设计风格、功能模块、业务流程、提供产品或服务特色、网上客服效率

及其信息更新频率等方面的情况，然后确定自己的电子商务网站的战略定位。

3. 可行性分析

可行性是指在当前组织内外的具体条件下，项目的开展是否已经具备必要的资源及其他条件。网站实施的可行性分析主要包括技术可行性分析、经济可行性分析和管理可行性分析。其中，技术可行性分析主要是指构建与运行电子商务网站所必需的硬件、软件及相关开发技术对电子商务业务流程的支撑分析；经济可行性分析是指构建与运行电子商务网站的投入与产出效益分析；管理可行性分析主要是指保证电子商务网站构建与运行所需要的人力资源以及组织设计和管理制度分析。

（1）技术可行性分析

电子商务网站开发涉及的技术包括搭建平台的各种硬件如网络接入设备、服务器，各种系统软件如操作系统、Web 服务器软件、数据库管理系统，网站开发技术如 HTML、XML，服务器端的编程技术如 ASP、PHP、ISP、ASP 等。开发网站的企业必须根据网站的功能和性能需求、平台以后的可扩展性以及与原有系统的兼容性等因素进行网站所需硬件和系统软件的选择，以此搭建网站运行的基本平台。对于各种动态网站的开发，必须根据项目的实际情况，综合考虑其开发时间、开发难度、运行效率、安全性等因素进行选择。在进行技术可行性分析时，最重要的一点就是技术的选择和利用必须能支持网站功能的实现，并最终为实现网站建设的目标服务。

（2）经济可行性分析

经济可行性分析主要是网站开发项目中投入的成本的估算和产出效益的评估，以此判断项目从经济角度而言是否可以开展。

网站建设的成本包括：

① 市场调研、业务分析、方案设计成本。

② 硬件和系统软件购置、域名申请、主机托管费用。

③ 网站开发费用。根据国内网站建设市场的报价标准，按页面元素（页面模板、数据库、动画图片、多媒体文件、动态脚本分别计价）或开发人员工时（按每人 × 每小时工作量计算费用）计算。

④ 网站维护费用。网站信息更新、纠错、备份恢复、二次开发等费用都要计算在内。

⑤ 网站运行管理费用。网站运行要消耗大量耗材，还有设备折旧、安全保护、管理费用等。网站推广的费用要考虑得比较多，包括各种广告（传统媒体如广播、电视、杂志、报纸、宣传单、户外广告媒体等，网络媒体如邮件、BBS、QQ 群、短信等）宣传，以及搜索引擎优化与竞价等诸多因素。

网站收益包括直接收益（如广告收入、信息服务收费、交易佣金提成、会员费等)和间接收益(如品牌的认同、客户满意度的提高等)。

(3) 管理可行性分析

要保证电子商务网站建设的顺利开展,必须有一个具备各种不同知识和技能的人员组成的高效团队,其中包括:网站系统架构设计师、页面美工、专职页面素材设计人员(如 Flash 动画、各种动态效果客户端脚本设计)、服务器端编程人员、数据库设计人员、信息采编人员、网站维护和推广人员、负责组织协调的项目管理人员等。要建设并实际投入运行一个电子商务网站,还需要懂得企业商务流程、熟悉网络环境的系统规划分析人员,负责整个网站的功能定位和业务流程设计。这样一个分工明确、知识结构完整、协同高效的开发团队是电子商务网站顺利构建和运行的组织保证。

10.1.3 网站规划的意义

从营销的观点看,网站规划的每一步工作都是为了营销作准备。比如,注册一个简单易记的域名是为了网站品牌营销的需要,网页优化设计是为了搜索引擎排名的需要,一个响亮的、意义明确的网站名对网站的推广具有更加重要的意义等。网站规划是有效开展网络营销必不可少的重要环节。

网站规划是网络营销的重要内容,也是网站建设的基础和指导思想,它决定了一个网站的发展方向,同时对网站推广具有指导意义。与网络营销计划相比,网站规划侧重于网站本身,但是又不仅仅是为了网站建设的需要,而是要站在网络营销的全局考虑,在网站规划阶段就将计划采用的营销手段融合进来,而不是等待网站建成之后才考虑怎么进行营销(网络营销计划侧重于网站发布之后的推广)。

网站规划的主要意义在于树立电子商务的全局观念,将每一个环节都与网络营销目标结合起来,增强针对性,避免盲目性。电子商务战略是"游击战"与"阵地战"的结合,是各种营销手段的组合。网站规划的内容对网络营销计划同样具有重要意义,具有与电子商务规划同等重要的价值,二者不可相互替代。

案例分析

原生态购物网

原生态购物网(www.sinobuy.cn),走进原生态,足不出户体验别样民族风情,让客户在苛求的审美想象中体味超凡民族魅力。在高节奏的现代生活中,可以卸掉压力与矫饰的不是 BOSS 和 GUCCI 服装,反而是七彩的牛肋巴土布、流水般的艾德莱丝绸。在浮躁拥挤的都市中,可以给人喜悦与放松的不是电玩和香水,而是婉转的葫芦丝和刻着六字真言的松石手链。

民族的，才是世界的。原生态购物网愿意吸引热爱民族风格、珍视原始自然、追求生命本质的时尚伙伴为会员。原生态购物网游历新疆、内蒙古、宁夏、西藏、贵州、云南，踏访村寨古镇和世外桃源，搜罗最能代表各民族地域风情的好东西，分类细述它的佩戴、使用文化，每天不断刷新收藏。

原生态购物网设立了民族工坊、民族服饰、民间工艺、民族乐器、民族图腾、特色街六个频道，提供极具特色的饰品、服装、家居用品、传统乐器、玩具、吉祥物、佛珠、生肖守护神等上万种风格独特的特色商品。

同时，原生态购物网拥有多位民间老艺人和一流的时尚设计师、多间自有工坊和迅速扩张的加盟店，为现代消费者提供一切适合特立独行风格的东西。原生态购物网的独一无二的自然、优美、手工化的产品，每一件都经过严格挑选，物有所值，来自原创地，而不粗制滥造。客户更可以提出个性化的需求，包括款式、尺码、色调、材质等，原生态购物网为客户提供令其满意的定制服务。

原生态购物网不仅仅是创造一个最专业的民族特色产品购物网站，而且通过它带给更多朋友一种属于原生态的生活方式，感受自我、自在！

个性化的网站才是最好的网站，原生态购物网独特的产品销售理念正是电子商务网站规划起到的作用。

10.2　电子商务网站管理

据有关数据显示，截至2008年2月底，全球互联网网站数量超过1.6亿，WWW在以惊人的速度成长。今天，没有人知道它究竟有多大。在最近的一次会议上，雅虎研发部的负责人说，目前公开出版的网页有400亿页，但是网页的实际数量可能比被搜索引擎编入索引的还要多400至750倍，每分钟又有数千个新的页面加入。

在网站数量日益庞大的同时，电子商务发展迅速，交易模式和安全技术日新月异，使得电子商务网站更新快捷。市场在变化，消费者需求在变化，电子商务网站必须与时俱进，加强网站的管理和维护。

10.2.1　网站管理和维护的内容

建立网站不是目的，建立电子商务网站最重要的是要实现电子商务交易。很多企业在完成网站建设的工作后，就等着访问者前来浏览，甚至预期订单接踵而至。应该说，这种想法过于简单了。所有的电子商务企业都应该知道如何定期更新、管理和维护自己的网站。就像一栋房子或者一部汽车，如果长期搁置而无人维护，必然变成朽木或者废铁。网站也是一样，只有不断地更新、管理和维护，才能留住已有的浏览者并吸引新的浏览者，最终达成电子商务交易。

网站管理和维护的内容包括：

（1）公司新闻的更新和维护；

（2）产品资料的更新和维护；

（3）网站版面风格的更新和维护；

（4）网站域名、主机（服务器）、企业邮局的管理和维护；

（5）网站资料备份服务；

（6）网站流量统计报告服务；

（7）5×8 小时电话咨询；

（8）客户电子邮件的及时回复和互动沟通。

10.2.2 网站管理的实际案例

B2B 和 B2C 是电子商务的两种重要交易模式。B2B 就是企业对企业的电子商务。除了在线交易和产品展示外，B2B 业务更重要的意义在于，将企业内部网通过 B2B 网站与客户紧密联系起来，通过网络的快速反应为客户提供更好的服务，从而促进企业的业务发展。B2C 就是商家与顾客之间的商务活动，即通常所说的“网上购物网站”。企业、商家可充分利用电子商城提供的网络基础设施、支付平台、安全平台、管理平台等共享资源，有效地、低成本地开展自己的商业活动。

B2B 和 B2C 电子商务系统可以适用于各种行业的商品供应商与采购商，针对的用户群可以是集团客户、批发商，也可以是普通消费者。它们可以支持各种商业模型，包括完整的供应链环节，与企业原有的后台 ERP 或 MIS 系统的接口，以及集成的 CRM、OA、电子商务、质量管理等系统，组成强大的企业信息中心。优良的体系结构设计对于系统是否能够适应将来新业务的发展至关重要。在满足现有市场需求的基础上，还应当考虑到系统要有充分的可扩展性，以满足企业未来的业务发展。因此，在“升蓝”的设计方案中使用了易于管理、可持续发展的体系结构。

电子商务系统还将采用先进的数据加密技术。B/S 结构可降低维护工作量，支持远程办公系统。完全采用 B/S 结构，客户端无须安装软件，无须配置，只通过 IE 就可以实现全部功能。基于.net 架构的产品设计架构和编码方法完全符合国际行业标准，有利于未来的系统整合与扩展。

电子商务网站的系统模块包括：在线采购系统、销售管理系统、在线培训系统、业务展示系统、客户服务系统、电子邮件管理系统、会员管理系统、产品数据库模型、新闻发布系统、网页制作系统、供货商查询系统、代理商支持系统、后台管理系统等。

B2B/B2C 电子商务系统的主要功能包括：网上的交易、订货、付款、客户服务和货物递交等售前、售中和售后服务，以及市场调查分析、财务核计和生产安排等多项利用 Internet 开展的商业活动。

B2B/B2C 电子商务网站管理的实际内容具体如下：

1. B2B/B2C 网站的前台内容界面

前台界面是供用户登记注册、了解产品的信息、下单采购的平台。前台的主要栏目有：公司新闻、产品目录、新产品推荐、在线订单、智能化导购、服务信息、信息反馈等。

2. B2B/B2C 网站的数据库

采用 SQL Server 数据库，分成三类：

用户数据库：记录、管理用户资料和用户自定义资料。

产品数据库：库存、生产周期、成本、包装资料、技术参数、价格资料等。

管理数据库：订单管理、订单处理进度管理、订单统计功能、货款管理功能、各种报表生成、业务员跟踪等。

3. B2B/B2C 网站的后台管理

(1) CRM 客户关系管理系统

客户资料包含：客户描述、客户信用等级评估、客户所处地区销售现状、以往下单情况、客户统计资料、正在处理的订单、付款情况、客户反馈的信息。

客户可自行编辑自己的各种资料，查询自己的业务历史记录数据，并可形成统计报表。

(2) 产品和用户资料管理系统

产品的各项资料和图片都可以在后台编辑，修改、增加或删除。

后台的数据将作权限处理，有权限的管理员才能更改。

管理员可以管理用户的权限、产品信息等内容，也可以定义业务处理的流程和方式。

(3) 工作流程管理系统

工作流程管理包含：订单管理、订单处理进度管理、订单统计功能、货款管理功能、各种报表生成、业务员进度跟踪等。

通过后台程序，可控制整个交易过程，并形成记录和报告。

此外，系统会自动提醒业务员注意处理未完成的工作。

4. B2B/B2C 网站的主要功能描述

(1) 用户管理

包括用户注册、申请、审批、用户权限管理、用户信息管理等。

(2) 用户个人资料管理

用户可以建立自己的数据记录，并进行咨询、订单、支付等操作。系统自动记录用户的重要事件和数据。用户的操作主要由系统智能化生成，各项记录和编辑过程以选单形式为主,用户很少需要用键盘输入记录。

(3) 产品展示

包括分类、检索、产品列表信息、报价、包装运输资料、库存资料等。

(4) 订单管理

包括售前咨询、正式订单、交付情况、结算情况、所有资料可分类统计、自动提醒处理未完成的工作等。

(5) 业务员工作管理

包括系统自动记录业务员所负责的客户的重要事件和数据,如订单、支付记录等;系统自动跟踪业务员所负责的客户资料;系统自动提醒业务员处理未完成的工作;系统可统计业务员的工作业绩;系统可生成业务员的各种报表,如所负责的客户未支付的货款报表等。

5. B2B/B2C 网站的辅助功能

(1) 购物指南

(2) 人工智能导购

(3) 客户服务中心

包括 FAQ 常见问题、产品说明书电子版下载、技术支持和咨询、用户信息反馈、BBS 沟通、交易管理规范等。

(4) 新闻中心

包括新产品发布、网上会晤、公关新闻、促销信息、公司新决策、企业动态等。

(5) 搜索引擎

包括客户信息搜查、产品搜索等。

案例分析

网站管理和维护过程中不要犯的十大错误

1. 让用户等待。用户希望互联网速度快,如果服务器速度慢,或者图片需要两分钟才能下载完,潜在的客户就要说再见了。为了有效地营销,需要将信息快速放到用户眼前。

2. 技术上过于傲慢。不要假定所有网站用户都有最新版程序。例如,不是所有人都安装了 Macromedia 的 Flash,应尽量采用 HTML 和文字。

3. 不在线下营销。虽然网上营销的目的是提高网站流量,但是没人永远在线。要有效地宣传一个网站,还需进行网下宣传。

4. 没有加入搜索引擎。令人吃惊的是,很多人经常使用搜索引擎,但是并没有把自己的网站加入自己使用的搜索引擎。应该以手动的方式将自己的网站加入搜索引擎,确保它被放在合适的地方。不同的搜索引擎所起的作用是不一样的，应努力找出提高排位的方法。

5. 没有及时维护。很多企业对自己的网站不管不顾。如果想吸引客户，就要及时维护。

6. 糟糕的合作。比如，发出一些垃圾邮件等。在与第三方签约之前，应调查其合作伙伴，确保他们是光明正大的。

7. 损害用户。如果想吸引用户注册，就不要问很多问题。除了姓名、电子邮件地址外，每个问题都会使你失去10%到15%的潜在客户。

8. 不让客户为你进行宣传，也就是线下营销所说的“口碑”。免费提供有宣传语的T恤衫或者“将链接传给你的朋友”就是性价比很好的营销。

9. 不收集电子邮件地址。为了有效地营销，就要有营销对象，但是不可利用各种机会从用户那里收集电子邮件地址。

10. 垃圾邮件。不要抵挡不住垃圾邮件的诱惑，只通过合法的邮件列表营销；如果拿不准是否属于垃圾邮件，就不要发。一次有疑问的邮件发送就可能导致你被ISP归于垃圾邮件发送者一类，这将使你未来的电子邮件营销非常困难。

10.2.3　网站管理的原则

登录电子商务网站，必须仔细阅读网站管理的原则，如果对协议的任何条款有异议，可以选择不注册成为会员。如果注册成为会员，则意味着将自愿遵守网站管理的原则，并完全服从于电子商务网站的统一管理。

网站管理的原则如下：

1. 基本礼仪

(1) 对帖子、回复进行具体的说明

在提问或回复的时候，内容要具体、详细。问题内容越详细，别人的回复也就越正确。

(2) 检查帖子/提问是否重复

在发帖/提问之前，先对帖子/问题内容进行搜索，看其中是否已经有得到解决的类似问题。在确认没有重复后，再发帖/提问。

(3) 检查帖子的版区归属是否正确

发帖之前，确认帖子与所选择的发帖区域的定位是否一致。

(4) 学会表示感谢

对所有解答自己问题的会员表示感谢，尊重他人的劳动成果。

(5) 互相尊重

发帖、回复、评论时的语气应尽量友好，避免给他人以责问、逼问、轻视、嘲笑等感受，要有诚意而正确地表达。

2. 审核与处罚

(1) 作弊行为与处罚方法

① 作弊的定义

作弊是指通过非公平、不正当途径获取积分。对于作弊行为的判断,电子商务网站保留最终解释权。

② 作弊的处罚

A. 所有通过非正当行为获得的积分,将被全部扣除。

B. 作弊行为一经确认,涉及该作弊行为的所有相关会员的登录账号将被酌情扣分或有限期封禁,情节严重者会被永久封禁。

(2) 删帖原则与处罚方法

① 以下各类帖子将被删除:

A. 在"灌水区域"之外的其他讨论区发布无意义的、闲聊式的帖子。

B. 征友类的帖子。例如,想找个朋友聊天,加我 QQ:1234567。

C. 提交的帖子无实际意义。例如,"顶"、"同上"、"赞同"等回答。

D. 有交易、赠送等倾向的提问和回答。例如,有人想买小狗吗?

E. 涉及求租、转让的帖子和回复。例如,有转让中关村附近的住房的吗?

F. 上下"楼"有明显的抄袭行为,按时间顺序提交的回答。

G. 涉及少数民族的一些有歧视、误导等倾向的言论。

H. 短时间内多次重发内容完全相同的帖子,第二次及其后发布的帖子。

② 其他发帖、回复和评论的删除原则

凡符合下列任何情况的发帖、回复或评论,都将被删除:

A. 含有色情、暴力、恐怖内容

  a. 传播色情图片或其他色情内容
  b. 详细描写暴力行为过程和身心体验
  c. 详细描写恐怖事件和主观感受
  d. 雇佣、引诱他人从事暴力活动
  e. 恐吓他人
  f. 提供符合上述特点的链接

B. 具有广告性质

  a. 为了增加流量而故意引导他人到某个网站或论坛
  b. 为某营利性的组织或个人做广告
  c. 从事任何物品(包括虚拟物品,如虚拟货币等)的交易
  d. 宣传、发展传销活动
  e. 提供符合上述特点的链接

C. 含有反动内容

a. 破坏社会公共秩序
b. 挑起民族、种族、宗教、地域等争端
c. 恶意攻击政府机构与政府官员
d. 宣传迷信活动和邪教组织
e. 提供符合上述特点的链接

D. 含有人身攻击内容
a. 诽谤他人,散布虚假信息
b. 侵犯他人肖像权、隐私权等其他合法权益
c. 用粗言秽语侮辱他人,造成他人身心伤害
d. 损害社会团体或组织的名誉
e. 提供符合上述特点的链接

E. 含有违背伦理道德内容
a. 包含违反社会公共道德的内容
b. 宣扬颓废、消极的人生观
c. 劝诱自杀,描写自杀方法和过程
d. 歧视和贬低弱势群体,如残疾、老龄和经济状况较差者等
e. 传授侵犯他人权益的方法,如黑客、诈骗等
f. 包含其他可能导致他人反感或不快的内容
g. 提供符合上述特点的链接

F. 具有恶意、无聊和"灌水"性质
a. 非因工作需要而出现真实姓名(非公众人物)与提供电话号码的提问和回答
b. 具有聊天、寻人、征友等特点
c. 直接索取作文、论文或作业答案
d. 包含严重影响网友浏览的内容或格式
e. 短时间内多次重复地发同样的内容
f. 明显抄袭他人
g. 没有任何意义
h. 其他可判断为"灌水"的无价值的帖子
i. 提供符合上述特点的链接

G. 涉及违法犯罪的内容
a. 宣扬刑事犯罪
b. 引诱或召集聚众赌博
c. 宣扬行贿受贿
d. 行骗欺诈

e. 其他违反我国法律法规的行为

f. 提供符合上述特点的链接

H. 电子商务网站认为不恰当的其他情况

③ 相应的处罚方法

A. 发帖被删除后,发帖者的积分扣分基数为0—20分,由管理员酌情处理。

B. 回复被删除后,回复者的积分扣分基数为0—10分,由管理员酌情处理。

C. 评论被删除后,评论者的积分扣分基数为0—10分,由管理员酌情处理。

D. 由于首帖被删除而导致的回复、评论被删除不单独扣分。

E. 情节严重者,将酌情对其进行加倍扣分、有限期封禁和永久封禁等处罚。

(3) 对账号的管理原则

凡含有下列行为之一者,电子商务网站有权删除其相应账号,情节严重者,将酌情封禁对应IP:作弊、广告、“黄反”、“灌水”、不文明、抄袭、恶意关闭问题、模仿管理人员ID、模仿或盗用他人ID、个人签名包含严重影响网友浏览的内容或格式以及其他扰乱电子商务网站秩序的行为等。

3. 对电子商务网站会员和第三方的知识产权的保护

(1) 电子商务网站会员不能侵犯包括他人的著作权在内的知识产权以及其他权利。一旦由于会员的相关帖子发生知识产权问题,其责任在于会员本人。

① 未得到著作者的同意对他人的著作物进行全部或部分的复制、传播、拷贝,有可能侵害到他人的著作权时,不要把相关内容复制刊登到电子商务网站上。

② 电子商务网站会员可以对著作物进行报道、批评、研究,在正当的范围内可以对其引用,但是一定要标明其出处。但是,在引用的时候不允许侵犯著作者的人格,这种情况即使标明出处也看做是侵犯著作权。

(2) 电子商务网站会员的言论侵犯了第三方的著作权或其他权利,第三方提出异议的时候,电子商务网站有权删除相关的内容。提出异议者和帖子发表者之间解决了诉讼、协议等相关法律问题后,以此为依据,电子商务网站会员在经有关申请后可以恢复被删除的内容。

(3) 从电子商务网站的服务中获得的信息在没有得到事先许可的情况下,个人或提供给第三方利用复制、发送、传播等手段用于赢利目的时,将追究相关当事人的法律责任。

(4) 当第三方要使用电子商务网站上的帖子的时候,一定要事先从相关会员那里得到同意。

(5) 电子商务网站不能对用户发表的回答或评论的正确性进行保证。

(6) 电子商务网站对原则内容拥有最终解释权。

10.3　电子商务网站设计

电子商务网站建设有多种类型,其中最为常见的是在互联网上建立虚拟商场,为人们提供一种新的购物方式。由于互联网这种媒体的特殊性,网上购物与传统的购物方式在许多方面有很大差别。

10.3.1　网站设计目标与原则

人们在网上购物的过程可以分为两个阶段:第一个阶段,观察与查找当前这个网站提供什么商品,并对商品进行比较,决定是否购买。第二个阶段,付款结账。在第一个阶段,客户不断地主动搜寻和分析处理与所要选购的商品有关的各种信息,因此具有很强的客户驱动特性。这和在商场购物不同。商场有服务员,可以招呼顾客、解说、促成交易。网上虚拟商店没有服务员,只能以精心制作的、可用性强的网页吸引客户,并使客户能方便地找到他们想要的东西,从而增加成交机会。第二个阶段则由客户驱动转为系统驱动,借助特别制作的网页,系统引导客户输入一定的个人信息,如家庭住址、信用卡号码等,同时告诉客户可供选择的付款方式和送货方式。在这一阶段,反馈信息是必不可少的,而且必须及时、准确;否则,客户会因为不了解自己进行的各种操作所产生的结果而感到不安全。尤其是缺乏上网经验的客户,常常担心因自己操作失误而造成经济上的损失。一旦客户觉得有风险,就很可能选择放弃交易,直接关掉浏览器,退出网站。

因此,在电子商务网页设计中,必须充分考虑人们的使用要求。据美国于2001年对美国20个电子商务站点所作的调查统计,这些站点由于在可用性方面未能满足客户的要求而丧失了一半以上的交易机会;相反,如果不存在可用性方面的问题,它们的销售量原可以提高79%。由此可见,可用性对电子商务网站的正常经营和发展是至关重要的。

电子商务网站设计中的原则如下:

1. 高质量的内容

客户访问电子商务站点是为了获取感兴趣的商品或服务,所以网页的内容必须突出重点,避免夸张,装饰部分不宜太多,以免喧宾夺主。在计算机显示屏上阅读容易产生视觉疲劳,而且阅读速度比看书约慢25%。所以,网页设计与杂志美编有很大不同,高质量的网页在内容编排上必须简洁明了,便于浏览;如果涉及的信息数量比较大,则应使用超文本将其拆分成多个网页。信息显示格式也是必须仔细考虑的一个重要方面,如字符应足够大,尽量少用移动、Flash等动态显示方式,正文和背景的颜色对比要符合人的视觉特点等。

2. 及时更新

对于电子商务网站来说,要根据市场行情的波动随时更新网页上的价格信息,经常提供新的商品或服务,并开展促销活动以刺激客户的购买欲。在内容更新的同时,还要注意保持网页在结构上的相对一致性,以使老客户能方便快速地找到所需要的各种信息。

3. 响应时间短

许多研究表明,网站用户的满意度与其对系统的控制感有密切关系,而用户的控制感在很大程度上取决于系统的响应速度。据 Miller 统计,用户觉得系统立即响应的时间范围是 0.1—1 秒,超出 1 秒会让用户注意到延迟;若网页上的内容在 1 秒内得到更新,则意味着用户在转换网页时没有遇到不适当的延迟。一般情况下,客户对当前网页上的内容能持续保持注意的时间长度约为 10 秒;若系统响应时间超过 10 秒,则客户会在等待计算机完成当前操作时转向其他的任务。因此,系统如果不能立作出响应,就应当及时向客户报告当前处理的进度,以使客户保持良好的控制感。

为缩短系统响应时间,比较简单的一种解决办法是尽量减少网页上的图片与多媒体(如动画、录像、闪烁等)的使用。但是,作为电子商务站点,很多场合需要采用图示或多媒体演示,从而不得不适当降低系统响应速度。随着宽带网的普及,这一矛盾有望在一定程度上得到缓解。

4. 易于使用

电子商务网站要最大限度地提高用户在网上的操作绩效,并尽量减少发生误操作的可能性。为此,在电子商务网站设计中,需要解决好以下几个方面的问题:

(1) 链接设计

整个 Web 实际上就是一个巨大的信息空间。由于空间过大,并且各节点之间的链接关系错综复杂,用户上网浏览时有可能发生“迷路”现象。1998 年美国图形、可视化和可用性研究中心所作的第九次 WWW 用户调查显示,由于导航不当,用户上网搜索信息时在将近 58% 的时间里不能找到所需要的信息。Elm 和 Woods 研究发现,用户在网上“迷路”的程度与不熟悉文档结构有直接关系。他们总结出三种不同形式的“迷路”:第一,不知道下一步该去哪里;第二,知道该去哪里,但是不知道该如何去;第三,不知道当前处于整个文档结构中的哪一个位置。Foss 发现,用户在网上“迷路”时,往往也受到其他一些问题的困扰。比如,到达了文档中的某个特定位置,却忘了到该处要做什么;忘了从偏离目标的路径中返回;不知道文档中有没有其他相关的结构;忘记了文档中哪些节点已经访问过等。Foss 还发现,超文本系统中“迷路”现象产生的原因是多方面的,大体上可分为三类:第一类主要与认知负荷有关。与普通文本相比,超文本的一个显著的特点就是具有灵活的结构。因此,用户从超文本中搜寻所需要的信息时必须选择相应的路径。但是,在选择过程中,用户又有可能发现新的感兴趣的题材而改变路径,以至于逐渐远离主题任务。这样,用户既要记住原先所要搜索的目标和曾经走过的路径,又要选择去向,认知负荷比较重;同时,"迷路"本身也会增加认知负荷而占用心理资源。第二类是由于用户对超文本的网络结构或概念组织形式不熟悉而产生"迷路"。第三类主要是由于缺乏在超文本系统中浏览的经验。一些研究者认为,用户关于超文本的心理模型与"迷路"现象也有着密切关系,而用户的心理模型又与多种因素有关,如个人的知识经验、阅读习惯、练习次数、信息反馈等。如果用户关于超文本的心理模型不够准确,就很有可能"迷路"。

(2) 合理的隐喻

隐喻原本是语言学中的一种修辞方法,通常是指借用表示某物的词或词组指代他物,从而暗示它们之间的相似之处。在人类的学习过程中,隐喻起着很重要的作用。特别是在学习新知识、新事物时,人们必须通过隐喻将其和原有的知识联系起来才能理解接受。在人机界面中使用隐喻,以人们熟悉的事物(喻体)类比、解释陌生的技术环节(本体),可以增强学习效果,从而提高界面可用性。但是,使用隐喻有时也会带来一些问题。这是由于人们在知识经验、文化背景等方面存在差异,因而对同一个概念可能产生不同的理解和联想。比如在电子商务网站中出现的货币图标,对客户来说,可理解为代表付款,也可理解为代表标价、打折或币种。再如"购物车",根据生活经验,客户有可能认为购买四份同样物品的方法是重复四次把一个物品放到"购物车"中,而实际上这种虚拟的购物车可让客户编辑所要购买的物品数量,若要删除已放入"购物车"的某一物品,只需将数字栏中的数目设置为零即可。为了确保电子商务网页中隐喻的使用效果,避免产生歧义和破坏概念的一致性,要给客户提供准确的线索;隐喻中本体所代表的事物之间的关系应当和喻体所代表的相一致或近似;在使用隐喻时,首先要了解人们在知识经验、文化背景等方面的差异。

(3) 界面一致性

在电子商务网页设计中,界面一致性也是必须加以仔细考虑的一个重要因素。一般认为,界面一致性主要体现在三个方面:隐喻产生的效果、系统的输入与输出之间的关系、界面的外观或视觉效果。一些研究表明,增强界面一致性有利于提高用户的操作绩效和满意度,同时还可减少操作错误。但是,也有人认为,界面一致性有时会与界面的易用性和易学性发生矛盾。所以,在电子商务网页设计中,应当综合考虑各方面因素,而不是一味地强调提高界面一致性。

(4) 界面美观大方

界面美观水平与使用者对界面可用性的主观评价呈正相关,与操作绩效也呈正相关。衡量网页外观设计质量的四个主要指标是美观、图文比例、结构和总体布局。其中,美观这一指标最为重要。

(5) 显示器与浏览器的兼容

电子商务网站设计还需要适应客户使用的各种类型的显示器。因为无法知道客户的计算机显示屏幕有多大,所以需要按所有不同的屏幕分辨率进行设计,即不要限于固定的屏幕大小,而应使用可用空间的百分比规定布局。现在常用的网页浏览器一般为 Netscape 和 Internet Explorer。如果操作系统是文本命令式界面,则诸如 Lynx、Links 之类的超文本浏览器就可以得到使用。这些浏览器都有新、旧版本。有时,同一个网页在不同浏览器或同一浏览器的不同版本上会产生很不相同的显示效果,有些网页功能甚至无法正常实现。作为电子商务网站,不可能要求所有客户使用统一的浏览器、统一的版本,所以应注意网页在这方面的兼容性。

10.3.2 网站设计中的优化页面

与传统的购物方式相比,网上购物具有方便、快捷等优点。但是,网上开设的虚拟商店与客户在空间上是分离的,两者间只有通过网络才能传递信息。因此,电子商务网页在设计上必须符合人们的使用要求,以便最大限度地提高人们在网上搜索信息和进行其他各种操作的绩效,并增强人们对网上购物的满意度和安全感。随着互联网的普及,在电子商务网页设计中还应当考虑残疾人、病人等特殊人群的需要。这里所说的"特殊人群"也包括使用普通的计算机输入输出设备有困难的人,如具有视觉障碍(盲人、色盲、高度近视或散光等)、听觉障碍、行动障碍(主要是上肢)、认知障碍(记忆力减退、失语)等。如何使电子商务网页设计适合于不同的特殊群体?这不仅涉及 Web 浏览器及其他辅助程序和设备等方面的问题,同时也是人机工程学需要研究的一个新课题。

浏览电子商务网站时,有太多的不确定因素影响网页最后呈现的结果。首先,计算机的显示器有不同的分辨率和显示质量;其次,运行着各种各样的操作系统,使用着不通版本的 Web 浏览器,以及不同的 Internet 连接方式和各种速度的 Modem。以下几个步骤将有助于保证电子商务网站的浏览效果:

(1) 确定受众

(2) 不能依赖图形

(3) 保持页面小巧

(4) 不要假设用户的显示器和分辨率大小

(5) 仅仅在需要的时候使用帧

(6) 不要忘记 Web 浏览器

(7) 反复测试

10.3.3　网页设计技巧

网站一般包括以下几部分：

首页：网站的门面，代表公司的形象，特别注重设计和规划。

框架页：网站的主要结构页面，又称为“首页”、“内页”。大型网站的框架页往往就是首页，如一些门户网站。框架页主要是网站内部主要栏目的首页，讲究风格的一致性，并与主页相呼应。

普通页：网站主要的承载信息的页面，设计要求不高，但是要求链接准确、文字无误、图文并茂，并沿袭网页的风格。

弹出页：一般用于广告、新闻、消息、到其他网站的链接等。

从功能上看，首页主要承担着树立企业形象（当然，不仅仅是首页）的作用，框架页在导航方面起着重要的作用，而普通页则是主要的信息页面，也是网站的最终页面。对于大型企业网站，这种结构非常重要；而对于中小型企业网站，由于规模较小、页面数量不多，有时框架页就起着普通页的作用。至于弹出页，建议若非必要，最好不要用。

各页面的设计技巧如下：

1．与众不同——首页设计技巧

网站首页是企业网上的虚拟门面，其形式一般有两种：

一种是纯粹的形象展示型。这种类型的首页，文字信息较少，图像信息较多，通过艺术造型和设计布局，利用一系列与公司形象和产品、服务有关的图像、文字信息，组成一幅生动的画面，向浏览者展示一种形象、一个氛围，从而吸引浏览者进入并浏览。这需要设计者具有良好的设计基础和审美能力，能够努力挖掘企业深层的内涵，展示企业文化。设计人员在设计过程中要明确以设计为主导，突出色彩和布局。

另一种是信息罗列型。这是大中型企业网站和门户网站常用的形式，即在首页就罗列出网站的主要内容分类、重点信息、网站导航、公司信息等，也就是框架页。这种风格比较适合信息量大、内容丰富的网站。设计人员在设计过程中要注意使用语言符号表达一种独特的企业信息。

2．风格保持一致——内页设计技巧

如何保持网站风格的一致，是进行内页设计过程中要考虑的重要方面，可以尝试以下几种设计方式：

（1）结构的一致性

网站的统一性在网站营销中占有重要地位，而网站结构又是网站风格统一的重要手段，包括网站布局、文字排版、装饰性元素出现的位置、导航的统一、图片的位置等。在结构的一致性中，强调的是网站标志性元素的一致性，即网站或企业名称、网站或企业标志、导航及辅助导航的形式和位置、公司联系信息等。这是目前网站普遍采用的结构,可以减少设计、开发的工作量,同时更有利于以后网站的维护与更新。

(2) 色彩的一致性

在色彩的一致性中,强调的是如果企业有自身的CI形象,最好在互联网中沿袭这个形象,给人网上网下一致的感觉,更有利于企业形象的树立。通常,设计时选取一两种主要色彩和几种辅助色彩。

(3) 利用导航取得统一

导航是网站的一个重要组成部分,一个出色的、富有企业特性的导航将会给人留下深刻的印象。比如,将标志的形态寓于导航之中,或将导航设计在整个网站布局之中等,花点力气在导航上,也会设计出一个出色的站点。

(4) 特别元素的一致性

在网站设计中,个别具有特色的元素(如标志、象征图形、局部设计等)重复出现,也会给访问者留下深刻印象。比如,网站结构在某一点上由直线变为圆弧、暗色点缀的亮色、色彩中的补色等。

(5) 利用图像取得统一

这里所说"图像",是作为网站结构一部分的局部图像。应根据网页内容的不同,配以相应的图像或动画,从而形成页面的连续性。

(6) 利用背景取得统一

从技术上而言,网页背景包括背景色和背景图像两种,一般提倡使用背景色或色块。设计人员可以将企业的标志、象征性的简单图片作为背景,并将其淡化,使浏览者在阅读网站内容的同时于不经意中记下企业的标志。

3. 丰富多彩——色彩搭配

如何运用最简单的色彩表达最丰富的含义,体现企业形象,是网页设计人员需要不断学习、探索的课题。进行色彩搭配,应注意以下几个要点:

(1) 运用相同色系色彩

(2) 运用对比色或互补色

(3) 运用过渡色

4. 简约大气——版面布局

这里所说的"布局"主要是指内页的版面布局。中小型企业网站的内页布局一般比较简单,即内页的一栏式版面布局。从排版布局的角度而言,还可以设计成等分两栏式、三栏式、多栏式,不等分两栏式、三栏式、多栏式等。由于浏览器宽幅有限,一般不宜设计成三栏以上的布局。

在版面布局中,主要是考虑导航、必要信息与正文之间的布局关系。比较多的情况是采用顶部放置必要的信息,如企业名称、标志、广告条以及导航条,或将导航条放在左侧,而右侧是正文等。这样的布局结构清晰,易于使用。当然,也可以尝试这些布局的变化形式,如:左右两栏式布局,一半是正文,另一半是形象的图片、导航;或正文不等两栏式布置,通过背景色区分,分别放置图片和文字等。

10.4　电子商务网站推广

10.4.1　网站推广的策略

如何使用搜索引擎进行网站推广?一般而言,有三个策略:关键词策略、优化链接策略、网页级别策略。

以关键词策略为例,它涉及三个方面:关键词的选择、关键词的密度、关键词的分布。企业选择的关键词应该是用户利用搜索引擎可以轻松查找到的,切合用户的搜索习惯与实际需要。一般合适的关键词的密度是1%到7%,就是100个词中间至少有1个关键词,最多不超过7个。关键词的分布也是有技巧的,它决定了网页被搜索、被排名的先后顺序。

10.4.2　网站的网络推广方式

1. 搜索引擎推广

搜索引擎推广是指利用搜索引擎、分类目录等具有在线检索信息功能的网络工具进行网站推广。由于搜索引擎的基本形式可以分为网络蜘蛛型搜索引擎(简称“搜索引擎”)和基于人工分类目录的搜索引擎(简称“分类目录”),因此搜索引擎推广的形式也相应地有基于搜索引擎的方法和基于分类目录的方法。前者包括搜索引擎优化、关键词广告、固定排名、基于内容定位的广告等多种形式,而后者则主要是在分类目录合适的类别中进行网站登录。随着搜索引擎的进一步发展变化,也出现了其他一些形式的搜索引擎,不过大都是以这两种形式为基础的。

常见的搜索引擎推广方式有:登录免费分类目录、登录付费分类目录、搜索引擎优化、关键词广告、关键词竞价排名、网页内容定位广告等。

从目前的发展趋势看,搜索引擎在网络营销中的地位依然重要,并且受到越来越多企业的认可,其营销方式也在不断发展演变。因此,应根据环境的变化选择搜索引擎营销的合适方式。

2. 电子邮件推广

这是以电子邮件为主的网站推广手段,包括电子刊物、会员通讯、专业服务商的电子邮件广告等。基于用户许可的E-mail营销可以减少广告对用户的滋扰,增加潜在客户定位的准确度,增强与客户的关系,提高品牌忠诚度等。

3. 资源合作推广

这是通过网站交换链接、交换广告、内容合作、用户资源合作等方式,在具有类似目标的网站之间实现互相推广的目的。其中,最常用的资源合作方式为网站链接策略,即利用合作伙伴之间的网站访问量资源进行合作,互为推广。

每个企业网站都可以拥有自己的资源,这种资源可以表现为一定的访问量、注册用户信息、有价值的内容和功能、网络广告空间等。利用网站的资源与合作伙伴开展合作,实现资源共享,可以达到共同扩大收益的目的。在这些资源合作形式中,交换链接是最简单的一种,也是新网站推广的有效方式之一。交换链接或称“互惠链接”,是具有一定互补优势的网站之间的简单合作形式,即分别在自己的网站上放置对方网站的Logo或网站名称并设置对方网站的超级链接,使用户可以从合作网站中发现自己的网站,以达到互相推广的目的。交换链接的作用主要表现为:获得访问量,增加用户浏览时的印象,在搜索引擎排名中增加优势,通过合作网站的推荐增加访问者的可信度等。交换链接还有比是否可以取得直接效果更深一层的意义。一般来说,每个网站都倾向于链接价值高的其他网站。因此,获得其他网站的链接也就意味着获得了合作伙伴和一个领域内同类网站的认可。

4. 信息发布推广

这是将有关的网站推广信息发布在其他潜在用户可能访问的网站上,利用用户在这些网站获取信息的机会实现网站推广的目的。适用于信息发布的网站包括在线黄页、分类广告、论坛、博客网站、供求信息平台、行业网站等。信息发布是免费网站推广的常用方法之一。

5. 快捷网址推广

这是合理利用网络实名、通用网址以及其他类似的关键词快捷访问方式实现网站推广目的的方法。快捷网址使用自然语言和网站URL建立对应关系,这为习惯于使用中文的用户提供了极大的方便。用户只需输入比英文网址更加容易记忆的快捷网址就可以访问网站,用自己的母语或者其他简单的词汇为网站“更换”一个更好记忆、更容易体现品牌形象的网址。例如,选择企业名称或者商标、主要产品名称等作为中文网址,可以大大弥补英文网址不便于宣传的缺陷。随着企业注册快捷网址数量的增加,这些快捷网址用户数据也相当于一个搜索引擎。这样,当用户利用某个关键词检索时,即使与某网站注册的中文网址并不一致,同样可能找到该网站。

6. 网络广告推广

网络广告是常用的网络营销策略之一,在网络品牌、产品促销、网站推广等方面均有明显作用。网络广告的常见形式包括:Banner广告、关键词广告、分类广告、赞助式广告、E-mail 广告等。Banner 广告所依托的媒体是网页，关键词广告属于搜索引擎营销的一种形式，E-mail 广告则是许可 E-mail 营销的一种。可见，网络广告本身并不能独立存在，需要与各种网络工具相结合才能实现信息传递的功能。因此，也可以认为，网络广告存在于各种网络营销工具中，只是具体的表现形式不同。将网络广告用于网站推广，具有可选择网络媒体范围广、形式多样、适用性强、投放及时等优点，适合于网站发布初期和运营期的任何阶段。

网站推广是一个系统工程，而不仅仅是各种网站推广方法的简单应用。可将上述网站推广方法作为常规网站推广方法，在网站推广总体策略指导下，进一步采用各种网站推广方法的有效组合以及更高级的网站推广手段。

10.4.3　网站推广的误区及对策

网站是企业进行网络营销的重要平台，越来越多的企业建立起自己的电子商务网站。但是，大多数企业都面临这样一个问题：如何让目标客户在浩如烟海的电子商务网站中了解并找到本企业的网站？

电子商务网站的推广，目的在于让尽可能多的潜在客户了解并访问网站，通过网站获得有关企业产品和服务等信息，为最终形成购买决策提供支持。一般来说，除了提供各种网络信息服务的门户网站、搜索引擎等大型网站之外，普通的企业网站的访问量通常都不高。有些企业网站发布几年之后访问量仍然非常小，每天可能才区区数人，这样的网站自然很难在企业的电子商务中发挥作用。因此，网站推广被认为是网络营销的主要任务之一。尤其对于企业网站，网站推广的效果在很大程度上决定了网络营销的最终效果。

时至今日，网络营销虽然在国际上尤其是在发达国家已普遍应用，但是在我国仍处于成长期，企业的网络营销意识还很落后。初次建设网站的企业，尤其是一些中小型企业，由于缺乏资金、管理相对落后，常常存在网站推广的误区，对此必须正确面对。

1．过于注重网址推广，缺乏有效网站内容

很多企业网站通过应用一些网站推广方法提高了网站访问量，但是网络营销的效果却未见提高。这往往是因为网站的有效点击率低，而有效点击率很大程度上是由网站的有效内容决定的。如今很多企业只重视对企业网址的推广，仅仅获得了潜在用户的访问，却未能最终促成购买决策而真正起到促进网络营销的作用，没有体现出网站推广的全部含义。

很多企业网站，内容非常贫乏，除了公司简介、产品简介之外，再也找不出其他能引起用户兴趣的内容了，用户可以从中获得的有效信息非常有限。有些信息还是用图片或者 Flash 表达的，让搜索引擎可以识别的文本信息很少，因此网站很难被用户通过常规渠道发现。对于中小型企业网站来说，内容贫乏是普遍存在的问题。如何拓展网站的内容资源,以及如何有效地利用内容资源,成为中小型企业网站需要认真对待的重要问题。

因此,网站推广不应只重视对网址的推广,不能仅仅是对网站推广方法的简单复制和应用,而是要注重整体推广效果,把网站推广当做一个系统的工程看待。

2. 缺少科学的网站推广计划

很多企业实施网站推广比较盲目,比如没有制订合理的预算、阶段目标和对推广效果的评价等,导致推广工作半途而废。有些企业耗费了巨大的人力和财力,却得不到相应的回报。所以,在网站推广实施前制订科学的网站推广计划显得至关重要。网站推广计划不仅是推广的行动指南,同时也是检验推广效果是否达到预期目标的衡量标准。一般来说,网站推广计划至少应包含下列主要内容:

(1) 确定网站推广的阶段目标。例如,在发布后一年内要实现的每天独立访问用户的数量、与竞争者相比的相对排名、在主要搜索引擎的表现、网站被链接的数量、注册用户数量等。

(2) 在网站发布运营的不同阶段所采取的网站推广方法。最好能详细列出各个阶段的具体网站推广方法,如登录搜索引擎的名称、网络广告的主要形式和媒体选择、需要投入的费用等。

(3) 网站推广策略的控制和效果评价。例如,阶段推广目标的控制、推广效果评价等。对网站推广计划的控制和评价是为了及时发现网络营销过程中的问题,保证网络营销活动的顺利进行。

3. 非正常的网站推广方法

在网站推广中,也出现了一些方法,这些方法采用有一定强迫性的方式或者非法的方式达到推广的目的,称为“非正常的网站推广方法”。常见的方法有:

(1) 垃圾邮件。这是指在未经用户许可的情况下,强行向邮件用户发送大量广告信息。《中国互联网协会2006第三次反垃圾邮件调查报告》从2006年6月到10月的抽样统计显示,我国网络用户平均59.49%的邮件是垃圾邮件,光是计算删除垃圾邮件耗费的时间,每年给国家带来的GDP损失就达到63.8亿元。这充分说明了垃圾邮件的危害性。垃圾邮件的泛滥也大大影响到用邮件进行网站推广的有效性。

(2) 流氓软件。这是指在未明确提示用户或未经用户许可的情况下,在用户计算机或其他终端上安装运行,侵犯用户合法权益的软件。一些企业为了达到推广和宣传的效果,在提供给用户的软件中附上另外的功能,如修改用户浏览器默认主页、自动安装工具栏等。

(3) 弹出广告。弹出广告在一定程度上可以起到丰富网站内容、吸引访问者注意力的效果。但是,大量的弹出广告会让用户不知所措,甚至产生反感情绪。现在很多知名的 ISP 如 Google、雅虎等都在采取措施限制各种弹出式广告的出现。所以,不可长期采用这样的方式进行网站推广。

(4) 带来法律纠纷的一些方法。这主要是一些侵犯他人版权、商标权等的方法,如恶意抢注域名以获取高访问量,非正常利用搜索引擎引起的商标权诉讼等。针对电子商务领域出现的一些法律纠纷,近几年国内外已经出台了一些法律法规以规范电子商务活动,如国内的《互联网电子邮件服务管理办法》、美国的《反域名抢注消费者保护法》等。在网站推广过程中,企业应该加强电子商务法律法规的学习,避免触及法律而成为非法网络营销。

真正值得推广的是合理的、文明的网站推广方法。我们应该拒绝带有强制性、破坏性的网站推广手段,坚决反对非法的网站推广手段。

10.5　电子商务网站评价

随着网络的发展,越来越多的电子商务网站持续运营与发展。如何对电子商务网站进行评价,以提高服务质量与赢利能力日渐受到人们的重视与关注。因此,我们必须从不同角度分析电子商务网站,利用不同方法与技术手段进行网站评价。

电子商务网站评价指标体系分为三个层次:第一层次是电子商务网站的总水平,它是通过网站建设、网站应用两个方面的指标即两个一级指标,加权后给出电子商务网站总的评价。第二层次是电子商务网站建设、网站应用的“要素层”,它根据电子商务网站建设、应用所涉及的核心要素,把两个一级指标分为 6 个核心要素子系统,即分为 6 个二级指标,分别予以评价。第三层次是电子商务网站建设、应用的“判别层”,它在 6 个二级指标基础上进一步分解,组成 25 个三级指标,分别对指标的本质含义予以识别和评价。

10.5.1　电子商务网站建设评估

1. 商务网站功能评价指标

(1) 商务模式创新度

这是指与原有的商务、业务模式比较有哪些创新,网上增加了哪些新的业务和服务,具体包括:业务流程改革、优化程度,观念、内容的创新,制度、方法的创新,管理的创新,赢利模式的创新等。

(2) 商务网站功能覆盖率

电子商务网站功能可细分为前台功能和后台功能。

前台功能主要包括:商品目录及分类搜索、商品展示、会员(消费者与商家)

注册、购物导航、订单流程、支付流程、认证功能、客户信息反馈与沟通渠道(社区)等。

后台功能主要包括:商品管理、订单处理(业务流程处理)、账户管理、模板管理、内容管理、送货管理、商务同盟管理、客户资料管理等。

商务网站功能覆盖率是指网站功能涵盖前台和后台功能的程度,它反应了电子商务在核心业务(主营业务)中应用的比例、电子商务占商务总业务量的比例、电子商务在上下游企业与消费者之间业务中的应用程度等。

(3) 网站的功能与商务网站建设目标符合度

这主要是指信息展示、在线交易、在线支付、在线物流等目标的实现程度,网站的功能及商务模式的设计与企业发展战略和市场定位是否相符,以及与商务网站建设目标的符合程度。

(4) 网站技术性能指标

包括:先进性,采用的技术体系与相关设备是否代表主流技术与先进水平;实用性,技术方案的设计与业务模式的符合度、方案的成熟度、可扩展性、伸缩性;安全可靠性,系统的安全性、可靠性、容错性以及安全等级等。

2. 商务网站内容评价指标

(1) 电子商务应用深度

包括网上信息流、资金流、物流集成化的程度。

① 初级应用:网上仅有信息流,发布商品信息、洽谈、促销,开展非支付型电子商务;

② 中级应用:网上有信息流、资金流,实现网上交易与网上支付,开展支付型电子商务;

③ 高级应用:网上有信息流、资金流、物流,上下游企业应用集成,开展协同电子商务。

(2) 商务网站内容信息的质量评价指标

① 商品信息完整性:商品品种、规格、质量,商品相关知识,商品服务个性化、特色信息,文字、图像、声音等多媒体信息;

② 商品信息内容真实性:准确性、条理性、时效性,网页质量,美观大方;

③ 商品信息分类深度:层次性和关联度。

(3) 商务网站内容信息的数量

包括网站所提供信息量、数据量、栏目数量、网页数量、商务信息条数,网站内容检索速度、连接浏览速度、网页反应速度等。

3. 商务网站实施评价指标

包括网站实施计划任务完成度、网站建设计划管理与进度控制、财务管理与预算控制等。

10.5.2　电子商务网站应用评价指标

1. 运行状况评价指标

(1) 网站访问率

包括:日均点击率,日均访问的独立客户数、独立 IP 数、企业上网数、注册会员数,客户平均访问停留时间,平均响应时间(邮件、电话、短信等)。

(2) 信息更新率

包括:网站内容的时效性、更新频度,按实时、日、周、月、年分级。

(3) 网站营销推广力度

包括:网站链接率、链接网站的数量、采用的组合营销手段、媒体影响力、广告投放量、媒体曝光率等。

(4) 电子商务采购率

包括:电子商务采购量占总采购量的比例、电子商务采购额占总采购额的比例。

(5) 电子商务销售率

包括:电子商务销售量占总销售量的比例、网上订单量占总订单量的比例、电子商务销售额占总销售额的比例。

(6) 电子商务交易率

电子商务交易率是指电子商务交易额占总交易额的比例。企业网站电子商务交易率是指该企业电子商务交易额占企业总交易额(总营业额)的比例。网络公司门户网站电子商务交易率是指所有会员客户通过该门户网站成交的交易总额占所有会员客户营业总额的比例。

2. 绩效评价指标

包括:对上下游商务伙伴开展电子商务的带动作用,指对上下游商务伙伴推广普及电子商务的影响力,促进上下游商务伙伴企业上网,推动上下游企业的经营销售信息化;本地区吸引外资增长率,指一个会计年度内,商务网站实施前后对比,本地区吸引外资增长的比例。

3. 服务质量评价指标

(1) 对客户满意度的提升作用

包括:对企业用户满意度的提升作用,指商务网站运行一个年度内上下游企业用户满意度提升率;对消费者满意度的提升作用,指商务网站运行一个年度内企业客户满意度提升率。

(2) 内部职工满意度

包括:领导班子对商务网站的满意度、内部职工对商务网站的满意度。

(3) 对企业服务质量的提升作用

这是指商务网站运行一个年度内企业服务质量提升与改善的效果,包括:客户投诉降低率、客户响应时间减低率、客户忠诚度提升率等。

4. 经济效益评价指标

(1) 成本降低率:一个会计年度内,商务网站实施前后对比,商务活动成本所需费用降低的比例。

(2) 收益增长率:一个会计年度内,商务网站实施前后对比,商务活动所创收入增长的比例。

(3) 资金周转率提高率:一个会计年度内,商务网站实施前后对比,资金周转次数提高的比例。

(4) 投资回报率:一个会计年度内,商务网站总投入的收益率。它包括:投入/产出比,指在对应的一个会计年度内,商务网站总投入(含货币资金、货物折合资金、人力折合资金)与总收入之比;初始投资回收期,指从投资建设开始,经多长时间收回总投资。

10.5.3 电子商务网站的诊断

在电子商务活动中,对网站进行诊断是网络营销管理的一项基本内容,专业性诊断评价对于提高网络营销的效果具有重要的价值。随着网络营销对企业经营重要性的不断增长,网站评价也必将受到企业的重视,将从理念层面进入网络营销的操作层面。与此相对应的是,如何进行网站专业性诊断评价的问题也将受到越来越多的关注。

对电子商务网站进行诊断,一般包括:

(1) 网站结构:是为了向用户表达企业产品的信息,所采用的网站布局、栏目设置、信息的表现形式等。

(2) 网站内容:即企业希望通过网站向用户传递的所有信息。网站内容包括所有可以在网上被用户通过视觉或听觉感知的信息,如文字、图片、视频、音频等。一般来说,文字信息是企业网站的主要表现形式。

(3) 网站功能:是为了发布各种信息、提供服务等所需的技术支持系统。网站功能直接关系到可以采用的网络营销方法与网络营销的效果。

(4) 网站服务:即网站可以提供给用户的价值,如问题解答、优惠信息、资料下载等。网站服务是通过网站功能和网站内容实现的。

在明确了网站评价指标之后,再对网站进行诊断。对网站进行诊断,既可以自己进行评价,也可以请值得信任的专业机构做这项工作。一些简单的指标可以借助于一些网站评价工具进行,这些工具包括网站链接错误检测、网站下载速度测试、网站搜索引擎优化状况测试等。需要指出的是,综合性网站的专业性评价不可能完全通过检测工具自动实现,因为自动评价的指标是非常有限的,而且在网站个性化功能和服务方面几乎是无能为力的。因此,无论请专业机构还是自己评价,必须有网络营销专业人士参与评价,通过各种在线评测工具获得的数据只能作为一般参考。

在电子商务实践中,最大的困难在于企业无法自己建立一套有效的网站评价指标。目前,大多数企业网站的设计都是听从网站建设服务商的建议和安排,而这些服务商对网站的专业性问题的认识同样存在很多误区,使得众多的企业网站成了企业的"形象工程"。

此外,网站专业性诊断与一般意义上的网站评比是不同的。网站评比通常是利用网站流量指标、外观表现等少量指标实现网站的排名,更多地表现为商业上的价值。获得较高排名的网站会得到更多的关注。因此,在网络营销中,网站评比经常作为一种推广手段。网站专业性诊断则是网络营销管理的需要,是出于提高网络营销效果的目的,注重的是实际效果而不是用户注意力。因此,这种评价更多具有"内部参考"的含义,而不是用来获得新闻价值。在网站评价中,也有部分竞争者比较评价的内容,但是并非为了提高访问量的排名,而是作为竞争者分析的一种手段,了解竞争者网站的专业性,以有利于全面认识自己的网站的电子商务竞争力。

案例分析

当当网的网站规划和管理

当当网(www.dangdang.com)是全球最大的综合性中文网上购物商城,由国内著名出版机构科文公司、美国老虎基金、美国 IDG 集团、卢森堡剑桥集团、亚洲创业投资基金(原名"软银中国创业基金")共同投资成立。图 10-2 所示为当当网网页。

1999 年 11 月,当当网正式开通。成立以来,当当网一直保持高速度成长,每年成长率均超过 100%。当当网在线销售的商品包括了家居百货、化妆品、数码产品、图书、音像制品等几十个大类近百万种商品,在库图书超过 40 万种。目前,当当网有超过 4500 万的注册用户(含大陆、港、澳、台和国外),遍及全国 32 个省、市、自治区和直辖市。2008 年,当当网图书销售码洋超过 12 亿元。每天有上万人在当当网买东西,每月有 2000 万人在当当网浏览各类信息。

当当网的使命是坚持"更多选择、更多低价",让越来越多的顾客享受网上购物带来的方便和实惠。

1. 公司使命

让全球使用中文上网的人享受网上购物带来的乐趣——丰富的种类、7 × 24

图 10-2 当当网网页

购物的自由、优惠的价格,架起无界限沟通的桥梁。

2. 鼠标+水泥的运营模式

互联网提供了可以无限伸展的展示空间,可以容纳无限的商品或图样以及内容。在当当网,消费者无论是购物还是查询,都不受时间和地域的任何限制。在消费者享受“鼠标轻轻一点,精品尽在眼前”的背后,是当当网修建的“水泥支持”——庞大的物流体系,其仓库中心分布在北京、华东和华南,覆盖全国范围。

员工使用当当网自行开发、基于网络架构和无线技术的物流、客户管理、财务等各种软件支持,每天把大量货物通过飞机、铁路、公路等不同运输手段发往全国和世界各地。在全国360个城市里,大量本地快递公司为当当网的顾客提供“送货上门,当面收款”的服务。

当当网这样的网络零售公司也推动了银行网上支付服务、邮政、快递等服务行业的迅速发展。以图书为例,在为消费者服务的同时,当当网还帮助出版社提高了单本书的销量,并有效地延长了出版物的寿命。当当网不受上架周期和顾客地域性偏好的限制,为出版社尤其是专业、学术出版社提供了窗口支持和读者,使知识的传播变为更加有效。

3. 服务承诺

(1) 当当网全部商品“假一罚一”承诺。

(2) 全国360个大中城市可实现“货到付款”。

(3) 自动智能比价系统,保证所售商品价格最低。

4. 与众不同话当当

(1) 商品种类最多:当当网经营近百万种图书、音像制品、家居百货、化妆品、数码产品、饰品、箱包、户外休闲用品等商品,是中国经营商品种类最多的网上零售店。

(2) 购物最方便:当当网参照国际先进经验独创的商品分类、智能查询、直观的网站导航和简洁的购物流程等,为消费者提供了愉悦的购物环境。

(3) 顾客最多:当当网目前无论从网站访问量还是从每日订单数量来讲,都是中国顾客最多的网上零售店。

(4) 核心管理层包括图书业、零售业、投资业和IT业的资深人士。

(5) 顾客覆盖中国大陆、港、澳、台以及欧美和东南亚的中文读者。

当当网成立以来,一直坚持“文明办网”的原则,杜绝盗版和违法图书、音像制品,为广大顾客提供健康、积极向上和有益的精神食粮,受到了国家新闻出版署、文化部等相关部门的赞赏,更在国内广大网民心目中树立了健康向上的品牌形象。

当当网坚持“诚信为本”的经营理念,在国内首家作出“顾客先收货,验货后才付款”、“免费无条件上门收取退、换货”以及“全部产品假一罚一”的承诺,用自己成功的实践经验为国内电子商务企业树立了“诚信经营,健康发展”的榜样。

本章小结

本章介绍了电子商务网站规划和管理的重要性,明确了电子商务网站规划的内容、目标和意义,强调了电子商务网站管理的内容和原则,分析了电子商务网站管理的实际案例。

在电子商务网站设计过程中,要注意明确网站设计目标与原则、网站设计中的页面优化和网页设计技巧等。通过本章的学习,应该掌握电子商务网站的推广策略、推广方式、推广的误区及对策。最后,要学会电子商务网站评价,掌握电子商务网站建设评估、应用评价指标以及电子商务网站的诊断。

思考题

1. 说明网站规划的内容。
2. 网站规划的目标是什么?
3. 网站规划的意义有哪些?
4. 网站管理的具体内容有哪些?

5. 什么是网站设计目标?

6. 网页设计技巧包括哪些?

7. 网站设计中的优化页面有哪些内容?

8. 网络推广方式有哪几种?

9. 评价电子商务网站的指标有哪些?

参考文献

1. 陈联刚主编:《电子商务网站建设与管理》,北京理工大学出版社 2009 年版。

2. 李翔主编:《电子商务》,机械工业出版社 2004 年版。

3. 姚国章编著:《电子商务与企业管理》,北京大学出版社 2005 年版。

4. 董慧等编著:《电子商务网页设计与网站建设》,武汉大学出版社 2004 年版。

5. 耿跃鹰等编著:《网页制作与网站开发:从入门到精通》,清华大学出版社 2008 年版。

6. 劳帼龄主编:《电子商务》,电子工业出版社 2008 年版。

7. 李琪主编:《电子商务概论》,高等教育出版社 2009 年版。